DIE BUCKET LIST

Titel der Originalausgabe »The Bucket List«

© 2018 Librero IBP (für die deutsche Ausgabe)
Postbus 72, 5330 AB Kerkdriel, Niederlande

© 2017 Quintet Publishing

CvD: Rica Dearman
Herausgeber: Kath Stathers
Leitender Redakteur: Caroline Elliker
Chefredakteur: Emma Bastow
Gestaltung: Maru Studio
Umschlaggestaltung: Linda Pricci
Bildrecherche: Lauren Azor
Künstlerische Leitung: Michael Charles
Verleger: Mark Searle

Aus dem Englischen von Markus Roduner
Lektorat und Satz: G & R Vilnius, Litauen

Gedruckt und gebunden in China.

ISBN 978-94-6359-097-6

Alle Rechte vorbehalten. Kein Teil dieses Werkes darf in irgendeiner Form (durch Fotografie, Mikrofilm oder ein anderes Verfahren) ohne schriftliche Genehmigung des Verlags reproduziert oder unter Verwendung elektronischer Systeme verarbeitet, vervielfältigt oder verbreitet werden.

HERAUSGEGEBEN VON
KATH STATHERS

DIE BUCKET LIST

1000
GROSSE UND KLEINE ABENTEUER

Librero

FARB-SCHLÜSSEL

- Wildtiere
- Großartige Natur
- Wunder der Welt
- Kulttrip
- Lebensbejahendes Abenteuer
- Eine neue Fertigkeit erlernen

INHALT

1. KAPITEL
von 90° bis 60° Nord 8

2. KAPITEL
von 60° bis 45° Nord 32

3. KAPITEL
von 45° bis 30° Nord 138

4. KAPITEL
von 30° bis 15° Nord 272

5. KAPITEL
von 15° bis 0° Nord 344

6. KAPITEL
von 0° bis 15° Süd 392

7. KAPITEL
von 15° bis 30° Süd 418

8. KAPITEL
von 30° bis 90° Süd 450

Mikroabenteuer

Kulturelle Entdeckung

Ein Fest für die Sinne

Die *Casa del Arbol* im ecuadorianischen Baños (siehe Seite 400)

EINFÜHRUNG

An jedem Punkt unseres Lebens gibt es Dinge, die hier und jetzt sein müssen: Mit sieben ist das vielleicht ein Bühnenauftritt mit Katy Perry, mit siebzig ein Spaziergang durch eine Kirschbaumallee in Kyoto. Genau auf diese Wünsche bezieht sich die *Bucket List*, auf der alles steht, was wir im Laufe unseres Lebens noch zu tun gedenken. Nicht selten beziehen sich diese Wünsche aufs Reisen.

Der Begriff »Bucket List« für eine solche Liste bürgerte sich im Englischen nach dem gleichnamigen Film von 2007 (deutscher Titel: *Das Beste kommt zum Schluss*) ein, während sich die im Film verwendete Übersetzung »Löffelliste« im Deutschen nicht durchsetzen konnte. Rate mal, was unter anderem auf der Bucket List des Drehbuchautors Justin Zackham stand? Richtig: einen Film mit einem großen Studio machen.

Die Einträge auf unserer Bucket List können sehr unterschiedlicher Natur sein. Neben persönlichen Zielen wie dem Schreiben eines Romans stehen kultige Abenteuer wie ein legendärer Roadtrip. Es können große Vorhaben sein, zum Beispiel die Besteigung des höchsten Berges auf allen sieben Kontinenten, oder aber kleine und feine wie der Verkauf von etwas Selbstgemachtem.

Die einzige Bedingung für einen Eintrag auf einer Bucket List lautet, dass du so etwas noch nie zuvor getan hast. Beim Abhaken eines Punktes wirst du eine tiefe Zufriedenheit spüren, und an die Erfahrungen, die du dabei gemacht hast, wirst du dich dein Leben lang erinnern.

Für dieses Buch haben wir 1000 Bucket-List-Ideen zusammengetragen und sie geografisch angeordnet. Die Reise beginnt am Nordpol und setzt sich fort durch die Breitengrade unseres Planeten bis zum Südpol. Einige Einträge geben ein klares Ziel vor, zum Beispiel den Aufstieg auf den Sigiriya in Sri Lanka, andere sollen als Anregung zu Aktivitäten dienen, die du in deiner Liste eintragen kannst. Ein Beispiel hierfür ist die Memory Lane im amerikanischen Syrakus, die dich vielleicht zum Verfassen deiner Memoiren animiert.

Die genauen Ortsangaben findest du auf www.quartoknows.com/page/bucket-list.

Blättere, bevor du dich ans Verfassen deiner eigenen Bucket List machst, im Buch und schau selbst, was dich anspricht. Die Zahl der Einträge auf deiner Liste ist nicht festgelegt, und du darfst die Liste jederzeit ergänzen. Sie ist deine Eigenkreation, die zeigt, was du in deinem Leben noch alles sehen und tun möchtest. Also fang an zu träumen und zu planen. Es geht los!

Einer der malerischen Fjorde im Westen Norwegens (siehe Seite 14)

1. KAPITEL
NÖRDLICHE HEMISPHÄRE
von 90° Nord bis 60° Nord

NÖRDLICHE HEMISPHÄRE 90°N bis 60°N

GEOGRAFISCHER NORDPOL, ARKTIS
1. Ein Blick auf die Wildnis am Nordpol
Wann: Organisierte Reisen im Juni und Juli
Breite: 90° N
Länge: 0°

Zwar fliegen einige Langstreckenflüge wieder auf der Polroute, aber ein Besuch des geografischen Nordpols kann nur mit dem Eisbrecher und Hubschrauber oder Fesselballon erfolgen.

Bei günstigen Wetterbedingungen kannst du über dem Schnee und Eis des Arktischen Ozeans schwebend die unberührte weiß-blaue Wildnis betrachten, die sich südlich bis zum Horizont erstreckt.

BEIDE POLE, START IN TANSANIA
2. Der »Grand Slam der Abenteurer«
Wann: Ganzjährig
Breite: 90° N
Länge: 0°

Um dem exklusiven Klub der Extrembergsteiger anzugehören, die den »Grand-Slam der Abenteurer« absolviert haben, musst du den jeweils höchsten Gipfel auf sieben Kontinenten besteigen und ohne Unterstützung Nord- und Südpol zu Fuß erreichen. Das haben bisher nur 46 mutige Abenteurer geschafft.

Die zu bezwingenden Gipfel sind für Afrika der Kibo in Tansania, für Europa der Elbrus in Russland, für Ozeanien die Carstensz-Pyramide (Puncak Jaya) auf Neuguinea, für Südamerika der Aconcagua, für Nordamerika der Denali in Alaska, für die Antarktis der Mount Vinson und für Asien der Mount Everest.

NORWEGEN UND ARGENTINIEN
3. Vogelbeobachtung am Ende der Welt
Wann: Ganzjährig (je nach Wetter)
Breite: 78,2167° N
Länge: 15,5500° O

Die nördlichste und südlichste Stadt der Welt sind ein Eldorado für passionierte Vogelbeobachter. Im norwegischen Longyearbyen auf Spitzbergen sorgt ein Katzenverbot für das muntere Gedeihen der arktischen Seevogelbevölkerung, während der Besucher im argentinischen Ushuaia Gelegenheit hat, mit Pinguinen spazieren zu gehen.

PREIKESTOLEN, NORWEGEN
4. Ein mutiger Blick vom Kliff in den Abgrund
Wann: April bis Oktober
Breite: 69,9225° N
Länge: 22,0925° O

Wer den steilen Weg zum von Gletschern geformten *Preikestolen*, einem in 604 Metern Höhe senkrecht über dem Lysefjord thronenden großen Granitplateau erklimmt, wird mit atemberaubenden Ausblicken auf die üppigen grünen Täler der Region Ryfylke belohnt.

POLAR PARK, BARDU, NORWEGEN
5. Mit den Wölfen den Mond anheulen
Wann: Ganzjährig
Breite: 68,6917° N
Länge: 18,1098° O

Die Wölfe im norwegischen Tierpark *Polar Park* haben keine Scheu vor Menschen, und so kann jeder, der will, mit ihnen in hautnahen Kontakt treten.

SPITZBERGEN, NORWEGEN
6. Eine Begegnung mit den letzten freien Eisbären der Welt
Wann: Juni bis September
Breite: 78,2167° N, **Länge:** 15,5500° O

Da steigende Temperaturen das Eis überall auf der Welt zum Schmelzen bringen, verlieren Eisbären immer mehr ihren natürlichen Lebensraum und gelten inzwischen als gefährdete Art – ihre Zahl könnte sich in den nächsten 30 Jahren um 30 Prozent vermindern.

Besuche die putzigen Eisbären auf Spitzbergen, wo im Sommer das Eis schmilzt und Besucher den Archipel in Booten durchstreifen können. Laut dem Norwegischen Polarinstitut leben in der Region bis zu 3500 Eisbären.

SIBIRIEN, RUSSLAND
7. Das Stonehenge der Walknochen
Wann: Ganzjährig
Breite: 64,5833° N
Länge: 172,4500° W

Erst 1976 entdeckten Archäologen Dutzende 600 Jahre alter Walknochen, die paarweise aus der sibirischen Tundra ragen und die »Walallee« auf der Insel Yttygran im Beringmeer bilden. Man nimmt an, dass sie einst den Eskimos als Kultstätte diente.

NÖRDLICHE HEMISPHÄRE 90°N bis 60°N

REPUBLIK KOMI, RUSSLAND
8. Der älteste Urwald Europas
Wann: Ganzjährig (je nach Wetter)
Breite: 62,4167° N
Länge: 58,7833° O (Jugyd wa)

Russlands erstes UNESCO-Weltnaturerbe, die Urwälder von Komi, sind das größte und älteste zusammenhängende Urwaldgebiet Europas. Durchstreife die 32 800 Quadratkilometer große, unberührte Weite mit Kiefern- und Lärchenwäldern, Flüssen und Seen, die eine vielfältige Tierwelt mit Wölfen, Nerzen, Ottern und Bibern ihr Zuhause nennt.

JOSTEDAL, NORWEGEN
9. Ein sonniger Gletscherspaziergang
Wann: Juli bis August
Breite: 61,7106° N
Länge: 6,9241° O

Jostedalsbreen ist mit einer Länge von mehr als 40 Kilometern der größte festlandeuropäische Gletscher. Entdecke dieses sich nur langsam bewegende Stück geologischer Geschichte im Sommer auf einer geführten Wanderung inmitten atemberaubender Landschaften und Blaueisfelder.

BERGEN, NORWEGEN
10. Ein Weihnachtskorb voller Süßigkeiten
Wann: Dezember
Breite: 60,3894° N
Länge: 5,3300° O

Einen herzförmigen Korb mit Süßigkeiten zu füllen, gehört zu Norwegens schönen Weihnachtstraditionen. Lerne, wie man so einen Korb anfertigt, der meist aus geflochtenem rotem und grünem Papier besteht.

LOFOTEN, NORWEGEN
11. Papageitaucher beim Fischfang beobachten
Wann: Juni bis August
Breite: 68,3333° N
Länge: 14,6667° O

Die Klippen und Buchten der norwegischen Lofoten-Inseln sind die Heimat eines bemerkenswerten Seevogels: des Papageitauchers. Beobachte diesen auch als Puffin bekannten Alkenvogel mit dem farbenfrohen Schnabel, wenn er aus seiner unterirdischen Höhle emporschießt und im eisig kalten Wasser nach Fischschwärmen taucht.

GEILO, NORWEGEN
12. Weiße Weihnacht im Norden
Wann: 25. Dezember
Breite: 60,5167° N
Länge: 8,2000° O

Fahre mit der Bergenbahn von Oslo durch eine atemberaubende Landschaft zum malerischen Bergdorf Geilo. Die traditionellen Feierlichkeiten mit Pferdeschlittenfahrten und viel *Gløgg* (Glühwein) lassen dich dieses Weihnachtsfest nie mehr vergessen.

Å, LOFOTEN, NORWEGEN
13. Das Dorf mit dem kürzesten Namen
Wann: Ganzjährig
Breite: 67,8792° N
Länge: 12,9831° O

Das altnordische Wort *å* bedeutet »Bach« und ist der Name mehrerer Dörfer in ganz Norwegen. Besuche dasjenige auf den nordnorwegischen Lofoten, einer Inselgruppe mit atemberaubender Landschaft, majestätischen Bergen und malerischen Fischerdörfern.

NÖRDLICHE HEMISPHÄRE   90° N bis 60° N

NORWEGENS WESTKÜSTE
14. Mit dem Schiff von Bergen nach Kirkenes
Wann: Ganzjährig (Juni bis August scheint die Mitternachtssonne)
Breite: 69,7269° N **Länge:** 30,0456° O (Kirkenes, der nördlichste Hafen)

Wer an Norwegens zerklüfteter Küste entlangreist, wird reich belohnt mit UNESCO-Welterbe, Fischerhäfen, von senkrechten Klippen gesäumten Fjorden, Wasserfällen und im Sommer endlosem Sonnenschein.

Geh an Bord eines wendigen Schiffes, das auch die Fjorde hinaufsegeln kann, aber vergiss zuvor nicht, durch die engen Gassen von Bryggen, dem zum UNESCO-Weltkulturerbe gehörenden Hanseviertel von Bergen, zu schlendern. Dich erwarten Norwegens von eiszeitlichen Gletschern bis zu 1300 Meter tief ausgehobelte Fjorde, umgeben von etwa 2000 Meter hohen Bergen.

Die Märchenlandschaft kommt im Geirangerfjord, einem der beiden norwegischen Fjorde, die zum UNESCO-Weltkulturerbe zählen, am besten zur Geltung. Nur auf diesen Wasserwegen sind manche Gegenden in Westnorwegen zu erreichen.

NÖRDLICHE HEMISPHÄRE   90°N bis 60°N

Hinter dem Polarkreis warten schon die Lofoten mit ihrer einzigartigen Architektur inmitten einer idyllischen Landschaft und einigen der nördlichsten Surfstrände der Welt auf dich. Noch weiter nördlich folgt Tromsø mit der spektakulären Eismeerkathedrale, die vom 1200 Meter hohen Tromsdalstinden überragt wird. Dort kannst du eines der größten Glasgemälde Europas besichtigen.

Wenn die Kreuzfahrt in Kirkenes ihren nördlichsten Punkt erreicht, befindest du dich östlich von Istanbul und St. Petersburg. Von hier aus kannst du im Winter mit dem Hundeschlitten durch die eisige Landschaft zu einem Schneehotel fahren. Im Sommer kannst du auf einer Bootsfahrt durch die kühlen Gewässer der Barentssee Jagd auf Königskrabben machen oder einfach die Mitternachtssonne genießen.

Die Bilderbuchlandschaft an Norwegens Westküste

KAKSLAUTTANEN, FINNLAND
15. Im magischen Schimmer des Nordlichts
Wann: September bis März
Breite: 68,3354° N
Länge: 27,3345° O

Kaum ein anderes Naturphänomen bringt uns so sehr zum Staunen wie das Nordlicht (*Aurea Borealis*). Im finnischen Teil von Lappland sind die Nordlichter alljährlich in etwa 200 Nächten zu sehen, im Süden Finnlands in 10–20 Nächten. Du kannst das arktische Lichtspektakel in weiten Teilen Skandinaviens mitverfolgen, hier beispielsweise in Island – auf Schneeschuhen, Langlaufskiern, vom Motor- oder Hundeschlitten aus oder auch im rundum verglasten Iglu fernab jedes künstlichen Lichts die ganze Nacht im wohlig warmen Bett.

NÖRDLICHE HEMISPHÄRE 90° N bis 60° N

▶ RUKA, KUUSAMO, FINNLAND
16. Schneesafari in der finnischen Wildnis
Wann: Dezember bis März
Breite: 66,1651° N
Länge: 29,1550° O

Weit nördlich der Hauptstadt Helsinki, beinahe in Lappland, liegt Kuusamo, eine Welt der unberührten Seen, malerischen Fjells und ausgedehnten Wälder.

Im Wintersportzentrum Ruka brichst du mit einem Motorschlitten zur Schneesafari auf und lässt schon bald die Zivilisation weit hinter dir. Leise gleitest du durch atemberaubende Landschaften mit unberührten, verschneiten Wäldern und über riesige zugefrorene Seen.

Nicht fehlen auf einer Schneesafari darf der Aufstieg zum Gipfel des 481 Meter hohen Kuntivaara unmittelbar an der finnisch-russischen Grenze.

Nach der erschöpfenden Tour darfst du dir in Ruka zur Erholung eine traditionelle finnische Sauna gönnen, um anschließend in einer schneebedeckten Lodge ein Abendessen mit lokalen Spezialitäten bei Kerzenschein und Kaminfeuer zu genießen.

Eisangeln in der finnischen Wildnis in Kuusamo

KVARKEN-ARCHIPEL, FINNLAND
17. Wo die Erde sich bewegt
Wann: Ganzjährig
Breite: 63,4096° N
Länge: 20,9489° O

Im Kvarken, einer Region im Bottnischen Meerbusen zwischen Finnland und Schweden, kann man beobachten, wie Land aus dem Meer »steigt«. Der Prozess, bei dem sich die Erdkruste nach dem Abschmelzen kilometerdicker eiszeitlicher Gletscher wieder anhebt, wird als postglaziale Landhebung oder isostatische Bodenhebung bezeichnet.

Zwischen den sich erhebenden Rücken der De-Geer-Moränen im Kvarken bilden sich geschützte, flache Becken, die Vögeln und Meerestieren Zuflucht bieten. Erkunde den Kvarken auf einer Schiffstour und erlebe seine Weite, Ruhe und Zeitlosigkeit.

LAPPLAND, FINNLAND
18. Bekanntschaft mit Rentieren
Wann: Ganzjährig bzw. November–April
Breite: 67,8402° N, **Länge:** 25,2835° O

Da die Rentiere in Lappland halb domestiziert sind, wirst du sicher schon bald eine Herde entdecken. Nun kannst du wählen, ob du lieber eine Rentierschlittenfahrt unternimmst, bei einer der halbjährlich stattfindenden Rentierscheidungen zur Hand gehst oder den Tieren auf Skiern hinterherläufst.

NÖRDLICHE HEMISPHÄRE 90° N bis 60° N

▼ RAUHANIEMI-STRAND, TAMPERE, UND GANZ FINNLAND
19. Feuer und Eis
Wann: Winter
Breite: 60,3642° N
Länge: 24,0038° O

Aus der glühend heißen Sauna zum See zu laufen und sich ins eiskalte Wasser zu stürzen ist nichts für Angsthasen. Aber die belebende Wirkung, der Energieschub und der wiedergefundene Mut, die sich einstellen, wenn man die Beine nach kurzer Taubheit wieder spürt und zu kreischen aufhört, lassen ein Hochgefühl aufkommen. Rauhaniemi ist ein Topspot für Saunaliebhaber, aber du kannst Ähnliches in ganz Finnland erleben.

HELSINKI, FINNLAND
20. Frühling in Helsinki
Wann: 30. April und 1. Mai
Breite: 60,1708° N
Länge: 24,9375° O

An *Vappu*, dem Maifeiertag, scheren sich die Einwohner von Helsinki einen Deut um ihren Ruf als fleißige Arbeiter und feiern mit einem ausgelassenen Fest mit Essen und Musik die Ankunft des Frühlings. Begleite die Scharen von Einheimischen mit Flaschen von *Sima* (finnischem Met) in den Händen zu einem gemütlichen Picknick im Kaivopuisto, einem der ältesten Parks der Stadt.

Auf eine feurig heiße Sauna folgt das eiskalte Bad im See.

NÖRDLICHE HEMISPHÄRE 90°N bis 60°N

START IN QAANAAQ, GRÖNLAND
21. Fußbad in allen Ozeanen der Erde
Wann: Je nach Ort bei ruhigem Meer
Breite: 77,4670° N
Länge: 69,2222° W

Mehr als 71 Prozent der Erde sind mit Wasser bedeckt. Die riesige zusammenhängende Wasserfläche wurde für die Seefahrt in fünf große Ozeane (Weltmeere) unterteilt: Arktischer, Atlantischer, Indischer, Pazifischer und Südlicher (Antarktischer) Ozean.

Starte ganz im Norden zur Fußbadtour und tauche die Zehen im grönländischen Qaanaaq, weniger als eine Stunde zu Fuß von Gletschern entfernt, in den eiskalten Arktischen Ozean. Von dort reist du zu den warmen Gewässern der Bahamas, um dort dem Atlantiküberquerer Christoph Kolumbus mit nassen Zehen zu salutieren.

Asien wurde vom Portugiesen Vasco da Gama auf einer Seefahrt in den heutigen Indischen Ozean »entdeckt«. Die Sandstrände und das meist ruhige türkisblaue Meer laden rundum zum Plantschen ein.

Für das vorletzte Eintunken der Zehenspitzen geht es auf die Galapagos-Inseln. Nimm hier zwischen Dezember und Mai ein Fußbad, wenn die Meeresschildkröten nisten. Zum Schluss musst du ganz weit nach Süden fahren, beispielsweise auf die Südlichen Shetlandinseln, um dort deine Zehen ins wiederum eiskalte Wasser des Polarmeers zu tauchen.

ILULISSAT, GRÖNLAND
22. Schneeschuhwandern
Wann: Ganzjährig
Breite: 69,2167° N
Länge: 51,1000° W

Schneeschuhwandern ist sicher nicht die schnellste Art der Fortbewegung, aber eine einfache und traditionsverbundene Art, der geheimnisvollen arktischen Landschaft näherzukommen, die auch noch Spaß macht.

SKAFTAFELL, ISLAND
23. Der »schwarze Wasserfall« in Island
Wann: Ganzjährig
Breite: 64.0230° N
Länge: 16.9750° W

Am südlichen Ende des Vatnajökull-Nationalparks – des zweitgrößten in Europa – liegt der Svartifoss (»schwarze Wasserfall«). Eine gemächliche Wanderung von 5,5 Kilometern führt dich durch eine Landschaft aus Gletschern, Vulkanen und schwarzem Sand zur Stelle, wo der Stórilækur (»große Bach«) über eine 20 Meter hohe, herzförmig von Basaltsäulen eingerahmte Kante stürzt.

ISLAND
24. Rundumblick im Monstertruck
Wann: Ganzjährig
Breite: 64,1333° N
Länge: 21,9333° W

Mit ihren mehrere Meter hohen Rädern verlangen Monstertrucks geradezu nach Abenteuern. Steige in Island in ein solches Vehikel und fahre auf unwegsamen Bergpfaden und über gefrorene Eiskrusten durch die Gegend.

INSEL VIÐEY, ISLAND
25. Der Liebesvibe des Imagine Peace Tower
Wann: Oktober bis März
Breite: 64,1643° N
Länge: 21,8529° W

Auf der Insel Viðey lohnt sich ein Zwischenstopp bei Yoko Onos Lichtsäule, die zwischen Oktober und März einige Male mit geothermischer Energie in den Himmel projiziert wird. Sie erinnert als Denkmal in Liebe an ihren verstorbenen Ehemann John Lennon und daran, dass wir uns den Frieden vorstellen können, wenn wir es nur wollen.

SKJÁLFANDI-BUCHT, ISLAND
26. Einen Walschwanz aus dem Meer auftauchen sehen

Wann: April bis September
Breite: 66,0500° N
Länge: 17,3167° W

Nur wenige Natursehenswürdigkeiten können es mit dem Anblick aufnehmen, der sich uns darbietet, wenn ein Koloss der Tiefe aus den unberührten Fluten der Grönlandsee auftaucht.

In der Sommersaison werden vom Fischereihafen Húsavík aus Bootstouren zur *Skjálfandi-Bucht*, dem europäischen Walbeobachtungsmekka, angeboten. In den isländischen Gewässern leben etwa 24 Walarten. Im Winter sind die Walbeobachtungstouren seltener, dafür hast du die Chance, das Nordlicht zu sehen.

NÖRDLICHE HEMISPHÄRE 90°N bis 60°N

▶ REYKJAVÍK, ISLAND
27. Die außergewöhnliche Hauptstadt
Wann: Ganzjährig
Breite: 64,1333° N
Länge: 21,9333° W

Reykjavík ist eine ganz besondere Hauptstadt. Vom einer Rakete gleichenden Turm der *Hallgrímskirkja* kann man all ihre Ränder auf einmal sehen. Wer einen Blick auf das Stadtzentrum wirft, entdeckt dort ein kurioses Patchwork aus bunten Dächern.

Die einzigartige *Hallgrímskirkja* in Reykjavík

ISLÄNDISCHE KÜSTE
28. Rund um Island
Wann: Sommer
Breite: 64,1333° N
Länge: 21,9333° W

Island ist anders: Geysire, dampfende Naturbäder, Lavafelder, Wasserfälle, Vulkane und Gletscher begegnen uns auf Schritt und Tritt, beispielsweise auf der Ringstraße, die auf 1340 Kilometern grob der Küste folgt. Sie führt durch eine mit Steinblöcken übersäte arktische Einöde oder vorbei an grünen Flächen mit Grasbüscheln und um natürliche Häfen sowie tief eingeschnittene Fjorde, Halbinseln und Inseln herum, von denen viele mit Ausnahme von Seevogelschwärmen keine Bewohner haben.

Aber auch viele Abenteuer warten auf dich: eine Wanderung durch vulkanische Röhren, Vogelbeobachtung auf den Fjorden, Walbeobachtung auf hoher See oder ein Tölt-Ritt durch die Tundra auf einem Islandpferd.

▶ ISLAND
29. Ein Bad in einer blauen Lagune
Wann: Ganzjährig (besonders Winter)
Breite: 63,8441° N, **Länge:** 22,4383° W

Die *Blaue Lagune* ist ein riesiges Thermalfreibad inmitten sagenumwobener Lavafelsen auf der Reykjanes-Halbinsel 39 Kilometer von Reykjavik, dessen Wasser aus einem nahe gelegenen Geothermalkraftwerk stammt. Die Blaufärbung wird durch die im Wasser enthaltene Kieselsäure verursacht. Steige ins 37 bis 42 °C warme Wasser, und du wirst seine entspannende Wirkung spüren.

Die wunderschöne Blaue Lagune in Island

NÖRDLICHE HEMISPHÄRE 90°N bis 60°N

SKAFTAFELL, ISLAND
30. Blautöne
Wann: Nur im Winter
Breite: 64,0160° N
Länge: 16,9720° W

▼ JUKKASJÄRVI, SCHWEDEN
31. Ein Hotel, das am Ende der Saison dahinschmilzt
Wann: Dezember bis April
Breite: 67,8497° N
Länge: 20,5944° O

Der *Vatnajökull* bedeckt mehrere Bergtäler. Im Winter, wenn die Gletscherflüsse abschwellen, kannst du dort die Eishöhlen, die sich jedes Jahr neu bilden, und die durch das Gletschereis schillernden atemberaubenden Blautöne des Wassers bestaunen.

Jahr für Jahr entsteht im nordschwedischen Jukkasjärvi aus dem Schnee und Eis des Torneälv in zwei Monaten ein Eishotel, und nach fünf Monaten fließt sein Schmelzwasser wieder in denselben Fluss zurück. Alles im Hotel besteht aus Eis oder aus »Snis«, einer Mischung aus Schnee und Eis. Kein Zimmer gleicht dem anderen, denn diese werden von Künstlern gestaltet, die bei einem Wettbewerb die vordersten Plätze belegt haben.

Die Temperaturen im Hotel dürfen 0 °C nicht überschreiten und bewegen sich meist um -5 °C, doch in Rentierfelle und einen unter arktischen Bedingungen getesteten Schlafsack gehüllt schläft es sich wohlig warm.

Lotta Lampa und Julia Gamborg Nielsen ließen sich von Michael Endes *Momo* zu ihrer »Künstlersuite« im Eishotel im nordschwedischen Jukkasjärvi inspirieren

NÖRDLICHE HEMISPHÄRE 90°N bis 60°N

BAUMHOTEL, HARADS, SCHWEDEN
32. Süße Träume in den Baumwipfeln
Wann: Ganzjährig
Breite: 66,0667° N
Länge: 20,9833° O

Im *Baumhotel Schweden* findest du mitten im Kiefernwald des Luletals traumhafte moderne Unterkünfte, die auch noch nachhaltig sind. Die »Baumzimmer« mit Glasfront bieten Ausblick auf Wald und Fluss, und im »Spiegelwürfel« genießt du einen 360-Grad-Rundumblick.

ABISKO–HEMAVAN, SCHWEDEN
33. Auf Skiern über den Polarkreis
Wann: Winter
Breite: 69,3500° N
Länge: 18,8167° O

Absolviere auf Langlaufskiern ein Teilstück des *Kungsleden* (»Königspfads«), des bekannten Fernwanderwegs, der über 435 Kilometer von Abisko nach Hemavan führt. Für diese Skiwanderung durch die weite Wildnis und die imposante weiße Tundralandschaft solltest du über ausreichend Langlauferfahrung verfügen.

GANZ KANADA
34. Die bestgekleideten Polizisten der Welt
Wann: Ganzjährig
Breite: 62,4422° N
Länge: 114,3975° W (NW-Territorien)

Es bestehen kaum Zweifel, dass Kanadas berittene Polizisten, die »Mounties«, mit ihren breitkrempigen Stetsons, scharlachroten Jacken und den leuchtend gelben Blitzen seitlich an den Hosenbeinen, der bestgekleideten Polizei der Welt angehören. Du darfst ruhig näher treten und ihm die Hand schütteln – das macht Spaß.

SHETLANDINSELN, SCHOTTLAND UND WELTWEIT
35. Mit dem Rad durch den Kontinent
Wann: Ganzjährig
Breite: 60,5400° N
Länge: 1,3843° W (Shetland-Inseln)

Europa, die Heimat des Radsports, hält einige echte Herausforderungen für dich bereit: den 6000 Kilometer langen Nordseeküsten-Radweg, der von den Shetlandinseln durch Schottland, England, Belgien, die Niederlande, Deutschland und Dänemark nach Schweden und Norwegen führt, die Route des Eisernen Vorhangs von der norwegisch-russischen Grenze an der Barentssee bis zur türkischen Schwarzmeerküste, oder eine Route an den drei Flüssen Loire, Rhein und Donau entlang von St. Nazaire in Frankreich bis nach Konstanza (Constanța) in Rumänien am Schwarzen Meer. Grenzen setzt dir allein deine Fantasie.

MAINLAND (SHETLAND), WHITBY UND BRIGHTON, UK
36. Die weltbesten Fish & Chips
Wann: Ganzjährig
Breite: 60,3960° N
Länge: 1,3510° W

Überall in Großbritannien findest du tolle »Chippies« (Fish-and-Chips-Buden), aber besonders zu empfehlen ist das *Frankie's* in Brae auf der Shetlandinsel Mainland. Das *Magpie Cafe* in Whitby in Yorkshire wird für seinen frischen Fisch, insbesondere die Seezunge mit Zitrone, in höchsten Tönen gelobt, während du in Brighton an der englischen Südküste unbedingt die Fish 'n', Chips von Palm Court zum Mitnehmen versuchen solltest.

NÖRDLICHE HEMISPHÄRE 90°N bis 60°N

DENALI-NATIONALPARK, ALASKA, USA
37. Die Raubtiere Alaskas
Wann: Mai bis September
Breite: 63,3333° N
Länge: 150,5000° W

Im *Denali-Nationalpark* kannst du als typische Tiere Grizzlybär, Karibu (Rentier), Grauwolf, Elch und Dall-Schaf (Alaska-Schneeschaf), die »Big Five« der Nordhalbkugel, beobachten. Seinen Namen verdankt der Park seinem krönenden Abschluss, dem mit 6190 Metern höchsten Berg Nordamerikas, dem Denali, der bis 2015 als Mount McKinley bekannt war.

Nordöstlich des Denali liegt der auch als »Bärenkreuzung« bekannte Sable Pass, wo du in offener Tundra die beste Gelegenheit hast, Grizzlybären auf Beerensuche zu erspähen. Auch für die Beobachtung von Karibus ist diese Kreuzung ein geeigneter Ort.

Der graue Wolf ist viel vorsichtiger, und so erfordert seine Beobachtung eine bessere Tarnung und List. Eine seiner Nahrungsquellen, z. B. die Karibus am Sable Pass, könnte ein guter Ausgangspunkt für deine Suche sein.

Da die braunen, erdigen Farbtöne der Elche perfekt zu ihrem waldreichen Lebensraum passen, suchst du am besten nach etwas, das sie fressen, wie Sträucher, Baumnadeln oder Blätter. Oder halte Ausschau nach einem Geweih, das aus den schimmernden Seen des Parks ragt.

Was die Dall-Schafe mit den kunstvoll geschwungenen Hörnern betrifft, gibt es nur einen Tipp: Schau nach oben. Die trittsichere in Alaska heimische Spezies streift gern auf Nahrungssuche über die hohen Bergrücken mit ihrer üppigen alpinen Vegetation.

Ein Grizzly im *Denali-Nationalpark* in Alaska

VON WHITEHORSE NACH DAWSON CITY, KANADA
38. Mit dem Kanu auf dem Yukon River
Wann: Mai bis September
Breite: 60,7167° N
Länge: 135,0465° W

Im Herzen von Alaska durchbricht der Yukon auf seiner 3218 Kilometer langen Reise von den Bergen Kanadas zum Beringmeer ein uraltes Gebirge. Diese mächtige Wasserstraße lockt mit einigen der schönsten Kanufahrten der Welt.

Du kannst deine Kanutour an vielen Stellen beginnen, doch von besonderem historischem Reiz sind die 740 Kilometer von Whitehorse nach Dawson City, für die du auch kein speziell guter Kanute sein musst. Die Tour dauert etwa drei Wochen, nachts campst du auf den Sandbänken am Ufer.

Tagsüber paddelst du an verlassenen Siedlungen aus der Zeit des Goldrauschs vorbei. Halte Ausschau nach Wildtieren, zum Beispiel Weißkopfseeadlern, Schwarzbären und Grizzlys. Übe dich aber auf dem Lake Laberge in besonderer Vorsicht, denn dort wehen nicht selten starke Winde, und die Bewältigung der Five Finger Rapids, wo sich der Fluss in fünf Stromschnellen teilt, erfordert Mut. Schließlich erreichst du Dawson City und kannst über die Uferpromenaden der gut erhaltenen historischen Stadt, die einst im Zentrum des Goldrauschs lag, flanieren.

NÖRDLICHE HEMISPHÄRE   90° N bis 60° N

VON ANCHORAGE NACH NOME, ALASKA, USA
39. Das härteste Hundeschlittenrennen der Welt
Wann: Erster Samstag im März
Breite: 61,2167° N
Länge: 149,9000° W (Anchorage)

Das *Iditarod* ist das längste und prestigeträchtigste Hundeschlittenrennen der Welt und führt auf mehr als 1850 Kilometern durch schneebedeckte Weiten und Gebirgslandschaften von Küste zu Küste. Die Musher (Hundeschlittenlenker) haben unterwegs mit Schneestürmen, langen Nachtstunden und Temperaturen weit unter dem Gefrierpunkt zu kämpfen. Die Männer und Frauen mit ihren Huskies, die es Jahr für Jahr mit der unbarmherzigen Natur aufnehmen und die lange Tradition des Hundeschlittenfahrens in Alaska weiterführen, verdienen großen Respekt.

ALASKA, USA
40. Digitale Entgiftung
Wann: Mai bis August
Breite: 67,7833° N
Länge: 153,3000° W

Entfliehe der Stadt, genieße die digitale Stille und finde im wildesten Naturschutzgebiet der USA, dem *Gates-of-the-Arctic-Nationalpark*, zu den elementaren Dingen im Leben zurück.

COOPER LANDING, ALASKA, USA
41. Trophäenfischfang
Wann: Juni bis Oktober
Breite: 60,4905° N
Länge: 149,7945° W

Der Kenai, ein Fluss in Alaska, ist weltberühmt für seine Riesenfische: 1985 wurde hier der größte je belegte Lachs mit einem Gewicht von 44 kg gefangen. Spüre das Zucken des Fisches an der Leine und freue dich beim Einholen auf deine Trophäe: Die Silberlachse steigen im September den Kenai zum Laichen hinauf.

BARROW, ALASKA, USA
42. 24 Stunden hellwach
Wann: Mai bis August
Breite: 71,2956° N
Länge: 156,7664° W

Anfang Mai geht die Sonne in Barrow zum letzten Mal unter, und am nördlichsten Punkt der USA beginnt eine Zeit des ununterbrochenen Tageslichts, die beinahe neunzig Tage dauert. Alternativ kannst du Barrow auch zwischen November und Januar besuchen, wenn die Sonne gar nicht aufgeht.

LOWER HERRING BAY, ALASKA, USA
43. Die See schäumt
Wann: Frühling
Breite: 60,3844° N
Länge: 147,7997° W

Die See schäumt milchig weiß, wenn sich alljährlich Tausende von Heringen in der Lower Herring Bay zum Laichen sammeln. Schau den Seevögeln, Adlern, Bären und Wölfen zu, die von der Ankunft der Heringe Wind bekommen haben und sich nun am schmackhaften Fischrogen gütlich tun.

NÖRDLICHE HEMISPHÄRE 90°N bis 60°N

VON PRUDHOE BAY IN ALASKA (USA) NACH USHUAIA IN ARGENTINIEN
44. Mit diesem Roadtrip bist du unschlagbar
Wann: Ganzjährig, einige Abschnitte nur während der Trockenzeit passierbar
Breite: 70,3256° N
Länge: 148,7113° W (Prudhoe Bay)

Ein Roadtrip auf der im Guinness-Buch der Rekorde als »längste mit Kraftfahrzeugen befahrbare Straße der Welt« eingetragenen Panamericana ist sicher die aufregendste Art, von der Nord- zur Südspitze des amerikanischen Doppelkontinents zu reisen. Starte an der *Prudhoe Bay* in Alaska und folge der über 30 000 Kilometer langen Route durch siebzehn Länder.

Zuerst führt die Reise von Alaska nach Kanada, dann wahlweise auf einer von zwei Schnellstraßen, die als Teil der Panamericana gelten, durch die USA bis zur mexikanischen Grenze. Weiter geht es durch die Länder Mittelamerikas, bevor du in Panama auf die letzte Lücke, den *Tapón del Darién*, triffst.

Setze dich in Kolumbien wieder ans Steuer und fahre weiter nach Süden durch Ecuador, Peru, Chile und Argentinien. Nach der Durchquerung der atemberaubenden Wildnis Patagoniens erreichst du das faszinierende Feuerland.

Die Fahrt ist nicht schwierig, aber du brauchst für die ganze Strecke mindestens achtzehn Monate. Bei kürzeren oder längeren Zwischenhalten kannst du neue Orte entdecken und die Menschen besser kennenlernen.

Der *Dalton Highway* in Alaska, Ausgangspunkt des längsten Roadtrips der Welt

Ein Braunbär in Alaska auf Lachsfang (siehe Seite 101)

2. KAPITEL
NÖRDLICHE HEMISPHÄRE
von 60° Nord bis 45° Nord

NÖRDLICHE HEMISPHÄRE 60°N bis 45°N

▼ ST. PETERSBURG, RUSSLAND
45. Der Glanz der russischen Architektur
Wann: Ganzjährig
Breite: 59,9342° N
Länge: 30,3350° O

Das unter Peter dem Großen als monumentales Denkmal für die Macht Russlands aus dem Boden gestampfte St. Petersburg ist mit seinen Palästen und Kathedralen eine Augenweide für Architekturliebhaber. Die Zwiebelkuppeln der *Auferstehungskirche* scheinen aus einer anderen Zeit zu stammen, und in der *Eremitage*, zu der auch der Winterpalast, die Zarenresidenz, gehört, kann man eine gefühlte Ewigkeit verbringen. Das *Russische Museum* vereint das Beste aus der russischen Kunst und Kultur, und im *Mariinsky-Theater* kannst du dir Ballett und Oper vom Feinsten ansehen.

KRUTINNA (KRUTYNIA), POLEN
46. Europas schönste Kajaktour
Wann: Ganzjährig
Breite: 53,6778° N
Länge: 21,4302° O

Eine Kajaktour auf einem der beschaulichsten Flüsse Europas, der Krutinna, mit ihren 109 Kilometern voller Abwechslungen genießt unter Paddlern Kultstatus. Die Tour führt durch 20 Seen und sechs Naturschutzgebiete sowie an einem Wildtierzentrum und einem zum Besuch einladenden Kloster vorbei.

Die mächtige *Isaakskathedrale* in St. Petersburg

NÖRDLICHE HEMISPHÄRE 60°N bis 45°N

TALLINN, ESTLAND
47. Ändere für ein Jahr deinen Lebensstil
Wann: Ganzjährig
Breite: 59,4370° N
Länge: 24,7536° O

Die Altstadt der estnischen Hauptstadt Tallinn eignet sich hervorragend für einen Perspektivenwechsel durch einen längeren Aufenthalt.

Einige Sehenswürdigkeiten sollte kein Besucher der Stadt verpassen. In der *Nikolaikirche* kannst du den gruseligen Totentanz des Lübecker Künstlers Bernt Notke bestaunen, und das *Museum der Okkupationen* gibt einen erschütternden Einblick in die tragische und komplexe Geschichte des Landes. Besuche auch die guten Restaurants am Platz vor dem gotischen Rathaus und im Spätherbst den charmanten Weihnachtsmarkt.

Unter den unkomplizierten Esten lässt es sich gut leben, und wenn sie aus sich herausgehen, kommt richtig Stimmung auf.

HIIUMAA, ESTLAND
48. Kayak-Kreuzfahrt mit Übernachtung am Strand
Wann: Ganzjährig
Breite: 58,9239° N
Länge: 22,5919° O

Die kleinen Inseln vor Hiiumaa, eines der bestgehüteten Geheimnisse Europas, besuchst du am besten im Kajak. Übernachte nach einem tollen Tag auf See auf dem Strandcampingplatz am Südende von Hiiumaa.

SCHWEDEN
49. Die Freiheit des Wildcampens
Wann: Ganzjährig
Breite: 59,3878° N
Länge: 18,7358° O

Allemansrätten, das Jedermannsrecht, ist in Schweden im Grundgesetz verankert und macht Wildcampen hier praktisch zur Pflicht. Natürlich bestehen dabei durch die Vernunft gebotene Regeln, die Sicherheit und Schutz der Umwelt sowie des Privatgrunds sicherstellen sollen, aber sonst kannst du dich gehen lassen. Starte deinen Wildcamperurlaub an den leicht zugänglichen Sandstränden des Stockholmer Schärengartens.

STOCKHOLM, SCHWEDEN
50. Einen Lovesong schreiben
Wann: Ganzjährig
Breite: 59,3325° N
Länge: 18,0647° O

Ein selbst geschriebener Song für jemanden, den man liebt, ist als romantische Geste kaum zu überbieten. Lass dich von Stockholm inspirieren, denn hier kam Max Martin, der mit über 50 US-Top-Ten-Hits erfolgreichste Songwriter der Welt, zur Welt.

NÖRDLICHE HEMISPHÄRE 60° N bis 45° N

◀ ROGALAND, NORWEGEN
51. Mutiger Blick in den Abgrund
Wann: Ganzjährig (je nach Wetter)
Breite: 59,0337° N
Länge: 6,5930° O

Eingekeilt in einer Felsspalte des Kjerag-Plateaus in Rogaland, Norwegen, schwebt der *Kjeragbolten* etwa 1000 Meter über dem Lysefjord. Du erreichst ihn nach einer schönen Wanderung ohne Kletterausrüstung.

STAVANGER, NORWEGEN
52. Die schlafende Riesin
Wann: Ganzjährig
Breite: 58,9633° N
Länge: 5,7189° O

2015 stellten die französischen Künstler Ella et Pitr das größte Freilichtgemälde der Welt fertig. Das 21 000 Quadratmeter große Kunstwerk auf den aneinander grenzenden Dächern von Industriegebäuden in Stavanger stellt die schlafende Lilith dar.

OSLO, NORWEGEN
53. Geisterjagd in einem verwunschenen Schloss
Wann: Ganzjährig
Breite: 59,9067° N
Länge: 10,7361° O

Die Geschichte der mittelalterlichen *Festung Akershus* in Oslo, die später als Landesgefängnis und Hinrichtungsstätte diente, ist lang und blutgetränkt. Da es als eines der unheimlichsten Spukschlösser der Welt gilt, solltest du dich auf mehr als nur die fantastische Aussicht vom Wall gefasst machen.

BILLUND, DÄNEMARK
54. Die ganze Welt in einer Stunde
Wann: März bis Oktober
Breite: 55,7356° N
Länge: 9,1261° O

Eine Themenwelt des ältesten Legolands der Welt in der Nähe der ersten Lego-Fabrik in Dänemark ist das *Miniland*. Hier kannst du die Welt en miniature aus Millionen von Legosteinen bestaunen.

DORNOCH, SCHOTTLAND, UK
55. Träum süß im uralten Schloss …
Wann: Ganzjährig
Breite: 57,8803° N
Länge: 4,0283° W

Beziehungsweise in der Schule, dem Gefängnis, dem Gerichtsgebäude oder dem Jagdschloss, denn all dies war die um 1500 errichtete Burg *Dornoch Castle* im Laufe ihrer Geschichte. Mittlerweile wurde die Burg zum Hotel mit viel Schlosscharme umfunktioniert, und du kannst hier ein Turmzimmer mit Himmelbetten und einem großen Steinofen buchen.

SCHOTTLAND, UK
56. Die gälische Kultur Schottlands entdecken
Wann: Ganzjährig
Breite: 57,5400° N
Länge: 7,3573° W

Die Äußeren Hebriden haben viel zu bieten: die 5000 Jahre alten *Callanish*, die größte bekannte Steinformation der Megalithkultur, eisenzeitliche Behausungen, ein Schloss aus dem Mittelalter und die gälisch sprechenden Inselbewohner, die das keltische Erbe mit Stolz bewahren. Erkunde die Inseln mit den markanten Bergen, Moorlandschaften, goldenen Sandstränden und 2000 Seen (Lochs) auf eigene Faust.

Der *Kjeragbolten*, ein Felsblock in einer Spalte des Kjeragplateaus im norwegischen Rogaland

NÖRDLICHE HEMISPHÄRE 60°N bis 45°N

VON INVERNESS CASTLE, SCHOTTLAND, UK
57. Eine atemberaubende Fahrt an der Küste Schottlands

Wann: Ganzjährig
Breite: 57,4763° N
Länge: 4,2256° W

Am besten erkundest du Schottland auf einer Rundfahrt mit dem Auto auf der *North Coast 500*, einer Ferienstraße, die an der Nordküste des Landes entlangführt.

Auf deiner Fahrt zeigt dir Schottland, was es an Landschaft, Essen, Trinken und Kultur Außergewöhnliches zu bieten hat, und zugleich reist du durch die Zeit. Du startest beim Wahrzeichen der geschäftigen Stadt Inverness, der Höhenburg Inverness Castle, deren erster Vorgänger hier schon vor mehr als 900 Jahren stand.

Von hier aus geht es durch das westliche Hochland und anschließend auf kurvenreicher Straße über den Pass Bealach na Bà nach Applecross. Auf der Fahrt an der spektakulären Westküste entlang nach Norden erreichst du etwa auf halber Strecke das pittoreske Küstenstädtchen Ullapool, wo der wildeste Abschnitt der *North Coast 500* beginnt, der durch eine sehr dünn besiedelte Gegend führt. Auf die früheren Bewohner der Gegend verweisen 20 000 Jahre alte Eisbärenschädel, die in Höhlen unweit der Straße, den Bone Caves, gefunden wurden.

Weiter nördlich an der Westküste liegt der Hafenort Lochinver, in dessen Nähe du die unberührten weißen Sandstrände von Achmelvich Beach besuchen solltest. Das Hermit's Castle gilt als eine der kleinsten Burgen Europas. Auf deiner Weiterfahrt überquerst du die in einer Kurve verlaufende Kylesku-Brücke und entdeckst wenig später auf einer Halbinsel im Loch Assynt die Ruine von Ardvreck Castle, einer Burg aus dem 16. Jahrhundert. Darauf biegt die Straße nach Osten ab und bringt dich die lange Nordküste Schottlands entlang nach John o' Groats. Zum Schluss führt die Rundreise zum Märchenschloss Dunrobin und zurück nach Inverness.

Eine der schönsten Küstenstraßen der Welt in der Nähe von Inverness

Ein nackter Bungeejumper in Sigulda, Lettland

▲ SIGULDA, LETTLAND
58. Nackt in die Tiefe springen
Wann: Ganzjährig
Breite: 56,9632° N
Länge: 23,7485° O

Bungeejumping lässt den Adrenalinspiegel in die Höhe schießen, aber aus den leuchtend gelben Gondeln der Sigulda-Seilbahnen hoch über der Gauja in die Tiefe zu springen – echte Draufgänger natürlich nackt – gibt dir den ultimativen Kick

TURAIDA, LETTLAND
59. Ein heidnisches Symbol in Eisen hämmern
Wann: Ganzjährig
Breite: 57,1804° N
Länge: 24,8404° O

In Turaida (von Tarapita, dem livischen Wort für »Gottesgarten«) erwartet dich eine imposante, sorgfältig rekonstruierte mittelalterliche Burganlage aus Backstein. Den Höhepunkt deines Besuchs bildet die Schmiede, wo dir ein Meister zeigt, wie du heidnische Symbole der Liven in kleine Eisenklumpen prägst.

SKYE, SCHOTTLAND, UK
60. Essen am windgepeitschten Strand
Wann: Ganzjährig
Breite: 57,5312° N
Länge: 6,2289° W

Lerne auf der schottischen Insel Skye mit Mitchell Partridge von Skye Ghillie, wie man von den Felsen aus frische Muscheln fängt und sie über einem Feuer aus Baumharz und getrockneten Blättern gart.

60° N bis 45° N

ARBROATH, SCHOTTLAND, UK
62. **Feine Leckerbissen, wo sie am besten schmecken**
Wann: Ganzjährig
Breite: 56,5614° N
Länge: 2,5857° W

Der geräucherte Schellfisch namens *Arbroath smokie* aus dem kleinen Fischerdorf Arbroath in Schottland gehört zu den Lebensmitteln mit geschützter geografischer Angabe der EU. Eine empfehlenswerte Gastronomietour mit bemerkenswerten lokalen Speisen führt dich von Arbroath nach Bakewell in Derbyshire, England, dessen Torten Berühmtheit genießen, und weiter nach Lissabon ins *Pastéis de Belém* für die gleichnamigen Blätterteigtörtchen.

FORT WILLIAM–MALLAIG, SCHOTTLAND, UK
61. **Fahrt mit dem »Hogwarts-Express«**
Wann: Mai bis Oktober
Breite: 56,8207° N
Länge: 5,1047° W

Der Museumszug *The Jacobite* in den westlichen Highlands von Schottland verkehrt während der Sommertourismussaison auf der 66 Kilometer langen Strecke von Fort William, der größten Stadt der Highlands, zum kleinen Fischerhafen Mallaig an der schottischen Westküste.

Die nostalgische Fahrt im Salonwagen mit Polstersitzen, Vorhängen und Teppichen wird dir bekannt vorkommen, denn das Glenfinnan-Viadukt mit seinen 21 Bögen und Blick auf Loch Shiel gehört zu den markanten Details der Harry-Potter-Filme. Auf der kurvenreichen Strecke fahren seit 1901 Züge talauf und talab.

NÖRDLICHE HEMISPHÄRE 60°N bis 45°N

SCHIEHALLION, SCHOTTLAND, UK
63. Alle über 3000 Fuß hohen schottischen Berge besteigen
Wann: Ganzjährig
Breite: 56,6664° N
Länge: 4,1016° W

In den schottischen Highlands werden Berge, die höher als 914,4 Meter (3000 Fuß) sind, als *Munros* bezeichnet. Nach Angaben des *Scottish Mountaineering Club* gibt es davon genau 282. Etwa 4000 »Munroisten«, die alle bestiegen haben, sind bisher verzeichnet.

Die Besteigung des mit 1344 Metern höchsten, des Ben Nevis, ist nicht ganz einfach und dauert etwa neun Stunden. Einfacher ist der Schiehallion in Perthshire, der so schön kegelförmig ist, dass er 1774 in einem wegweisenden Experiment zur Berechnung der Erdmasse herangezogen wurde. Der am Schiehallion-Experiment beteiligte Mathematiker Charles Hutton erfand zudem in diesem Zusammenhang die Höhenlinien. Der 1083 Meter hohe Berg gilt als einer der am einfachsten zu meisternden Schottlands.

▶ LOCHABER, SCHOTTLAND, UK
64. Ein einzigartiges Paarungsritual
Wann: Ende September bis November
Breite: 56,8198° N
Länge: 5,1052° W

Erlebe eines der beeindruckendsten Wildtier-Spektakel Europas: den wilden, lauten, seit Urzeiten immer gleichen Testosteron-getriebenen Kampf zweier 190-Kilo-Rothirsche, bei dem sie ihre Geweihe ineinander verhaken, um die Damen der Schöpfung zu beeindrucken.

ST. ANDREWS, FIFE, SCHOTTLAND, UK
65. Abschlag auf einem der ältesten Golfplätze der Welt
Wann: April bis Oktober (ganzjährig geöffnet)
Breite: 56,3430° N
Länge: 2,8030° W

Spiele eine Runde auf dem 6721 Yards langen *Old Course* in St. Andrews mit Par 72. Er gilt mit seinen Doppelgrüns und 112 Bunkern als einer der anspruchsvollsten Golfplätze.

WALES, UK
66. Eine Radtour an der walisischen Westküste
Wann: Mai bis September
Breite: 53,2110° N
Länge: 3,0160° W

Die walisische Küste mit ihren wunderschönen kleinen Buchten, schroffen Klippen und unberührten Stränden kann auf dem mehr als 1400 Kilometer langen Fernwanderweg *Wales Coast Path* erkundet werden. Von Chepstow im Süden führt er in acht Abschnitten, die einander in puncto Schönheit und Abwechslung in nichts nachstehen, nach Queensferry im Norden.

Rothirsche in Schottland

NÖRDLICHE HEMISPHÄRE 60°N bis 45°N

EDINBURGH, SCHOTTLAND, UK
67. Die schottische Hauptstadt zu deinen Füßen
Wann: Ganzjährig
Breite: 55,9442° N
Länge: 3,1619° W

Von Edinburghs Hausberg *Arthur's Seat*, einem beliebten Postkartenmotiv, genießt du eine wunderbare Panoramaaussicht auf die schottische Hauptstadt. Der Aufstieg zum Gipfel ist leicht und gehört einfach zu einem Besuch Edinburghs.

EDINBURGH, SCHOTTLAND, UK
68. Auf der historischen »königlichen Meile«
Wann: Ganzjährig
Breite: 55,9532° N
Länge: 3,1882° W

Erkunde auf einem gemütlichen Spaziergang die *Royal Mile*, die zwei tolle Touristenattraktionen verbindet: das *Edinburgh Castle* und *Holyroodhouse*. In der geschichtsträchtigen Flaniermeile laden Restaurants, Pubs und Geschäfte zum Vorbeischauen ein.

NORDIRLAND, UK
69. Fußspuren eines Riesen in Nordirland
Wann: Ganzjährig
Breite: 55,2408° N
Länge: 6,5117° W

Vor mehr als 50 Millionen Jahren ließ ein Vulkanausbruch an der Küste des heutigen Nordirlands 40 000 sechseckige Basaltsäulen aus gehärteter Lava zurück. Heute kannst du über die »Treppe« des *Giant's Causeway* aus einer sagenumwobenen Zeit spazieren. Ein Riese soll sie erbaut haben.

◀ INSEL MULL, SCHOTTLAND, UK
70. TV-Kulisse auf einer kleinen Insel
Wann: Ganzjährig
Breite: 56,6200° N
Länge: 6,0700° W

Die atemberaubende Kulisse von Tobermory auf der schottischen Insel Mull lockte nicht nur Fotografen, sondern auch Fernsehteams in diese abgelegene Ecke. Der kleine Fischerhafen mit seinen bunten, malerischen Häusern am Wasser hatte in einigen britischen TV-Sendungen einen fulminanten Auftritt.

ARGYLL, SCHOTTLAND, UK
71. In Argyll einen Argyle-Pulli stricken
Wann: Ganzjährig
Breite: 56,2500° N
Länge: 5,2500° W

Das schottische Modeunternehmen *Pringle of Scotland* machte das Rautenmuster des Tartans der Campbells auf der ganzen Welt bekannt. Wenn du einen Pullover mit Campbell-Tartan in seiner wunderschönen Heimat selbst stricken (oder auch nur kaufen) möchtest, so kannst du das an der schottischen Westküste tun.

Tobermory auf der schottischen Insel Mull

NÖRDLICHE HEMISPHÄRE 60° N bis 45° N

VON MILNGAVIE NACH FORT WILLIAM, SCHOTTLAND, UK
72. Eine Wanderung durch den Westen der schottischen Highlands

Wann: Ganzjährig
Breite: 55,9421° N
Länge: 4,3137° W

Den besten Eindruck von den schottischen Highlands verschaffst du dir mit einer Wanderung auf dem *West Highland Way* von Milngavie bei Glasgow im Süden bis nach Fort William im Norden.

Der Fernwanderweg führt im Süden durch idyllische Weidelandschaften und später am Fuß der sanft geschwungenen Hügelkette der Campsie Fells entlang. Später genießt du die fantastischen Ausblicke auf den friedlichen Loch Lomond und das raue, einsame Rannoch Moor und schließlich im tief eingeschnittenen Tal zu seinen Füßen ein erstes Mal auf den Gipfel des majestätischen Ben Nevis. Genieße ein wenig die Aussicht auf das Glen-Coe-Tal, und weiter geht es über die Hügel zur glasklaren Perle Loch Leven.

Der *West Highland Way* in Schottland

NÖRDLICHE HEMISPHÄRE   60°N bis 45°N

▼ VON MOSKAU NACH WLADIWOSTOK, RUSSLAND
73. Die längste Bahnreise der Welt
Wann: Ganzjährig
Breite: 55,7733° N
Länge: 37,6564° O

Die Transsibirische Eisenbahn verbindet Moskau im Westen Russlands mit Wladiwostok im Osten. Mit einer Länge von 9288 Kilometern ist es die längste Eisenbahnstrecke der Welt ohne Umsteigen. Du durchquerst auf der Fahrt, die als eine der faszinierendsten gilt, sieben Zeitzonen.

MOSKAU, RUSSLAND
74. Im Bann des Kreml
Wann: Ganzjährig
Breite: 55,7528° N
Länge: 37,6177° O

Einst Zitadelle der Zaren und heute Sitz des russischen Parlaments, der Duma, ist der Moskauer Kreml für viele das Symbol Russlands. Nicht verpassen solltest du die Rüstkammer, in der unter anderem Monarcheninsignien und eine beeindruckende Sammlung von Fabergé-Eiern ausgestellt sind.

Die längste Bahnfahrt der Welt: die Transsibirische Eisenbahn in Russland

NÖRDLICHE HEMISPHÄRE 60° N bis 45° N

▶ MOSKAU, RUSSLAND
75. Moskaus Märchenkirche
Wann: Ganzjährig
Breite: 55,7525° N
Länge: 37,6231° O

Sie sieht aus, als stammte sie aus den Disney-Studios, und ist nicht zu übersehen: Die trotzige *Basilius-Kathedrale* Iwans des Schrecklichen am südlichen Ende des Roten Platzes aus dem 16. Jahrhundert darf wohl als Sinnbild Russlands in der populären Vorstellung gelten.

Moskaus postkartenreife *Basilius-Kathedrale*

MOSKAU, RUSSLAND
76. Weltklasseballett im Bolschoi-Theater
Wann: Ganzjährig
Breite: 55,7558° N
Länge: 37,6173° O

Die vielleicht berühmteste Ballettkompanie der Welt wurde in den 1770er-Jahren gegründet und gehört seit dem frühen 19. Jahrhundert zu den führenden der Welt.
    Das *Bolschoi* genießt den unübertrefflichen Ruf gigantischer, kühner und extravaganter Inszenierungen. Hier, im Epizentrum der Moskauer Kultur, gönnen sich die Oligarchen eine kurze Auszeit, und der Besucher aus anderen Ländern wird das Gefühl nicht los, in einer anderen Zeit gelandet zu sein. Besonders gut zur Geltung kommt das Bolschoi-Ballett in monumentalen, fesselnden Shows zu Blockbustern wie *Don Quichotte* oder *Schwanensee*.

MOSKAU, RUSSLAND
77. Die schönste U-Bahn der Welt
Wann: Ganzjährig
Breite: 55,7750° N
Länge: 37,6542° O (Komsomolskaja)

Zwölf Linien mit 196 Stationen und 328 Kilometern Gleisen bilden das gewaltige U-Bahn-Tunnelsystem der russischen Hauptstadt. Starte an der *Komsomolskaja*, deren palastartige Ausgestaltung mit den 12 Meter hohen Decken die Macht des Sowjetimperiums verkörpert, und bestaune auf deiner Fahrt die aufwendige Bauweise vieler Stationen.

NÖRDLICHE HEMISPHÄRE 60° N bis 45° N

MOSKAU, RUSSLAND
78. Ein Besuch beim Lieblingsromancier
Wann: Ganzjährig
Breite: 55,7500° N
Länge: 37,6167° O

Die russische Hauptstadt mit ihrem spinnwebartigen Geflecht aus Straßen und Gassen diente nicht selten als Schauplatz von Romanen. Näheres dazu erfahren kannst du in den Hausmuseen der berühmtesten Schriftsteller Russlands in Moskau. In dieser Stadt schrieb beispielsweise Leo Tolstoi *Krieg und Frieden*.

NISCHNI NOWGOROD, RUSSLAND
79. Mit Überschall durch die Luft
Wann: Ganzjährig (je nach Wetter)
Breite: 56,3269° N
Länge: 44,0075° O

Rollen, Loops, vertikaler Steig- und Sinkflug, Durchbrechen der Schallmauer und Belastungen bis zu 9 g – all das kannst du in einer MiG-29, einem Kampfflugzeug der russischen Luftwaffe, auf dem Luftwaffenstützpunkt Sokol bei Nischni Nowgorod erleben. Du sitzt hinter einem der erfahrensten Kampfpiloten des Landes im Cockpit, während dir Geschwindigkeit und Kunstflugfiguren den Atem rauben.

MOSKAU, RUSSLAND
80. Eine Galerie für die russische Kunst
Wann: Ganzjährig
Breite: 55,7423° N
Länge: 37,6208° O

Kein Museum der Welt kann eine so umfassende Sammlung russischer Kunst sein Eigen nennen wie die *Tretjakow-Galerie*. Hier sind Meisterwerke aus über einem Jahrtausend ausgestellt. Lasse die 170 000 Werke russischer Künstler, darunter alte Ikonen und impressionistische Gemälde von Walentin Serow wie *Das Mädchen mit den Pfirsichen*, eines der bedeutendsten Werke der Galerie, auf dich einwirken.

KASAN, TATARSTAN, RUSSLAND
81. Ein Besuch in einem anderen Kreml
Wann: Ganzjährig
Breite: 55,8000° N
Länge: 49,1000° O

Viele alte russische Städte nennen einen Kreml ihr Eigen. Einen besonders prachtvollen aus dem 16. Jahrhundert, der auf der Liste des UNESCO-Weltkulturerbes steht, kannst du in der tatarischen Hauptstadt Kasan besuchen. Galerien, Museen, Parks und religiöse Bauten laden hier zum Besichtigen und Flanieren ein.

KOPENHAGEN, DÄNEMARK
82. Das leuchtende Winterwunderland
Wann: April bis September, zu Halloween und zur Weihnachtszeit
Breite: 55,6747° N, **Länge:** 12,5656° O

Verbringe einen wundervollen Tag im 1843 eröffneten zweitältesten Vergnügungspark der Welt, der Walt Disney zu seinem Disneyland inspirierte. Zur Weihnachtszeit, ab Mitte November, verwandeln Tausende von Lichterketten und Laternen den Park in ein wahrhaft magisches Winterwunderland.

ROSKILDE, DÄNEMARK
83. Wikinger für einen Tag
Wann: Ganzjährig
Breite: 55,6500° N
Länge: 12,0833° O

Im *Vikingeskibsmuseet* (Wikinger-Museum) in Roskilde kannst du erleben, wie das Seefahrerleben vor tausend Jahren so war. Hier warten fünf originale Langschiffe und eine funktionierende Werft auf dich, und du darfst sogar an Bord eines Wikinger-Kriegsschiffes die Segel setzen.

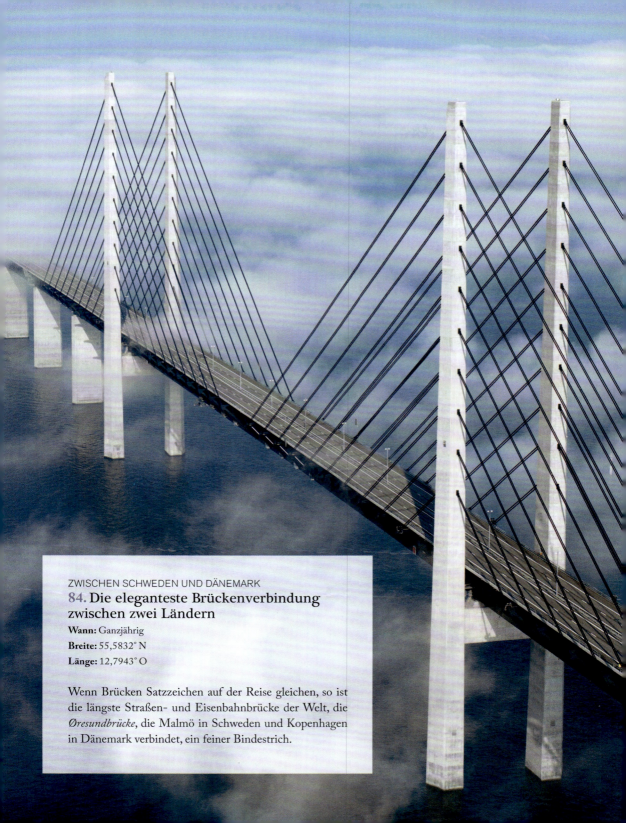

ZWISCHEN SCHWEDEN UND DÄNEMARK
84. Die eleganteste Brückenverbindung zwischen zwei Ländern

Wann: Ganzjährig
Breite: 55,5832° N
Länge: 12,7943° O

Wenn Brücken Satzzeichen auf der Reise gleichen, so ist die längste Straßen- und Eisenbahnbrücke der Welt, die *Øresundbrücke*, die Malmö in Schweden und Kopenhagen in Dänemark verbindet, ein feiner Bindestrich.

Stare vollführen wunderschöne Kunstflugfiguren im dänischen Tønder

▲ TØNDER, JÜTLAND, DÄNEMARK
85. Eine Vogelflugschau in Jütland
Wann: Frühling und Herbst
Breite: 54,9516° N
Länge: 8,8818° O

Erlebe das manchmal als »Schwarze Sonne« bezeichnete fesselnde Naturschauspiel, wenn Hunderttausende Stare mit ihren im Kreis wirbelnden Tänzen den Himmel verdunkeln und den Tag zur Nacht werden lassen.

CUMBRIA, ENGLAND, UK
86. Die Freunde mit Magie verblüffen
Wann: Ganzjährig
Breite: 54,6733° N
Länge: 3,2778° W

Elva Plain ist einer der zahlreichen mystischen Steinkreise in Großbritannien. Da sie aus grauer Vorzeit stammen, lässt sich zu ihnen nicht viel mit Sicherheit sagen, aber sie sind sicher ein passender Ort für Mysteriöses und Magie.

WHITBY, ENGLAND, UK
87. Ein Tag als Goth im Dracula-Land
Wann: April und November
Breite: 54,4858° N
Länge: 0,6206° W

Das *Whitby Goth Weekend* hat sich zu einem der führenden alternativen Musikfestivals gemausert und lockt die exzentrischen und etwas unheimlichen Goths zu Hunderten in die Stadt an der Nordostküste Englands, die Bram Stoker als Inspiration und Kulisse für sein dunkles Meisterwerk *Dracula* diente.

NÖRDLICHE HEMISPHÄRE   60° N bis 45° N

VON KÜSTE ZU KÜSTE IN ENGLAND, UK
88. Die schönsten Ecken Englands auf Schusters Rappen erkunden
Wann: Mai bis September
Breite: 54,4038° N
Länge: 2,1639° W (Streckenhälfte in Keld)

Die Streckenführung des *Coast to Coast Walk* quer durch Nordengland von der Irischen See bis zur Nordsee wurde von Großbritanniens großem Wanderbuchautor Alfred Wainwright ausgearbeitet.

Wie es Brauch ist, tauchst du vor Antritt der Wanderung in St. Bees Head die Schuhe ins Meer. Der *Coast to Coast Walk* führt dich anschließend durch drei Nationalparks: den Lake District mit seinen Bergen und klaren Seen, die Yorkshire Dales mit ihren Trockenmauern und grünen Feldern sowie die North York Moors mit ihren windgepeitschten, weiten Heidelandschaften. Schließlich erreichst du in Robin Hood's Bay die Nordseeküste, wo du deine Wanderschuhe erneut ins Wasser tauchst.

▼ ŠIAULIAI, LITAUEN
89. Ein Hügel voller Kreuze in Litauen
Wann: Ganzjährig
Breite: 56,0154° N
Länge: 23,4142° W

Auf dem *Berg der Kreuze* stehen auf engem Raum über 100 000 Kreuze, Statuen der Heiligen Jungfrau Maria, Jesu und anderer biblischer Personen. Der Besuch dieser geheimnisvollen Stätte ruft dir in Erinnerung, wie sehr die katholischen Litauer während der sowjetischen Besatzung ihre Okkupanten herausforderten.

Der *Berg der Kreuze* bei Šiauliai

NÖRDLICHE HEMISPHÄRE 60°N bis 45°N

NORDIRLAND, UK
90. Einmal rund um Nordirland
Wann: Ganzjährig
Breite: 55,2408° N
Länge: 6,5117° W

Wandere auf dem über 1000 Kilometer langen Mammutrundwanderweg *Ulster Way* durch alle sechs Grafschaften Nordirlands.

Als Ausgangspunkt wählst du am besten den sagenumwobenen *Giant's Causeway* mit seinen aus grauer Vorzeit stammenden steinernen »Treppenstufen«, die an der Nordküste des Landes ins Meer führen. Von hier aus wanderst du im Uhrzeigersinn durch Wälder und die in einem irischen Folksong verewigten grünen Glens of Antrim. In einem der Täler befindet sich der *Glenariff Forest Park* mit seinen schmalen Schluchten und Wasserfällen. Weiter geht es an der Ostküste entlang bis nach Belfast.

In den Mourne Mountains südlich der nordirischen Hauptstadt wanderst du auf Waldwegen und Bergpfaden an den höchsten Gipfeln des Landes vorbei und anschließend im ländlichsten Abschnitt der Wanderung im ebenfalls gebirgigen *Sliabh Beagh* an Seen und Bächen entlang. Weiter geht es zu den Seenlandschaften mit ihren kleinen Inseln im County Fermanagh und den Klippen von Magho, wo dir die Aussicht den Atem verschlägt. Schließlich führt der Fernwanderweg über die Sperrin Mountains im Westen Nordirlands, bevor er nach Norden abbiegt und du wieder zum Ausgangspunkt gelangst.

Der *Giant's Causeway* in Nordirland

NÖRDLICHE HEMISPHÄRE   60°N bis 45°N

LISDOONVARNA, IRLAND
91. Die Liebe fürs Leben finden
Wann: September
Breite: 53,0303° N
Länge: 9,2894° W

Lisdoonvarna ist vielleicht nur eine winzige irische Stadt, darf sich aber mit Recht als Welthauptstadt der Liebe bezeichnen. Schließe dich Tausenden einsamer Herzen an, die hier im September zu einem mehr als 150 Jahre alten, einen ganzen Monat dauernden Heiratsmarkt mit Musik und Tanz zusammenkommen.

NORFOLK, ENGLAND, UK
92. Das langsamste Wettrennen der Welt
Wann: Juli oder August
Breite: 52,7819° N
Länge: 0,5399° O

Seit mehr als 25 Jahren kommt im englischen Congham die Schneckenweltmeisterschaft zur Austragung. Jedes Jahr im Sommer kannst du in diesem kleinen englischen Dorf 200 Schnecken einen Tag lang dabei zusehen, wie sie sich mit ihren Altersgenossen im Schnellkriechen messen.

SNOWDONIA, WALES, UK
93. Ganz Wales zu deinen Füßen
Wann: Ganzjährig
Breite: 53,0917° N
Länge: 3,8026° W

Der höchste Berggipfel in Wales und damit die höchste Erhebung Großbritanniens außerhalb Schottlands ist ein lohnendes Ausflugsziel und auch ohne Fitnesstraining problemlos zu meistern. Von dort genießt du eine atemberaubende Aussicht bis nach Irland, Schottland und England und natürlich auf ganz Wales.

CROAGH PATRICK, MAYO, IRLAND
94. Barfuß zum Gipfel
Wann: Letzter Sonntag im Juli
Breite: 53,7595° N
Länge: 9,6584° W

Irlands heiligster Berg blickt auf eine mehr 5000-jährige Tradition als Wallfahrtsort zurück. Bereits in der Steinzeit, noch lange vor der Ankunft des Christentums in Irland, soll die heidnische Bevölkerung hier das Erntedankfest gefeiert haben. Heute ist die große alljährliche Sommerwallfahrt dem irischen Nationalheiligen St. Patrick gewidmet, der nach der Legende vom Gipfel aus eine Glocke an einer Seite des Berges hinabwarf und damit die Schlangen für immer aus Irland vertrieb.

Pilger steigen gemäß der Tradition barfuß auf den Croagh Patrick, um Buße zu tun. Du musst es ihnen nicht gleichtun und kannst den Berg bei entsprechendem Wetter zu jeder Jahreszeit in gutem Schuhwerk besteigen. Bergsteiger, Archäologen und Naturliebhaber aus der ganzen Welt begleiten die Pilger auf ihrem zweistündigen Weg zum Gipfel.

▶ KANADA
95. Geisterbären
Wann: August bis Oktober
Breite: 53,7267° N
Länge: 127,6476° W

Etwa zehn Prozent der Kermodebären (»Geisterbären«), einer Unterart der Amerikanischen Schwarzbären, haben ein weißes oder cremefarbenes Fell. Die putzigen Bären, die British Columbia zum Tier der Provinz ernannt hat, leben im *Great Bear Rainforest*, besonders viele mit weißem Fell auf Gribbell Island und Princess Royal Island.

Ein Kermodebär auf Princess Royal Island im kanadischen Great Bear Rainforest

NÖRDLICHE HEMISPHÄRE 60°N bis 45°N

WAKEFIELD, ENGLAND, UK
96. Henry Moores Skulpturen in Yorkshire
Wann: Täglich geöffnet (außer 24. und 25. Dezember)
Breite: 53,6140° N
Länge: 1,5671° W

Eines der ersten Dinge, das dir nach dem Betreten des *Yorkshire Sculpture Park* ins Auge fällt, ist ein Schild von Leo Fitzmaurice mit der Aufschrift »ARCADIA«, das auf die Vorstellung vom idyllischen Leben auf dem Land anspielt. Etwas weiter auf deinem Weg durch den Park triffst du auf eine Skulptur des Parkgründers Henry Moore, der als einer der berühmtesten Künstler Yorkshires gilt. Sie gehört zu einer der größten Ausstellungen seiner Bronzen in Europa. Weitere im Park ständig oder vorübergehend ausgestellte Skulpturen stammen von Künstlern wie Barbara Hepworth, Sophie Ryder und Tim Paul.

LIVERPOOL, ENGLAND, UK
97. Ein Besuch bei John Lennon in Woolton
Wann: Ganzjährig (Buchung erforderlich)
Breite: 53,3772° N
Länge: 2,8813° W

Von Juli 1946 bis Mitte 1963 lebte John Lennon, der zusammen mit seinem Jugendfreund Paul McCartney die Welthits der Beatles schrieb, im Haus Nummer 251 der Menlove Avenue.. Heute können Fans auf einer Führung den Ort erkunden, an dem eine Legende heranwuchs. Du kannst auch mit dem Bus der *Beatles Magical Mystery Tour* zu vielen wichtigen Orten in der Bandgeschichte fahren.

DUBLIN, IRLAND
98. Genuss ist lokal
Wann: Ganzjährig
Breite: 53,3498° N
Länge: 6,2603° W

Mit einer Studie untersuchte man kürzlich, warum Guinness in Irland besser schmeckt, und identifizierte mehrere Schlüsselfaktoren. Dazu gehört, dass das Bier durch Reisen in seiner Qualität beeinträchtigt wird und es im Herkunftsland aufgrund seiner hohen Nachfrage frischer getrunken wird. Dasselbe gilt auch für vieles andere, also genieße die lokalen Spezialitäten vor Ort.

Die Bibliothek des *Trinity College* in Dublin

LIVERPOOL, ENGLAND, UK
99. Ein Spaziergang zwischen Eisenmenschen
Wann: Ganzjährig
Breite: 53,4875° N
Länge: 3,0507° W

Another Place ist eine Installation des englischen Bildhauers Antony Mark David Gormley aus 100 lebensgroßen gusseisernen Figuren, die auf drei Kilometern verteilt über Crosby Beach und bis fast einen Kilometer weit draußen im Meer aufgestellt sind. Zuvor in Deutschland bei Cuxhaven, in Norwegen und in Belgien ausgestellt, regen sie heute als Wahrzeichen der Gegend zum Nachdenken über die Beziehung zwischen Mensch und Natur an.

LIVERPOOL, ENGLAND, UK
100. Auf den Spuren der Beatles
Wann: Ganzjährig
Breite: 53,4061° N
Länge: 2,9872° W (Cavern Club)

Die Beatles nahmen mehr als 300 Titel auf. Höre sie dir alle an, wo alles begann, nämlich in Liverpool, und besuche auf einem Spaziergang durch die Stadt unter anderem den *Cavern Club*, die Geburtsstätte der Band sowie von *Penny Lane* und *Strawberry Field*.

▲ DUBLIN, IRLAND
101. Sich beim Schmökern vergessen
Wann: Ganzjährig
Breite: 53,3453° N
Länge: 6,2578° W

Das *Trinity College* ist eine der renommiertesten Universitäten Europas. Zu den Beständen seiner Bibliothek gehört auch das *Book of Kells* mit seinen einzigartigen Buchmalereien aus dem 8. oder 9. Jahrhundert. Du kannst es gegen Eintrittsgeld besichtigen. Falls du nicht am Trinity College studierst, hast du nur Zutritt zur legendären Alten Bibliothek (*Long Room*), wenn du nachweisen kannst, dass das von dir gesuchte Werk nicht anderswo für dich zugänglich ist.

LOUGH CORRIB, IRLAND
102. Eine Insel für jeden Tag
Wann: Ganzjährig
Breite: 53,4333° N
Länge: 9,2333° W

Der Sage nach gibt es im wunderschönen Lough Corrib in Irland 365 Inseln – eine für jeden Tag im Jahr. Dass du das für eine Übertreibung halten könntest, sei dir verziehen, aber in Wirklichkeit sind es noch viel mehr, nämlich 1327.

Die mit Süßwasserseen gespickte Westküste Irlands wird manchmal wie die gleichnamige Seenlandschaft in Nordengland auch als *Lake District* bezeichnet. Der Lough Corrib ist mit einer Fläche von 176 Quadratkilometern der größte See und darf auch als stimmungsvollster gelten. An seinem Ufer findest du auch einige der besten Angelplätze Europas.

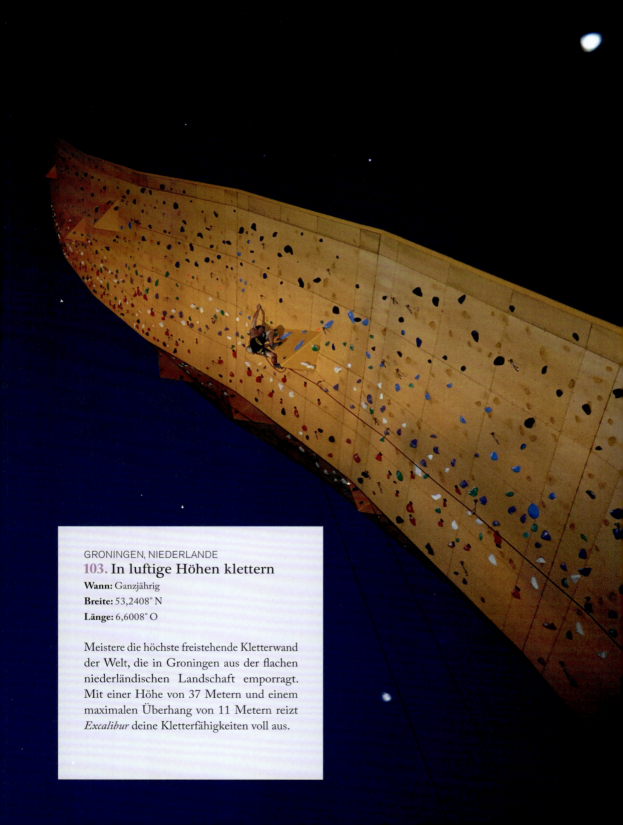

GRONINGEN, NIEDERLANDE
103. In luftige Höhen klettern
Wann: Ganzjährig
Breite: 53,2408° N
Länge: 6,6008° O

Meistere die höchste freistehende Kletterwand der Welt, die in Groningen aus der flachen niederländischen Landschaft emporragt. Mit einer Höhe von 37 Metern und einem maximalen Überhang von 11 Metern reizt *Excalibur* deine Kletterfähigkeiten voll aus.

NÖRDLICHE HEMISPHÄRE   60° N bis 45° N

Der Krumme Wald bei Nowe Czarnowo in Polen

GANZ GROSSBRITANNIEN
104. Sich einfach treiben lassen
Wann: Ganzjährig
Breite: 51,5000° N
Länge: 0,1167° W

Bei der Transzendentalen Meditation entspannt sich der Praktizierende durch Wiederholung eines einzigartigen Mantras. Die Anhänger dieser Meditationspraxis behaupten ferner, sie sei mit gesundheitlichen Vorteilen verbunden. Besuche eines der zahlreichen Zentren in Großbritannien, die Einführungen anbieten.

▲ NOWE CZARNOWO, POLEN
105. Ein Spaziergang im Krummen Wald
Wann: Ganzjährig
Breite: 53,1833° N
Länge: 14,4833° O

Warum die Bäume in diesem Wald mit einem 90-Grad-Knicks im Stamm wachsen, ist nach wie vor ein ungelöstes Rätsel. Ein Ausflug in diesen Wald wird dich zu deinen eigenen Theorien anregen.

SCHLESIEN, POLEN
106. Eine Sandwüste in Polen
Wann: Ganzjährig
Breite: 50,3716° N
Länge: 19,4308° O

Europas größte Sandfläche, die 31 Quadratkilometer große Błędów-Wüste in Polen, ist einfach faszinierend. Erkunde diesen seltsamen Flecken Land, der nur eine Fahrstunde von Krakau entfernt liegt, zu Fuß oder zu Pferd.

ALBERTA, KANADA
107. Mit dem Rad durch die kanadischen Rockies
Wann: Mai bis September
Breite: 52,8731° N
Länge: 118,0822° W (Jasper, nördlichster Punkt)

Die 230 Kilometer lange Radtour auf dem *Icefields Parkway* quer durch Alberta, von Jasper im Norden bis nach Lake Louise im Süden, gilt als eine der schönsten der Welt. Wer sich auf die vier- bis fünftägige Fahrt durch die unberührte Wildnis des zum UNESCO-Weltnaturerbe zählenden Rocky Mountains Nationalparks begibt, wird mit fantastischen Ausblicken auf uralte Eisfelder, Hunderte Gletscher und Wasserfälle, die über schroffe Felswände herabstürzen, die schneebedeckten Gipfel der kanadischen Rockies und tiefblaue Seen inmitten von weiten Tälern belohnt. Und die Tierwelt ist mit Grizzly, Schwarzbär, Wapiti, Elch, Wolf und Steinadler nicht minder spektakulär.

NÖRDLICHE HEMISPHÄRE   60°N bis 45°N

BERLIN-SPANDAU, DEUTSCHLAND
108. Mit dem Boot von Berlin zur Ostsee
Wann: Mai bis September
Breite: 52,5361° N
Länge: 13,2033° O

Wenn du ein paar Tage Zeit hast und dich nach einer entspannten Reise zu Wasser sehnst, ist die 161 Kilometer lange gemächliche Fahrt mit dem Hausboot auf der Havel-Oder-Wasserstraße und der Oder von Deutschlands geschichtsträchtiger Hauptstadt Berlin ins charmante polnische Stettin genau das Richtige für dich. Von Spandau aus führen Wasserstraßen in alle Richtungen, so auch nach Nordosten zur Ostsee.

BERLIN, DEUTSCHLAND
109. Eine Ausstellung eigener Werke
Wann: Ganzjährig
Breite: 52,5233° N, **Länge:** 13,3839° O

Berlin gilt zu Recht als Drehscheibe zeitgenössischer Kunst. Miete hier einen Ausstellungsraum, um deine Gemälde, Fotografien oder andere Kunstwerke auszustellen. Als Inspiration kann dir die *Sammlung Boros* im 1942 errichteten Reichsbahnbunker Friedrichstraße mit seinen zwei Meter dicken Wänden dienen.

KIEL, DEUTSCHLAND
110. Die älteste Flaschenpost der Welt
Wann: Ganzjährig
Breite: 54,3333° N
Länge: 10,1333° O

Wenn du eine Antwort möchtest, gib deine E-Mail-Adresse an. Verständlicherweise fehlte diese in einer Nachricht, die 2014 in einer Flasche in der Ostsee vor Kiel gefunden wurde. Sie war mehr als ein Jahrhundert lang übers Meer getrieben und gilt als die älteste Flaschenpost der Welt.

DEUTSCHLAND
111. Autofahren ohne Tempolimit
Wann: Ganzjährig
Breite: 52,5167° N
Länge: 13,3833° O (Berlin)

Das deutsche Autobahnnetz mit einer Gesamtlänge von 12 996 Kilometern (1. Januar 2018) ist weltberühmt für seine langen Abschnitte ohne Tempolimit für Kraftfahrzeuge, auch wenn eine Richtgeschwindigkeit von 130 Stundenkilometern empfohlen wird.

▶ FLEVOLAND, NIEDERLANDE
112. Spazierfahrt zu den Tulpen
Wann: Mitte April bis Mai (Blütezeit)
Breite: 52,6926° N
Länge: 5,7378° O

Wer mit dem Auto auf der »Tulpenroute« auf der Noordoostpolder unterwegs ist, kann kaum anders, als auszusteigen und durch die Blumenfelder zu laufen, denn rundum nicken ihm auf über 1000 Hektar Fläche Abertausende Tulpen in allen Farben zu.

Auf der »Tulpenroute«
im niederländischen Flevoland

NÖRDLICHE HEMISPHÄRE 60°N bis 45°N

BERLIN, DEUTSCHLAND
113. Die berüchtigtste Mauer der Welt
Wann: Ganzjährig
Breite: 52,5200° N
Länge: 13,4049° O

Die Berliner Mauer, die von 1961 bis 1989 die Stadt und Deutschland in Ost und West teilte, sollte große Abwanderungsbewegungen aus der DDR und dem übrigen Ostblock verhindern. Du kannst zu Fuß oder mit dem Fahrrad auf dem 160 Kilometer langen *Berliner Mauerweg* den gesamten ehemaligen Mauerstreifen um Westberlin entlangwandern oder -fahren. So erhältst du einen guten Eindruck vom Ausmaß des Mammutprojekts, informierst dich an diversen Erinnerungsorten über die Geschichte der Mauer und tust außerdem auch etwas für deine Fitness.

Das berüchtigtste Bauwerk der Welt: die Berliner Mauer

▶ AMSTERDAM, NIEDERLANDE
114. Lebendige Geschichte bei Anne Frank
Wann: Ganzjährig
Breite: 52,3752° N, **Länge:** 4,8840° O

Zwei lange Jahre lebte Anne Frank während des Zweiten Weltkriegs mit ihrer Familie im Hinterhaus des Firmensitzes ihres Vaters und führte ihr berühmtes Tagebuch. Durch einen geheimen Eingang hinter einem Bücherschrank kannst du das 1960 eröffnete Museum im *Anne-Frank-Haus* betreten, um mehr über ihr Leben und ihre Schriften zu erfahren.

Das *Anne-Frank-Haus* in Amsterdam

BERLIN, DEUTSCHLAND
115. Simon Rattle sehen und hören
Wann: Auftrittsdaten sind im Internet zu erfahren
Breite: 52,5200° N
Länge: 13,4049° O

Simon Rattle, der mithin als bester Dirigent der Welt bezeichnet wurde, ist seit 2002 Chefdirigent der Berliner Philharmoniker. Im Sommer 2018 übernimmt er die Leitung des *London Symphony Orchestra*. Das überschäumende musikalische Temperament des Ausnahmedirigenten aus Liverpool ist omnipräsent, wenn er klassische Werke interpretiert.

GROSSER TIERGARTEN, BERLIN, DEUTSCHLAND
116. Textilfrei mitten in der Stadt
Wann: Wenn es warm genug ist …
Breite: 52,5145° N
Länge: 13,3500° O

Im *Großen Tiergarten* in Berlin, der größten Grünfläche der Hauptstadt, kannst du die befreiende Erfahrung des hüllenlosen Sonnenbadens auf den großen Liegewiesen erleben.

NÖRDLICHE HEMISPHÄRE   60°N bis 45°N

DEN HAAG, NIEDERLANDE
117. »Das Mädchen mit dem Perlenohrgehänge«
Wann: Ganzjährig
Breite: 52,0803° N, **Länge:** 4,3142° O

Lass dich im Mauritshuis von der »Mona Lisa des Nordens« verzaubern. Wer stand Vermeer wohl für das Porträt Modell, und warum trägt das Mädchen einen blauen Turban und einen großen Perlenohrring?

COUNTY CORK, IRLAND
118. Der »Stein der Sprachgewandtheit«
Wann: Ganzjährig
Breite: 51,9343° N
Länge: 8,5669° W

Ein Kuss auf den »Stein der Sprachgewandtheit« an der Außenseite des oberen Wehrgangs verleiht dir ungeahnte rhetorische Fähigkeiten. Zumindest will es die Sage so, nach welcher der Erbauer von *Blarney Castle* auf diese Weise beredt einen Rechtsstreit gewann. Steig bis zuoberst auf den Turm und erfreue dich nach einem Kuss auf den Stein deiner neuen Eloquenz.

▶ NIEDERLANDE
119. Amsterdam auf zwei Rädern
Wann: Ganzjährig
Breite: 52,3667° N
Länge: 4,9000° O

Ob Rembrandt und Van Gogh oder Coffeeshops und Nachtleben – die größte Stadt der Niederlande lässt sich am besten pedalend erkunden. Sich auf der Fahrt mit dem Rad an den malerischen Kanälen entlang, vorbei an engen Giebelhäusern oder wackelnden Hausbooten, zu verirren, bereitet geradezu Vergnügen. Überquere alle 80 Kanäle des Amsterdamer Grachtengürtels im Zentrum der Stadt – insgesamt sind es etwa 1500 – und besuche dabei die wichtigsten Sehenswürdigkeiten.

Amsterdam

NÖRDLICHE HEMISPHÄRE 60°N bis 45°N

▶ PEMBROKESHIRE-COAST-NATIONALPARK, WALES, UK
120. Entdecke eine Küstensportart
Wann: Mai bis September
Breite: 51,8812° N
Länge: 5,2660° W (St. Davids)

Das manchmal als »Seitwärtsbergsteigen« beschriebene *Coasteering* wurde Mitte der Achtzigerjahre in Pembrokeshire an der walisischen Westküste erfunden. Die Coasteerer bewegen sich in Neoprenanzügen die felsige Küste entlang, wobei sie seitwärts klettern, kraxeln, Grotten erkunden, bodysurfen und hin und wieder von Felsvorsprüngen ins kühle Nass springen. Dieser exotische Sport macht der ganzen Familie Spaß.

Coasteering an der Westküste von Wales

DUNGENESS, ENGLAND, UK
121. Ein Besuch in einem postmodernen Gartenparadies
Wann: Ganzjährig
Breite: 50,9193° N
Länge: 0,9652° O

Am Kiesstrand unweit des Kernkraftwerks Dungeness trifft der Reisende unvermutet auf das Paradies des britischen Künstlers, Autors, Bühnenbildners und Filmregisseurs Derek Jarman (1942–1994). »Das Paradies spukt in Gärten, und manchmal sind Gärten Paradiese. Meiner ist so einer«, schreibt er in seinem letzten, posthum erschienenen Buch *Derek Jarman's Garden*. Jarmans Paradies rund um sein letztes Zuhause in Dungeness wird bis heute gepflegt und erweitert. Betrachte den Garten von der Straße aus oder spaziere am benachbarten Strand entlang.

OXFORD, ENGLAND, UK
122. Erweitere deinen Englischwortschatz
Wann: Ganzjährig
Breite: 51,7519° N, **Länge:** 1,2578° W
(Heimat des *Oxford English Dictionary*)

Nimm ein Wörterbuch zur Hand oder downloade die App und lerne jeden Tag ein neues Wort. Beginne mit »pogonophobia« (Pogonophobie), der Angst vor Bärten.

NÖRDLICHE HEMISPHÄRE 60°N bis 45°N

SKELLIG MICHAEL, KERRY, IRLAND
123. Die Treppe zum Ende des Universums
Wann: Sommer (je nach Wetter)
Breite: 51,7711° N
Länge: 10,5406° W

Luke Skywalker versteckte sich im entlegensten Teil des Universums auf einer zerklüfteten Insel und wird dort in der Schlussszene der siebten Episode der Star-Wars-Saga unter dem Titel *Das Erwachen der Macht*, die 2015 in die Kinos kam, nach langen Jahren entdeckt. Gedreht wurden diese Szenen auf der Insel Skellig Michael, die zwölf Kilometer vor der Küste der irischen Grafschaft Kerry im Atlantischen Ozean aus dem Wasser ragt und zum UNESCO-Weltkulturerbe gehört. Der Zugang zum Gipfel über die steilen Stufen einer Steintreppe ohne Geländer und die steilen Felsen sind allerdings nichts für schwache Nerven.

▼ OSS, NIEDERLANDE
124. Sandburghotel in Oss
Wann: Sommer
Breite: 51,7611° N
Länge: 5,5140° O

Verbringe die Nacht in einer von holländischen Bildhauern gebauten Sandburg in voller Größe – komplett mit Zugbrücke und Türmen. Die märchenhafte Unterkunft wird am Ende des Sommers – wohl mit einem Riesenspaten – wieder abgerissen.

Das Sandburghotel in Oss, Niederlande

NÖRDLICHE HEMISPHÄRE 60° N bis 45° N

START IN THAMES HEAD, ENGLAND, UK
125. Von der Quelle bis zur Mündung
Wann: Ganzjährig
Breite: 51,6943° N
Länge: 2,0297° W

Wandere, laufe oder radle für das volle Naturerlebnis einen Fluss von der Quelle bis zu seiner Mündung ins Meer entlang. Die Themse, der mit 346 Kilometern längste Fluss Englands, eignet sich hervorragend für dieses Unterfangen, denn sie ist überall leicht zugänglich. Auf deiner Ufertour von Thames Head in Gloucestershire über London, das ein Abenteuer für sich ist, nach Essex laden viele schöne Orte zum Verweilen ein.

Die Themse fließt von ihrer Quelle in Thames Head in Gloucestershire (links) durch London (unten) zur Nordsee

NÖRDLICHE HEMISPHÄRE 60°N bis 45°N

RHONDDA, WALES, UK
126. Mit einem walisischen Chor singen
Wann: Ganzjährig
Breite: 51,6159° N
Länge: 3,4175° W

Wales blickt auf eine lange und ruhmreiche Geschichte des Gesangs von uralten Volksliedern über Kohlebergarbeiter-Männerchöre bis zu Tom Jones zurück. Rhondda ist mit seiner über 150-jährigen Chortradition ein guter Ort, um mit einem Chor zu proben.

LONDON, ENGLAND, UK
127. Einen Star küssen in London
Wann: Ganzjährig
Breite: 51,5228° N
Länge: 0,1553° W

Wozu du im echten Leben wohl kaum Gelegenheit hast, das kannst du im Wachsfigurenkabinett *Madame Tussauds* in London mit den Reichen und Berühmten tun. Es besitzt heute Niederlassungen auf der ganzen Welt.

LONDON, NEW YORK, TOKIO
128. Shopping in drei Modetempeln
Wann: Ganzjährig
Breite: 51,5149° N, **Länge:** 0,1445° W
(*Oxford Street* in London)

Die *Oxford Street* in London lockt mit dem strahlenden Dreigestirn der Shopaholics. Wenn du in den Boutiquen, Märkten und Mega-Kaufhäusern dieser drei Shoppingtempel nicht findest, wonach du suchst, dann ist es vielleicht an der Zeit, die Suche aufzugeben.

LONDON, ENGLAND, UK
129. Dein eigenes Bier brauen
Wann: Ganzjährig
Breite: 51,5333° N
Länge: 0,1333° W

Nach einem Tag im *Brewhouse and Kitchen* im Londoner Stadtbezirk Islington kannst du die Kleinbrauerei mit einem Fünfliterfass deiner eigenen Bierkreation verlassen.

LONDON, ENGLAND, UK
130. Ein Innings im »Heimatstadion des Krickets«
Wann: Sommer
Breite: 51,5306° N
Länge: 0,1695° W

Der *Lord's Cricket Ground* verbindet das Althergebrachte – hier schlagen die Batter und werfen die Bowler seit 1814 – dank einer geschmackvollen Rundumerneuerung für 200 Millionen Pfund auf wunderbare Weise mit dem Modernen. Jeder Kricketspieler möchte einmal hier in dieser genuin englischen Umgebung an der St. John's Wood Road spielen.

LONDON, ENGLAND, UK
131. Englische Rechtssprechung live
Wann: Montag bis Freitag
Breite: 51,5158° N
Länge: 0,1019° W

Im historischen Zentralen Strafgerichtshof, meist liebevoll *Old Bailey* genannt, erhielten berühmte Finsterlinge wie Dr. Crippen und die Kray-Zwillinge ihre gerechte Strafe. Die Besuchergalerie ist frei zugänglich.

NÖRDLICHE HEMISPHÄRE 60°N bis 45°N

LONDON, ENGLAND, UK
132. Fußballspielen im Wembley-Stadion
Wann: Je nach Verfügbarkeit
Breite: 51,5560° N
Länge: 0,2795° W

In diesem 800 Millionen Pfund teuren Fußballtempel mit dem 133 Meter hohen Bogen und 90 000 Plätzen zu spielen, ist der Traum jedes Fußballers.

▼ LONDON, ENGLAND, UK
133. Straßenüberquerung im Stil der »vier fantastischen Jungs«
Wann: Ganzjährig
Breite: 51,5367° N
Länge: 0,1830° W

Ein Fußgängerstreifen in der *Abbey Road* unweit der U-Bahn-Station St. John's Wood ist auf dem Cover des Studioalbums *Abbey Road* der Beatles zu sehen und deshalb heute eine Touristenfalle. Ganz in der Nähe der Kreuzung befinden sich auch die Studios, in denen die Schallplatte aufgenommen wurde. Die Fans der *Fab Four* strömen in Scharen hierher und lassen sich beim Überqueren der Straße im selben Stil wie die Beatles ablichten. Auch du kannst ein Foto auf *abbeyroadcrossing.com* hochladen.

Überquerung der *Abbey Road* in London im Fab-Four-Stil

NÖRDLICHE HEMISPHÄRE   60° N bis 45° N

Julia Roberts und Hugh Grant im Film *Notting Hill* in London

▲ LONDON, ENGLAND, UK
134. Bei Julia Roberts und Hugh Grant
Wann: Ganzjährig
Breite: 51,5096° N
Länge: 0,2043° W

Ein Spaziergang durch Londons trendigen Stadtteil Notting Hill vom geschäftigen Markttreiben in der Portobello Road bis zur berühmten blauen Haustür an der Westbourne Park Road 280 ist für Fans des gleichnamigen Films aus dem Jahre 1999 ein Muss.

LONDON, ENGLAND, UK
135. Eine Rede halten im Hyde Park
Wann: Sonntags
Breite: 51,5132° N
Länge: 0,1589° W

Am *Speakers' Corner* kann seit mehr als 150 Jahren jeder seine Meinung kundtun oder sich durch Zuhören eine bilden. Starte hier eine Debatte und tritt in die Fußstapfen von Vorrednern wie den Frauenrechtlerinnen, Karl Marx oder George Orwell.

LONDON, ENGLAND, UK
136. Auf der Suche nach einem Geschichtssouvenir
Wann: Bei Ebbe
Breite: 51,5097° N
Länge: 0,1044° W

Ein Spaziergang am den Gezeiten ausgesetzten Themseufer kann sich für den angehenden Historiker lohnen. Hier entdeckst du womöglich Scherben von Tonpfeifen oder Keramik, Knochen oder gar Feuersteine.

LONDON, ENGLAND, UK
137. Das Londoner Musical-Mekka
Wann: Ganzjährig
Breite: 51,5133° N
Länge: 0,1286° W

Ob die politische Geschichte Frankreichs, der Aufstieg einer Popgruppe zu Weltruhm oder ein Löwe, der nicht König sein will – jede Geschichte wird im Londoner *West End* mit Sängern und Tänzern in tollen Kostümen und mit unvergesslichen Melodien zum Ereignis.

LONDON, ENGLAND, UK
138. Die berühmteste Brücke Londons
Wann: Ganzjährig
Breite: 51,5045° N
Länge: 0,0761° W

Die Baskülen der *London Bridge*, eine ingenieurstechnische Meisterleistung des späten 19. Jahrhunderts, werden auch heute noch dreimal täglich geöffnet, damit Schiffe passieren können. Spaziere vom Londoner Tower aus dem 11. Jahrhundert zum geschäftigen Südufer.

LONDON STUDIOS, ENGLAND, UK
139. Unter Druck Leistung erbringen
Wann: Ganzjährig
Breite: 51,5073° N
Länge: 0,1277° W

Wechsle einmal vom Sofa ins Studio. Dann siehst du selbst, wie du unter Druck reagierst. Das Vorsprechen ist überraschend einfach, und du kannst dabei sogar einen Preis gewinnen, aber vielleicht schaut auch nur ein hochroter Kopf dabei heraus.

LONDON, ENGLAND, UK
140. Freiluftschwimmen in der Hauptstadt
Wann: Ganzjährig
Breite: 51,5073° N
Länge: 0,1277° O

Wer will, kann zu jeder Jahreszeit seine Badesachen packen, in den grünen Londoner Vorort Hampstead fahren und dort mit all den anderen Wasserbewohnern in einem von drei Schwimmbecken plantschen. Eines ist nur für Frauen, das andere nur für Männer, während das dritte beiden Geschlechtern offen steht.

ENGLAND, UK UND WELTWEIT
141. Eine Pflanze aufziehen
Wann: Frühling
Breite: 51,4792° N, **Länge:** 0,2928° W
(Kew Gardens, London)

Die Kraft der Natur leistet Großartiges, wenn sie aus etwas Kleinem etwas Großes entstehen lässt. Du kannst an diesem Wunder teilhaben, indem du selbst ein zartes Pflänzchen heranwachsen lässt.

NÖRDLICHE HEMISPHÄRE 60° N bis 45° N

ENGLAND, UK UND WELTWEIT
142. Bühne frei für dich
Wann: Ganzjährig
Breite: 51,5073° N, **Länge:** 0,1278° W (London)

In Laientheatern auf der ganzen Welt kannst du mit einer kleinen Rolle ausprobieren, wie es sich als Darsteller so anfühlt. Vielleicht willst du danach unbedingt bald wieder auf der Bühne stehen. Also: Hals- und Beinbruch, aber denk dran, kein Wort über *Macbeth* …

LONDON, ENGLAND, UK
143. Den London-Marathon laufen
Wann: Ende April
Breite: 51,5073° N, **Länge:** 0,1277° W

Beim London-Marathon, der in jeglicher Hinsicht zu den größten der Welt zählt, stehen etwa 750 000 Zuschauer an der 42,2 Kilometer langen Strecke und feuern 38 000 Athleten an. Gehe zusammen mit vielen Promis und Teilnehmern in verrückten Outfits an den Start und genieße das laute Anfeuerungsgebrüll, wenn du auf die Ziellinie an der Mall zuläufst.

BRÜGGE, BELGIEN
144. Romantik in Brügge
Wann: Ganzjährig, aber besonders im schummrigen Licht des Winters
Breite: 51,2167° N
Länge: 3,2333° O

Auch in anderen Städten findest du mittelalterliche Gebäude, gepflasterte Straßen und mäandernde Kanäle, aber in keiner verbindet sich all das zu einer so romantischen Atmosphäre wie in Brügge. Die Stadt ist damit wie geschaffen für einen Heiratsantrag oder die Erneuerung des Eheversprechens.

HANNUT, BELGIEN
145. Das fehlende Puzzleteil
Wann: Oktober
Breite: 50,6667° N
Länge: 5,0833° O

Puzzle-Fans aufgepasst: Immer im Oktober kommen die besten Puzzlespieler aus ganz Europa im belgischen Hannut zusammen, um am wohl größten Ereignis in ihrem Jahreskalender teilzunehmen: dem *24-Stunden-Puzzle von Belgien*.

BRÜSSEL UND GANZ BELGIEN
146. Bier, Schokolade und Muscheln
Wann: Ganzjährig
Breite: 50,8503° N
Länge: 4,3517° O

Auf dem Gastromarkt sind die Belgier mit verschiedenen Produkten führend präsent, insbesondere aber mit ihrer heiligen Dreifaltigkeit aus Bier, Schokolade und Muscheln. Dein Besuch in diesem Land wird durch den Genuss einer dieser Leckereien oder besser gleich aller drei enorm bereichert.

LONDON, ENGLAND, UK
147. Olympiageschichte per Fahrrad erleben
Wann: März bis Oktober
Breite: 51,4510° N
Länge: 0,0915° W

Fühle dich im Süden Londons auf dem *Herne Hill Velodrome*, der letzten erhaltenen Sportstätte der Olympischen Spiele von 1948, wie ein Radrennfahrer. Dank Anfängerkursen und tageweisem Fahrradverleih gibt es keinen Grund, warum du nicht über die Strecke sausen solltest.

LONDON, ENGLAND, UK
148. Tennisspielen in Wimbledon
Wann: Ganzjährig
Breite: 51,4387° N
Länge: 0,2052° W

Auch du kannst im heiligen Wimbledon Tennis spielen: auf den Plätzen gleich nebenan im Wimbledon Park. Hier kannst du dich ohne Voranmeldung coachen lassen – am Samstag in der Mitte des Turniers gar manchmal von Wimbledon-Spielern.

LONDON, ENGLAND, UK
149. Mit Fremden dinieren
Wann: Ganzjährig
Breite: 51,4617° N
Länge: 0,1396° W

Die Idee, Fremde zu sich nach Hause zum Essen einzuladen, ist ein Kind des Internetzeitalters. Feinschmecker vernetzten sich über die sozialen Medien mit Gleichgesinnten und gründeten Underground-Supper-Clubs, die ihre gemeinsame Liebe zu feinem Essen und guter Gesellschaft zum Ausdruck brachten. Die britische Szene hat ihren Ursprung in London, und es gibt mittlerweile etablierte Supper-Clubs, deren Dinner-Partys im Internet angekündigt werden.

NÖRDLICHE HEMISPHÄRE 60°N bis 45°N

LONDON, ENGLAND, UK
150. Tourist in der Heimatstadt
Wann: Ganzjährig
Breite: 51,5055° N
Länge: 0,0754° W

Die beinahe 17 Millionen Besucher pro Jahr winken in einer der meistbesuchten Städte der Welt aus den Fenstern des *Buckingham Palace,* steigen auf das Oberdeck eines Busses und lauschen zur vollen Stunde den Glocken des *Big Ben*, aber allein in diesem kleinen Teil Londons gibt es noch so viel mehr zu entdecken. Die meisten wissen beispielsweise nicht, dass sie auf ihrem Spaziergang auf der Mall vom Buckingham-Palast zum Trafalgar Square beim Passieren des *Admiralty Arch* (durch den linken Bogen) nach oben schauen sollten.

Du bräuchtest ein ganzes Leben, um jeden Teil deiner Stadt bis ins Detail kennenzulernen, aber auch wenn du nur an der Oberfläche kratzt, eröffnet sich dir eine völlig neue, faszinierende Welt.

LONDON, ENGLAND, UK
151. Teetrinken de luxe
Wann: Ganzjährig
Breite: 51,5072° N
Länge: 0,1417° W (Ritz Hotel, London)

Der traditionelle, zwischen 15 und 17 Uhr servierte Nachmittagstee ist ein Erlebnis, das du dir nicht entgehen lassen solltest. Leckere Sandwiches, exquisite Kuchen und feines Gebäck mit heißem Tee nach Belieben, serviert in Porzellangeschirr, verkörpern britische Teekultur in Reinform.

LONDON, ENGLAND, UK
152. Du kommst in den Nachrichten
Wann: Ganzjährig
Breite: 51,4992° N
Länge: 0,1247° W

Auch wenn die Wahrscheinlichkeit, dass du einmal als Politiker Schlagzeilen machen wirst, nicht besonders groß ist, kannst du jederzeit versuchen, ihnen das Rampenlicht zu stehlen. Besonders groß ist die Wahrscheinlichkeit, dich in eine Nachrichtensendung zu stehlen, vor dem *House of Parliament* in London, denn es vergeht kaum ein Tag, an dem die Politik hier nicht Schlagzeilen macht.

KENT, ENGLAND, UK
153. Rasante Fahrt auf der Rennstrecke
Wann: Ganzjährig
Breite: 51,3567° N
Länge: 0,2625° O

Setz dich ans Steuer eines Supersportwagens und drehe eine Runde auf der legendären Rennstrecke in Brands Hatch, der Heimat des britischen Motorsports. Sie hat bereits Motorsport-Größen wie Jackie Stewart, Stirling Moss und Ayrton Senna gesehen.

VON MINEHEAD NACH POOLE, ENGLAND, UK

154. Eine Wanderung an Englands Südwestküste

Wann: Ganzjährig
Breite: 51,2038° N
Länge: 3,4738° W (Minehead)

Nur wenige Wanderungen bereiten so viel Freude wie der *South West Coast Path*. Der mit 1014 Kilometern längste englische Fernwanderweg führt von Minehead in Somerset durch Exmoors weite Heidelandschaft am Meer nach North Devon und Cornwall und anschließend an der Südküste zurück nach Devon und Dorset, wo er in Poole endet. Unterwegs kannst du die prächtigen Sonnenuntergänge über den Inseln im Atlantik genießen und beobachten, wie die Seehunde auf den Felsen faulenzen oder Vögel wie Wanderfalken und Zaunammer am Himmel ihre Kreise drehen. Es steht dir frei, die ganze, mehr als einen Monat dauernde Wanderung unter die Füße zu nehmen oder auch nur einen oder zwei der 52 Abschnitte, die manchmal nicht einmal 15 Kilometer lang sind.

NÖRDLICHE HEMISPHÄRE 60° N bis 45° N

NIEDERLÄNDISCHE KÜSTENROUTE, NIEDERLANDE
155. 150 Kilometer pro Tag mit dem Rad
Wann: Ganzjährig
Breite: 51,3333° N
Länge: 3,4833° O (Sluis, Niederlande)

Das dichte Radwegenetz der LF-Routen (*Landelijke Fietsroutes*) verbindet landesweit Städte und Dörfer. Wenn du dir zum Ziel gesetzt hast, jeden Tag mindestens 150 Kilometer zurückzulegen, musst du hierherkommen.

Die Niederländische Küstenroute besteht aus den Radfernwegen LF1 (*Noordzeeroute*) und LF 10 (*Waddenzeeroute*) und hat eine Länge von 570 Kilometern. Erst fährst du immer die malerische Küste entlang über die Inseln Zeelands und durch zahlreiche Badeorte von Sluis nach Den Helder an der Nordspitze der Halbinsel Nord-Holland. Weiter geht es über den in den Zwanzigerjahren erbauten, 32 Kilometer langen Abschlussdeich auf der LF10, die kurz vor Den Helder in Callantsoog beginnt, nach Bad Nieuweschans an der deutschen Grenze.

Die niederländische Küstenroute ist Teil des Nordseeküsten-Radwegs, der durch acht Nordseeanrainerstaaten führt, und dieser wiederum gehört zum EuroVelo-Netz von 14 europäischen Radfernwegen, das im Entstehen begriffen ist und heute etwa 45 000 Kilometer umfasst. Um 2020 wird es seine Endlänge von über 70 000 Kilometern erreicht haben, auf denen du kreuz und quer durch den Kontinent radeln kannst.

◀ BEI KLEWAN, UKRAINE
156. Der »Tunnel der Liebe«
Wann: Am besten April bis September
Breite: 50,7503° N
Länge: 26,0438° O

Tief in den ukrainischen Wäldern bilden die Stämme und Kronen der Bäume, die an einer Bahnstrecke wachsen, einen wohlgeformten grünen Tunnel: ein magisches Werk der Natur, das entstand, weil auf der Strecke nur drei Züge pro Tag verkehren und man die Bäume ungestört wachsen ließ. Schlendere durch diesen zauberhaften Korridor, der als »Tunnel der Liebe« zu Berühmtheit gelangt ist.

LONDON, ENGLAND, UK
157. Besondere Wünsche im Luxushotel
Wann: Ganzjährig
Breite: 51,4975° N
Länge: 0,1456° W

Den Zimmerservice zu rufen hat etwas Dekadentes an sich. Ein britisches Hotel bietet seinen Gästen Goldfische an, die ihnen über Nacht Gesellschaft leisten, während das Goring in London, in dem auch königliche Majestäten zu übernachten pflegen, die Tageszeitung bügelt, bevor man sie auf dein Zimmer bringt. Das nennt man Service.

Der »Tunnel der Liebe« bei
Klewan in der Ukraine

NÖRDLICHE HEMISPHÄRE   60°N bis 45°N

▶ BRÜSSEL, BELGIEN
158. Die Majestät eines Stadtplatzes erleben
Wann: Ganzjährig
Breite: 50,8467° N
Länge: 4,3525° O

Die raffinierten, kunstvoll gestalteten Barockbauten, die den zentralen Platz in Brüssel, die *Grand-Place* bzw. den *Grote Markt* umgeben, verhalfen ihm zu einem Platz auf der Liste des UNESCO-Weltkulturerbes. Wenn du die Geschichte dieses weltberühmten Platzes weiter zurückverfolgst, wirst du feststellen, dass sie bis ins 12. Jahrhundert zurückreicht.

ALDERMASTON, ENGLAND, UK
159. Eine leidenschaftliche Kampagne führen
Wann: Ganzjährig
Breite: 51,3830° N
Länge: 1,1500° W (Ursprüngliches Ziel der CND-Märsche)

Der berühmte Friedensmarsch der *Campaign for Nuclear Disarmament* (CND) vom Trafalgar Square in London zum *Atomic Weapons Establishment* (AWE) in Alderton zu Ostern ist zu einem der Symbole der Kernwaffengegner geworden. Am Anfang jeder Kampagne steht eine Gruppe von Gleichgesinnten, die aktiv werden. Wofür auch immer du einstehst, tue es mit Leidenschaft und verkünde es laut und deutlich!

Der Glanz der Brüsseler *Grand-Place*

NÖRDLICHE HEMISPHÄRE 60°N bis 45°N

▼ GIVERNY, FRANKREICH
160. Monets Garten in Giverny
Wann: März bis November
Breite: 49,0770° N
Länge: 1,5257° O

Stehe auch du genau da, wo einst der große Impressionist Claude Monet stand und seine berühmten Seerosenbilder malte. »Ich brauche Blumen, immer und immer«, sagte der Künstler und schuf ein blühendes Gartenparadies, das zu den schönsten der Welt gehört: den *Jardin de Monet à Giverny*.

LA FÉE VERTE, PARIS, FRANKREICH
161. Die »Fee« der französischen Intellektuellen
Wann: Nacht vor einem freien Tag
Breite: 48,8578° N
Länge: 2,3801° O

Der bei den französischen Denkern der Belle Époque äußerst beliebte Absinth war in Frankreich von 1915 bis in die Neunzigerjahre verboten, weil er im Ruf stand, Halluzinationen und Wahnsinn zu verursachen. Heute kannst du die »grüne Fee« in speziellen Bars wie *La Fée Verte* genießen.

SEINE-UFER, FRANKREICH
162. Bacchanalisches Picknick im Park
Wann: Juni bis September
Breite: 48,9333° N
Länge: 2,3333° O

Monet, Manet, Cezanne – ihre Gemälde mit dem Titel *Déjeuner sur l'herbe* (Das Frühstück im Grünen/Freien) führten vor, wie raffiniert Essen unter freiem Himmel sein kann. Lade Freunde zu einem Picknick ein, kredenze eine stilvolle Mahlzeit für draußen und serviere sie auf einer weißen Tischdecke in einer wunderschönen Umgebung.

Monets Garten in Giverny, Frankreich

BANFF-NATIONALPARK, KANADA
163. Die atemberaubende Schönheit eines kanadischen Bergsees

Wann: Ende Juni sind die Farben am schönsten
Breite: 51,3225° N
Länge: 116,1855° W

Im stillen, glasklaren türkisfarbenen Wasser des *Moraine Lake* spiegelt sich die majestätische Szenerie des Banff-Nationalparks. Man könnte stundenlang wortlos dasitzen und ihn sinnierend betrachten.

WILTSHIRE, ENGLAND, UK
164. Die Sommersonnenwende mit Druiden feiern
Wann: Um den 21. Juni
Breite: 51,1788° N, **Länge:** 1,8262° W

Am längsten Tag des Jahres, dem 21. Juni, versammeln sich frühmorgens gegen fünf Uhr in *Stonehenge* zahlreiche Besucher. Das Ritual geht auf vorchristliche Zeiten zurück. Der Zeitpunkt, wenn die aufgehende Sonne an einer bestimmten Stelle zwischen den weltberühmten neolithischen Steinkreisen hindurchblinzelt, ist perfekt geeignet, um einen kollektiven spirituellen Moment der Transzendenz miteinander zu teilen.

Neben den Druiden, die alte Rituale zelebrieren, gehören auch Freunde des New Age zum bunt gemischten Publikum, für dessen Sicherheit die Polizei sorgt. Aber nur keine Angst, die fröhliche Sonnenwendfeier in Stonehenge geht meist reibungslos über die Bühne und zieht auch viele Familien mit Kindern an.

Außerdem ist es eine der wenigen Gelegenheiten im Jahr, bei denen Besucher die Steine berühren dürfen und so eine spirituelle Verbindung zu diesen erdenden Menhiren herstellen können.

Die Trommler, die die Luft mit wilden Rhythmen erfüllen, und die Feuerspucker, deren Flammen den

Himmel erhellen, lassen die kurze Nacht im Nu vergehen und zwingen dich unmerklich, den uns allen innewohnenden inneren Hippie zu entdecken und über dieses uralte Geheimnis nachzudenken. Woher stammen diese riesigen, über 20 Tonnen schweren Steine, wenn doch der nächste Steinbruch in einer Entfernung von mehr als 30 Kilometern liegt und die Völker jener Zeit keine modernen Maschinen besaßen?

Es gibt keine schriftlichen Zeugnisse aus der Entstehungszeit dieser Megalithstruktur vor über 4000 Jahren, sodass wir es nie mit Sicherheit wissen werden. Die Teilnehmer der Sonnenwendfeier werden aber gern ihre Theorien dazu mit dir teilen.

Ganz in der Nähe findet jeweils ein viertägiges Campingfestival mit Musik, Essen, Bier und Apfelwein samt Shuttle-Bus zum Campingplatz am Tag der Sonnenwende statt.

NÖRDLICHE HEMISPHÄRE 60°N bis 45°N

▼ SOMERSET, ENGLAND, UK
165. Mit dabei auf der größten Party der Welt
Wann: Juni
Breite: 51,1676° N
Länge: 2,5789° W

HAMPSHIRE, ENGLAND, UK
166. Wo Ponys die völlige Freiheit genießen
Wann: Ganzjährig
Breite: 50,8189° N
Länge: 1,5757° W

Das *Glastonbury Festival of Contemporary Performing Arts*, das vielleicht berühmteste Festival der Welt, begann als idyllisches Rockertreffen auf dem Feld eines Bauern, entwickelte sich in den Siebziger- und Achtzigerjahren zum Hippieparadies und öffnete sich seit Mitte der Neunzigerjahre immer mehr dem Kommerz. Mit über 150 000 Besuchern zählt es nach wie vor zu den größten Musikfestivals der Welt.

Der *New-Forest-Nationalpark* in der Grafschaft Hampshire geht auf ein 1079 eingerichtetes Jagdrevier des englischen Königs Wilhelm des Eroberers zurück. Mehr als 3000 Ponys durchstreifen die unberührte Heide- und Waldlandschaft. Beobachte sie beim Äsen zwischen den Zelten auf dem Campingplatz oder von einem der zahlreichen Waldwanderwege aus.

Die Superparty in Glastonbury im englischen Somerset

NÖRDLICHE HEMISPHÄRE 60°N bis 45°N

VON DOVER NACH CALAIS, START IN ENGLAND, UK
167. Einfetten und über den Ärmelkanal schwimmen
Wann: Ganzjährig
Breite: 51,1278° N, **Länge:** 1,3134° O

Die schwimmende Überquerung des Ärmelkanals von Dover nach Calais ist eine der großen Herausforderungen, die diese Bezeichnung verdienen. Der Weg dahin ist nicht einfach: Du musst zunächst sechs Stunden lang in weniger als 15 °C warmem Wasser schwimmen, eine offizielle Bestätigung darüber an die *Channel Swimming Association* senden und dort einen Termin für deinen Versuch beantragen. Außerdem brauchst du einen offiziellen Begleiter, der nicht gerade preisgünstig und bis zu drei Jahre im Voraus zu buchen ist. Frankreich hat diese Challenge als zu gefährlich verboten, sodass du nur von England aus legal starten kannst.

Weitere Faktoren, die dich davon abhalten könnten? Neoprenanzüge sind verboten, Unterkühlung bewegt viele zum Abbruch. Wenn du den ganzen Körper mit Gänsefett einreibst, isoliert ihn das gegen die Kälte und verhindert ein Aufscheuern. Außerdem könnte der unruhige Seegang dich seekrank machen, oder Dehydrierung, Hunger und Erschöpfung dich zur Aufgabe zwingen. Und vergiss nicht die Umweltverschmutzung und die Quallen. Die Rekordzeit für die Überquerung liegt bei sieben Stunden, die langsamste bei 27. Viele geben auf und nicht einmal 2000 haben es bisher geschafft.

Was also soll daran so toll sein? Vielleicht das Gefühl der Einsamkeit und Verbundenheit mit der Natur, von dem viele berichten. Und der Stolz, es geschafft zu haben.

SOUTH-DOWNS-NATIONALPARK, ENGLAND, UK
168. Die entzückende Schönheit Englands fernab der Städte
Wann: Ganzjährig
Breite: 50,9685° N
Länge: 0,6953° W

Es lohnt sich durchaus, die Nationalparks im eigenen Land zu entdecken. Ein Kanadier müsste dafür wohl mehrere Jahre reservieren, denn dort gibt es ganze 43 Nationalparks, während dasselbe Vorhaben einem Afghanen einfacher fallen dürfte: Der einzige Nationalpark in seinem Land sind die Band-e-Amir-Seen am Hindukusch.

Im Vereinigten Königreich nehmen 15 Nationalparks acht Prozent der Landfläche ein. Als jüngster erhielt 2011 der South-Downs-Nationalpark mit den sanft geschwungenen Kreidehügeln der Downs sowie einem Küstenabschnitt mit den eindrucksvollen weißen Klippen der *Seven Sisters* diesen Status. Er ist durch den 161 Kilometer langen Fernwanderweg *South Downs Way* von Winchester im Westen bis Eastbourne im Osten erschlossen.

GROSSBRITANNIEN UND DIE WELT
169. Das eigene Limit ausloten
Wann: Ganzjährig
Breite: 51,5000° N
Länge: 0,1167° W (UK)

Den Triathlon gibt es in verschiedenen Schwierigkeitsgraden: von einem mit 200 Metern Schwimmen, 10 Kilometern Radfahren und 2,5 Kilometern Laufen für Beginner bis hin zum Ironman mit 3,8 Kilometern Schwimmen, 180 Kilometern Radfahren und 42 Kilometern Laufen für die ganz Harten. Genieße die Zufriedenheit, die sich einstellt, wenn du eine dieser sportlichen Herausforderungen gemeistert hast.

NÖRDLICHE HEMISPHÄRE 60°N bis 45°N

Eine Dampflok in der englischen Grafschaft Dorset

▲ DORSET, ENGLAND, UK
170. Eine heiße Fahrt mit der Dampflok
Wann: Juni bis September
Breite: 50,6100° N
Länge: 1,9600° W

Fahre in einer historischen Dampflok von Swanage in Dorset einmal um eine romantische Halbinsel mit Wildblumen, Schlössern und Flüssen, schüre dabei das Feuer und betätige an den Bahnübergängen die Dampfpfeife.

DORSET, ENGLAND, UK
171. Am Steuer eines Kampfpanzers
Wann: Ganzjährig
Breite: 50,6952° N
Länge: 2,2436° W

Kinderträume gehen in Erfüllung, wenn du dich ans Steuer eines bulligen Kampfpanzers setzt. Du erlebst Unvergessliches beim Meistern von Hindernisparcours, wenn du Autos zerquetschst, beim Panzer-Paintball und bei der Schussabgabe aus der Panzerkanone.

DORSET, ENGLAND, UK
172. Bis zum Ende der Landkarte
Wann: Ganzjährig
Breite: 50,5500° N
Länge: 2,4400° W

Die Isle of Portland markiert die westliche Grenze des ersten Gebietes, das 1791 von der britischen Kartierungsfirma *Ordnance Survey* kartografiert wurde. Folge den Pfaden durch die Dünen und immer weiter auf den Sandstränden, bis dir die Karte ausgeht.

NÖRDLICHE HEMISPHÄRE 60°N bis 45°N

LONDON, ENGLAND, UK
173. Wo der Smoking erschaffen wurde
Wann: Ganzjährig
Breite: 51,5119° N
Länge: 0,1414° W

Die *Savile Row*, eine Straße im Zentrum von London, wurde zu Beginn des 18. Jahrhunderts zum Synonym für Maßanzüge. Dort findest du auch heute noch das nach wie vor im Besitz der Familie befindliche Geschäft von Henry Poole, dem Schöpfer des Smokings.

START IN PADSTOW, ENGLAND, UK
174. Die ländliche Nordküste Cornwalls mit dem Fahrrad entdecken
Wann: Am besten im Sommer
Breite: 50,5421° N
Länge: 4,9390° W

Der 29 Kilometer lange *Camel Trail* im Norden Cornwalls von Padstow über Wadebridge nach Bodmin verläuft auf der Trasse einer ehemaligen Bahnstrecke und ist deshalb zum Großteil flach und familienfreundlich.

Vom Fahrrad aus werden dir wunderschöne Ausblicke dargeboten auf die Mündung des Camel und hinaus aufs Meer sowie auf Wälder und sanft geschwungene Täler. Ein Fahrrad zu mieten ist einfach, nur in den Sommermonaten solltest du es im Voraus buchen, denn die Drahtesel gehen wie die warmen Semmeln weg.

YORKSHIRE, ENGLAND, UK
175. Vogelstimmen erkennen
Wann: Ganzjährig (am besten im Frühling)
Breite: 53,7437° N, **Länge:** 1,3175° W

Dem Singen der Vögel zu lauschen bereitet mehr Freude, wenn du erkennst, wer da trällert. Im britischen *Fairburn-Ings-Naturreservat* kannst du hören, wie der Zilpzalp dir seinen Namen zwitschert, während die Goldammer im Volksmund »Wie, wie, wie, wie hab ich dich lieb« pfeift.

VANCOUVER, KANADA
176. Mit viel Mut über eine Seilbrücke
Wann: Ganzjährig
Breite: 49,3437° N
Länge: 123,1125° W

Die frei schwingende *Capilano Suspension Bridge*, deren Breite gerade ausreicht, damit zwei Personen aneinander vorbeigehen können, hängt in der schwindelnden Höhe von 70 Metern über dem Grund und ist mit ihren 140 Metern Länge eine echte Sensation.

DARMSTADT, DEUTSCHLAND
177. Eine spiralförmige Wohnanlage
Wann: Ganzjährig
Breite: 49,8856° N
Länge: 8,6558° O

»Waldspirale« passt wie angegossen zur Wohnanlage in Darmstadt, die der Wiener Künstler Friedensreich Hundertwasser gestaltete. Zwölf Stockwerke hoch ragt sie wie eine bunte Spirale zum Himmel, gekrönt von einem grünen, »lebenden« Schrägdach. Vom Café ganz zuoberst genießt du eine fantastische Aussicht.

NÖRDLICHE HEMISPHÄRE 60°N bis 45°N

BRITISH COLUMBIA, KANADA
178. Sandburgen wie aus dem Märchen
Wann: Juli und August
Breite: 49,3150° N
Länge: 124,3120° W

Der Begriff »Sandburg« wird den fantastischen Kunstwerken, die du am dortigen Strand im Rahmen des *Parksville Beach Festivals* zu sehen bekommst, nicht gerecht. Schaue den Künstlern aus aller Welt bei ihrer Arbeit zu.

BRITISH COLUMBIA, KANADA
179. Auf Grizzlybeobachtung
Wann: September und Oktober
Breite: 49,5701° N
Länge: 116,8312° W

In einem unberührten Tal in den Selkirk Mountains bietet die *Grizzly Bear Ranch* Wildtierbeobachtungen an und garantiert aufgrund der bisherigen Erfahrungen eine 95-Prozent-Chance, einen der seltenen und faszinierenden Grizzlys zu erspähen – und dabei unverletzt zu bleiben. Komme am besten im Herbst hierher, wenn die Bären auf der Suche nach dem laichenden Lachs aus den Bergen zu den Flüssen herabsteigen.

VANCOUVER ISLAND, BRITISH COLUMBIA, KANADA
180. Mit dem Kajak einen Schwertwal aus nächster Nähe beobachten
Wann: Mitte Juni bis Oktober
Breite: 50,5458° N
Länge: 126,8332° W

Die Kanadier haben die Qual der Wahl: Mehr als dreißig Walarten tummeln sich vor der über 200 000 Kilometer langen Küste ihres Landes. Als Mekka der Walbeobachtung gelten die Pazifikgewässer um Vancouver Island, in denen Ehrfurcht gebietende Orcas (Schwert- oder Killerwale) zusammen mit Buckelwalen und Grauwalen patrouillieren. Hier versuchst du dein Glück am besten um die Insel Robson Bight am Westende der Johnstone-Straße, Kanadas einzigem Schwertwalschutzgebiet. Den Ort Telegraph Cove, von dem aus die meisten Beobachtungstouren starten, kannst du in sechseinhalb Stunden mit dem Auto von Vancouver aus erreichen.

▶ KANADA
181. Heliskiing, wo alles begann
Wann: Winter
Breite: 50,7458° N
Länge: 116,7892° W

In den Sechzigerjahren begründete der Österreicher Hans Gmoser in den kanadischen Bugaboos das Heliskiing, deshalb solltest du diesen Sport mit dem Adrenalinkick unbedingt dort ausprobieren. Alles beginnt mit einem spannenden Helikopterflug, der dich weit hinaus über die Pisten ins Reich des jungfräulichen Pulverschnees trägt. Von dort geht es auf Skiern nur noch bergab – natürlich nur, was die Richtung betrifft.

Heliskiing in Kanada

Schnee fällt auf die Karlsbrücke und die Altstadt von Prag

▲ PRAG, TSCHECHIEN
182. Leise rieselt der Schnee auch in Prag
Wann: November bis März
Breite: 50,0865° N
Länge: 14,4111° O

Die Karlsbrücke in Prag wirkt am magischsten, wenn die Stadt ihr weißes Winterkleid anzieht. Genieße von diesem 610 Meter langen, gepflasterten Meisterwerk die märchenhaften Ausblicke auf die Prager Altstadt auf der einen und die Burg auf der anderen Seite.

VOM SÜDENDE ZUM NORDENDE GROSSBRITANNIENS
183. Auf Schusters Rappen einmal quer durch Großbritannien
Wann: Ganzjährig
Breite: 50,0686° N
Länge: 5,7161° W

Zu Fuß ist es vom südwestlichsten Punkt Englands bis zur Nordostspitze Schottlands kein Spaziergang. Die Atlantikküste bei *Land's End* in Cornwall gehört zu den spektakulärsten in England, während die einsame Welt der Berge und Glens in Schottland auf der Welt ihresgleichen sucht.

Wenn du auf der Straße von Land's End im Südwesten nach *John o' Groats* im Nordosten einmal quer durch Großbritannien fährst, so hast du nach offizieller Berechnung in wenigen Tagen 1407 Kilometer zurückgelegt. Die 1931 Kilometer lange Durchquerung zu Fuß dauert dagegen zwei bis drei Monate.

KUTNÁ HORA, TSCHECHIEN
186. Zum Gebet in eine »Knochenkirche«
Wann: Ganzjährig
Breite: 49,9620° N
Länge: 15,2883° O

In einem unscheinbaren Ortsteil der tschechischen Stadt Kutná Hora (Kuttenberg) befindet sich das skurrile *Sedletz-Ossarium*. Die ganze kunstvoll gearbeitete Innenausstattung des als »Knochenkirche« bezeichneten Beinhauses besteht aus den sterblichen Überresten von 40 000 Menschen, die im 14. und 15. Jahrhundert den Tod fanden.

SUSSEX, ENGLAND, UK
184. Ein Flug mit dem »Raumschiff« in Brighton
Wann: Ganzjährig
Breite: 50,6083° N
Länge: 1,9608° W

Der 2016 eröffnete British Airways *i360* in Brighton erinnert ein wenig an ein Raumschiff, und seine verglaste Aussichtskanzel fährt als erste vertikale Gondelbahn und höchste bewegliche Aussichtsplattform der Welt bis auf eine Höhe von 138 Metern. Oben angekommen, genießt du einen 360-Grad-Panoramarundblick auf die Stadt und die gesamte Küste von Sussex.

KARLSBAD, TSCHECHIEN
185. Böhmisches Kristallglas blasen in Karlsbad
Wann: Ganzjährig
Breite: 50,2333° N
Länge: 12,8667° O

Böhmisches Kristallglas ist in der ganzen Welt für seine Qualität sowie handwerklich einwandfreie Verarbeitung bekannt, und die dekorativen Glaswaren der Luxusglashütte Moser besitzen einen hohen Sammlerwert. In der Heimatfabrik im tschechischen Karlsbad (Karlovy Vary) kannst du die Kunst des Glasblasens kennenlernen.

MONTANA, USA
187. Lass den Stein übers Wasser hüpfen
Wann: Ganzjährig
Breite: 48,5787° N
Länge: 113,9225° W

Ein besonders malerischer Ort, um einen flachen Stein über das Wasser hüpfen zu lassen, ist der Lake McDonald im Glacier-Nationalpark. Mit etwas Übung kannst du auch an den jährlichen *World Stone Skimming Championships* auf der schottischen Insel Easdale teilnehmen. Du wirst Weltmeister, wenn dein Stein zumindest dreimal und am weitesten springt.

NÖRDLICHE HEMISPHÄRE   60°N bis 45°N

ALASKA, USA
188. Braunbär fängt Lachs
Wann: Juli bis Oktober
Breite: 58,5533° N
Länge: 155,7927° O

Der Anblick, wie ein Fisch über einen kleinen Wasserfall den Fluss hinaufspringt und ein Braunbär ihn aus der Luft erhascht, um ihn in den Rachen zu stecken, zeugt von den unergründlichen Launen der Natur. Dieses unübertreffliche Naturschauspiel kannst du an den Brooks Falls im *Katmai-Nationalpark* in Alaska live miterleben.

▼ SEATTLE, USA
189. Befreie den Star in dir
Wann: Ganzjährig
Breite: 47,6097° N
Länge: 122,3331° W

Seattle ist berühmt für sein musikalisches Erbe. In dieser Stadt hast du in vier der acht historischen Viertel reichlich Gelegenheit für einen Bühnenauftritt, also suche dort nach einer Location, die zu deinem Musikstil passt. Der *Pike Place Market* ist das Mekka der Straßenmusiker, und in den Bars, Cafés und Restaurants der *Ballard Avenue* dominiert akustischer Folk. Auch im *Columbia City District* kannst du dir deine fünf Minuten Ruhm holen, und West Seattle schätzt man für seine Open-Mic-Nächte.

Der Rockstar Kurt Cobain war eine der wichtigsten Figuren der Seattler Musikszene

TATRA-NATIONALPARKS, SLOWAKEI
190. Mit dem Fahrrad durch die Karpaten

Wann: Am besten im Sommer
Breite: 49,1803° N
Länge: 19,9194° O

Die Karpaten durchqueren von Tschechien bis Rumänien sieben Länder. Die Westkarpaten in der Slowakei locken je nach Jahreszeit Skifahrer oder Wanderer und Radfahrer in Scharen in die Berge, denn sie sind weitgehend unberührt von der hektischen Zivilisation und dem Lauf der Zeit.

Der höchste Teil der Karpaten, die Hohe Tatra, befindet sich in der Slowakei (und in Polen) in einem Nationalpark und eignet sich gut für die Erkundung dieser Landesgegend auf zwei Rädern. Sechzehn gut ausgeschilderte und unterhaltene Radwege schlängeln sich an Bergseen und spektakulären Wasserfällen vorbei.

Von hier aus geht es weiter in Richtung Süden in die Niedere Tatra, in den inklusive Schutzzone größten Nationalpark der Slowakei, den du auf fünfzig Radwegen durch die dicht bewaldeten Berge mit Wölfen, Bären und Luchsen erkunden kannst. Und den Abschluss bildet die Große Fatra, die den zuvor besuchten Teilen der Tatra, was atemberaubende Landschaften und wilde Tiere betrifft, in nichts nachsteht.

NÖRDLICHE HEMISPHÄRE 60°N bis 45°N

▼ TSAGAANNUUR, MONGOLEI
191. Die letzten Nomaden
Wann: Am besten im Sommer
Breite: 51,3544° N
Länge: 99,3533° O

Die Rentierzüchter vom Volk der Tuwiner, hier Tsaatan genannt, wohnen in den Bergen im Norden der Mongolei an der Grenze zu Russland. Mit dem Geländewagen dauert die holprige Fahrt – vergiss nicht die Reisetabletten – vom Morgen bis zum Abend, zu Pferd brauchst du ein oder zwei Tage. Als Belohnung für die Mühen lernst du das Leben eines der letzten Nomadenvölker der Welt näher kennen.

ASTANA, KAZACHSTAN
192. Die neue Hauptstadt Kasachstans
Wann: Ganzjährig
Breite: 51,1667° N
Länge: 71,4333° O

Vor gut 20 Jahren, im Dezember 1997, wurde die kasachische Hauptstadt nach Astana verlegt, das heute durch seine imposanten sowjetischen und zeitgenössischen Bauwerke besonders im Regierungsviertel zu glänzen vermag. Hier fand 2017 eine Weltausstellung statt, auf der sich die Länder der Welt mit Pavillons vorstellten, an denen sich die aktuellen Tendenzen in der Architektur ablesen lassen. Manchmal werden auch Sehenswürdigkeiten von Weltrang zum ersten Mal vorgestellt – so geschehen beim Eiffelturm, der für die Weltausstellung von 1889 errichtet wurde. Die nächste große Show wird 2020 in Dubai über die Bühne gehen.

Ein Tuwiner mit Rentier im mongolischen Tsagaannuur

ALTAI, MONGOLEI
193. Adlerjagd
Wann: Ganzjährig
Breite: 49,0000° N
Länge: 89,0000° O

Um ihre Familien zu ernähren, machen die Bewohner der eurasischen Steppen mit Steinadlern, die ihren Trainern lebenslang verbunden bleiben, Jagd auf Wölfe und Füchse. Bei einem Besuch im Altai kannst du den Nomaden zuschauen, die diese alte Kunst noch beherrschen.

MONGOLEI
194. Der Klang einer Nomadenkultur
Wann: Ganzjährig
Breite: 47,9167° N
Länge: 106,5399° O

Der tuwinische und mongolische Kehlgesang (Obertongesang) ist etwas ganz Außergewöhnliches. Er stellt eine unglaubliche musikalische Leistung dar, denn der Sänger erzeugt zwei unterschiedliche Töne zugleich. Und dazu ist er ein zentraler Bestandteil der Kultur der oft nomadischen Hirten, die damit die Natur in ihrer ganzen Bandbreite nachahmen: von der sanften Sommerbrise über Vogelgezwitscher und herumwirbelnden Sand bis zum Geplätscher von Bächen und Gezirpe der Grillen.

KOSTOMAROWO, RUSSLAND
195. Eine Naturkirche
Wann: Ganzjährig
Breite: 50,6846° N
Länge: 39,7554° O

Die unterirdische *Erlöserkirche* in der Nähe des 600 Kilometer südlich von Moskau liegenden Dorfes Kostomarowo hat etwas Magisches an sich. Ihre farbenfrohen Kuppeln ragen über weiße Kalkfelsen auf einem wunderschönen Hügel empor, in dessen Innerem sich eine Kirche für 2000 Gläubige befindet, die in den den Felsen gehauen wurde.

NÖRDLICHE HEMISPHÄRE 60°N bis 45°N

▼ POISSY BEI PARIS, FRANKREICH
196. Le Corbusiers elegante Villa
Wann: Ganzjährig
Breite: 48,9244° N
Länge: 2,0283° O

Der schweizerisch-französische Architekt Le Corbusier gilt als einer der Pioniere der Moderne in der Architektur. Die *Villa Savoye* nordwestlich von Paris, die zu den eindrucksvollsten Bauwerken des Architekten zählt, wird dich auf eine Zeitreise in die Dreißigerjahre mitnehmen. Die stilprägende Villa mit ihren klaren Linien, dem durchgehenden Fensterband, den geschwungenen Formen im Inneren und dem großzügigen, freien Grundriss wurde als luxuriöser Zweitwohnsitz erbaut, diente zwischenzeitlich den deutschen Besatzern als Heuboden und sollte nach dem Krieg gar abgerissen werden. Schließlich stellte die französische Regierung 1965 das Anwesen unter Denkmalschutz und sicherte seine Zukunft.

PARIS, FRANKREICH
197. Zur Karikatur werden
Wann: Ganzjährig
Breite: 48,8865° N
Länge: 2,3408° O

An der *Place du Tertre* und an anderen Orten in Paris bieten zahlreiche Karikaturkünstler ihre Dienste feil. Das Porträt wird dich zum Lachen bringen und an einen unvergesslichen Ort erinnern.

Le Corbusiers elegante *Villa Savoye* in Poissy bei Paris

NÖRDLICHE HEMISPHÄRE   60°N bis 45°N

▶ PARIS, FRANKREICH
198. Eine Tasse Kaffee an einem Drehort
Wann: Ganzjährig
Breite: 48,8849° N, **Länge:** 2,3336° O

Das *Café des Deux Moulins* im historischen Pariser Stadtteil Montmartre gelangte durch den französischen Spielfilm *Die fabelhafte Welt der Amélie* 2001 zu Berühmtheit und ist noch in zwei weiteren Filmen zu sehen. Überhaupt begegnen dir in diesem Stadtviertel auf Schritt und Tritt immer neue Drehorte.

Im Pariser *Café des Deux Moulins* wurden schon Filmszenen gedreht

PARIS, FRANKREICH
199. Dein eigener Tour-de-France-Sieger
Wann: Sonntags
Breite: 48,8705° N
Länge: 2,3082° W

Auf den *Champs-Élysées* mit ihren acht Fahrspuren herrscht immer am letzten Tag der Tour de France der Ausnahmezustand. An Sonntagen aber geht es hier ruhig zu. Brause deshalb auch du auf dem Rad die Prachtstraße hinunter und fühle dich wie der Toursieger.

LOUVRE, PARIS, FRANKREICH
200. Das mysteriöse Lächeln der »Mona Lisa« ergründen
Wann: Ganzjährig
Breite: 48,8641° N
Länge: 2,3425° O

Die *Mona Lisa* ist eines jener Kunstwerke, die stets von Neuem zu verblüffen vermögen, selbst wenn sie ein jeder schon zu kennen glaubt. Du wirst vermutlich lange anstehen müssen, um Leonardo da Vincis Meisterwerk der Porträtmalerei zu sehen, aber das Warten lohnt sich, und du kannst außerdem das rätselhafte Lächeln der Mona Lisa ergründen.

NÖRDLICHE HEMISPHÄRE 60°N bis 45°N

START IM MUSÉE D'ORSAY IN PARIS, FRANKREICH
201. Die »Big Five« der Kunstmuseen

Wann: Ganzjährig
Breite: 48,8600° N
Länge: 2,3266° O

Ein Muss für jeden Kunstliebhaber ist der Besuch der »Großen Fünf« unter den Kunstmuseen: *Musée d'Orsay* in Paris, *Eremitage* in St. Petersburg, *Prado* in Madrid, *Tate Modern* in London und *Museum of Modern Art* in New York.

Das Pariser *Musée d'Orsay* befindet sich im ehemaligen Bahnhof Gare d'Orsay am linken Ufer der Seine. Beim Betreten wirst du sofort seine Magie spüren.

Die Ausstellungen der *Eremitage* in St. Petersburg verteilen sich auf sechs historische Gebäude, zu denen alles dominierend der Winterpalast, die ehemalige Hauptresidenz der Zaren, gehört.

Das oft unterschätzte *Museo del Prado* in Madrid lädt mit seinen lichten Hallen zum Verweilen und Sinnieren ein.

Die *Tate Gallery of Modern Art* am Themseufer des Londoner Stadtteils Southwark hat ihren Sitz in einem ehemaligen Kraftwerk, der *Bankside Power Station*, dessen Turbinenhalle sich hervorragend zur Ausstellung großkalibriger, imposanter Kunstwerke eignet.

Und schließlich fordert das *Museum of Modern Art* (MoMA) in New York zur Erkundung seines Labyrinths heraus.

Das *Musée d'Orsay* in Paris gehört zu den »Großen Fünf« unter den Kunstmuseen

NÖRDLICHE HEMISPHÄRE 60°N bis 45°N

FRANKREICH
202. Eine Etappe der Tour de France fahren
Wann: Ganzjährig
Breite: 48,8567° N
Länge: 2,3508° O

Was als auflagesteigernde Werbeaktion des Magazins *L'Auto* begann, hat sich mittlerweile zu einem der zuschauerstärksten Sportereignisse der Welt entwickelt, das zuweilen auch für Kontroversen sorgt. Ihre genaue Streckenführung wechselt von Jahr zu Jahr, aber Zeitfahren, Pyrenäen- und Alpenpässe sowie der spannende Finish auf den Champs-Élysées in Paris gehören fest zur Tour de France.

Den Adrenalinkick einer Touretappe kannst du zu jeder Jahreszeit leicht selbst erfahren. Du kannst die Streckenabschnitte auch noch wenige Stunden vor den Profis befahren oder auch eine Etappe auf Zeit fahren und so als Amateurfahrer ein wenig den Druck spüren, der auf den Rennfahrern lastet.

Eine Etappe der Tour de France

NÖRDLICHE HEMISPHÄRE   60°N bis 45°N

GARE DE LYON, PARIS, FRANKREICH
203. In einem neuen Land aufwachen
Wann: Ganzjährig
Breite: 48,8447° N, **Länge:** 2,3739° O

Nimm einen internationalen Nachtzug, der dich im Schlaf über Grenzen und durch Bergtunnel fährt, sodass du im Morgengrauen in einem neuen Land aufwachst.

VERSAILLES, FRANKREICH
204. Das goldene Zeitalter Frankreichs
Wann: Ganzjährig (montags geschlossen)
Breite: 48,8044° N
Länge: 2,1232° O

Was Größe und Pracht betrifft, sucht das monumentale, glanzvolle Schloss Versailles 21 Kilometer südwestlich von Paris seinesgleichen. Die in ihrer heutigen Gestalt im 17. Jahrhundert unter Ludwig XIV. entstandene Palastanlage diente auch 1793 Ludwig XVI. und Marie-Antoinette als Hauptresidenz, bevor sie enthauptet wurden. Der Palast ist ein leuchtendes Beispiel für die Pracht, die man für Geld kaufen kann.

▶ PARIS, FRANKREICH
205. Erhabener Kirchenglockenklang in Paris
Wann: Ganzjährig
Breite: 48,8530° N
Länge: 2,3499° O

Der Klang der großen Glocken der Kathedrale *Notre-Dame de Paris* ist von erhabener Schönheit und löst große Emotionen aus. Lange Jahre hätte man aber für diese Aussage bei den Einwohnern der französischen Hauptstadt kaum Zustimmung geerntet. Die ursprünglichen Glocken fielen der Französischen Revolution zum Opfer und verwandelten sich in Kanonen, während man den Zusammenklang der Ersatzglocken nicht gerade als Wohltat für die Ohren bezeichnen konnte. 2013 wurden schließlich neue Glocken eingeweiht, sodass du dich wieder an ihrem Geläut erfreuen kannst.

Der göttliche Klang der Glocken von *Notre-Dame de Paris*

VAL THORENS, FRANKREICH
206. Wie ein Adler über das Tal fliegen
Wann: Dezember bis April
Breite: 45,2982° N
Länge: 6,5824° O

Die welthöchste Seilrutsche ist *La Tyrolienne* im französischen Val Thorens. Sie trägt die Skifahrer von einem 3231 Meter hohen Berggipfel über ein 1300 Meter breites Tal in einer Minute und 45 Sekunden auf die andere Seite.

FRIEDHOF PÈRE LACHAISE, PARIS, FRANKREICH
207. Die eigene Grabinschrift verfassen
Wann: Ganzjährig
Breite: 48,8600° N, **Länge:** 2,3960° O

Wenn du dich jemals gefragt hast, was auf deinem Grabstein stehen soll, so bist du auf dem *Père Lachaise* in Paris, dem meistbesuchten Friedhof der Welt, genau richtig. Spaziere durch die gepflasterten Gassen zwischen 70 000 kunstvollen Grabmonumenten, viele davon letzte Ruhestätten der Reichen und Berühmten. Die Gräber von Jim Morrison, Oscar Wilde, Chopin oder Molière und vieler anderer Dichter, Schriftsteller und Maler erfreuen sich großer Beliebtheit bei den Besuchern.

NORMANDIE, FRANKREICH
208. Zu Fuß zu einer Insel
Wann: Ganzjährig
Breite: 48,6360° N, **Länge:** 1,5114° W

Der *Mont Saint-Michel* ist eine felsige Gezeiteninsel mit malerischen Häusern, zwischen denen sich enge gepflasterte Gassen zur Abtei auf dem Gipfel des Hügels emporschlängeln. Bei Ebbe kannst du über den Sand zur Insel spazieren, aber es gibt auch einen Damm, der seit mehr als 100 Jahren gezeitenunabhängig zur Insel führt.

NÖRDLICHE HEMISPHÄRE 60° N bis 45° N

▶ FONTAINEBLEAU, FRANKREICH
209. Schlemmen wie die französische Noblesse
Wann: Ganzjährig
Breite: 48,3365° N, **Länge:** 2,6982° O

In einem Schloss mit mittelalterlichem Wassergraben am Rande des mächtigen Waldes von Fontainebleau kannst du königlich schlemmen. Der Spitzenkoch des Gourmetrestaurants auf *Schloss Bourron* aus dem 17. Jahrhundert (Guide Michelin, Gault-Millau 16 Punkte) bereitet wahre Gaumenfreuden zu.

Neben den pittoresken Gebäuden des Schlosses solltest du auch das 99 Hektar große Anwesen erkunden, und ganz in der Nähe befindet sich das majestätische königliche Schloss Fontainebleau.

Dinieren wie die französische Noblesse bei Fontainebleau

STRASSBURG, FRANKREICH
210. Weihnachtsstimmung im Elsass
Wann: November bis Dezember
Breite: 48,5734° N
Länge: 7,7521° O

Straßburg ist mit Recht stolz auf seinen seit 1570 stattfindenden ältesten Weihnachtsmarkt Europas. Ab Ende November sorgen glitzernde Lichter in den Straßen und auf den Plätzen für eine magische Weihnachtsstimmung, und über 300 Stände bieten Kunsthandwerk feil und sorgen für das leibliche Wohl.

FORÊT D'ORIENT, FRANKREICH
211. Feine Pilze sammeln in Frankreich
Wann: Oktober bis Dezember
Breite: 48,3000° N
Länge: 4,41667° O

Du kannst den Spaziergang im Wald mit der Vorfreude auf etwas Feines verbinden, wenn du die Augen immer wieder zu Boden richtest und nach Pfifferlingen, Steinpilzen und Pom-Poms suchst.

WIEN, ÖSTERREICH
212. Eine Tasse Kaffee mit Revolutionären
Wann: Ganzjährig
Breite: 48,2082° N
Länge: 16,3738° O

Genieße im Wiener *Café Central*, zu dessen Stammgästen einst die russischen Revolutionäre Wladimir Lenin und Leo Trotzki gehörten, eine feine Tasse Kaffee.

NÖRDLICHE HEMISPHÄRE 60° N bis 45° N

▼ WIEN, ÖSTERREICH
213. In einer Hypnotherapie-Klinik in tiefen, tiefen Schlaf fallen
Wann: Ganzjährig
Breite: 48,2000° N
Länge: 16,3667° O

Der deutsche Arzt Franz Anton Mesmer popularisierte im 18. Jahrhundert mit seinen »magnetischen Kuren« (Animalischer Magnetismus oder Mesmerismus) die Hypnose. Seine Blütezeit erlebte er in Wien, wo er berühmte Patienten wie Mozart oder die Kaiserin Maria Theresia behandelte.

Heute praktizieren Hypnotherapeuten in der ganzen Welt. In Wien behandeln wie in jeder Großstadt zahlreiche Hypnotherapie-Kliniken Patienten gegen Depressionen oder Stress und helfen ihnen bei der Nikotinentwöhnung oder Gewichtsabnahme.

WIEN, ÖSTERREICH
214. Die berühmteste Schokoladentorte der Welt
Wann: 5. Dezember
(Nationaler Sachertorte-Tag)
Breite: 48,2039° N, **Länge:** 16,3694° O

Das Wiener *Hotel Sacher* musste sich das Recht, seine köstliche Schokoladen- und Aprikosentorte als Original-Sachertorte zu bezeichnen, in einem langwierigen Verfahren vor Gericht erstreiten. Ohne ein Stück Sachertorte wäre dein Besuch der österreichischen Hauptstadt nicht komplett.

Wien, die Heimat der Hypnose

NÖRDLICHE HEMISPHÄRE 60°N bis 45°N

◀ BEI SALZBURG, ÖSTERREICH
215. So muss Musik klingen
Wann: Frühling
Breite: 47,6958° N
Länge: 13,0450° O

Wessen Herz erfüllt sich nicht mit Freude, wenn er Julie Andrews als Maria in *The Sound of Music: Meine Lieder – meine Träume* auf einer Tiroler Bergwiese herumwirbeln und singen sieht? Du kannst diesen Augenblick in den Tiroler Bergen bei Salzburg nachempfinden.

Julie Andrews als Maria im Musicalfilm *The Sound of Music: Meine Lieder – meine Träume*

SALZBURG, ÖSTERREICH
216. Gleiten und Klettern in der Eishöhle
Wann: Ganzjährig
Breite: 47,4950° N
Länge: 13,2894° O

Entdecke die großartigen Eiskunstwerke, die die Natur in der *Eiskogelhöhle* in den österreichischen Alpen bei Salzburg geschaffen hat – ein Untergrund-Abenteuerspielplatz für Erwachsene.

BREGENZ, ÖSTERREICH
217. Große Töne auf dem Bodensee
Wann: Juli und August
Breite: 47,6363° N
Länge: 9,3892° O

Es gibt viele tolle Aufführungsorte von klassischer Musik und Theater, aber kaum einer kann der schwimmenden Bühne vor der zauberhaften Kulisse des Bodensees das Wasser reichen. Überzeuge dich bei einem Besuch der berühmten Bregenzer Festspiele mit ihren großen Opernaufführungen auf der *Seebühne* selbst davon.

SCHWEIZ
218. In der Heimat des Birchermüesli
Wann: Ganzjährig
Breite: 47,3667° N
Länge: 8,5500° O

Stoße nach dem Aufwachen die Terrassentüren auf und frühstücke an der frischen Luft, natürlich mit Müsli. Das bringt dich in Stimmung für den Tag.

NÖRDLICHE HEMISPHÄRE 60° N bis 45° N

SÜDLICHE BUKOWINA, RUMÄNIEN
219. Farbenfrohe Kirchen in Rumänien
Wann: Ganzjährig
Breite: 47,7782° N
Länge: 25,7112° O

Das *Kloster Sucevița*, ein Zeugnis der byzantinischen Kunst und der orthodoxen Religion, ist eine wahre Augenweide, denn die sechs Meter hohen Wände der Klosterkirche aus dem 16. Jahrhundert sind sowohl innen als auch außen über und über mit Fresken bemalt, die Szenen und Gleichnisse aus der Bibel darstellen. Es gehört zu den acht Moldauklöstern aus dem 15. und 16. Jahrhundert, die unter Denkmalschutz stehen und zum UNESCO-Weltkulturerbe zählen.

Wandmalereien in der *Klosterkirche von Sucevița* in Rumänien

NÖRDLICHE HEMISPHÄRE 60°N bis 45°N

START AN DER QUELLE IN DONAUESCHINGEN, DEUTSCHLAND
220. An der schönen blauen Donau entlang mit dem Rad durch Europa
Wann: Mai bis September
Breite: 47,9531° N
Länge: 8,5033° O

Die Donau hat von ihrer Quelle in Deutschland bis zu ihrer Mündung ins Schwarze Meer eine Gesamtlänge von 2857 Kilometern. Die vergnügliche Fahrt an den Ufern des gemächlich dahinfließenden längsten Flusses der Europäischen Union führt durch die verträumten Landschaften im Herz dieses faszinierenden, abwechslungsreichen Kontinents. Die Donau-Marathonfahrt mit dem Rad beginnt in Donaueschingen im Schwarzwald und gewährt dir auf weiten Strecken immer neue fantastische Ausblicke, denn sie führt durch zehn Länder oder an ihrer Grenze entlang, durch 21 Nationalparks und passiert 97 Städte, bevor sie ins Schwarze Meer mündet.

OBERAMMERGAU, DEUTSCHLAND
221. Oberammergauer Passionsspiele
Wann: Alle zehn Jahre (nächste 2020)
Breite: 47,5956° N
Länge: 11,0723° O

Als am längsten in ununterbrochener Tradition aufgeführtes christliches geistliches Drama gehen die Oberammergauer Passionsspiele auf das Jahr 1634 zurück. Sieh dir die Geschichte Jesu mit Ankunft in Jerusalem und Kreuzigung an, dargestellt von den Bewohnern des bayerischen Dorfs. Die Aufführung dauert etwa fünf Stunden und findet circa drei Monate lang täglich statt.

SCHLOSS NEUSCHWANSTEIN, DEUTSCHLAND
222. Ein Märchenschloss, wie es im Buche steht
Wann: Ganzjährig (außer am 24., 25. und 31. Dezember)
Breite: 47,5575° N
Länge: 10,7500° O

Neuschwanstein stand Modell für die Dornröschen-Schlösser in den Disneylands in aller Welt. Das idyllisch auf einem felsigen Hügel vor der Kulisse imposanter Alpengipfel gelegene romantische Schloss wurde im 19. Jahrhundert für den bayerischen König Ludwig II. errichtet, der jedoch schon bald darauf starb. Sieben Wochen nach seinem Tod wurde es der Öffentlichkeit zugänglich gemacht, um einen Teil der immensen Baukosten wieder hereinzuholen. Heute zählt das Schloss jährlich 1,5 Millionen Besucher.

BADEN-BADEN, DEUTSCHLAND
223. Ein heilendes Bad in Baden-Baden
Wann: Ganzjährig
Breite: 48,7628° N, **Länge:** 8,2408° O

Schon seit den Tagen des römischen Kaisers Caracalla, der 211–217 allein herrschte, strömen die Besucher aus aller Welt um der heilenden Kraft seines Wassers willen in die Stadt. Kuriere auch du deine Wehwehchen in einem ihrer Bäder.

NÖRDLICHE HEMISPHÄRE 60°N bis 45°N

MÜNCHEN, DEUTSCHLAND
224. Eine Maß in Ehren kann niemand verwehren
Wann: Samstag nach dem 15. September bis 1. Oktobersonntag
Breite: 48,1351° N
Länge: 11,5819° O

Die Nonplusultra-Einführung in die feucht-fröhliche bayerische Lebenslust: Bier in Einliterkrügen, Bratwürste vom Grill mit Knödeln und Sauerkraut, Musik, Vergnügungsparks, Stände und Schuhplattler in Lederhosen. Prost!

ROTHENBURG OB DER TAUBER, DEUTSCHLAND
225. Ein romantischer Spaziergang durch eine Bilderbuchstadt
Wann: Ganzjährig
Breite: 49,3801° N
Länge: 10,1867° O

Die weitgehend erhaltene mittelalterliche Altstadt von Rothenburg scheint aus dem Märchenbuch zu stammen. Da überrascht es kaum, dass hier Disneys *Pinocchio* von 1940 oder Teile der Harry-Potter-Reihe gedreht wurden.

▶ POLEN
226. Auf dem Floß durch die Pieninen
Wann: Mai bis September
Breite: 49,4164° N
Länge: 20,3986° O

Genieße die idyllische Landschaft, während du auf einem traditionellen Holzfloß der Goralen die 24 Kilometer lange, wildromantische *Dunajec-Schlucht* im Herzen der Pieninen durchquerst. Der Fluss bildet hier meist die Grenze zur Slowakei, und die scheinbar zum Greifen nahen, teilweise bewaldeten Felswände zu beiden Seiten ragen bis zu 350 Meter über das Flussbett empor.

Auf dem Floß unterwegs in der faszinierenden Landschaft der Pieninen

NÖRDLICHE HEMISPHÄRE 60°N bis 45°N

Schachspielen im *Széchenyi-Bad* in Budapest

▲ BUDAPEST, UNGARN
227. Schachspielen im Heilbad
Wann: Ganzjährig
Breite: 47,5186° N
Länge: 19,0819° O (*Széchenyi-Bad*)

▶ BUDAPEST, UNGARN
228. In der Heimatstadt einer großen Artistin jonglieren lernen
Wann: Ganzjährig
Breite: 47,4925° N, **Länge:** 19,0514° O

Budapest genießt mit seinen beinahe 120, nicht selten luxuriös gestalteten Thermalbädern aus gutem Grund den Ruf einer »Stadt der Bäder«. Die Einheimischen vertreiben sich beim Relaxen im heilenden Wasser die Zeit gern mit einer Partie Schach. Schließe dich ihnen an und gehe den nächsten Zug im Kopf durch, am besten im größten Heilbad Europas, dem *Széchenyi-Bad* im Stadtwäldchen.

Martha »Trixie« Firschke wurde 1920 in eine ungarische Zirkusfamilie hineingeboren und wuchs zur »First Lady des Jonglierens« heran. Sie soll schon beim ersten Versuch einen Ball auf einem Stock, den sie mit dem Mund festhielt, balanciert haben und jonglierte mit ihrem Kopf zwei Bälle gleichzeitig. Versuche dich in ihrer Heimatstadt Budapest als Jongleur.

Die »First Lady des Jonglierens« Martha »Trixie« Firschke stammte aus Budapest.

Luxus pur am Comersee

MAILAND, ITALIEN
229. Schuhe shoppen in Mailand
Wann: Ganzjährig
Breite: 45,4667° N
Länge: 9,1833° O

Italien ist weltberühmt für seine exklusive *Alta Moda*, vor allem, was Schuhe betrifft. Besuche die Modemetropole Mailand und mache dich auf die Suche nach den besten Schuhdesignern, die das Land zu bieten hat.

▲ COMO, ITALIEN
230. Luxusurlaub am Comersee
Wann: Ganzjährig
Breite: 46,0160° N
Länge: 9,2571° O

Für viele ist das Como mit seiner pathetischen Kulisse aus tiefem See und grünen Alpenhängen das Nonplusultra des Luxus: Übernachte in einem der mondänen Hotels, die der ideale Ausgangspunkt zum Schwimmen, Wandern, Radfahren sind, oder entspanne ganz einfach.

ALBERTA, KANADA/MONTANA, USA
231. Händeschütteln an einer friedlichen Grenze
Wann: Ganzjährig
Breite: 49,0000° N
Länge: 113,9167° W

Der weltweit erste internationale Friedenspark, der *Waterton-Glacier International Peace Park*, entstand durch die Fusion zweier Nationalparks beidseits der kanadisch-amerikanischen Grenze. Gib als Zeichen des Friedens jemandem auf der anderen Seite der Grenze die Hand.

NÖRDLICHE HEMISPHÄRE 60°N bis 45°N

GROSSGLOCKNER-HOCHALPENSTRASSE, ÖSTERREICH
232. Eine Spritztour durch die Alpen
Wann: Mai bis Oktober
Breite: 47,0833° N
Länge: 12,8427° O

Die *Großglockner-Hochalpenstraße* zählt zu den beliebtesten Touristenattraktionen Österreichs und zieht jährlich mehr als 250 000 Fahrzeuge mit beinahe einer Million Touristen an. Die Erlebnisstraße verbindet Heiligenblut in Kärnten mit Bruck im Salzburger Land und führt auch durch den Nationalpark Hohe Tauern. Die Serpentinen und die Abgründe, die sich am Straßenrand auftun, rauben einem den Atem.

Berge an der *Großglockner-Hochalpenstraße*

NÖRDLICHE HEMISPHÄRE 60°N bis 45°N

▶ QUÉBEC, KANADA
233. Mit dem Rad durch die französischsprachige Provinz Kanadas
Wann: Frühling und Sommer
Breite: 46,8167° N
Länge: 71,2167° W (Stadt Québec, Kanada)

Die kanadische *Route Verte* (»Grüne Straße«) ist ein Netz von Radfernwegen mit einer Länge von 4828 Kilometern, das die Weiten der Provinz Québec mit ihren abwechslungsreichen Landschaften kreuz und quer durchzieht. Dazu gehören städtische Radwege in und um die Metropolen Montréal und Québec und ländliche, die am Sankt-Lorenz-Strom entlang bis in die fast menschenleeren Gebiete im Norden oder an die Grenze zu den US-Staaten Vermont, Maine und New York führen.

Wie bei vielen Radfernwegen möchte der Hardcore-Radfahrer in dir vielleicht jeden Zentimeter davon abpedalen, aber du kannst auch deine eigenständige Route zusammenstellen oder zu verschiedenen Zeiten einen oder mehrere Etappen fahren.

Die ganze Schönheit von Québec auf dem Rad erleben

MONTRÉAL, QUÉBEC, KANADA
234. Das weltgrößte Comedy-Festival
Wann: Juli
Breite: 45,5000° N
Länge: 73,5667° W

Das schallendste Lachen hört man vielleicht am Comedyfestival *Juste pour rire/Just for Laugh* in Montréal. Was vor über 30 Jahren als zweitägige, rein französischsprachige Veranstaltung begann, entwickelte sich schon bald zum allsommerlichen Lachmarathon mit den besten Comedians der frankofonen und angelsächsischen Welt. Die erste Hälfte des Festivals ist bis heute der französischen Sprache vorbehalten, in der zweiten treten auch englischsprachige Comedians auf.

SCHWEIZER ALPEN, SCHWEIZ
235. Ein Käsefondue in den Alpen
Wann: November bis April
Breite: 46,5592° N
Länge: 8,5614° O

Spätestens im 18. Jahrhundert begannen die Schweizer damit, Käse in einem Topf, *Caquelon* genannt, zum Schmelzen zu bringen und Brot hineinzutauchen. Erst in den Dreißigerjahren jedoch machten sie auch den Rest der Welt mit dieser geselligen Form eines gemütlichen Essens vertraut. Am besten genießt du diesen Leckerbissen in einem alten Alpenchalet am Kamin.

NÖRDLICHE HEMISPHÄRE 60°N bis 45°N

WELTWEIT, START IN BURGUND, FRANKREICH
236. Die edlen Tropfen dieser Welt
Wann: Ganzjährig
Breite: 49,3493° N
Länge: 4,0695° O

Dass der Wein da am besten schmeckt, wo seine Trauben wachsen, ist eine Binsenweisheit. Deshalb solltest du dich als Weinliebhaber zu einer *Tour-du-Vin* zu den edlen Tropfen auf allen Kontinenten aufmachen.

Liebhaber klassischer Weine starten in Frankreich zu ihrer süffigen Weltreise, denn die vielleicht besten Tropfen werden noch immer in Burgund, in Bordeaux und im Loire-Tal gekeltert. Im italienischen Piemont kannst du in vielen Weingütern edlen Wein zu Kreationen von Sterneköchen genießen. Sehr zu empfehlen ist in Europa außerdem ein Besuch in der spanischen Region La Rioja, im portugiesischen Douro sowie im deutschen Moseltal.

Das unbestrittene Weinmekka der USA ist das Napa Valley in Kalifornien, aber auch die Tropfen des wunderschönen, benachbarten Sonoma County munden ausgezeichnet. Das Willamette Valley im US-Bundesstaat Oregon steht im Wettstreit mit Napa um den besten Wein Nordamerikas.

Das südafrikanische Westkap glänzt mit seinem auch für Gaumenfreuden berühmten Zentrum Stellenbosch, während du in Australien das Barossa Valley und das Hunter Valley nicht verpassen solltest.

Mit Zentral-Otago in Neuseeland besuchst du das südlichste Weinanbaugebiet der Welt, und das chilenische Maipo-Tal gilt als Bordeaux Südamerikas. Prosit!

MONTREUX, SCHWEIZ
237. Einen Song hören, wo er entstanden ist
Wann: Am besten zum Montreux Jazz Festival im Juli
Breite: 46,4333° N, **Länge:** 6,9167° O

Der Song *Smoke on the Water* von Deep Purple handelt vom Brand im Casino *Barrière de Montreux*, der ausbrach, als die Band dort gerade ihr Album *Machine Head* aufnahm. Setze dich ans Ufer des Genfersees, setz die Kopfhörer auf und höre dir den Song an.

TESSIN, SCHWEIZ
238. Klippensprung mit fantastischer Aussicht
Wann: Mai bis September
Breite: 45,9676° N
Länge: 8,6532° O (Lago Maggiore)

Wahrscheinlich wirst du Laso Schallers Weltrekord-Klippensprung im schweizerischen Maggiatal aus 59 Metern Höhe von 2015 nicht nachmachen wollen. An den Ufern der Tessiner Alpenseen laden jedoch viele wunderschöne Plätze zum Sprung ins erfrischende Nass ein.

APPENZELL, SCHWEIZ
239. Die Kühe rufen wie die Appenzeller
Wann: Mai bis September
Breite: 47,3349° N
Länge: 9,4066° O

Jodle wie die Appenzeller Bergbauern, die so seit über 500 Jahren ihr Vieh rufen. Es hat etwas Befreiendes, auf einem Berggipfel zu stehen und den unverwechselbaren Gesang, der im 16. Jahrhundert im schweizerischen Appenzell entstanden ist, von den Felswänden hallen zu hören.

NÖRDLICHE HEMISPHÄRE   60° N bis 45° N

▼ ADELBODEN, SCHWEIZ
240. Ein scheinbar unendlicher Pool
Wann: Ganzjährig
Breite: 46,4930° N
Länge: 7,5595° O

Der *Infinity Pool* des Hotels *The Cambrian* in Adelboden liegt inmitten der wahrhaft atemberaubenden Schweizer Berglandschaft, die einem Reiseprospekt zu entstammen scheint. Überzeuge dich vor Ort davon und nimm ein Bad im Pool mit der wohl besten Aussicht.

ST. MORITZ, SCHWEIZ
241. Kühe melken in den Alpen
Wann: Mai bis September
Breite: 46,5000° N
Länge: 9,8333° O

Sobald der Schnee geschmolzen ist, dürfen die Schweizer Kühe wieder die frische Alpenluft und das nach Kräutern duftende Gras der Berge genießen, denen der Schweizer Alpkäse seinen unvergleichlichen Geschmack verdankt. Auf vielen Bauernhöfen kannst du das Kuhmelken ausprobieren.

Der *Infinity Pool* des Hotels *The Cambrian* in Adelboden inmitten einer fantastischen Berglandschaft

EIGER, SCHWEIZ
242. Basejumping vom Eiger

Wann: Sommer (bestes Wetter)
Breite: 46,5776° N
Länge: 8,0054° O

Es mag verrückt klingen, aber es gibt Orte, an denen Basejumping legal ist. Einer davon ist die Eigernordwand in der Schweiz. Klettere für den ultimativen Kick auf den Gipfel des Eigers und segle 2743 Meter in die Tiefe.

NÖRDLICHE HEMISPHÄRE 60°N bis 45°N

LE PUY-EN-VELAY, FRANKREICH
243. Schlemmen in der Heimat der grünen Linse
Wann: Ganzjährig
Breite: 45,0442° N
Länge: 3,8858° O

Nur in der südfranzösischen Region um Le Puy-en-Velay angebaute grüne Linsen tragen die Bezeichnung *La Lentille Verte du Puy A.O.C.* und werden ihrem weltweiten Ruf gerecht. Genehmige dir nach einem Linsengericht zur Verdauung einen *Verveine du Velay*, den Zitronenverbene-Schnaps aus der Gegend.

SLOWENIEN
244. In der Wasserrutsche steht die Welt kopf
Wann: Ganzjährig
Breite: 46,6857° N
Länge: 16,2225° O

Terme 3000 in Slowenien war der erste Wasserpark der Welt, der eine Rutsche mit einem 360-Grad-Loop besaß. Als ob es nicht reichte, mit rasanten 80 Stundenkilometern in Richtung Pool zu schlittern, wird hier die Welt auch noch auf den Kopf gestellt.

▶ LES HOUCHES BEI CHAMONIX, FRANKREICH
245. Schneeweiße Gipfel und unglaubliche Panoramen am Mont Blanc
Wann: Mitte Juni bis Anfang September
Breite: 45,8908° N
Länge: 6,7992° O

Die *Tour du Mont Blanc* führt auf 171 Kilometern mit über 10 000 Metern Anstieg durch die atemberaubende Berglandschaft in drei europäischen Ländern und zählt zu den schönsten Wandererlebnissen der Welt.

Sie beginnt und endet in Les Houches und dauert etwa zehn Tage. Natürlich kannst du die Wanderung auch jederzeit unterbrechen oder nur zum Teil absolvieren. Die Ausblicke, die sich dir rund um das Mont-Blanc-Massiv in Frankreich, Italien und der Schweiz darbieten, verändern die Wahrnehmung. Mit seinem 4810 Meter hohen Gipfel dominiert der Mont Blanc die Szenerie und wacht über das Geschehen.

Der Wanderweg *Tour du Mont Blanc*, in der Nähe von Chamonix

NÖRDLICHE HEMISPHÄRE   60°N bis 45°N

FRANKREICH, JAPAN, AUSTRALIEN, KANADA, CHILE UND ALGERIEN
246. Skifahren auf allen Kontinenten, solange es der Klimawandel noch zulässt
Wann: November bis März (Nordhalbkugel), Juni bis Oktober (Südhalbkugel)
Breite: 45,8326° N
Länge: 6,8527° O (Französische Alpen)

Ein Pistenabenteuer auf allen Kontinenten, jeder mit seinen besonderen Highlights. So glänzen die französischen Alpen mit den meisten Pisten. Zu den klassischen Skiorten zählen Chamonix, Tignes, Val-d'Isère und *Les Trois Vallées*.

Die vier wichtigsten Skigebiete in den USA liegen in Kalifornien, Colorado, Utah und Neuengland, während in Kanada in British Columbia und in den Rockies wunderbarer Pulverschnee zu finden ist. Südamerikas Top-Wintersportorte wie Portillo, Valle Nevado, La Parva sowie, am Fuß eines Vulkans, Llama und Pucón liegen in den chilenischen Anden.

Typisch für Japan sind die vielen kleinen Skiorte, die meist nicht mit steilen und anspruchsvollen Pisten, dafür aber mit frischem Pulverschnee und kurzen Wartezeiten an den Skiliften zu glänzen vermögen. Auch in Australien, nämlich in New South Wales und Victoria, vor allem in Perisher und Thredbo, kannst du deinen Lieblingssport ausüben.

Aber Skifahren in Afrika? Auch das geht. Das algerische Chréa im Djurdjura-Gebirge liegt inmitten von alpinen Wäldern, die wohl kaum einer mit Algerien in Verbindung bringt. Ein würdiger Abschluss des Grand-Slams des Skifahrens.

TRENTINO, ITALIEN
247. Die zackigen Zinnen der Dolomiten
Wann: Ganzjährig
Breite: 46,2366° N
Länge: 11,8830° O

Du musst zwar zu jeder Jahreszeit auf Schnee, Wind und Regen gefasst sein, aber die spektakuläre Landschaft des Naturparks *Parco Naturale Paneveggio* entschädigt dich reichlich für die Unannehmlichkeiten. Du kannst die steinige Hochfläche des *Altopiano delle Pale* auf Wanderwegen mit Ausblick auf die schroffen Gipfel der Palagruppe kreuz und quer erkunden.

MAILAND, ITALIEN
248. Angehender Meisterbäcker
Wann: Ganzjährig
Breite: 45,4654° N
Länge: 9,1859° O

Die Backkunst ist nicht schwer zu erlernen, und du kannst Familie und Freunde mit dem fertigen Kuchen beeindrucken. Wenn du nur lange genug übst, kannst du als Meister der Backkunst an einem der zahlreichen Backwettbewerbe teilnehmen – vielleicht sogar an der *Cake Designers World Championship* in Mailand.

MAILAND, ITALIEN
249. Am Laufsteg in der Modemetropole
Wann: Februar und März sowie September und Oktober
Breite: 45,4654° N, **Länge:** 9,1859° O

Mailand ist ein Mekka der Modefans, und seit einigen Jahren bieten Wohltätigkeitsorganisationen auch begehrte Plätze in der ersten Reihe bei den führenden Modeschauen an. Wenn dir die etwa 50 000 Euro pro Veranstaltung zu teuer sind, kannst du sie auch online mitverfolgen.

NÖRDLICHE HEMISPHÄRE   60°N bis 45°N

TURIN, ITALIEN
250. Die königlichen Paläste von Turin
Wann: Ganzjährig
Breite: 45,0727° N
Länge: 7,6893° O

Nach der ersten Hauptstadt des vereinten Italiens gefragt, würde mancher sich schwertun. Es war Turin, der Sitz des Hauses Savoyen, einer der ältesten Herrscherfamilien der Welt. Im 17. und 18. Jahrhundert ließen die Savoyer prächtige Königspaläste und Jagdhütten bauen, gründeten Urlaubsorte. 1997 wurden 14 Paläste von der UNESCO zum Weltkulturerbe erklärt.

Spaziere durch die prunkvollen Gemächer der königlichen Paläste: An einem Ende der *Piazza Castello* steht der elegante königliche Palast (*Palazzo Reale*), in der Mitte der *Palazzo Madama* mit römischen, mittelalterlichen und barocken Elementen. Von hier ist es nur ein kurzer Spaziergang bis zum *Palazzo Carignano*.

Der ehemaligen Königsstadt würdig erweisen sich auch ihre prunkvollen Cafés oder das *Museo Egizio*, während im *Museo Nazionale del Cinema* in der hoch aufragenden *Mole Antonelliana* großes Kino gefeiert wird.

Ein historischer Königspalast in Turin

NÖRDLICHE HEMISPHÄRE 60°N bis 45°N

TURDA, CLUJ, RUMÄNIEN
251. Ein Salz-Wunderland tief unter der Erde
Wann: Ganzjährig
Breite: 46,5877° N, **Länge:** 23,7874° O

Bei einem Besuch des Salzschaubergwerks im rumänischen Turda (Thorenburg) erhältst du einen faszinierenden Einblick in eine kristallen glitzernde Welt tief unter der Erde, die bereits einmal zur schönsten unterirdischen Touristenattraktion der Welt gekürt wurde.

LA PLAGNE, FRANKREICH
252. Rodeln wie ein Olympionike
Wann: Dezember bis April
Breite: 45,5217° N
Länge: 6,6778° O

Wer mit dem Schlitten einen Hang mit Neuschnee hinunterfährt, erlebt ein Gefühl unbändiger Freiheit. Falls du ein längeres Vergnügen und Nervenkitzel suchst, ist die *Olympische Bobbahn* im französischen La Plagne genau das Richtige für dich. In der Zeit, die du zum Lesen dieses kurzen Textes brauchst, wärst du vielleicht schon anderthalb Kilometer den Berg hinuntergesaust, hättest 19 Kurven durchfahren und Geschwindigkeiten von bis zu 80 Stundenkilometern erreicht.

SCHLOSS BRAN, RUMÄNIEN
253. Den Vampir in dir entdecken
Wann: Ganzjährig
Breite: 45,5150° N
Länge: 25,3672° O

Im rumänischen Bran (Törzburg) kannst du zitternd durch die mittelalterliche Burg spazieren, von der mancher glaubt, sie habe für Bram Stokers *Draculaschloss* auf dem Berggipfel Pate gestanden. Die märchenhafte Festung liegt natürlich im Herzen von Transsilvanien.

MURANO, ITALIEN
254. Weintrinken aus dem Kristallglas
Wann: Ganzjährig
Breite: 45,4590° N
Länge: 12,3523° O

Jeder sollte die Möglichkeit haben, guten Wein aus einem auf der Insel Murano hergestellten venezianischen Kristallglas zu genießen.

NAQUANE, LOMBARDEI, ITALIEN
255. Eisenzeitliche Felszeichnungen
Wann: Ganzjährig
Breite: 46,0275° N
Länge: 10,3508° O

Erstaunlicherweise wurde Italiens ältestes UNESCO-Weltkulturerbe, das Valcamonica, von den Touristen noch kaum entdeckt. In diesem Tal kannst du im *Parco Nazionale delle Incisioni Rupestri* Tausende Felsritzungen bestaunen.

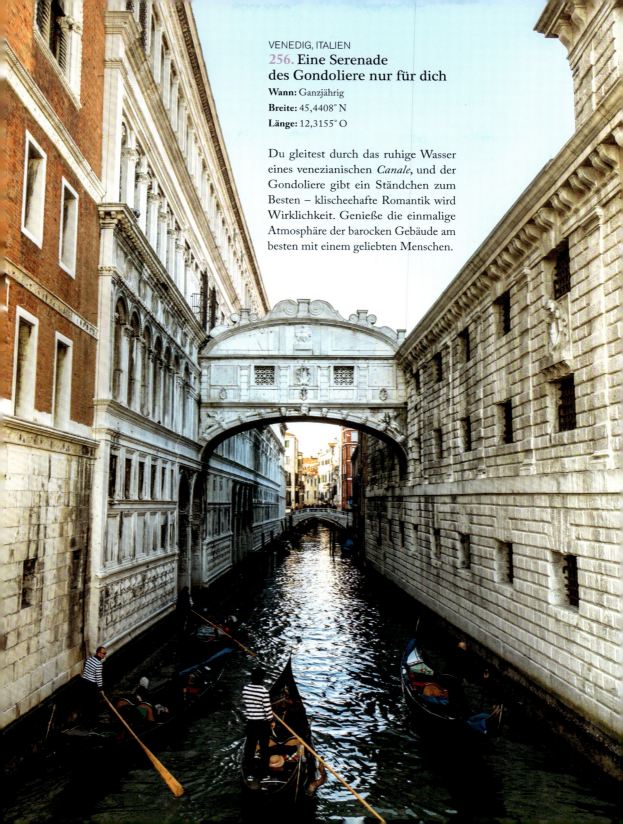

VENEDIG, ITALIEN
256. Eine Serenade des Gondoliere nur für dich

Wann: Ganzjährig
Breite: 45,4408° N
Länge: 12,3155° O

Du gleitest durch das ruhige Wasser eines venezianischen *Canale*, und der Gondoliere gibt ein Ständchen zum Besten – klischeehafte Romantik wird Wirklichkeit. Genieße die einmalige Atmosphäre der barocken Gebäude am besten mit einem geliebten Menschen.

NÖRDLICHE HEMISPHÄRE   60°N bis 45°N

VENEDIG, ITALIEN
257. Verliere dich in der Stadt im Wasser
Wann: Ganzjährig, am besten im Spätfrühling
Breite: 45,4408° N, **Länge:** 12,3155° O

Auf die überwältigenden sinnlichen Erfahrungen in der romantischsten aller Städte kannst du dich nicht vorbereiten. Um sie in vollen Zügen zu genießen, schlenderst du am besten immer der Nase nach durch die Stadt und verlierst dich in ihr.

Ein Labyrinth bezaubernder Gassen wartet darauf, von dir erkundet zu werden: Genehmige dir auf deinem Spaziergang einen Kaffee, ein Eis oder einen Aperitif, stöbere in den winzigen Läden, die venezianische Masken, bunte Glaswaren und aufwendig gearbeitete Spitzen oder Leinen verkaufen, besuche die kleinen Kirchen, die mit Marmor bedeckt sind, lasse dir die frischesten Meeresfrüchte schmecken, die es auf dem Markt gibt, besuche den *Dogenpalast* am *Canal Grande*, steige in eine Gondel und erfreue dich an der Serenade des Gondoliere.

PADUA, ITALIEN
258. Ein Bad im tiefsten Pool der Welt
Wann: Ganzjährig
Breite: 45,3190° N
Länge: 11,7844° O

Schwimme eine Runde im *Y-40 Deep Joy* im *Hotel Terme Millepini*, dem tiefsten Swimmingpool der Welt. Das 32 °C warme Wasser ist unglaubliche 14 Stockwerke tief, und Unterwasserhöhlen, Felsvorsprünge und ein Weg aus Glas machen einen Besuch zum tollen Badeerlebnis.

▶ VENEDIG, ITALIEN
259. Für einen Tag incognito am Karneval von Venedig
Wann: Etwa zwei Wochen vor Aschermittwoch
Breite: 45,4408° N
Länge: 12,3155° O

Wenn du spüren willst, wie die Anonymität unstatthafte Gefühle aufkommen lässt, dann bist du am Karneval in Venedig genau richtig. Rund drei Millionen Besucher zählt diese Veranstaltung mit ihrer über 900-jährigen Tradition jedes Jahr. Zum Karnevalstreiben gehören Partys, Galadinner und natürlich Maskenbälle wie der *Ballo del Doge* oder der weniger traditionelle *Casanova Grand Ball* in den Palazzi der Stadt.

Karneval in Venedig

Julias Balkon im »Haus der Julia« in Verona

VENEDIG, ITALIEN
260. Zeitgenössische Kunst erleben in Venedig
Wann: Mai bis November, alle zwei Jahre
Breite: 45,4408° N
Länge: 12,3155° O

Die Welt der zeitgenössischen Kunst lässt sich nirgendwo so intensiv erleben wie auf der *Biennale di Venezia*. 2017 präsentierten sich 86 Länder mit Veranstaltungen in der ganzen Stadt.

VENEDIG, ITALIEN
261. Sich für eine Nacht wie ein Star fühlen
Wann: Ganzjährig
Breite: 45,4408° N
Länge: 12,3155° O

Das luxuriöse *Belmond Hotel Cipriani* in Venedig mit herrlichem Ausblick auf die Stadt wurde von Giuseppe Cipriani, dem Erfinder des Bellini-Cocktails, gegründet. Hier kannst du für etwa 1000–4000 Euro in einem Hotel übernachten, das so berühmte Gäste wie Henry Kissinger, Gwyneth Paltrow oder José Carreras begrüßen durfte.

▲ VERONA, ITALIEN
262. Von Julias Balkon nach Romeo rufen
Wann: Ganzjährig
Breite: 45,4333° N
Länge: 10,9833° O

In der *Casa di Giulietta*, einem Haus in Verona aus dem 14. Jahrhundert, können sich Mädchen (oder auch Jungen) als Shakespeares Julia fühlen und auf den Balkon hinaustreten. Nach der gängigen Meinung der Historiker wurde der Balkon allerdings erst lange nach Shakespeares Lebenszeit hinzugefügt.

NÖRDLICHE HEMISPHÄRE 60°N bis 45°N

Makellose Schlangenlinien im Pulverschnee, USA

▲ WASHINGTON (STAAT), USA
263. Spuren im Schnee
Wann: Dezember bis März
Breite: 48,7773° N
Länge: 121,8132° W

Mount Baker, der Skiort mit dem meisten Schneefall der Welt, ist sicherlich ein gutes Reiseziel, wenn du darauf aus bist, eine schöne Wellenlinie in den Schnee zu ziehen.

BEAVERCREEK, OREGON, USA
264. GPS-Schnitzeljagd
Wann: Ganzjährig
Breite: 45,2879° N
Länge: 122,5353° W

Das erste *Geocaching* fand am 2. Mai 2000 in Beavercreek im US-Bundesstaat Oregon statt. Damit ist die GPS-Schnitzeljagd, wie sie auf deutsch auch bezeichnet wird, ein Kind des 21. Jahrhunderts. Bei dieser Hightech-Schatzsuche werden kleine wasserdichte Behälter, sogenannte »Caches«, mithilfe eines GPS-Empfängers aufgespürt. Die meisten heutigen, auf der ganzen Welt verteilten Caches enthalten ein Logbuch, in das man das Auffindedatum einträgt und mit seinem Codenamen unterschreibt. In einigen findest du auch lustige Tauschgegenstände. Der originale Oregon-Cache enthielt Software, Videos, Bücher, Lebensmittel, Geld und eine Steinschleuder. Neugierig? Dann werde auch du zum Geocacher und richte vielleicht sogar selbst einen Cache ein.

HARBIN, CHINA
265. Supercoole Schnee- und Eisskulpturen
Wann: Januar
Breite: 45,8037° N, **Länge:** 126,5349° O

Die achtgrößte und nördlichste Millionenmetropole Chinas wird wegen der frostigen Wintertemperaturen als »Eisstadt« bezeichnet. Zum *Harbiner Internationalen Eis- und Schneefest* erschaffen Teams von bis zu 15 000 Arbeitern in bis zu drei Wochen eine Welt aus Eis und Schnee mit Gebäuden in Originalgröße. Besichtige die beiden großen Ausstellungsbereiche *Sun Island* und *Ice and Snow World*.

Das Guggenheim-Museum in Bilbao (siehe Seite 180)

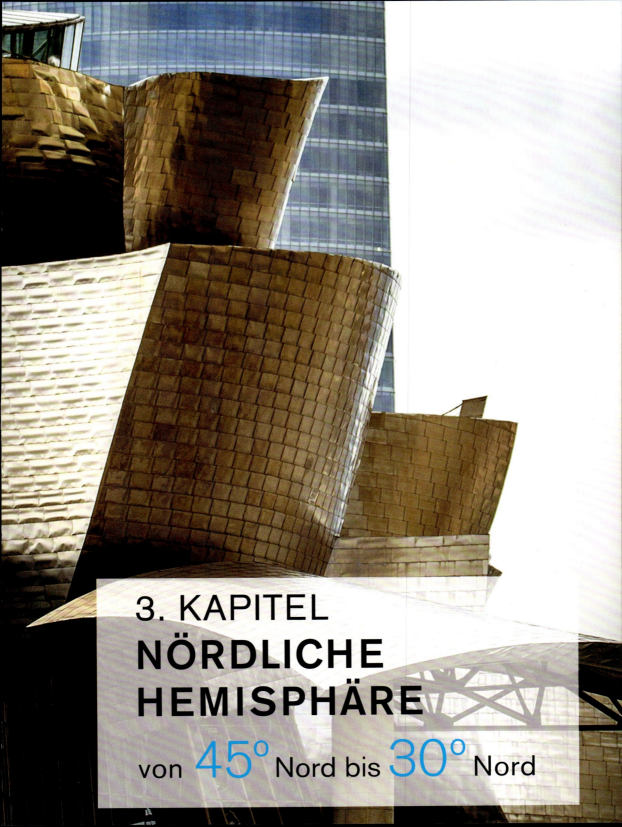

3. KAPITEL
NÖRDLICHE HEMISPHÄRE
von 45° Nord bis 30° Nord

Wasserfälle im Gebiet der Plitvicer Seen

ZADAR, KROATIEN
266. Eine kleine Meeresmusik
Wann: Ganzjährig
Breite: 44,1194° N
Länge: 15,2314° O

An der neu gestalteten Strandpromenade in Zadar führt eine Marmortreppe zum Meer hinab, in deren Stufen sich eine Orgel mit 35 Tönen verbirgt. Lausche dem Klang, der entsteht, wenn die Wellenbewegung Luft in die Pfeifen der Meeresorgel presst.

▲ PLITVICKA JEZERA, KROATIEN
267. Im Land der 100 Wasserfälle
Wann: Ganzjährig
Breite: 44,8588° N
Länge: 15,5904° O

Das System der 16 Plitvicer Seen in Kroatien, die durch Hunderte Bäche und Wasserfälle miteinander verbunden sind, gehört zu den herausragenden Naturschönheiten Europas.

DALMATINISCHE KÜSTE, KROATIEN
268. Ein Cocktail in einem Gin-Palast
Wann: Ganzjährig
Breite: 43,1729° N
Länge: 16,4411° O

Die kroatische Insel Hvar gehört heute zu den angesagten europäischen Party-Metropolen. In einem schwimmenden Gin-Palast an einem leckeren Cocktail zu nippen, ist hier ein Muss.

NÖRDLICHE HEMISPHÄRE 45°N bis 30°N

▶ MALLORCA, SPANIEN
269. Auf Hollywoods Lieblingsstraße
Wann: Ganzjährig
Breite: 39,8500° N
Länge: 2,7998° O

Mache eine Spritztour und brause durch die 800 Haarnadelkurven der *Carretera* mit sieben Prozent Steigung. Du kannst dabei auch die Fenster herunterkurbeln und den Bond mimen.

MALI STON, KROATIEN
270. Ein Dutzend fangfrische Austern
Wann: Ganzjährig
Breite: 42,8469° N
Länge: 17,7030° O

Die dalmatinische Küste ist gespickt mit pittoresken kleinen Küstenorten wie Mali Ston, die für ihre frisch gefangenen Meeresfrüchte bekannt sind.

Hollywoods Lieblingsstraße: Die *Carretera de Sa Calobra* auf Mallorca

FLORENZ, TOSKANA, ITALIEN
271. Michelangelos Meisterwerk aus Marmor
Wann: Ganzjährig (besser in der Nebensaison)
Breite: 43,8001° N
Länge: 11,2258° O

Das obligate Schlangestehen in der *Galleria dell'Accademia* lohnt sich: Michelangelos imposanter *David* blickt finster in Richtung der rivalisierenden Stadt: Rom.

NÖRDLICHE HEMISPHÄRE 45°N bis 30°N

▼ PORTOFINO, LIGURIEN, ITALIEN
272. Fotos, die du immer wieder betrachten wirst
Wann: Ganzjährig
Breite: 44,3032° N
Länge: 9,2098° O

Dein Auto darfst du nicht nach Portofino, einem bevorzugten Wohn- und Aufenthaltsort des Jetsets, mitnehmen. Pastellfarbene Häuser säumen den Hafen, in dem die Jachten der Promis auf eine Spritztour warten.

LIGURIEN, ITALIEN
273. Eine Wanderung an der pittoresken Küste Liguriens
Wann: Mai, Juni oder September
Breite: 44,1349° N
Länge: 9,6849° O

Zu den *Cinque Terre* gehören fünf wunderschöne ligurische Küstenorte: Vernazza, Monterosso al Mare, Corniglia, Manarola und Riomaggiore. Dank ihres unverfälschten Charmes stehen sie auf der Liste des UNESCO-Weltkulturerbes. Die Terrassen mit atemberaubender Aussicht auf das Mittelmeer sind nur zu Fuß und auf dem Wasser gut erreichbar, aber die Wanderungen von Ort zu Ort sind eher kurz, denn die Länge des Küstenstreifens beträgt nur etwa zwölf Kilometer.

Das malerische Portofino

NÖRDLICHE HEMISPHÄRE   45°N bis 30°N

▶ LANGUEDOC, FRANKREICH
274. Brückenbesichtigung mit dem Kanu
Wann: Mai bis September
Breite: 43,9473° N
Länge: 4,5355° O

In drei Etagen römischer Bögen mit vollkommenen Proportionen überspannt der *Pont du Gard* den Gardon in bis zu 49 Metern Höhe. Schau dir dieses Stück Geschichte einmal anders an, indem du mit dem Kanu unter dem Aquädukt hindurchfährst.

Auf dem Gardon beim *Pont du Gard* in Südfrankreich

CANNES, FRANKREICH
275. Unter Kinogrößen
Wann: Mai (meist)
Breite: 43,5504° N
Länge: 7,0174° O (Palais des Festivals et des Congrès in Cannes)

An den *Internationalen Filmfestspielen von Cannes* geben sich die Größen der Kinowelt die Klinke in die Hand.

PARMA, ITALIEN
276. Ein Fest für Gaumen und Augen
Wann: Ganzjährig
Breite: 44,8100° N
Länge: 10,3333° O

Es ist alles andere als ein Geheimnis, dass den Reisenden in Parma große Gaumenfreuden erwarten, denn die Gegend ist berühmt für ihren köstlichen *Prosciutto* und den leckeren *Parmigiano*.

FLORENZ, TOSKANA, ITALIEN
277. Mit der Vespa durch die Toskana
Wann: Ganzjährig
Breite: 43,7833° N
Länge: 11,2500° O

Wenn es um Motorroller geht, gibt es nur einen Namen, nämlich *Vespa*, und nur ein Land, um damit herumzufahren, nämlich Italien. Miete in Florenz für einen Nachmittag eine Vespa und fahre damit durch die malerischen Hügel der Toskana.

NÖRDLICHE HEMISPHÄRE 45°N bis 30°N

BOLOGNA, ITALIEN
278. Kochkurs auf Italienisch
Wann: Ganzjährig
Breite: 44,4949° N, **Länge:** 11,3426° O

Am meisten Spaß macht das Zubereiten von Speisen am Ort, wo sie entstanden sind: das *Ragù alla bolognese* in Bologna, den *Pesto* in Genua, die *Pizza* in Neapel und die *Grissini* in Turin.

PISA, TOSKANA, ITALIEN
279. Ein Reisefoto, wie es im Buche steht
Wann: Am besten im Sommer
Breite: 43,7230° N, **Länge:** 10,3966° O

Ein altbekanntes, aber gutes Foto: Die Perspektive erweckt den Anschein, dass du den *Schiefen Turm von Pisa*, eine Meisterleistung der Ingenieurskunst des 12. Jahrhunderts, auf Händen trägst.

START IN FLORENZ, ITALIEN
280. Ein Eis in jeder Region Italiens
Wann: Sommer
Breite: 43,7695° N, **Länge:** 11,2558° O

Florenz ist das Mekka des *Gelato*, denn es wurde hier erfunden. Genieße es dort bei *La Carraia* und *Vivoli* und vergleiche es mit dem leckeren Eis bei *Il Massimo* in Mailand, *I Caruso* in Rom, *La Sorbetteria* in Bologna, *Alberto Marchetti* in Turin, *Alaska* in Venedig und *Emilia Cremeria* in Parma.

FLORENZ, TOSKANA, ITALIEN
281. Die beiden besten Aussichtspunkte in Florenz
Wann: Ganzjährig
Breite: 43,7695° N
Länge: 11,2558° O

Der Aufstieg über die 463 Stufen zur Kuppelspitze des *Florentiner Doms* lohnt sich wirklich, denn dort präsentieren sich dir die Sehenswürdigkeiten der schönsten Stadt der Toskana wie auf einem Tablett. Als weniger anstrengende Alternative genießt du vom südlich des Arno gelegenen *Boboli-Garten* einen wunderschönen Ausblick auf die Terrakottadächer der Stadt.

AMALFI, ITALIEN
282. Urlaub an der Amalfiküste
Wann: Ganzjährig
Breite: 40,6340° N
Länge: 14,6026° O

In den authentischen Dörfern der Amalfiküste, die zum UNESCO-Welterbe gehören, kannst du dir die frischen Meeresfrüchte und den Limoncello, einen feinen Likör aus Zitronen, schmecken lassen, im Mittelmeer baden oder mit dem Schiff die Gegend erkunden.

NÖRDLICHE HEMISPHÄRE 45°N bis 30°N

▼ CAMARGUE, FRANKREICH
283. Ein Ritt auf einem weißen Camargue-Pferd
Wann: Ganzjährig
Breite: 43,5939° N
Länge: 4,4689° O

Das weiße Camargue-Pferd, eine der ältesten Rassen der Welt, ist in der gleichnamigen französischen Region zu Hause und einfach zu reiten. Am besten erkundest du die von Sumpfgebieten und Lagunen durchzogene Camargue auf einem der ausdauernden, ruhigen und intelligenten Tiere.

CANNES, FRANKREICH
284. Einen Film drehen
Wann: Ganzjährig (Filmfestival im Mai)
Breite: 43,5528° N
Länge: 7,0173° O

Selbst einen Film zu drehen ist heute einfacher als je zuvor: Mit Kamera und Laptop gelingt es dir ohne großen Aufwand. Wenn du dir richtig Mühe gibst, läufst du vielleicht sogar eines Tages auf den *Internationalen Filmfestspielen von Cannes* über den Roten Teppich und bringst eine *Goldene Palme* mit nach Hause.

Weiße Pferde in der Wildnis der Camargue

NÖRDLICHE HEMISPHÄRE   45°N bis 30°N

Eine typische Allee in Frankreich

▲ LÄNDLICHES FRANKREICH
285. Rasante Fahrt auf einer Allee
Wann: Ganzjährig
Breite: 43,6667° N
Länge: 3,1667° O

Die berühmten Alleen des ländlichen Frankreichs erlebst du am intensivsten auf dem Sozius eines alten französischen Motorrads.

PROVENCE, FRANKREICH
286. Den Duft des Lavendels in der Nase
Wann: Juni bis August
Breite: 44,0144° N
Länge: 6,2116° O

Atme den Lavendelduft tief ein und genieße die köstliche provenzalische Küche während eines der vielen alljährlichen lokalen Lavendelfeste.

CÔTE D'AZUR, FRANKREICH
287. Ein Andenken an das glitzernde Mittelmeer
Wann: Ganzjährig
Breite: 43,1204° N
Länge: 6,9209° O

Die sonnenverwöhnten Strände der Côte d'Azur an der französischen Mittelmeerküste bestehen größtenteils aus flachen grauen Kieselsteinen, den *Galets*, die dem Meer seine beinahe unwirklich blaue Farbe verleihen. Nimm ein paar davon mit nach Hause und male sie an, um ein hübsches Andenken an eine unvergessliche Reise zu haben.

SAN GIMIGNANO, TOSKANA, ITALIEN
288. Mittelalterliche Wolkenkratzer
Wann: Ganzjährig
Breite: 43,4654° N
Länge: 11,0485° O

Die 13 hohen Geschlechtertürme von San Gimignano wurden im 14. Jahrhundert von Patrizierfamilien erbaut, um ihren Reichtum zu zeigen, aber auch der Sicherheit wegen. Steige auf den *Torre Grossa* und genieße die phänomenale Aussicht auf die toskanische Landschaft.

SAINT-TROPEZ, FRANKREICH
289. Sonnenbaden mit dem Jetset
Wann: Juni bis September
Breite: 43,2676° N
Länge: 6,6407° O

Nach Saint-Tropez fährt man nicht, um nach einer einsamen Bucht oder einem Imbiss mit Muscheln zu suchen. Hier will man sehen und gesehen werden. Halte Ausschau nach Promis auf ihren Jachten, lächle, wenn du für die Miete einer Liege ein kleines Vermögen bezahlen darfst – und vergiss nicht die Sonnencreme!

NÖRDLICHE HEMISPHÄRE 45°N bis 30°N

GAIOLE IN CHIANTI, ITALIEN
290. Weiße Schotterpisten auf zwei Rädern
Wann: Oktober
Breite: 43,4667° N
Länge: 11,4333° O

L'Eroica ist eine jährlich stattfindende Rundfahrt für Retro-Rennräder über 209 Kilometer, die zum Großteil auf den *Strade Bianche* ausgetragen wird. Von Gaiole in Chianti aus drehst du dabei eine große Runde durch die wunderschöne Landschaft der Toskana.

SIENA, TOSKANA, ITALIEN
291. Ein Pferderennen, bei dem die Stadtteile von Siena um die Wette reiten
Wann: 2. Juli und 16. August
Breite: 43,3188° N
Länge: 11,3307° O

Die Anfänge des zweimal jährlich stattfindenden *Palio di Siena* sind im Mittelalter zu suchen. Beim Spektakel, das etwa 100 Sekunden dauert, reiten zehn Jockeys, die zehn von 17 *Contraden* (Stadtteilen) Sienas vertreten, auf ungesattelten, zugelosten Pferden.

LOURDES, FRANKREICH
292. Die heilenden Wasser von Lourdes
Wann: Ganzjährig
Breite: 43,0915° N
Länge: 0,0457° W

1858 erschien dem Mädchen Bernadette Soubirous die Jungfrau Maria und beschrieb ihr die Lage einer Quelle, die deshalb als heilig gilt. Mit dem Wasser aus den Wasserhähnen vor Ort kannst du deine Beschwerden heilen.

MONACO
293. Champagnerdusche für die Freunde
Wann: Ganzjährig
Breite: 43,7384° N
Länge: 7,4246° O

Wenn du in Monaco bist, mache es den Monegassen nach und feiere wie ein Formel-1-Sieger: Verpasse deinen Freunden eine Champagnerdusche.

CÔTE D'AZUR, MONACO
294. Den Grand Prix vom Wasser aus verfolgen
Wann: Mai
Breite: 43,7384° N
Länge: 7,4246° O

Der *Grand Prix von Monaco* auf dem Tummelplatz der Reichen steht für Glamour pur. Du kannst ihn auch von einer Jacht aus verfolgen.

NÖRDLICHE HEMISPHÄRE 45°N bis 30°N

VERSCHIEDENE ROUTEN NACH SANTIAGO DE COMPOSTELA, SPANIEN
295. Auf den Wegen der Jakobspilger
Wann: Ganzjährig
Breite: 42,8782° N
Länge: 8,5448° W

Der *Jakobsweg* ist der wahrscheinlich meistgenutzte Fußweg der Geschichte. Bereits im 9. Jahrhundert pilgerten die Gläubigen von ihrem Wohnort zur Kathedrale von Santiago de Compostela in Galicien, wo der Heilige Jakobus, der als erster Apostel Jesu den Märtyrertod erlitt, seine letzte Ruhe gefunden haben soll. Auch du kannst einer von 200 000 sein, die den Jakobsweg alljährlich beenden.

◀ INSEL BIŠEVO, KROATIEN
296. Ein Bad im Wasser einer blauen Grotte
Wann: Ganzjährig
Breite: 43,0602° N
Länge: 16,1828° O

Die Wände und das Wasser der *Blauen Grotte* auf der Insel Biševo leuchten tatsächlich azurblau.

VESUV, NEAPEL, ITALIEN
297. Auf dem Kraterrand eines aktiven Vulkans
Wann: Ganzjährig
Breite: 40,8167° N
Länge: 14,4333° O

Bei einem Ausbruch des immer noch aktiven Vesuv wurde vor beinahe 2000 Jahren das antike Pompeji verschüttet. Die Stadt wurde ausgegraben und restauriert und vermittelt heute einen einzigartigen Einblick in die damalige Zeit. Spaziere auf dem sich emporwindenden Pfad zum Kraterrand und blicke in den unheimlichen Abgrund.

Die *Blaue Grotte* auf der kroatischen Insel Biševo

BAGNÈRES-DE-BIGORRE, PYRENÄEN, FRANKREICH
298. Rundblick auf die ganze Pyrenäenkette
Wann: Ganzjährig
Breite: 42,9103° N
Länge: 0,1828° O

Eine Seilbahn bringt dich vom Skigebiet *La Mongie* auf den 2877 Meter hohen *Pic du Midi*. Dort überblickst du von der großen Terrasse des Observatoriums und Sendeturms aus die ganze 300 Kilometer lange Pyrenäenkette mit ihren schneebedeckten Gipfeln.

NÖRDLICHE HEMISPHÄRE   45°N bis 30°N

▶ KORTEZUBI, BIOSPHÄRENRESERVAT URDAIBAI, BASKENLAND, SPANIEN
299. Harmonisches Miteinander von Natur und Kunst im Baskenland
Wann: Ganzjährig
Breite: 43,3400° N
Länge: 2,6549° W

Ein gemütlicher Spaziergang durch den *Bemalten Wald von Oma* mit seinen farbenfrohen Monterey-Kiefern ist ein Fest für die Sinne. In den Achtzigerjahren dekorierte der baskische Künstler Agustín Ibarrola Baumstämme in diesem Wald mit einzigartigen Mustern und schuf ein bedeutendes Kunstwerk der Land Art.

BALKANGEBIRGE, BULGARIEN
300. Mit dem Rad durch das Balkangebirge
Wann: Ganzjährig
Breite: 42,7468° N
Länge: 25,0788° O

Wenn Amateur-Radfahrer ihren Tour-de-France-Idolen nacheifern möchten, fahren sie meistens in die Alpen oder Pyrenäen. Das ist sicher naheliegend, aber auch im deutlich weniger touristischen bulgarischen Balkangebirge findest du als Radbegeisterter anspruchsvolle Pässe und wunderbare Bergpanoramen bei viel geringerem Straßenverkehr.

START IN MLJET, KROATIEN
301. Inselhüpfen an der kroatischen Adriaküste
Wann: Sommersaison
Breite: 42,7478° N
Länge: 17,5150° O

Die über 1000 Inseln an der kroatischen Adriaküste laden zu einem Besuch ein. Im Sommer kannst du dank der regelmäßig verkehrenden Fähren mühelos von Insel zu Insel hüpfen. Starte in Dubrovnik und arbeite dich langsam die Küstenlinie hinauf.

Als erste Insel besuchst du Mljet mit ihren dunkelgrünen Wäldern und malerischen Buchten, deren westlicher Teil als Nationalpark unter Schutz steht. Nördlich davon folgt Korčula, wo du deinen Hunger nach Geschichte und Kultur stillen kannst. Weiter geht es auf das kleinere Vis, das mit vielen traumhaften Buchten und einigen Sandstränden zu glänzen vermag.

Ganz im Gegensatz zu Vis gibt sich Hvar als Partyinsel für Betuchte mondän. Im von Bars gesäumten Hafen der gleichnamigen Stadt liegen luxuriöse Kreuzfahrtschiffe vor Anker. Die Fahrt nach Norden führt dich weiter zur Insel Brač mit dem *Goldenen Horn* (kroatisch *Zlatni Rat*), dem berühmten, sichelförmig ins Meer ragenden Sandstrand. Von dort aus genießt du eine wunderbare Aussicht auf die dalmatinische Küste.

Die Reise nach Norden endet auf dem Festland, in Split, der zweitgrößten Stadt Kroatiens mit dem römischen Diokletianpalast, der etwa die Hälfte der schönen Altstadt einnimmt.

Natur und Kunst gehen im *Bemalten Wald von Oma* eine harmonische Verbindung ein

NÖRDLICHE HEMISPHÄRE   45°N bis 30°N

DUBROVNIK, KROATIEN
302. Ein Rundgang auf der Stadtmauer von Dubrovnik
Wann: Ganzjährig
Breite: 42,6403° N
Länge: 18,1083° O

Das im äußersten Süden Kroatiens gelegene Dubrovnik hat nur wenige Mitstreiter um den Titel der schönsten Stadt Europas. Am besten lässt du die Schönheit dieser »Perle der Adria« auf der imposanten Stadtmauer auf dich einwirken, die in ihrer heutigen Gestalt aus dem 12.–17. Jahrhundert stammt.

Dein Rundgang beginnt am *Pile-Tor*. Im Uhrzeigersinn gelangst du zuerst zur *Festung Minčeta*, auf deren Turm dich ein atemberaubender Ausblick auf den Dubrovniker Hausberg *Srđ* erwartet. Weiter geht es zum *Nordtor*, der *Lukas-Bastion* und rund um den alten Hafen der Stadt.

Darauf zieht sich die Mauer an der Adria entlang zur Festung *Sveti Ivan*, bevor du hoch über *Pustijerna*, einem der ältesten Viertel Dubrovniks, nach Westen abbiegst.

TREVI-BRUNNEN, ROM, ITALIEN
303. Eine Münze über die Schulter werfen
Wann: Ganzjährig
Breite: 41,9009° N
Länge: 12,4833° O

Wirf eine Münze über die Schulter in den *Trevi-Brunnen*, damit du, so sagt man, nach Rom zurückkehrst.

ALBA, PIEMONT, ITALIEN
304. Trüffelsuche mit Schwein
Wann: Ende Oktober bis Anfang Januar
Breite: 44,6899° N
Länge: 8,0513° O

Ende Oktober fällt der Startschuss zu einer Saison, die die vielleicht ungewöhnlichste Action in Italien verspricht: die Suche nach weißen Trüffeln mit Schweinen und Hunden. Nur diese Tiere können die edlen Pilze erschnüffeln, die sich unter Baumwurzeln verstecken.

▶ SATURNIA, TOSKANA, ITALIEN
305. Ein besonderes Bad in der Toskana
Wann: Mai bis September
Breite: 42,6480° N
Länge: 11,5123° O

Die *Cascate del Mulino* in Saturnia gelten als eines der bestgehüteten Geheimnisse der Südtoskana. Lasse die Landschaft auf dich wirken, während du dich im seidenweichen, 37,5 °C warmen Wasser aalst, das über natürliche Terrassen herabfließt und dabei Pools bildet.

Ein belebendes Bad in den *Cascate del Mulino* in Saturnia

ISTANBUL, TÜRKEI
306. Entspannung total im Hamam
Wann: Ganzjährig
Breite: 41,0082° N
Länge: 28,9783° O

Die spektakulären Marmorbäder (*Hamams*) in Istanbul sind kaum zu überbieten. Dampfbad, Waschen und Ölmassage bereiten dich perfekt auf deine Türkeireise vor.

ISTANBUL, TÜRKEI
307. Stilgemäße Ankunft mit der Jacht
Wann: Ganzjährig
Breite: 41,0082° N
Länge: 28,9784° O

In Istanbul kommst du am besten auf einer Jacht an. Fahre den hoch aufragenden Minaretten mit der Europa und Asien verbindenden Bosporusbrücke im Hintergrund entgegen und erlebe einen wahrhaft unvergesslichen Einzug in die Stadt.

MADRID, SPANIEN
308. Eine neue Sprache lernen
Wann: Ganzjährig
Breite: 40,4153° N
Länge: 3,7089° W

Wenn du auf Reisen wirklich in die Umgebung eintauchen möchtest, solltest du Sprachen lernen. Spanisch ist dabei eine ideale Wahl, denn es wird auf der ganzen Welt von rund 560 Millionen Menschen gesprochen.

Karibikfeeling in Europa: die *Praia das Rodas* auf den Illas Cíes

BARCELONA, SPANIEN
309. Die Stadt, in der Gaudí omnipräsent ist
Wann: Ganzjährig
Breite: 41,4142° N
Länge: 2,1521° O

Den besten Querschnitt durch Gaudís Schaffen vermittelt dir ein Spaziergang durch den *Park Güell* mit den ungewöhnlichen Bauten und Sitzbänken des Genies des katalanischen Modernisme.

LOGROÑO, SPANIEN
310. Weintrauben zerstampfen
Wann: September
Breite: 42,4653° N
Länge: 2,4802° W

In den Weingütern der meisten Weltgegenden werden die Trauben heute nicht mehr mit viel Fußeinsatz zerquetscht, aber zum Glück halten Feste wie *San Mateo* diese uralte Produktionsmethode noch immer hoch.

▲ PRAIA DAS RODAS, SPANIEN
311. Karibikfeeling in Europa
Wann: Sommer
Breite: 42,2238° N
Länge: 8,9028° W

Seltsamerweise gibt es auf den Illas Cíes vor der galicischen Küste noch wunderschöne Sandstrände, die denen auf St. Lucia in nichts nachstehen. Fahre zur *Praia das Rodas*, dem »Karibikstrand« mit seinem leichten, weichen Sand, der friedlichen Lagune und dem türkisfarbenen Meer.

NÖRDLICHE HEMISPHÄRE 45° N bis 30° N

VATIKAN, VATIKANSTAAT
312. Der große Michelangelo
Wann: Montag bis Samstag und am letzten Sonntag des Monats geöffnet
Breite: 41,9029° N, **Länge:** 12,4544° O

Auf dem Fresko *Die Erschaffung Adams*, das zusammen mit acht anderen an der Decke der *Sixtinischen Kapelle* die Schöpfungsgeschichte erzählt, berühren sich die Finger Gottes und Adams beinahe, aber eben nicht ganz.

VATIKAN, VATIKANSTAAT
313. Der goldene Widerschein des Lichts
Wann: Montag bis Samstag und am letzten Sonntag des Monats geöffnet
Breite: 41,9022° N, **Länge:** 12,4533° O

Den majestätischen *Petersdom* solltest du am Nachmittag besuchen, denn zu dieser Tageszeit wird dich das Lichtspiel der Bronze und des goldenen Hochaltars bezaubern.

ARBOUSSOLS, FRANKREICH
314. Das »Zimmer der Klarheiten«
Wann: Ganzjährig
Breite: 42,6644° N
Länge: 2,4861° O

Wolfgang Laibs *Chambre de Certitudes* ist ein geschlossener, von einer einzigen Glühbirne beleuchteter Raum aus Granit, dessen Wände mit Bienenwachs bestrichen sind. Den Schlüssel kannst du beim Bürgermeister der Stadt abholen.

◄ KORSIKA, FRANKREICH
315. Eine der längsten Wanderungen in Europa
Wann: Ganzjährig
Breite: 42,0396° N
Länge: 9,0128° O

Der 180 Kilometer lange *GR20*, der quer über die Insel durch das korsische Hochgebirge führt, ist einer der längsten und schwierigsten durchgehenden Wanderwege Europas. Die Wanderung dauert etwa 10–15 Tage.

Für deine Mühen wirst du belohnt mit faszinierenden Landschaften, die in allen Farben leuchten, üppigen Pinienwäldern, hoch aufragenden Zinnen, glitzernden Gletscherseen und schneebedeckten Pässen.

Auch die Tierwelt hat Einzigartiges zu bieten. In den Naturreservaten von Asco und Bavella begegnest du dem europäischen Mufflon, einem Wildschaf, das den Winter nicht fürchtet, und am Himmel kannst du, wenn du Glück hast, einen der äußerst seltenen Bartgeier (Lämmergeier) mit einer Flügelspannweite von bis zu 2,9 Metern über dir kreisen sehen. Am Boden findest du Alpenveilchen, Krokusse, Windröschen, rote Pfingstrosen und die einheimische korsische Nieswurz.

Der *GR20-Fernwanderweg* auf Korsika ist einer der längsten Europas

NORDCHINA/SÜDMONGOLEI
316. Eine Nacht in der Wüste Gobi
Wann: Ganzjährig
Breite: 42,5898° N
Länge: 103,4299° O

Auf einer Gobi-Tour dringst du von der mongolischen Hauptstadt Ulaanbaatar aus in einem klapprigen Van immer tiefer in die unendlichen Weiten der Wüste vor. Die Übernachtung in einer Jurte in der Mitte von Nirgendwo und das Gobi-Essen unter funkelndem Sternenhimmel sind etwas ganz Besonderes.

NÖRDLICHE HEMISPHÄRE 45°N bis 30°N

ISTANBUL, TÜRKEI
317. Besuch von zwei der sieben Kontinente an einem Tag
Wann: Ganzjährig
Breite: 41,1194° N
Länge: 29,0753° O (Bosporus)

Die Brücken über den vielbefahrenen Bosporus im schillernden Istanbul verbinden Europa und Asien. Das historische und das Geschäftszentrum der Stadt befinden sich auf der europäischen Seite der Meerenge, aber fast ein Drittel seiner derzeit etwa 15 Millionen Einwohner wohnt in Asien.

An der innereurasischen Grenze liegen außerdem Aserbaidschan, Georgien, Kasachstan und Russland. Und auch Ägypten, das sich von der asiatischen Sinai-Halbinsel in südwestlicher Richtung nach Afrika erstreckt, darf sich stolz als Zwei-Kontinente-Land bezeichnen.

Ein Blick auf die Karte verrät dir die Lage eines weiteren, theoretisch ebenso einfachen Kontinentenübergangs: zwischen Panama in Nordamerika und Kolumbien in Südamerika. Doch der *Tapón del Darién*, die letzte Lücke in der Panamericana, stellt eine schwer zu überwindende Barriere dar, die infolge häufiger bewaffneter Unruhen in der Region umso höher ausfällt. Deshalb ist an dieser Stelle ein kurzer Flug angesagt.

ISTANBUL, TÜRKEI
318. Die meditative Ruhe der Sophienkirche
Wann: Ganzjährig
Breite: 41,0082° N
Länge: 28,9783° O

Einst christliche Basilika, danach die Hauptmoschee der Osmanen und jetzt Museum – ein Rundgang durch die *Hagia Sofia* ist auch heute noch für viele Besucher mit einer tiefen religiösen Erfahrung verbunden.

ISTANBUL, TÜRKEI
319. Der Muezzin ruft zum Gebet
Wann: Ganzjährig
Breite: 41,0082° N
Länge: 28,9783° O

Die *Blaue Moschee* gilt als eine der beliebtesten Touristenattraktionen Istanbuls. Zugleich erfüllt sie aber auch ihre eigentliche Bestimmung als Ort der Andacht. Höre in der Morgendämmerung dem Gebetsruf des Muezzins zu, der das Seine zur atmosphärischen und hypnotischen Geräuschkulisse der türkischen Hauptstadt beiträgt.

IBIZA, BALEAREN, SPANIEN
320. Auf Ibiza die Nacht zum Tag machen
Wann: Mai bis Oktober
Breite: 38,9067° N
Länge: 1,4206° O

Auf einem 355 Quadratkilometer großen Felsen im Mittelmeer geben sich die angesagtesten DJs Europas die Klinke in die Hand. Die Hardcore-Partygänger strömen jeden Sommer nach Ibiza-Stadt und San Antonio, um die Nacht durchzutanzen und Ibizas legendäre »Disco-Sonnenaufgänge« zu erleben.

IBIZA, BALEAREN, SPANIEN
321. Eine Spritztour mit dem Schnellboot
Wann: Ganzjährig
Breite: 38,9089° N
Länge: 1,4328° O

Da das Mittelmeer fast vollständig von Landmasse umschlossen ist, kann es das ganze Jahr über mit eher warmen Temperaturen und ruhiger See glänzen – ideal für eine Spritztour mit dem Schnellboot. Miete eines auf der Party-Insel Ibiza.

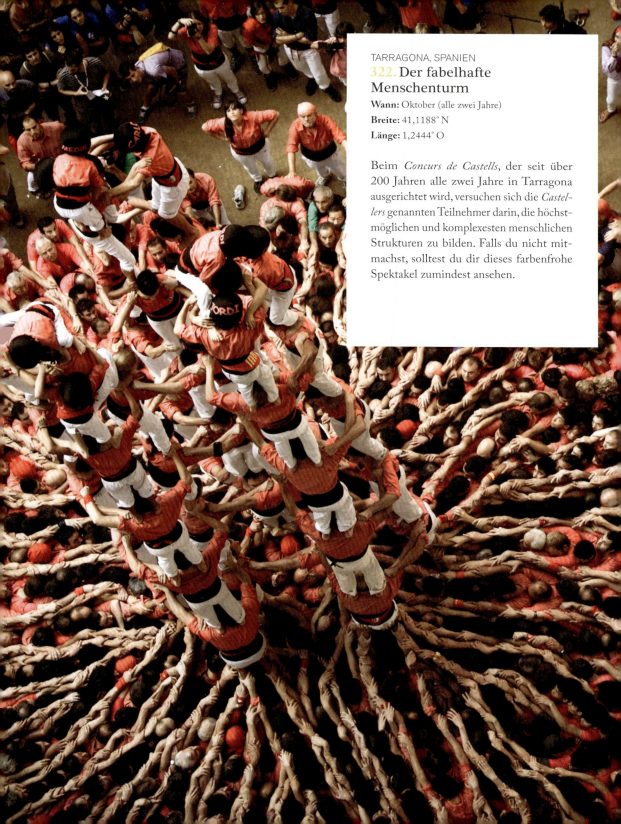

TARRAGONA, SPANIEN
322. Der fabelhafte Menschenturm

Wann: Oktober (alle zwei Jahre)
Breite: 41,1188° N
Länge: 1,2444° O

Beim *Concurs de Castells*, der seit über 200 Jahren alle zwei Jahre in Tarragona ausgerichtet wird, versuchen sich die *Castellers* genannten Teilnehmer darin, die höchstmöglichen und komplexesten menschlichen Strukturen zu bilden. Falls du nicht mitmachst, solltest du dir dieses farbenfrohe Spektakel zumindest ansehen.

NÖRDLICHE HEMISPHÄRE 45°N bis 30°N

▶ BARCELONA, KATALONIEN, SPANIEN
323. Hoch über Barcelona
Wann: Ganzjährig
Breite: 41,4044° N
Länge: 2,1757° O

Den Freiheitsdrang Kataloniens erlebst du vielleicht am besten auf einem der 65 Meter hohen Türme der *Sagrada Família*. Von der Spitze des Turms aus genießt du eine atemberaubende Aussicht auf den *Park Güell* und all die anderen Werke des Schöpfers der Kathedrale Antoni Gaudí, die über die ganze Stadt verteilt sind und wie ein Patchwork wirken.

ROM, ITALIEN
324. Geschichte außer Konkurrenz
Wann: Ganzjährig
Breite: 41,9027° N
Länge: 12,4963° O

Ein Besuch der Ewigen Stadt wäre nicht vollständig ohne das *Kolosseum*, in dem die Gladiatoren um ihr Leben kämpften, das *Forum Romanum* und das *Pantheon*. Der Vatikan ist das Zentrum der katholischen Welt und Sitz des Oberhauptes von 1,25 Milliarden Gläubigen. Dort darfst du auf keinen Fall den atemberaubenden *Petersdom* und die *Vatikanischen Museen* verpassen. Steig außerdem die *Spanische Treppe* hinauf, schieße das perfekte Foto von der *Piazza Navona* und wirf eine Münze über die Schulter in den *Trevi-Brunnen*.

Die *Sagrada Família* in Barcelona

NÖRDLICHE HEMISPHÄRE 45°N bis 30°N

▼ BARCELONA, KATALONIEN, SPANIEN
325. Das spanische Fußballduell
Wann: September bis Mai
Breite: 41,3809° N
Länge: 2,1228° O

Bei jeder Begegnung des FC Barcelonas und Real Madrids treffen der Stolz Kataloniens und die Verkörperung Spaniens aufeinander. Kaufe dir Karten und besuche eine von mindestens zwei legendären Begegnungen pro Jahr, bei der Größen wie Cristiano Ronaldo oder Lionel Messi die Hauptrolle spielen.

KIRGISISTAN
326. Nostalgischer Urlaub
Wann: Ganzjährig
Breite: 42,5214° N
Länge: 77,2713° O

Der See Yssykköl in Kirgisistan zählte bei den Bürgern der Sowjetunion zu den beliebtesten Sommerurlaubsorten. In der warmen Jahreszeit kannst du hier reiten und wandern, im Winter im *Skigebiet Karakol* Ski fahren.

Ein Fußballduell zwischen Barcelona und Madrid auf dem *Camp Nou*

KASPISCHES MEER
327. Schampus und Kaviar
Wann: Ganzjährig
Breite: 41,6667° N, **Länge:** 50,6667° O

Champagner und Kaviar sind nicht umsonst der Inbegriff des Luxus: sie passen einfach perfekt zueinander. Löffle den Kaviar in seiner Heimat am Kaspischen Meer aus dem Topf mit einem Besteck aus Horn, Perlmutt oder Holz – keinesfalls aus Metall! – und trinke ein Glas prickelnden Champagners dazu.

NÖRDLICHE HEMISPHÄRE 45°N bis 30°N

HARTFORD, CONNECTICUT, USA
328. Ein Mark-Twain-Abenteuer
Wann: Ganzjährig
Breite: 41,7637° N, **Länge:** 72,6850° W

Der beste Ausgangspunkt für dein Abenteuer ist das *Mark-Twain-Haus* in Hartford (Connecticut), in dem Mark Twain alias Samuel Langhorne Clemens seine Jugendjahre verbrachte.

▶ SAVANNAH, GEORGIA, USA
329. Schaurige Friedhofstour in Savannah
Wann: Ganzjährig
Breite: 32,0835° N
Länge: 81,0998° W

Savannah gilt als Stadt mit einer zuweilen düsteren Atmosphäre, viel Südstaatencharme und einem gespenstischen Geheimnis und ihr Friedhof *Bonaventure* mit den einzigartigen Grabmälern als vielleicht meistfotografierter der Welt.
Auf dem *Colonial Park Cemetery* ruhen viele der ersten Bürger Savannahs, deshalb machen hier die beliebten Geistertouren der Stadt halt. Auf dem *Laurel Grove Cemetery* wurden 1500 gefallene Soldaten der Konföderierten beigesetzt, und er ist zugleich einer der ältesten Friedhöfe, auf dem bis heute Afroamerikaner beigesetzt werden. Das *Ralph Mark Gilbert Civil Rights Museum* führt die faszinierenden Friedhofstouren an sechs Tagen in der Woche durch.

GROSSER SALZSEE, UTAH, USA
330. Ein Spaziergang auf einer Riesenspirale
Wann: Ganzjährig
Breite: 41,4377° N
Länge: 112,6689° W

Spiral Jetty heißt eine 4572 Meter lange Land-Art-Skulptur von Robert Smithson aus natürlichen Materialien. Spaziere auf der Spirale am nordöstlichen Ufer in den Großen Salzsee in Utah hinein.

MASSACHUSETTS, USA
331. Der Ball dreht sich auf der Fingerkuppe
Wann: Ganzjährig
Breite: 42,1124° N
Länge: 72,5475° W

In der Heimat des Basketballs gelingen Ballkunststücke ganz einfach. Diese Sportart wurde 1891 von einem Trainer aus Springfield im US-Bundesstaat Massachusetts erfunden.

NEW WINDSOR, NEW YORK, USA
332. Ein ganz besonderer Skulpturenpark
Wann: Ganzjährig
Breite: 41,4249° N
Länge: 74,0592° W

Das *Storm King Art Center* mit seinen über 100 einzigartigen Skulpturen lädt mitten in einer faszinierenden Naturlandschaft zum Streifzug ein.

Friedhof in Savannah im US-Bundesstaat Georgia

NÖRDLICHE HEMISPHÄRE 45°N bis 30°N

EIN FANTASTISCHER ROADTRIP, USA
333. Die Freiheit spüren auf einem kultigen Highway
Wann: Ganzjährig
Breite: 41,8781° N
Länge: 87,6297° W (Chicago)

Die *Route 66* von Chicago nach Santa Monica zählt zu den beliebtesten Roadtrips der Welt und führt durch Missouri, Oklahoma, New Mexico und Arizona, bevor sie den Pazifik erreicht.

Meist wird sie in Ost-West-Richtung befahren. Du solltest für die 3940 Kilometer mindestens zwölf Tage einrechnen, davon zwei Ruhetage. Von Chicago aus führt dich der Roadtrip durch weites Ackerland nach St. Louis, wo du auf der berühmten *Chain of Rocks Bridge* den Mississippi überquerst.

Dahinter folgen die sanften Hügel der *Ozark Mountains*, durch die sich die Straße nach Springfield und weiter nach Oklahoma schlängelt. Dort ändert sich das Landschaftsbild – es wird trocken und staubig.

In der Gegend von Tucumcari in New Mexico erhält deine Fahrt eine exotische Note, denn der Einfluss von Kultur und Lebensart der amerikanischen Ureinwohner sowie der Lateinamerikaner ist hier deutlich zu spüren. Weiter geht es über Albuquerque nach Holbrook in Arizona und danach durch die *Navajo Nation Reservation*. Hier lohnt sich ein kurzer Abstecher zum *Grand Canyon*. Schon bald darauf taucht am Horizont Las Vegas auf, von wo der Pazifik und damit das Ende der *Route 66* nur noch einen Katzensprung entfernt ist.

BOSTON, MASSACHUSETTS, USA
334. Die Freude beim Schenken von etwas Selbstgemachtem
Wann: Ganzjährig
Breite: 42,3500° N, **Länge:** 71,0667° W

Es gibt nichts Schöneres, als jemandem, der dir etwas bedeutet, ein selbst gemachtes Geschenk zu überreichen. Findest du das Abstauben einer alten Singer-Nähmaschine (1851 von Isaac Singer aus Boston patentiert) zu mühsam, so kaufe ein paar Nadeln und nähe etwas Schönes.

FOXBOROUGH, MASSACHUSETTS, USA
335. Ein Freiluft-Eishockeyspiel
Wann: Januar
Breite: 42,0944° N
Länge: 71,2651° W

Eishockey wird seit geraumer Zeit meist in geschlossenen Stadien gespielt, aber die nordamerikanische Spitzenliga organisiert seit 2008 *NHL Winter Classic* als Freiluft-Eishockeyspiel in riesigen Baseball- und Footballstadien. Am Neujahrstag 2016 kämpften die erbitterten Rivalen Montréal Canadiens und Boston Bruins im *Gillette Stadium* in Foxborough um den Sieg.

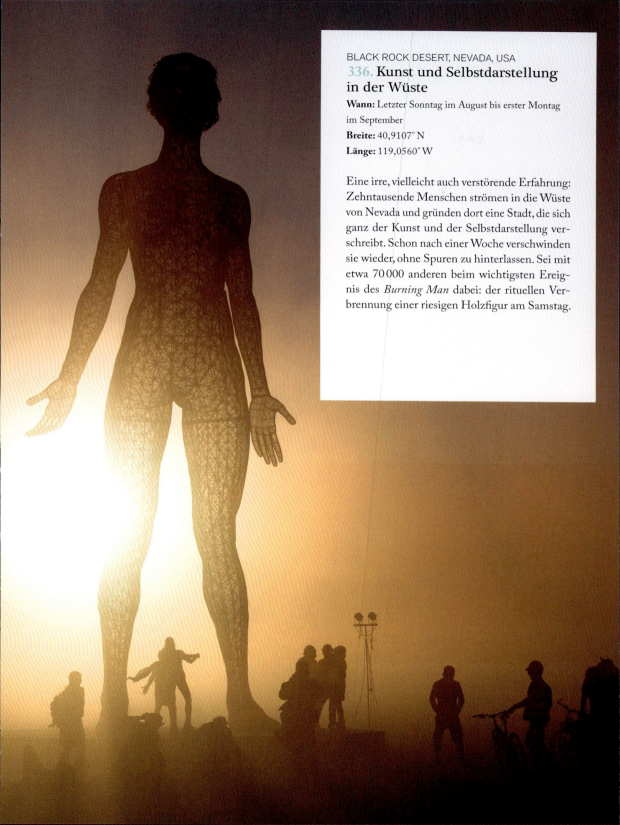

BLACK ROCK DESERT, NEVADA, USA
336. Kunst und Selbstdarstellung in der Wüste

Wann: Letzter Sonntag im August bis erster Montag im September
Breite: 40,9107° N
Länge: 119,0560° W

Eine irre, vielleicht auch verstörende Erfahrung: Zehntausende Menschen strömen in die Wüste von Nevada und gründen dort eine Stadt, die sich ganz der Kunst und der Selbstdarstellung verschreibt. Schon nach einer Woche verschwinden sie wieder, ohne Spuren zu hinterlassen. Sei mit etwa 70 000 anderen beim wichtigsten Ereignis des *Burning Man* dabei: der rituellen Verbrennung einer riesigen Holzfigur am Samstag.

START IN NEW YORK, USA
337. Die schönsten Skylines der Welt bei Nacht

Wann: Ganzjährig
Breite: 40,8260° N
Länge: 73,9303° W

Eine Super-Challenge für angehende Fotografen ist das Ablichten der berühmtesten Skylines der Weltmetropolen.

Starte zu deinem Fototrip in New York und halte die fantastischen Ausblicke auf Manhattan von *Jersey City*, dem *Brooklyn Bridge Park*, der *Staten Island Ferry*, der *Freiheitsstatue* oder dem *Empire State Building* mit der Kamera fest. Weiter geht es nach Tokio, dessen schier unglaubliche Lichtshow dir den Atem rauben wird. Banne hier die spektakulären Skylines in den Bezirken *Shibuya* und *Shinjuku* von der Spitze des *Roppongi Hill Mori Tower* aus auf Film. Nächster Halt ist London, um dort dessen prächtige Silhouette von *Mudchute Park and Farm*, *Primrose Hill* und dem *London Eye* aus abzulichten. Und schließlich fliegst du nach Hongkong, dessen Wolkenkratzer du von der *Star Ferry*, dem *Victoria Peak* oder der *Avenue of Stars* aus am besten in Szene setzt, und Shanghai, dessen schier endlose Skyline dich an der langen Uferpromenade, genannt *Der Bund* (chinesisch *Waitan*), oder auf dem Dach des *Park Hyatt* sicher verzaubert.

Die Skyline von Manhattan bei Nacht

NÖRDLICHE HEMISPHÄRE 45°N bis 30°N

LEADVILLE, COLORADO, USA
338. 100 Meilen bergauf und bergab mit dem Mountainbike
Wann: Zweiter Samstag im August
Breite: 39,2500° N
Länge: 106,2917° W

Beinharte Mountainbike-Rennen über 100 Meilen (etwa 160 Kilometer) schießen in jüngster Zeit in den USA wie Pilze aus dem Boden. Eine der ältesten und bekanntesten Veranstaltungen dieser Art ist der *Leadville Trail 100 MTB* in Colorado, ein Ableger des Ultramarathons *Leadville Trail 100*. Beide Rennen verlaufen auf einer ähnlichen Strecke durch das Herz der *Rocky Mountains*.

Große Höhen und extrem schwieriges Gelände sind an der Tagesordnung. Der aktuelle Rekord liegt bei sechs Stunden und 16 Minuten, aber wenn du es in weniger als zwölf Stunden schaffst, sei dir gratuliert. Auch wenn du das Rennen überhaupt beendest, darfst du dir auf die Schulter klopfen.

LOUISVILLE, KENTUCKY, USA
339. Ein Pferd anfeuern beim Kentucky Derby
Wann: Erster Samstag im Mai
Breite: 38,2526° N
Länge: 85,7584° W

Während der »aufregendsten zwei Minuten im Sport« beim *Kentucky Derby* gerät die *Churchill-Downs-Pferderennbahn* in Louisville außer Rand und Band. Halte es mit der Tradition: Trinke einen *Minze-Julep*, verdrücke einen Teller voll *Burgoo-Eintopf* und setze einen kleinen Betrag auf ein Pferd.

NEW YORK, USA, UND WELTWEIT
340. Mitten in der Menge bei einem Flashmob
Wann: Ganzjährig
Breite: 40,8260° N
Länge: 73,9303° W (Manhattan)

Als erster wirklicher Flashmob gilt eine Aktion, bei der sich 130 Menschen im Rahmen eines sozialen Experiments vor dem Kaufhaus *Macy's* in Manhattan um einen Teppich versammelten. Das Phänomen schwappte danach auf Europa über und nahm auch leicht verrückte Formen wie *Silent Discos* auf britischen Bahnhöfen und *Massenkissenschlachten* in Deutschland an.

CONEY ISLAND, NEW YORK, USA
341. Vergnügungsparks mit langer Tradition
Wann: Sommer
Breite: 40,5744° N
Länge: 73,9786° W

Lust auf einen Adrenalinkick? »Amerikas Spielplatz«, die Vergnügungsparks auf der Halbinsel Coney Island, fand Eingang in Bücher und Filme, vor allem in seiner Blütezeit im frühen 20. Jahrhundert.

NEW YORK, USA, UND WELTWEIT
342. Eine Reise in die eigene Vergangenheit
Wann: Ganzjährig
Breite: 43,0481° N (Syracuse)
Länge: 76,1474° W

Wer seine Lebensgeschichte dokumentiert, begibt sich auf eine Reise in die Vergangenheit. Am besten fängst du damit an der *Memory Lane* in Syracuse im US-Bundesstaat New York an. *Nomen est omen.*

NÖRDLICHE HEMISPHÄRE   45° N bis 30° N

CENTRAL PARK, NEW YORK, USA
343. Mit dem Boot durch einen Stadtpark
Wann: April bis November
Breite: 40,7830° N
Länge: 73,9712° W

Miete beim *Loeb Boathouse* im *Central Park* ein hübsches Boot und erkunde den neun Hektar großen See, in dem Silber- und Fischreiher herumstolzieren.

NEW YORK, USA
344. Sturm auf die Baseballtribünen
Wann: April bis Oktober
Breite: 40,8295° N
Länge: 73,9265° W

Die *New York Yankees*, einst Mannschaft des amerikanischen Nationalidols Babe Ruth, zogen 2009 in ein neues, 2,3 Milliarden Dollar teures Stadion um. Feuere die Spieler auf dem *Citi Field* an, wenn ihre Pitcher und Batter gegen die erbitterten Rivalen von den *New York Mets Pitch* antreten.

BROADWAY, NEW YORK, USA
345. Die Theaterstraße in New York
Wann: Ganzjährig
Breite: 40,7590° N
Länge: 73,9844° W

Egal, ob Drama, Comedy oder Musical, auf dem *Broadway* mit seinen mehr als vierzig großen Spielstätten mit mehr als 500 Sitzplätzen findet der Fan jeder Theatersparte etwas für seinen Geschmack.

◀ MANHATTAN, NEW YORK, USA
346. Ein typisch amerikanischer Start in den Tag
Wann: Vormittags
Breite: 40,7830° N
Länge: 73,9712° W

Um dich auf einen Tag in den Straßen des »Big Apple« vorzubereiten, setzt du dich am besten in eines der traditionellen *Diners* in Manhattan und bestellst eine große Platte mit fetttriefendem Frittierten.

Start in den Tag
in einem *Diner* in New York

Eisbahn vor dem *Rockefeller Center* in New York

▲ MANHATTAN, NEW YORK, USA
347. Eislaufen mit Blick auf Prometheus
Wann: Oktober bis April
Breite: 40,7830° N
Länge: 73,9712° W

Auf der vielleicht bekanntesten Eislaufbahn der Welt am Eingang zum *Rockefeller Center* können 150 Eisläufer gleichzeitig ihre Runden drehen. Am besten kommst du um sieben Uhr früh her oder zur *Starlight Skate Session* von 22:30 Uhr bis Mitternacht.

MANHATTAN, NEW YORK, USA
348. Ein majestätischer Anblick
Wann: Ganzjährig
Breite: 40,8260° N
Länge: 73,9303° W

Das faszinierende *Empire State Building* im Stil des Art déco ist nach wie vor der Inbegriff des Wolkenkratzers. Fahre hoch zu seiner Aussichtsplattform und genieße die fantastischen Panoramaansichten des »Big Apple«.

NEW YORK, USA
349. Poesie erleben in Greenwich Village
Wann: Ganzjährig
Breite: 40,7335° N
Länge: 74,0002° W

In einer der Blütezeiten des Offenen Mikros in den Sechzigerjahren konnten die Zuhörer es kaum erwarten, bis Jack Kerouac oder Bob Dylan den rauchigen Keller mit revolutionären Worten erfüllten. Open-Mic-Nächte in der *White Horse Tavern*, im *Café Wha?* und an anderen Orten im *Village* halten die Tradition am Leben.

NÖRDLICHE HEMISPHÄRE 45°N bis 30°N

NEW YORK, USA/BILBAO, SPANIEN/VENEDIG, ITALIEN
350. Ein Besuch in allen Guggenheim-Museen
Wann: Ganzjährig
Breite: 40,7747° N
Länge: 73,9653° W (New York)

Die bisher drei Guggenheim-Museen stehen mit Bestimmtheit auf der *To-visit-Liste* jedes Kunstfans. Beginne mit dem 1959 eröffneten *Solomon R. Guggenheim Museum* im Zentrum von Manhattan, dem von Frank Lloyd Wright geplanten architektonischen Meisterwerk an der Fifth Avenue. Weiter geht es zum *Guggenheim-Museum Bilbao*, das der baskischen Stadt zu einem namhaften Platz auf der Landkarte der Kunst- und Architekturliebhaber verhalf. Das von Frank Gehry entworfene Gebäude zählt zu den bekanntesten Werken der zeitgenössischen Architektur in Europa. Zum Abschluss steht ein Besuch in der *Peggy Guggenheim Collection* in Venedig an. Sie befindet sich im *Palazzo Venier dei Leoni* am *Canal Grande*, und schon die Anfahrt per *Vaporetto* ist ein besonderes Highlight.

▶ USA UND WELTWEIT
351. Farbenfrohes Laufen
Wann: Ganzjährig
Breite: 40,7607° N
Länge: 111,8910° W

The Color Run ist eine durch das indische Frühlingsfest Holi inspirierte Laufveranstaltung mit einem sehr hohen Spaßfaktor. Die Teilnehmer werden entlang der Strecke mit Pulver in allen Regenbogenfarben beworfen.

MAROON BELLS, COLORADO, USA
352. Den Wechsel der Jahreszeiten in Wort oder Bild festhalten
Wann: Ganzjährig
Breite: 39,0708° N, **Länge:** 106,9889° W

Wer einmal pro Tag, Woche oder Monat am selben Ort den Wechsel der Jahreszeiten mit Wort, Pinsel oder Kamera dokumentiert, lernt dabei viel Neues. *Maroon Bells* mit seinen Bergen, die sich im Maroon Creek spiegeln, eignet sich als meistfotografierter Ort in Colorado hervorragend dafür.

ELLIS ISLAND, NEW YORK, USA
353. Auf der Suche nach den Vorfahren
Wann: Ganzjährig
Breite: 40,6994° N
Länge: 74,0438° W

Auf Ellis Island steht nicht nur die Freiheitsstatue, sondern sie war auch das Erste, was die zwölf Millionen Einwanderer zwischen 1892 und 1954 vom gelobten Land am Horizont erblickten. Als Amerikaner oder auf der Suche nach US-Verwandten kannst du im *American Family Immigration History Centre* in Millionen Datensätzen zur Ankunft in den Häfen von New York und New Jersey oder an der *American Immigrant Wall of Honor* mit den Namen von mehr als 700 000 Einwanderern nach Hinweisen suchen.

The Color Run
in Salt Lake City

NÖRDLICHE HEMISPHÄRE   45°N bis 30°N

ONLINE, START IN DEN USA
354. Mitmachen bei Kickstarter
Wann: Ganzjährig
Breite: 40,6781° N
Länge: 73,9441° W (Brooklyn)

Warum nicht eine Geschäftsidee oder ein Projekt unterstützen, das die Welt verändern könnte? Die in Brooklyn ansässige globale Crowdfunding-Plattform *Kickstarter* hat schon über 250 000 kreativen Projekten auf die Beine geholfen, darunter die äußerst erfolgreiche *Pebble-Smartwatch* aus Kalifornien.

LAS VEGAS, NEVADA, USA
355. Eine Nacht in einer Penthouse-Suite
Wann: Ganzjährig
Breite: 36,1699° N
Länge: 115,1398° W

Eine Nacht in einer Penthouse-Suite ist der Inbegriff des dekadenten Luxus. Buche eine Übernachtung in einem Hotel in Las Vegas, wo Prunk und Protz nicht auffallen.

MANHATTAN, NEW YORK, USA
356. Ein Spaziergang auf Hochbahnschienen
Wann: Ganzjährig
Breite: 40,7590° N
Länge: 73,9844° W

Die 2009–2014 in Abschnitten eröffnete *High Line* ist der erhaltene Teil einer stillgelegten Gütertrasse der ehemaligen *New Yorker Central Railroad*. Bei einem Spaziergang durch die grüne Parkanlage genießt du ungewöhnliche Ausblicke auf beliebte Sehenswürdigkeiten.

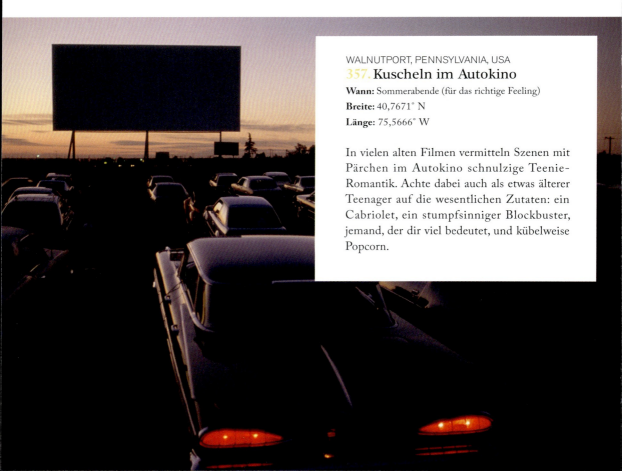

WALNUTPORT, PENNSYLVANIA, USA
357. Kuscheln im Autokino
Wann: Sommerabende (für das richtige Feeling)
Breite: 40,7671° N
Länge: 75,5666° W

In vielen alten Filmen vermitteln Szenen mit Pärchen im Autokino schnulzige Teenie-Romantik. Achte dabei auch als etwas älterer Teenager auf die wesentlichen Zutaten: ein Cabriolet, ein stumpfsinniger Blockbuster, jemand, der dir viel bedeutet, und kübelweise Popcorn.

NÖRDLICHE HEMISPHÄRE 45°N bis 30°N

▶ MANHATTAN, NEW YORK, USA
358. Zum Ersten, zum Zweiten, zum Dritten
Wann: Ganzjährig
Breite: 40,7403° N
Länge: 73,9001° W

Die Auktionen von *Sotheby's* sind kostenlos und öffentlich. Du kannst auch auch online daran teilnehmen oder sie mitverfolgen, bist aber in keinem Fall zum Mitbieten verpflichtet.

Eine Auktion von Sotheby's in New York

VON NEW YORK NACH LOS ANGELES, USA
359. Der klassische US-Roadtrip von Küste zu Küste
Wann: Ganzjährig
Breite: 40,7549° N
Länge: 73,9840° W

Dem *Cannonball-Rennen* (*Cannonball Baker Sea-To-Shining-Sea Memorial Trophy Dash*) von der Atlantik- zur Pazifikküste der USA verhalf die Hollywood-Komödie *Auf dem Highway ist die Hölle los* mit Burt Reynolds in der Hauptrolle 1981 zu ewigem Ruhm. Die klassische Route führt von der *Red Ball Garage* in Manhattan bis zum *Portofino Hotel* im kalifornischen Redondo Beach. Der Rekord für die rasante, glorreiche, mehr als 4500 Kilometer lange Fahrt mitten durch die USA liegt bei erstaunlichen 28 Stunden und 50 Minuten.

MANHATTAN, NEW YORK, USA
360. Ein tougher Fight in einer legendären Boxarena
Wann: Über das ganze Jahr verteilt
Breite: 40,7507° N
Länge: 73,9944° W

Der *Madison Square Garden* ist bis heute ein Mekka für Boxer und Fans dieser Sportart. Wenn auch du dazugehörst, dann halte Ausschau nach Boxkämpfen in dieser Arena. 1971 fand hier der »Fight of the Century« zwischen den Boxlegenden Joe Frazier und Muhammad Ali statt.

YELLOWSTONE-NATIONALPARK, USA
361. Im ältesten Nationalpark der Welt lernen, wie die Natur funktioniert

Wann: Ganzjährig
Breite: 44,4280° N
Länge: 110,5885° W

Tiefe Schluchten, wilde Flusstäler und heiße Quellen mit dampfenden Geysiren prägen die Landschaft des *Yellowstone*. Im ältesten Nationalpark der Welt ist eine große Vielfalt von Wildtieren, darunter Bären, Wölfe, Bisons, Elche und Antilopen, zu Hause.

Zu den bemerkenswerten Errungenschaften des Parks gehört die erfolgreiche Wiederansiedlung von Raubtieren und die Wiederherstellung eines »natürlichen Ökosystems«. Da die Raubtiere von den frühen Siedlern ausgerottet worden waren, bevölkerten Elche in zu großer Zahl den Park.

1995 wurde der Wolf wiederangesiedelt und machte Jagd auf den Elch, der darauf oft in andere Gebiete wanderte. Da die Grasflächen nun weniger intensiv abgegrast wurden, verdichtete sich der Pflanzenwuchs. Dies führte zu einer vielfältigeren Vogelwelt und mehr Bibern, was seinerseits die Otter-, Fisch- und Amphibienpopulationen ansteigen ließ. Die Wölfe jagten auch Kojoten, sodass mehr Mäuse und Kaninchen überlebten, die Falken, Wieseln, Füchsen und Dachsen Nahrung boten. Heute gibt dir der Yellowstone einen Einblick in die Wunder der Natur in ihrer vielfältigsten Form.

NÖRDLICHE HEMISPHÄRE   45°N bis 30°N

Weidende Büffel im *Custer State Park* in South Dakota

▲ SOUTH DAKOTA, USA
362. Auf der Weide mit einer riesigen Bisonherde
Wann: Ganzjährig
Breite: 43,7266° N
Länge: 103,4168° W

Eine Herde mit über 1000 wild lebenden Bisons wandert von Weidegrund zu Weidegrund durch den 28 733 Hektar großen *Custer State Park* in den idyllischen Black Hills von South Dakota.

NORTHERN NEW YORK STATE, USA
363. Der vielseitige Nationalpark
Wann: Mai bis August oder November bis April (Wintersport)
Breite: 44,2717° N, **Länge:** 74,6712° W

Mit einer Fläche von mehr als 2,4 Millionen Hektar ist der *Adirondack* das größte Schutzgebiet der USA. Du kannst hier auf einem Campingplatz übernachten, den du nur mit dem Kanu erreichst, oder in einer Galerie vorbeischauen, in der ein Picasso hängt.

BADLANDS-NATIONALPARK, USA
364. Im Hubschrauber dem Himmel entgegen
Wann: Ganzjährig
Breite: 43,8554° N
Länge: 102,3397° W

Die *Badlands*, »das schlechte Land«, ist eine stark zerklüftete Verwitterungslandschaft in South Dakota. Ihr Anblick ist schon vom Boden aus spektakulär, aber aus dem Hubschrauber betrachtet entfalten die Canyons und Felsen ihre ganze Größe und Majestät.

NÖRDLICHE HEMISPHÄRE 45°N bis 30°N

▶ ALTON, ILLINOIS, USA
365. Trompete spielen
Wann: Ganzjährig
Breite: 38,8906° N
Länge: 90,1842° W

Lasse dich von Miles Davis, einem der größten Jazzmusiker der Geschichte, inspirieren und lerne an seinem Geburtsort Alton in Illinois eine Melodie auf der Trompete spielen.

Miles Davis spielt die Trompete

STARTE WIE ALBERT PODELL IN BROOKLYN, USA
366. Alle Länder der Welt besuchen
Wann: Ganzjährig
Breite: 40,6280° N
Länge: 73,9445° W

Alle Länder der Welt zu besuchen ist für den Bucket-List-Fanatiker die Mission seines Lebens. Jemand hat das auch schon getan: Albert Podell war in 50 Jahren in jedem der damals 196 Länder der Welt. Zwar gibt es keine offiziellen Regeln für das Unterfangen, aber Podell legte für sich als Mindestanforderungen einen 24-stündigen Aufenthalt in jedem Land und einen Passstempel fest.

NEW YORK, PARIS ODER LONDON
367. Top-Metropolen aus der Vogelschau
Wann: Ganzjährig
Breite: 40,7127° N
Länge: 74,0059° W (New York)

Die Skyline einer Metropole ist schon vom Boden aus ein atemberaubender Anblick. Etwas ganz anderes aber erlebst du, wenn du zwischen den Wolkenkratzern aufsteigst. Buche deshalb in New York, Paris oder London einen Hubschrauberrundflug, denn ohne ihn ist dein Besuch in der Stadt nicht komplett.

NÖRDLICHE HEMISPHÄRE   45°N bis 30°N

COLORADO UND WYOMING, USA
368. Ein Trip durch die Rockies
Wann: Frühling, Sommer und Herbst
Breite: 40,3771° N
Länge: 105,5255° W (Estes Park, Colorado)

Das Herzstück eines jeden großen amerikanischen Roadtrips durch die Rocky Mountains, die sich über mehr als 4500 Kilometer vom Westen Kanadas bis nach New Mexico erstrecken, bilden Wyoming und Colorado.

Ein guter Startpunkt ist der *U. S. Highway 34* in Estes Park am Eingang zum Rocky-Mountain-Nationalpark. Der im Park als *Trail Ridge Road* bezeichnete Highway erreicht nach 18 Kilometern die Baumgrenze und verläuft anschließend durch die gespenstische Mondlandschaft der Gebirgstundra. Der *Rocky-Mountain-Nationalpark* gehört mit seiner atemberaubenden Schönheit zu den meistbesuchten der USA. Hier erwarten dich über 450 Kilometer Wanderwege, fantastische Bergpanoramen und kristallklare Seen.

Nur 16 Kilometer südlich des Yellowstone befindet sich in Wyoming der *Grand-Teton-Nationalpark*. Hier begegnest du vielleicht Wölfen, Grizzlys oder Elchen, aber die Hauptattraktion sind die heißen Quellen und Geysire im Park.

WESTKÜSTE DER USA
369. Zu Fuß von Mexiko nach Kanada
Wann: Ganzjährig
Breite: 32,6076° N, **Länge:** 116,4697° W

Der 4279 Kilometer lange Fernwanderweg *Pacific Crest Trail* schlängelt sich durch die US-Bundesstaaten Kalifornien, Oregon und Washington. Starte in Campo an der mexikanischen Grenze und durchwandere die Vereinigten Staaten einmal längs von Süden nach Norden durch Wüsten, Wälder und Schluchten, vorbei an Bergen, Vulkanen und Gletscherseen.

▶ NIAGARAFÄLLE, KANADA
370. Der Top-Ausblick auf die Niagarafälle
Wann: Mai bis September
Breite: 43,0845° N
Länge: 79,0894° W

Es gibt viele Aussichtspunkte, von denen aus du einen fantastischen Blick auf die Niagarafälle genießt. Und fast ebenso viele Meinungen, welcher der beste ist. Du könntest dich an Charles Dickens halten und den Blickwinkel wählen, der ihn 1842 am meisten beeindruckt hat: von unten, wo du ihr Donnern und ihre gewaltige Kraft besonders hautnah erlebst.

Die beeindruckenden Niagarafälle vom kanadischen Ufer aus gesehen

NÖRDLICHE HEMISPHÄRE   45°N bis 30°N

TORONTO, KANADA
371. Mit einem Glaslift dem Himmel entgegen
Wann: Ganzjährig (Sonnenuntergang)
Breite: 43,6426° N, **Länge:** 79,3871° W

In den Aufzügen des *CN Tower* in Toronto sind nicht nur die Wände, sondern auch Teile des Bodens aus Glas. So kannst du beobachten, wie die Erde sich immer schneller von dir zu entfernen scheint, während du mit 24 Stundenkilometern der Spitze des 553 Meter hohen Turms entgegenbraust.

▶ JACKSON, NEW JERSEY, USA
372. Die höchste Achterbahn der Welt
Wann: Ende März bis Anfang Januar
Breite: 40,1392° N
Länge: 74,4365° W

Kingda Ka ist mit 139 Metern nicht nur die derzeit höchste Achterbahn der Welt, sondern auch die zweitschnellste und eine der längsten. Sie beschleunigt die Züge in 3,5 Sekunden auf 206 Stundenkilometer. Schnalle dich an für die Fahrt deines Lebens!

Kingda Ka in New Jersey, die zur Zeit höchste Achterbahn der Welt

NÖRDLICHE HEMISPHÄRE 45°N bis 30°N

LEBANON, KANSAS, GEOGRAFISCHES ZENTRUM DER USA
373. Alle US-Bundesstaaten auf einmal
Wann: Ganzjährig
Breite: 39,8097° N
Länge: 98,5556° W

Möchtest du die Vereinigten Staaten kennenlernen, wie sie sind? Dann reise in alle vier Ecken der USA und besuche unterwegs alle fünfzig Staaten von Alaska bis Hawaii. So erlebst du das riesige Land mit seiner vielfältigen Bevölkerung wirklich hautnah.

Die Art der Fortbewegung ist dabei Geschmackssache, aber der amerikanische Lifestyle und die Romantik machen das Reisen auf der Straße zur ersten Wahl. Ob du nun auf dem *California Highway 1* die Pazifikküste entlangkurvst oder dir auf der legendären *Route 66* deine Kicks holst – lass den Motor aufheulen, fahre dem Sonnenuntergang entgegen und lebe den amerikanischen Reisetraum.

DENVER, COLORADO, USA
374. Der unbeschreibliche Nervenkitzel einer Tornadojagd
Wann: März bis Juni
Breite: 39,7392° N
Länge: 104,9902° W

Die Tornado- und Hurrikanjagd ist zwar eine hochspannende, aber auch äußerst gefährliche Angelegenheit. Wende dich deshalb, wenn du ihren Nervenkitzel erleben möchtest, unbedingt an einen erfahrenen Tornadojäger. Zusammen fahrt ihr in einem Spezialfahrzeug wie dem TIV2, einem acht Tonnen schweren Monster, das selbst ein Tornado nicht vom Boden heben kann, in die *Tornado Alley*. Organisierte Touren starten unter anderem in Denver. Unversehrt am Ausgangsort zurück, wirst du die Naturgewalten mit neuen Augen sehen.

SKOPELOS, GRIECHENLAND
375. Die 110 Stufen bis zur Kapelle
Wann: Ganzjährig
Breite: 39,1251° N
Länge: 23,6800° O

Die winzige Kapelle von *Agios Ioannis Kastri* auf der Insel Skopelos thront auf einem 100 Meter hohen Felsen. Du kannst sie nur über eine in den Fels gehauene steile Treppe erreichen. Vielleicht ist die Kapelle dir ja schon einmal begegnet, nämlich im Musicalfilm *Mamma Mia*.

GANZ VERMONT, USA

376. **Eine Radtour durch das farbenfrohe Vermont**

Wann: Ende September bis Anfang Oktober (Höhepunkt des »Indian Summer«)
Breite: 44,5588° N
Länge: 72,5778° W

Vermont ist zu Recht berühmt für seinen »Indian Summer«, wenn das Laub in einer Vielzahl von Orange- und Rottönen erstrahlt. Am besten tauchst du auf dem Fahrrad in diese farbenfrohe Welt ein. Ausgeschilderte Radwege verschiedener Schwierigkeitsstufen führen durch das bunte Wunderland. Auch Maine und der Norden des Staates New York sind im Herbst spektakulär.

NÖRDLICHE HEMISPHÄRE   45°N bis 30°N

▶ CUENCA, SPANIEN
377. Leichter Schwindel in Häusern, die über dem Abgrund hängen
Wann: Ganzjährig
Breite: 40,0703° N
Länge: 2,1374° W

Die »Hängenden Häuser« von Cuenca scheinen am Rande der Altstadt gefährlich auf senkrechten Felsen hoch über dem Ufer des Huécar zu balancieren. In einem davon befindet sich das *Museo de Arte Abstracto Español*, ein bedeutendes Museum für abstrakte spanische Kunst mit einer sehr bemerkenswerten Gemälde- und Skulpturensammlung.

Die »Hängenden Häuser« von Cuenca

BUCHARA, USBEKISTAN
378. Ein Spaziergang durch die mittelalterlichen Straßen einer Stadt an der Seidenstraße
Wann: Ganzjährig
Breite: 40,0430° N
Länge: 64,4448° O

In Buchara machten einst die Karawanen der Seidenstraße Zwischenhalt, und im Mittelalter war die Stadt das nach Bagdad zweitwichtigste Zentrum für islamische Theologie und Kultur. Ein Spaziergang durch die verwinkelten Gassen der am besten erhaltenen mittelalterlichen Altstadt Zentralasiens mit ihren hoch aufragenden Minaretten und smaragden glitzernden Moscheekuppeln stellt einen Höhepunkt jeder Reise durch Zentralasien dar.

Aber Buchara besteht nicht nur aus Geschichte und architektonischen Perlen, sondern lockt auch mit unzähligen Marktständen, an denen smaragdgrüne Keramik, wunderschöne purpurrote Teppiche, handgefertigte Kleider, Seidentücher und Schmuckstücke feilgeboten werden.

SAMARKAND, USBEKISTAN
379. Beeindruckende islamische Architektur
Wann: Ganzjährig
Breite: 39,6270° N
Länge: 66,9749° O

Samarkand, eine der ältesten Städte Zentralasiens, war lange ein großes Zentrum islamischer Gelehrsamkeit. Von seiner Bedeutung zeugen bis heute einige der beeindruckendsten islamischen Bauwerke wie die *Medressen* am Registan-Platz oder die *Bibi-Chanum-Moschee*.

▲ SEDONA, ARIZONA, USA
380. Eine Wanderung unter glasklarem Sternenhimmel
Wann: Ganzjährig
Breite: 34,8697° N
Länge: 111,7609° W

Die wahre Ausstrahlung der Milchstraße erlebst du nur an einem Ort wie Sedona, das von der *International Dark-Sky Association* in den exklusiven Klub der ausgewiesenen Lichtschutzgebiete aufgenommen wurde. In 1402 Metern Höhe wirkt das glitzernde Sternenzelt besonders eindrücklich. Auf deiner romantischen nächtlichen Mondwanderung unter sternenklarem Himmel, zum Beispiel zum *Boynton Canyon*, hörst du hie und da das Heulen eines Rudels Kojoten durch die Nacht hallen.

Die atemberaubende Schönheit der Milchstraße über Sedona

COLORADO RIVER, USA
381. Wildwasserrafting auf dem Colorado
Wann: Mai bis September
Breite: 34,3388° N
Länge: 114,1720° W

Das Wildwasserrafting auf dem Colorado besitzt viele unterschiedliche Gesichter, und du darfst wählen, wie viel Adrenalin ausgeschüttet werden soll. Du kannst dich auf eher ruhigen Abschnitten gemächlich den Fluss hinuntertreiben lassen oder in wenigen Minuten über eine ganze Reihe reißender Stromschnellen preschen. Unterwegs genießt du so atemberaubende Ausblicke wie die zu beiden Seiten emporragenden Felswände des *Grand Canyon*, der schon für sich eine Reise wert ist. Alles in allem eine fantastische Umgebung, um sich ein paar Tage vom Gummiboottrip zu erholen.

NÖRDLICHE HEMISPHÄRE 45°N bis 30°N

VALENCIA, SPANIEN
382. Eine Paella in ihrer Heimatstadt
Wann: Ganzjährig
Breite: 39,4699° N
Länge: 0,3763° W

Valencia ist bekanntermaßen die Heimat der Paella. Das schmackhafte Reisgericht kommt in zahlreichen Varianten mit Huhn, Kaninchen, Bohnen, Gemüse, Safran oder Meeresfrüchten daher.

PORTO, PORTUGAL
383. Eine drei Fußballfelder große Steppdecke
Wann: Ganzjährig
Breite: 41,1579° N
Länge: 8,6291° W

Decken steppen ist vielleicht nicht selten eine Form der Selbsttherapie, aber es kann mitunter auch mitreißen. Der gewaltige *Manta da Cultura* (»Patchwork der Kultur«) in Porto misst ganze 25 100 Quadratmeter, aber lass uns mit einer einfachen Tagesdecke beginnen …

LISSABON, PORTUGAL
384. Ein frittierter Leckerbissen
Wann: Ganzjährig
Breite: 38,7222° N
Länge: 9,1393° W

Portugiesische Händler sollen die *Churros* aus China nach Europa gebracht haben. Deshalb ist Lissabon einer der besten Orte, um sie dir munden zu lassen. Kauf einen und streife mit dem frittierten, mit Zucker bestreuten Teigleckerbissen durch die malerischen Altstadtgassen.

▶ VALENCIA, SPANIEN
385. Ein völlig verrücktes Fest in Valencia
Wann: 15.–19. März
Breite: 39,4699° N
Länge: 0,3763° W

Schon im Mittelalter feierten die Zimmerleute von Valencia das Ende des Winters, indem sie die Holzgestelle der Kerzen, die ihnen an dunklen Winternachmittagen Licht gespendet hatten, feierlich verbrannten. Das als *Parots* bekannte Holz wurde immer kunstvoller ausgestaltet, bis daraus die heutigen überlebensgroßen Einzelfiguren (valencianisch *ninots*, »Puppen«) wurden. Diese werden zu *Falles*, Kisten mit mehreren Figuren, nach denen das Fest benannt ist, gruppiert und verbrannt.

Jedes Viertel in Valencia baut seine eigene *Falla* für das fünftägige Straßenfest. Je näher der 19. März, *la nit del foc* (»die Nacht des Feuers«), rückt, desto großartiger werden die Feuerwerke bei der Verbrennung der *Fallas*. Den Abschluss und die Krönung des Festes bildet das Anzünden der letzten, großartigsten *Falla* auf der Plaza Ayuntamiento.

Das ausgelassene Fest *Las Falles* in Valencia

NÖRDLICHE HEMISPHÄRE 45° N bis 30° N

▶ APULIEN, ITALIEN
386. **Eine Nacht in einem runden Haus**
Wann: Ganzjährig
Breite: 40,7928° N
Länge: 17,1012° O

Die traditionellen apulischen Häuser sind rund und haben kegelförmige Steindächer. In vielen dieser Wohngebäude oder Lagerhäuser befinden sich heute Gasthäuser. Verbringe eine Nacht im *Trullo*, wenn du die Gegend besuchst.

Traditionelle Pulli in Apulien

BUÑOL, SPANIEN
387. **Die Rekord-Tomatenschlacht**
Wann: Letzter Mittwoch im August
Breite: 39,4203° N
Länge: 0,7901° W

Schließe dich Zehntausenden anderer an und bewirf bei der eintägigen *Tomatina* ab elf Uhr eine Stunde lang mit kindlicher Freude die Leute in den Straßen Buñols mit überreifen Tomaten – aber bitte entsprechend dem Ehrenkodex nur mit vorher zerquetschten.

MATERA, BASILIKATA, ITALIEN
388. **Eine Stadt mit Wohnhöhlen**
Wann: Ganzjährig
Breite: 40,6667° N
Länge: 16,6000° O

Wohl keine andere Stadt Italiens bringt uns in einer Weise zum Staunen wie Matera, in dem noch heute viele Bewohner in als *Sassi* bezeichneten Wohnhöhlen leben. Früher wurden sie mit Spitzhacken in den Fels gehauen, was zu einem Wirrwarr aus gewundenen Stufen, seltsam geformten Dächern und unebenen Gehwegen führte. Die besondere Atmosphäre der Höhlenbehausungen erlebst du am besten, wenn du ein oder zwei Nächte in einem *Höhlenhotel* übernachtest.

NÖRDLICHE HEMISPHÄRE   45°N bis 30°N

ARIZONA, USA
389. 1400 Höhenmeter zum Grund einer Schlucht und zurück

Wann: Frühling und Herbst am besten
Breite: 36,0544° N
Länge: 112,1401° W

Der *Grand Canyon* steht auf der Liste der eindrucksvollsten geologischen Formationen der Erde ganz weit oben und gilt den indianischen Ureinwohnern als heilig. Die spektakulären Aussichten auf Schritt und Tritt sind ein Gemeinplatz, aber es gibt noch viel mehr über die Schlucht zu lernen: Zum Beispiel gedeihen hier trotz der scheinbaren Trockenheit 1737 Arten von Gefäßpflanzen.

Die klassische Wanderung führt vom Rand der Schlucht hinunter zum Colorado River und zurück – mit Übernachtung im Canyon. Dabei überwindest du auf gewundenen Pfaden zweimal je etwa 1400 Höhenmeter.

Während des Abstiegs durchquerst du insgesamt fünf Klimazonen, und die Umgebung ändert sich ständig. Die vielfältige Tierwelt mit unter anderem Weißkopfseeadler, Biber, Kojote, Rotluchs, Vogelspinne, Klapperschlange und Puma lässt das Herz eines jeden Tierliebhabers höherschlagen.

Nach einer Übernachtung im Canyon, zum Beispiel in der *Phantom Ranch*, solltest du dich gut stärken, denn es erwartet dich der kräfteraubende Aufstieg zum Rand des Canyons.

Rundblick auf den *Grand Canyon* von seinem Rand

NÖRDLICHE HEMISPHÄRE   45°N bis 30°N

KALIFORNIEN, USA
390. Mammutbäume
Wann: Ganzjährig
Breite: 36,1304° N
Länge: 118,8179° W

Die gewaltigen Mammutbäume übertreffen alles andere, was auf Erden wächst, an Höhe. Sie werden bis zu 3500 Jahre alt und 100 Meter hoch. Du kannst die majestätischen Baumriesen auf einer Fahrt durch den *Big Basin Redwoods State Park* oder das *Giant Sequoia National Monument* bestaunen.

VON ST. CHARLES ZUR PAZIFIKKÜSTE, USA
391. In den Fußstapfen von Lewis und Clark
Wann: Ganzjährig
Breite: 38,7887° N
Länge: 90,5118° W

Captain Meriwether Lewis und Second Lieutenant William Clark brachen am 14. Mai 1804 mit einer Gruppe von Männern von St. Charles am Missouri in Richtung Pazifikküste auf und kehrten nach zwei Jahren, vier Monaten und zehn Tagen und über 13 000 Kilometern von dort zurück. Ihre Expedition regte Forscher, Händler, Goldsucher und Siedler dazu an, selbst gen Westen zu ziehen und die weiten Gebiete für die europäischen Siedler zu erschließen.

Besorge dir Wanderschuhe, Fahrrad und Schwimmweste und trekke auf den Spuren von Lewis und Clark zu Fuß, mit dem Rad, Kanu und Floß quer durch den Westen der USA.

▶ WASHINGTON, D.C., USA
392. Die Geburt eines Romans
Wann: Ganzjährig
Breite: 38,9072° N
Länge: 77,0369° O

Auf deinem anstrengenden Weg vom leeren Blatt zur Auslage im Buchladen inspiriert dich sicher ein Besuch in der *Library of Congress* in Washington. Ihre Sammlung von 38 Millionen Druckerzeugnissen, darunter 6487 Bücher aus der Bibliothek des ehemaligen US-Präsidenten Thomas Jefferson, ist die größte der Welt.

In der *Library of Congress* in Washington

NÖRDLICHE HEMISPHÄRE   45°N bis 30°N

▶ LONG ISLAND, NEW YORK, USA
393. Die mondänen Hamptons
Wann: Ganzjährig
Breite: 40,7891° N
Länge: 73,1349° W

Das Sommerfeeling der Superreichen von New York kannst du am östlichen Ende von Long Island erleben. Hier erstrecken sich von Westhampton bis Montauk die *Hamptons*, das teuerste Pflaster der USA. Sie haben ihren Namen von Southampton, East Hampton und anderen Orten der Region, die auf -hampton enden. Die Luxusjachten des New Yorker Jetsets im Hafen von *Sag Harbour* sind ein besonderer Anblick.

East Hampton Beach auf Long Island

WASHINGTON, D.C., USA
394. Eine Tour durch Washington zum besseren Verständnis der USA
Wann: Ganzjährig
Breite: 38,9071° N
Länge: 77,0368° O

Nirgendwo anders kann man die USA besser begreifen als in der Hauptstadt mit ihren Gedenkstätten, Museen und Regierungsgebäuden, die dem Besucher die faszinierende Vergangenheit und Gegenwart des Landes näherbringen.

Fester Bestandteil der aufschlussreichen Erkundungstour sind das *Kapitol* und das *Weiße Haus*, das imposante, von Henry Bacon entworfene *Lincoln Memorial*, das *Vietnam Veterans Memorial*, der zum Himmel ragende Obelisk des *Washington Monument* und das *National World War II Memorial*. Besuche zur Abrundung deines Amerikabildes auch das *Smithsonian American Art Museum* und das *National Air and Space Museum*.

NEW MEXICO, USA
395. Fledermausschwärme verdunkeln den Himmel
Wann: April bis November
Breite: 32,1517° N
Länge: 104,5558° W

Tief in den *Guadalupe Mountains* leben in den weltweit bekannten, atemberaubend schönen Tropfsteinhöhlen bei Carlsbad in New Mexico beinahe 800 000 Mexikanische Bulldoggfledermäuse. Beobachte das eindrucksvolle Schauspiel, wenn sie an Sommerabenden aus der Höhle schießen und ihre Schwärme den Himmel bevölkern.

NÖRDLICHE HEMISPHÄRE   45° N bis 30° N

▶ UTAH, USA UND WELTWEIT
396. Auf dem Einrad balancieren
Wann: Ganzjährig
Breite: 38,5733° N
Länge: 109,5438° W (Moab, Utah)

Auf dem Einrad fahren zu lernen macht großen Spaß. Eine Woche reicht dafür meist völlig aus. Einräder sind leicht, einfach zu warten und können mit öffentlichen Verkehrsmitteln befördert werden. In den USA darfst du sie nur abseits von Straßen, beispielsweise in der Wüste bei Moab in Utah, fahren, in Deutschland auf Gehwegen, in Fußgängerzonen und in Spielstraßen, in der Schweiz auf Trottoirs, Radwegen und Straßen in Tempo-30-Zonen. In Österreich ist das Einrad-Fahren weitgehend verboten.

Auf einem Einrad bei Moab (Utah)

UTAH, USA
397. Gottes atemberaubende Steinmetzarbeit im Arches-Nationalpark
Wann: Ganzjährig
Breite: 38,7330° N
Länge: 109,5925° W

»Gott ist ein Steinmetz«, lautet ein geflügeltes Wort der örtlichen Bewohner. Beim Anblick der majestätischen Steinbögen und anderen Gebilde aus Sandstein im *Arches-Nationalpark* in Utah, die aus dem Felsen gehauen zu sein scheinen, muss man ihnen beinahe recht geben. Wandere oder fahre mit dem Mountainbike quer durch den 310 Quadratkilometer großen Park mit seinen über 2000 Bögen. Der wohl berühmteste ist der *Landscape Arch* mit 92 Metern Spannweite – ein Anblick wie nicht von dieser Welt.

BEI CORTEZ, COLORADO, USA
398. In vier US-Bundesstaaten zugleich
Wann: Ganzjährig
Breite: 36,9990° N
Länge: 109,0452° W

Das *Four Corners Monument* markiert die Stelle, an der Utah, Colorado, New Mexico und Arizona aufeinandertreffen. Dies ist die einzige Stelle, an der du in vier US-Bundesstaaten gleichzeitig sein kannst. Ein Schnappschuss, wie du in Grätschstellung auf allen vieren stehst, gehört einfach dazu.

NÖRDLICHE HEMISPHÄRE   45° N bis 30° N

▼ MONUMENT VALLEY, UTAH, USA
399. Im Wilden Westen
Wann: Ganzjährig
Breite: 37,0042° N
Länge: 110,1735° W

Das *Monument Valley*, wo bis heute mehrere Hundert Navajos leben und ihre Traditionen pflegen, gilt als »Herz« des Wilden Westens. Auf dem 27 Kilometer langen *Scenic Drive* kannst du hautnah die Kulisse der meist mit John Wayne gedrehten Klassiker von John Ford erleben – mit Türmen, Tafelbergen und anderen fantastischen Sandsteinformationen, die teilweise etwa 300 Meter aus der Wüste emporragen.

USA UND WELTWEIT
400. Eine Sonnenfinsternis
Wann: Nächste in deiner Gegend
Breite: 36,8656° N, **Länge:** 87,4886° W
(Hopkinsville 2017)

Die Kleinstadt Hopkinsville in Kentucky war die Stadt, in der die Sonnenfinsternis vom 21. August 2017 zwei Stunden und 40 Minuten und damit am längsten anhielt. Sei zur Stelle, wenn sich der Mond langsam über die Sonne schiebt, und halte eine Lochkamera oder einen speziellen Filter, wie ihn die Astronomen verwenden, für die Beobachtung bereit.

AREA 51, NEVADA, USA
401. Auf UFO-Jagd
Wann: Ganzjährig
Breite: 37,2350° N
Länge: 115,8111° W

Der *Extraterrestrial Highway* in Nevada verkörpert *Area-51*-Kitsch in Reinkultur: die Höchstgeschwindigkeit ist mit Warp 7 angegeben, zur Stärkung kannst du dir einen *Alien-Burger* reinziehen, und gleich darauf entdeckst du den einsamen schwarzen Briefkasten des Ranchers Steve Medlin an einer Straßenkreuzung, die zum inoffiziellen Treffpunkt für UFO-Verrückte geworden ist.

Felsformation aus dem *Monument Valley* im Herzen des Wilden Westens in Utah

COYOTE BUTTES, ARIZONA, USA
402. Wellenreiten in einem orangfarbenen Canyon
Wann: Ganzjährig
Breite: 37,0016° N
Länge: 111,8657° W

Die rote Felsformation *The Wave* im *Paria Canyon* macht ihrem Namen alle Ehre. Sie wurde von einer Art natürlicher Wellenmaschine geformt, die erst Wasser, dann Wind erzeugte und aus dem uralten Jura-Sandstein diese surreal wirkende, gestreifte versteinerte Welle modellierte. Falls es dir gelingt, eine der 20 *Wave Permits* für einen Besuch zu ergattern, die in einer Online-Lotterie vier Monate im Voraus oder am Morgen des jeweiligen Tages vor Ort verlost werden, lohnt sich jede Sekunde der dreistündigen Wanderung zur »Welle«.

NÖRDLICHE HEMISPHÄRE   45° N bis 30° N

GREAT PLAINS, USA
403. Das Rollen der Steppenläufer
Wann: Ganzjährig
Breite: 38,0168° N, **Länge:** 81,1218° W (Appalachen-Plateau)

Die unermesslichen Prärien der *Great Plains* ziehen sich als breiter Streifen von Norden nach Süden durch die Mitte der USA mit den Bundesstaaten Montana, North und South Dakota, Wyoming, Nebraska, Colorado, Kansas, New Mexico, Oklahoma und Texas. Lass den Blick über das *Tumbleweed*, Teile von Pflanzen, die vom Wind über den Steppenboden getrieben werden, bis zum Horizont schweifen.

SIERRA NEVADA, KALIFORNIEN, USA
404. Mehrere Nationalparks durchwandern
Wann: Juli bis September
Breite: 37,8651° N
Länge: 119,5383° W

Einer der beliebtesten Fernwanderwege der USA ist nach dem schottisch-amerikanischen Naturforscher und Naturschützer John Muir benannt. Die 340 Kilometer lange Wanderung durch die berauschende Einsamkeit führt vom *Yosemite-* über *den Kings-Canyon-* und den *Sequoia-Nationalpark* bis zum Mount Whitney.

KALIFORNIEN, USA
405. Schweben wie ein Astronaut
Wann: Ganzjährig
Breite: 37,7833° N
Länge: 122,4167° W (San Francisco)

Die *Zero Gravity Corporation* bietet Flüge an, bei denen die Passagiere durch akrobatische Manöver (Parabelflug) die Schwerelosigkeit erleben können. Die Flugzeuge starten an verschiedenen Orten, unter anderem in San Francisco.

▶ KALIFORNIEN, USA
406. Ein Hängemattenzelt in einer Felswand
Wann: Ganzjährig
Breite: 37,8651° N
Länge: 119,5383° W

Besorge dir ein Hängemattenzelt und mach es an Baumästen oder an einer Felswand fest. Für den ultimativen Kick kannst du auch im *Yosemite-Nationalpark* hoch über dem Abgrund schwebend in der Felswand des *El Capitan* in einem Portaledge rumhängen oder übernachten.

Ein Hängemattenzelt

NÖRDLICHE HEMISPHÄRE 45°N bis 30°N

▶ SAN FRANCISCO, USA
407. Eine Nacht im Knast von Alcatraz
Wann: Sommer
Breite: 37,8269° N
Länge: 122,4229° W

In *Alcatraz*, das sich zur beliebten Touristenattraktion gemausert hat, kannst du dank der *Friends of the Golden Gate* eine Nacht in einer Zelle eingeschlossen verbringen. Allerdings erhalten nur 600 Menschen pro Jahr durch Losentscheid die Chance dazu.

Alcatraz in San Francisco

SAN FRANCISCO, USA
408. Die »kurvenreichste Straße der Welt«
Wann: Ganzjährig
Breite: 37,8010° N
Länge: 122,4262° W

Die Serpentinen der *Lombard Street* sehen elegant aus, sind aber höllisch schwer zu fahren. Die Straße zählt zu den US-Straßen, die am häufigsten in Kinofilmen zu sehen waren. Die Höchstgeschwindigkeit ist aufgrund der engen Haarnadelkurven auf nur acht Stundenkilometer begrenzt.

MONTEREY, KALIFORNIEN, USA
409. Eine Meereswelt mit 35 000 Tieren
Wann: Ganzjährig
Breite: 36,6002° N
Länge: 121,8946° W

Das *Monterey Bay Aquarium* zählt zu den größten Schauaquarien der Welt. Weiße Haie, Seeotter, Blauflossen- und Gelbflossenthunfisch, Stechrochen, Pinguine und viele andere aufregende Meereslebewesen machen es zu einer der meistbesuchten Freizeitattraktionen der USA.

JAMESTOWN, KALIFORNIEN, USA
410. Goldwaschen in Kalifornien
Wann: Ganzjährig
Breite: 37,9532° N
Länge: 120,4226° W

Suche mit einem einfachen Verfahren, das schon die Römer kannten, nach Gold. In Orten wie Jamestown, die während des Kalifornischen Goldrauschs boomten, kannst du noch immer dein Glück als Goldwäscher versuchen und die Anspannung, ob dich der Pfanneninhalt reich macht, am eigenen Leib erleben.

NÖRDLICHE HEMISPHÄRE   45° N bis 30° N

GOLDFIELD, NEVADA, USA
411. Ein bizarrer Autofriedhof in Nevada
Wann: Ganzjährig
Breite: 37,7086° N
Länge: 117,2356° W

In Goldfield, einst Wirkungsstätte der berühmt-berüchtigten Gesetzeshüter Wyatt und Virgil Earp, lädt heute eine postapokalyptische kleine Skyline aus etwa 40 Pkws, Lkws, Bussen und einem Eiswagen am Highway 95 zu einem Zwischenhalt ein. Das ungewöhnliche Kunstwerk soll Individualität und den Verzicht auf organisierte Religion verkörpern und mitten in der kargen Einöde von Nevada zum Nachdenken anregen.

SAN JOSÉ, KALIFORNIEN, USA
412. Ein paar Zeilen Code schreiben
Wann: Ganzjährig
Breite: 37,3382° N
Länge: 121,8863° W

Im kalifornischen San José im *Silicon Valley* kannst du in der Stadtbibliothek oder als Teilnehmer eines Coding-Bootcamps das Codeprogrammieren lernen und dir damit den vielleicht gar nicht so langen Weg zum Tech-Milliardär ebnen.

COLORADO, USA
413. Mit viel Dampf durch Colorado
Wann: Mai bis Oktober
Breite: 37,2753° N
Länge: 107,8801° W (Durango)

Die Eisenbahnstrecke von Durango nach Silverton diente einst dem Abtransport von Silber- und Golderz aus dem *San-Juan-Gebirge* und wurde 1882 in Betrieb genommen. Heute tuckern die historischen Dampflokomotiven der Museums-Schmalspurbahn mit 72 Stundenkilometern durch malerische Täler, Gletscherschluchten und dichten Wald.

SAN FRANCISCO UND SAUSALITO, KALIFORNIEN, USA
414. Mit dem Rad über die Golden Gate
Wann: Frühling bis Herbst
Breite: 37,8197° N ,
Länge: 122,4785° W

Ein perfekter Tag: Miete am *Fisherman's Wharf* ein Rad, fahre gemütlich an der Küste entlang und über die *Golden Gate Bridge*. Auf der anderen Seite liegt Sausalito, eine malerische, wohlhabende Kleinstadt, die zum Essen einlädt. Auch die Rückfahrt mit dem Schiff ist ein Vergnügen.

45°N bis 30°N

KALIFORNIEN, USA
415. Mit dem Rad durch ein Blumenmeer

Wann: März und April
Breite: 35,3252° N
Länge: 119,8000° W

Im Frühling wirkt die zu den Kalifornischen Küstengebirgen zählende *Temblor Range*, als hätte jemand Farbe darübergeschüttet. Ein Teppich aus gelben, rosa, violetten, orangen und blauen Wildblumen bedeckt Berghänge und Täler.

Das Schutzgebiet *Carrizo Plain National Monument*, dessen östliche Grenze die *Temblor Range* bildet, hält uns vor Augen, wie es im kalifornischen *Central Valley* aussah, bevor die Landwirtschaft Einzug hielt.

Blumenpracht in der *Temblor Range* in allen Regenbogenfarben

NÖRDLICHE HEMISPHÄRE   45°N bis 30°N

▶ GRANADA, SPANIEN
416. Mountainbiken im südspanischen Gebirge
Wann: Sommer
Breite: 37,0931° N
Länge: 3,3952° W

Wo sich im Winter in der *Sierra Nevada* die Skifahrer tummeln, frönen in den wärmeren Monaten die Mountainbiker ihrer Leidenschaft. Auf insgesamt 30 Kilometern ausgeschilderter Abfahrten mit unterschiedlichem Schwierigkeitsgrad kommen sowohl Anfänger als auch draufgängerische Könner auf ihre Kosten.

Mountainbiken in der *Sierra Nevada* in Südspanien

GENALGUACIL, SPANIEN
417. Eine Nacht in einer komfortablen Jurte
Wann: Mai bis Oktober
Breite: 36,5500° N
Länge: 5,2333° W

Verbringe im Tal des *Río Genal* eine Nacht in einem runden Zelt nur für dich: Der Komfort im Inneren der Jurte lässt kaum etwas zu wünschen übrig und passt perfekt zur eindrucksvollen Szenerie des Tals.

LANJARÓN, SPANIEN
418. Durchnässt bis auf die Knochen
Wann: 23. Juni
Breite: 36,9187° N
Länge: 3,4795° W

Bei der alljährlichen *Fiesta del Agua y del Jamón*, die, wie ihr Name schon sagt, dem Wasser und dem Schinken gewidmet ist, bleibt kein T-Shirt trocken. Einer ihrer Höhepunkte ist die Wasserschlacht um Mitternacht, bei der das kühlende Nass aus Wasserpistolen, Eimern, Luftballons und allem anderen, worin es Platz findet, verspritzt und ausgeschüttet wird.

GRANADA, SPANIEN
419. Sturm auf die Stadtburg Granadas
Wann: Ganzjährig
Breite: 37,1760° N
Länge: 3,5882° W

Die Anfänge der Stadtburg *Alhambra* in Granada, deren arabischer Name »die Rote« bedeutet, reichen bis in die Römerzeit zurück. In ihrer heutigen Form stammt sie allerdings aus der Herrschaftszeit der Mauren in Spanien und gilt als eines der exquisitesten Beispiele für die islamische Architektur.

KAPPADOKIEN, TÜRKEI
420. Im Heißluftballon über einzigartigen Tuffsteingebilden
Wann: Ganzjährig
Breite: 38,6459° N, **Länge:** 34,8424° O

Kappadokien mit# seinen durch Erosion entstandenen zerklüfteten Tälern mit deutlich erkennbarer Schichtung, Feenkaminen, Wabenhügeln und riesigen vulkanischen Felsbrocken lässt sich auf vielerlei Arten erleben. Eine der faszinierendsten ist ein Flug mit dem Heißluftballon über die atemberaubende Landschaft. Die mehrstündigen Ballonfahrten starten um fünf oder sechs Uhr morgens, damit die Passagiere die herrlichen Sonnenaufgänge genießen können.

ATHEN, GRIECHENLAND
421. Ein Juwel des antiken Griechenlands
Wann: Ganzjährig
Breite: 37,9713° N
Länge: 23,7260° O

Die *Akropolis* erhebt sich majestätisch auf einem Felsen, von dem du einen wunderbaren Rundblick auf Athen genießt, und erzählt von längst vergangenen Zeiten. Spinne inmitten von *Parthenon*, *Propyläen*, *Erechtheion* und dem *Tempel der Athena Nike* deine eigenen fantastischen Geschichten über das antike Griechenland.

NÖRDLICHE HEMISPHÄRE 45° N bis 30° N

ARKADIKO, GRIECHENLAND
422. Die älteste erhaltene Bogenbrücke der Welt
Wann: Ganzjährig
Breite: 37,5908° N
Länge: 22,8267° O

Die etwa 3300 Jahre alten drei Brücken von Arkadiko auf dem Peloponnes werden bis heute von der lokalen Bevölkerung genutzt. Spaziere über die zweite Brücke bei der Akropolis von Kazarma, deren einziger Bogen ohne Mörtel aus Natursteinen gemauert wurde.

ITHAKA, GRIECHENLAND
423. Einem jungen Menschen zur Seite stehen
Wann: Ganzjährig
Breite: 38,4285° N
Länge: 20,6765° O

Wenn du schon immer ein Mentor sein wolltest, dann kannst du dich auf der ionischen Insel *Ithaka* inspirieren lassen. Homer schreibt in seiner *Odyssee*, dass Mentor auf dieser Insel Telemachos, dem Sohn des Inselkönigs Odysseus, als Lehrer, Berater und Beschützer zur Seite stand.

PALERMO, SIZILIEN, ITALIEN
424. Ein Spaziergang inmitten von Mumien
Wann: Ganzjährig
Breite: 38,1120° N
Länge: 13,3410° O

In Palermo kannst du in den Gewölben der weitläufigen C*atacombe dei Cappuccini*, der Kapuzinergruft, die weltweit größte Mumiensammlung bestaunen. Spaziere durch die unheimlichen Korridore, in denen die Mumien an den Wänden stehend aufgereiht sind und sich dir zuzuneigen scheinen.

GÖREME, TÜRKEI
425. In einem Felsenkeller aufwachen
Wann: Ganzjährig
Breite: 38,6431° N
Länge: 34,8289° O

Die türkische Region Kappadokien ist berühmt für ihre Höhlenarchitektur, zu der auch Behausungen in Feenkaminen zählen. In Göreme kannst du in einem *Höhlenhotel* übernachten – natürlich mit allem Drum und Dran wie WLAN oder Bad im Zimmer.

PROVINZ DENIZLI, TÜRKEI
426. Baden wie ein Sultan in Pamukkale
Wann: Ganzjährig
Breite: 37,9186° N
Länge: 29,1103° O

Ein Bad im bis zu 36 °C warmen, mit belebenden Mineralien gesättigten Thermalwasser der Freiluftpools in den *Kalksinterterrassen* von Pamukkale ist ein himmlisches Erlebnis. Die schneeweißen Terrassen sehen wie Watte aus und gaben der Stadt ihren Namen: »Baumwoll-/Watteburg«.

KONYA, TÜRKEI
427. Der Tanz der »drehenden Derwische«
Wann: Samstagabends
Breite: 37,8667° N
Länge: 32,4833° O

Die Anhänger des Mevlevi-Derwisch-Sufiordens werden auch als »drehende Derwische« bezeichnet. Sie drehen sich zu nach alter Tradition gespielter Musik im Kreis und tanzen sich so in einen Zustand der religiösen Ekstase. Um diesen faszinierenden Anblick zu erleben, fährst du am besten ins türkische Konya, den Ursprungsort des im 13. Jahrhundert begründeten Ordens.

Der höchstgelegene Fernstraßen-Grenzübergang der Welt am Kunjirap-Pass

CHINESISCH–PAKISTANISCHE GRENZE
428. Der höchste Fernstraßen-Grenzübergang der Welt
Wann: Frühling oder Frühherbst
Breite: 36,8500° N
Länge: 75,4278° O

Der 1288 Kilometer lange *Karakorum Highway* verbindet Kaschgar in China mit Abottabad in Pakistan. Der Grenzübergang auf dem *Kunjirap-Pass* befindet sich in einer Höhe von 4693 Metern. Der Highway gilt als eine der gefährlichsten Straßen der Welt. Durch Sturzfluten und Erdrutsche kamen während der 25-jährigen Bauzeit über 1000 Arbeiter ums Leben.

Von den 14 Achttausendern der Welt sind fünf von dieser Straße aus erreichbar. Am besten befährst du die Passstraße im Frühling oder Frühherbst mit einem Geländewagen.

NÖRDLICHE HEMISPHÄRE 45°N bis 30°N

KESERWAN, LIBANON
429. Eine faszinierende unterirdische Welt
Wann: Ganzjährig (freitags und samstags geschlossen)
Breite: 33,9438° N, **Länge:** 35,6399° O

Nur wenige Autominuten von Beirut befindet sich die *Jeita-Grotte*, die mit neun Kilometern längste im Nahen Osten. In den miteinander verbundenen Hallen der Tropfsteinhöhle begegnest du auf Schritt und Tritt fantastischen Felsgebilden. So kannst du hier einen 8,2 Meter langen Stalaktiten bestaunen, der zu den längsten der Welt gehört. Die untere Höhle lässt sich mit dem Boot erkunden.

ISPARTA, TÜRKEI
430. Vom Baum in den Mund
Wann: September und Oktober
Breite: 37,7647° N
Länge: 30,5567° O

Apfel auswählen, abwischen, zubeißen – eine der simplen Vergnügungen des Lebens. Die Türkei ist als drittgrößter Apfelproduzent der Welt ein guter Ort, um das schmackhafte Obst frisch ab Baum zu genießen.

VON FETHIYE NACH ANTALYA, TÜRKEI
431. Eine Wanderung durch das antike Lykien
Wann: Frühling oder Herbst
Breite: 36,6592° N
Länge: 29,1263° O

Der 509 Kilometer lange *Lykische Weg* zählt zu den faszinierendsten Fernwanderwegen in Asien. Er führt an den Gleitschirmfliegern auf dem *Babadağ*, dem 18 Kilometer langen *Strand von Patara*, der *Burg von Üçağız* vorbei zum Leuchtturm am *Kap Gelidonya* sowie den Bergen *Tahtalı Dağı* (*Olympos*) und *Felen*, die du besteigen kannst.

BEI ÇIRALI, TÜRKEI
432. Wo Flammen aus dem Berg schlagen
Wann: Ganzjährig (am besten nachts)
Breite: 36,4030° N
Länge: 30,4710° O

An einem Berghang im Olympos-Tal unweit der türkischen Ortschaft Çıralı entzünden sich in *Yanartaş*, in der Antike als der Kultort *Chimaira* bekannt, ständig kleine Feuer, deren Flammen aus dem felsigen Boden schlagen. Die Ursache dieser Naturerscheinung sind Gase, die schon seit Jahrtausenden durch Schlitze im Boden entweichen.

ANATOLIEN, TÜRKEI
433. Eine Reise in graue Vorzeit
Wann: Ganzjährig
Breite: 37,2170° N
Länge: 38,8542° O

In *Göbekli Tepe* ging ein Archäologentraum in Erfüllung, als man bei Grabungen auf die ältesten Steintempel der Welt stieß, deren Anfänge ins 10. Jahrtausend vor Christus zurückreichen.

SANTORIN, GRIECHENLAND
434. Tellerzerschmettern macht Spaß
Wann: Ganzjährig
Breite: 36,3931° N
Länge: 25,4615° O

Womöglich begründeten wohlhabende Griechen die Tradition des Tellerzerschlagens auf Hochzeiten in ihrem Land. Sie forderten die Gäste dazu auf, Geschirr zu zerschmettern, um ihnen zu zeigen, dass Freundschaft wichtiger ist als Reichtum. Probiere es auf der kleinen Vulkaninsel Santorin in der Ägäis aus.

NÖRDLICHE HEMISPHÄRE 45°N bis 30°N

BEI FETHIYE, TÜRKEI
435. Gleitschirmflug vom Berggipfel zum Strand
Wann: Frühling und Sommer
Breite: 36,5282° N
Länge: 29,1849° O

Vom Babadağ genießt du eine atemberaubende Aussicht auf die Bucht von Ölüdeniz. Am besten lässt du dich in einem offenen Fahrzeug über die steilen Kurven zum Gipfel kutschieren. Dort holst du mit dem Gleitschirm Anlauf und springst mit vollem Tempo von der 1969 Meter hohen Kante. Die Flug- und Landebedingungen auf dem fünf Kilometer weiten Flug zum Meer dürfen als außergewöhnlich gut gelten. Falls du nur wenig Erfahrung im Gleitschirmfliegen hast, kannst du den Flug auch zu zweit mit einem erfahrenen Piloten unternehmen. Während du vom Gipfel zum Strand schwebst, hast du die Stadt Fethiye, die *Blaue Lagune* und den goldenen Sand von Ölüdeniz dauernd im Blick.

Nach dem Absprung vom Babadağ bei Fethiye

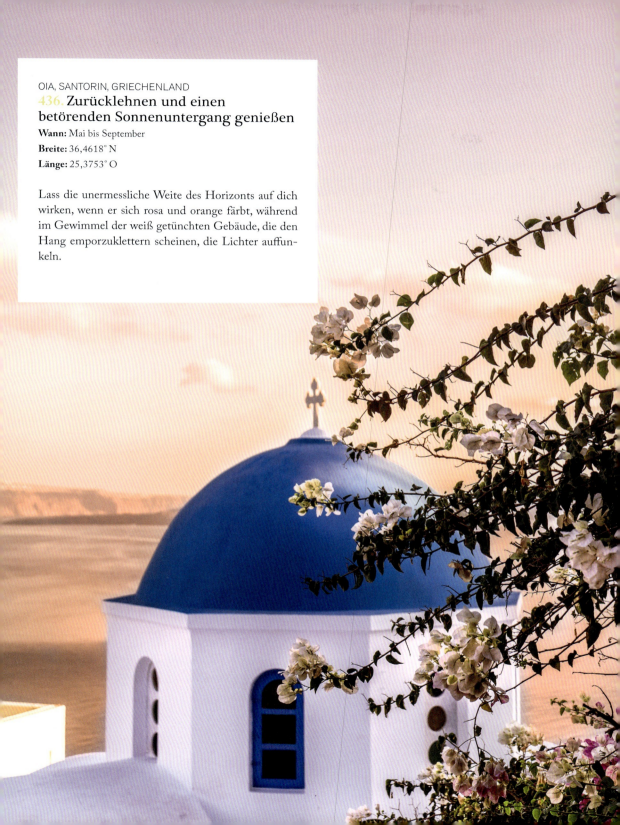

OIA, SANTORIN, GRIECHENLAND
436. Zurücklehnen und einen betörenden Sonnenuntergang genießen
Wann: Mai bis September
Breite: 36,4618° N
Länge: 25,3753° O

Lass die unermessliche Weite des Horizonts auf dich wirken, wenn er sich rosa und orange färbt, während im Gewimmel der weiß getünchten Gebäude, die den Hang emporzuklettern scheinen, die Lichter auffunkeln.

NÖRDLICHE HEMISPHÄRE 45°N bis 30°N

ICHEON, SÜDKOREA
437. Ein beliebtes, aber unbekanntes Destillat
Wann: Ganzjährig
Breite: 37,2719° N
Länge: 127,4348° O

Was seine Verkäufe anbelangt, übertrifft das koreanische Reisdestillat *Soju* von *Jinro* den Wodka der Marke *Smirnoff* als unmittelbaren Konkurrenten im Wettstreit um die beliebteste Spirituose der Welt um das Dreifache. Den Betrieb in Icheon, in dem täglich fünf Millionen Flaschen *Soju* (»Branntwein«) abgefüllt werden, kannst du besichtigen.

SEOUL, SÜDKOREA
438. Der erste virtuelle Supermarkt der Welt
Wann: Ganzjährig
Breite: 37,5045° N
Länge: 127,0490° O

Emsige Pendler scannen in der U-Bahn-Station *Seolleung* in der südkoreanischen Hauptstadt Seoul seit 2011 die Barcodes von Waren, die in natürlicher Größe als Fotos an Wänden und Schiebetüren im ersten virtuellen Supermarkt der Welt feilgeboten werden. Was bestellst du?

ANDALUSIEN, SPANIEN
439. Sich vom Flamenco mitreißen lassen
Wann: Ganzjährig
Breite: 37,5442° N
Länge: 4,7277° W

Fingerschnippen, das rhythmische Stampfen der Füße, Händeklatschen, herumwirbelnde Röcke und unbändiges Gitarrenspiel – ein Flamenco-Abend ist ein unvergessliches Erlebnis.

POHANG, SÜDKOREA
440. Der Himmel Abend für Abend hell erleuchtet
Wann: Ende Juli bis Anfang August
Breite: 36,0322° N
Länge: 129,3650° O

Alljährlich findet im Sommer in Pohang, der »Stadt von Licht und Feuer« eines der größten internationalen Feuerwerksfestivals statt. Für über eine Woche erstrahlt der Nachthimmel über dem *Yeongildae-Strand* ab 21 Uhr in allen Farben.

▶ START AUF MYKONOS, GRIECHENLAND
441. Ein Segeltörn von Insel zu Insel in Griechenland
Wann: Frühling bis Herbst
Breite: 37,4467° N
Länge: 25,3288° O

Eine Segeltour von einer griechischen Insel zur anderen gilt als unvergessliches Erlebnis. Im Mittelmeer locken über 3000 zu Griechenland gehörende Eilande, die oft nahe beieinanderliegen. Ihre unterschiedliche Größe und vielfältige Gestalt macht deinen Besuch auf jeder der Inseln zu einem einmaligen Erlebnis. Auf vielen findest du mühelos einen einsamen Privatstrand, an dem du dich einen Nachmittag lang räkeln kannst.

Mit dem Segelboot von einer griechischen Insel zur anderen

NÖRDLICHE HEMISPHÄRE 45°N bis 30°N

DEATH-VALLEY-NATIONALPARK, KALIFORNIEN, USA
442. Fotografische Ahamomente
Wann: Oktober bis April
Breite: 36,2469° N
Länge: 116,8169° W

Das *Death Valley* (das *Tal des Todes*) im Osten Kaliforniens vereint atemberaubende Naturschönheiten in großer Vielfalt auf sich, die zu den prachtvollsten der Welt gehören. Ihr Besuch ist aber nicht selten mit Gefahren verbunden. Hier werden Fotografenträume wahr: Der Sonnenaufgang im *Badwater Basin*, einer 518 Quadratkilometer großen Senke, deren Schlamm mit einer oft nur dünnen Salzkruste bedeckt ist, gilt als außergewöhnliches Motiv, während die sanft geschwungenen Sanddünen bei *Stovepipe Wells* romantische Gefühle aufkommen lassen. Halte auch den farbenfrohen Sonnenaufgang am *Zabriskie Point* und die Abenddämmerung am *Artist's Drive* mit der Kamera fest und lege dich darauf am *Dante's Point* unter das Sternenzelt.

MONUMENT VALLEY, UTAH UND ARIZONA, USA
443. Wie ein echter Cowboy reiten
Wann: Ganzjährig
Breite: 37,0042° N
Länge: 110,1734° W

Im 13 Quadratkilometer großen *Monument Valley* weht noch immer der Wind des klassischen Westerns. Seine Filmkulisse mit den mächtigen Sandstein-Tafelbergen dürfte den Kinobesuchern ebenso vertraut sein wie Manhattan. Schwinge dich auf den Rücken eines Pferds und reite unter kundiger Führung durch das Tal, und du wirst die Freiheit des Wilden Westens erleben.

SEWARD, NEBRASKA, USA
444. Die weltgrößte Zeitkapsel
Wann: Ganzjährig
Breite: 40,9111° N
Länge: 97,0969° W

Nimm dir ein Beispiel an Harold Keith Davisson aus Nebraska und vergrabe etwas ganz Besonderes in einer Zeitkapsel. Davisson legte 1975 ein riesiges Lager in seinem Vorgarten an, in dem er 5000 Gegenstände, darunter einen brandneuen Chevy Vega, für die Zukunft aufhob. Diese Riesenzeitkapsel soll am 4. Juli 2025 geöffnet werden – die Stadt Seward ist bekannt für ihre großen Feierlichkeiten zum amerikanischen Unabhängigkeitstag.

NASHVILLE, TENNESSEE, USA
445. Die Country-Stadt, in der auch Rap und Rock keine Fremdwörter sind
Wann: Ganzjährig
Breite: 36,1667° N
Länge: 86,7833° W

Nashville, auch bekannt als »Music City«, ist die (zweite) Heimat von Countrylegenden wie Johnny Cash, Dolly Parton oder Shania Twain, um nur einige zu nennen. Seit den Sechzigerjahren wird hier nach New York am zweitmeisten Musik in den USA produziert. Die drei weltgrößten Major-Labels sind alle in Nashville vertreten, und die Gitarrenfirma Gibson hat hier seit 1984 ihren Sitz. Jimi Hendrix' Weg zum Weltruhm startete in Nashville, Bob Dylan nahm hier *Blonde on Blonde* auf, und von Robert Plant bis zu The Black Eyed Peas kamen alle her, um an ihren Songs zu arbeiten.

NÖRDLICHE HEMISPHÄRE 45°N bis 30°N

Die tanzenden Fontänen des Hotels Bellagio in Las Vegas

AUGUSTA, GEORGIA, USA
446. Eine Runde Golf spielen wie ein Meister
Wann: Ganzjährig
Breite: 33,4734° N
Länge: 82,0105° W

Eine Runde auf dem tadellos gepflegten, aber teuflisch schwer zu spielenden Rasen des *Augusta National Golf Club* zu spielen, gehört zu den großen Träumen jedes Golfers. Die Löcher am Austragungsort des alljährlichen US-Masters tragen die Namen je eines Baumes oder Strauchs und lassen das Herz des Botanikers höherschlagen.

▲ LAS VEGAS, NEVADA, USA
447. Die tanzenden Fontänen des Bellagio
Wann: Ganzjährig
Breite: 36,1699° N
Länge: 115,1398° W

Das spektakuläre Spiel von Licht und Ton der *Fountains of Bellagio* zählt zu den Dauerattraktionen von »Sin City«. Bei der prächtig inszenierten Wassershow vor einem der Topcasinos von Las Vegas wird das Wasser zu den Klängen von Symphonien, Opern und Swing à la Sinatra bis zu 300 Meter hoch in die Luft geschossen.

LAS VEGAS, NEVADA, USA
448. Alles auf Schwarz setzen
Wann: Ganzjährig
Breite: 36,1214° N
Länge: 115,1689° W

Auf dem *Las Vegas Strip* warten die Casinos auf sechs Kilometern bereits Seite an Seite darauf, dass du dich am Spieltisch oder an den Automaten von deinem Geld verabschiedest. In den dazugehörigen Luxushotels, die alle möglichen architektonischen Stile repräsentieren und beispielsweise einer ägyptischen Pyramide, einer mittelalterlichen Burg oder den Wahrzeichen von Venedig nachempfunden sind, kannst du dich vom anstrengenden Spieltag erholen.

APACHE COUNTRY, ARIZONA, USA
449. Der Klang der Navajo-Lieder in einem beeindruckenden Canyon
Wann: Ganzjährig
Breite: 36,1336° N
Länge: 109,4694° W

Zu den meistbesuchten Orten in Arizonas *Navajo Nation Reservation* gehört das erstaunliche *Canyon de Chelly National Monument*. Noch heute leben hier zahlreiche Navajo-Familien von der Landwirtschaft und Schafzucht. Höre, um ihre Geschichte und Kulturtradition zu erleben, einem Navajo-Sänger zu, der zu Trommelrhythmen ein unvergessliches Lied anstimmt.

NÖRDLICHE HEMISPHÄRE 45°N bis 30°N

▶ LAS VEGAS, NEVADA, USA
450. Kopfüber an einer Stahlstange
Wann: Ganzjährig
Breite: 36,1699° N
Länge: 115,1398° W

Wenn wir »Las Vegas« hören, denken wir sofort an Rouletteräder, Blackjacktische und Shows mit viel Glitzer. Die Stadt in Nevada darf aber auch als Zentrum des Poledance gelten. Warum also nicht hier versuchen, kopfüber an einer Metallstange zu balancieren?

Poledance in Las Vegas

SANTA FE, USA
451. Eine Bundeshauptstadt für Kunstfans
Wann: Ganzjährig
Breite: 35,6870° N
Länge: 105,9378° W

In der Hauptstadt von New Mexico lebte und wirkte die Malerin Georgia O'Keeffe, die als »Mutter der amerikanischen modernen Kunst« gilt. Viele ihrer Werke sind heute in Santa Fe zu sehen, unter anderem im *Georgia O'Keeffe Museum*. Insgesamt gibt es in der kleinen Stadt rund 200 Galerien. Bei einem Spaziergang durch die *Canyon Road* kannst du das pulsierende Herz der Stadt erleben.

NORTH CAROLINA/TENNESSEE, USA
452. Das Blinken von Tausenden Leuchtkäfern
Wann: Ende Mai bis Mitte Juni
Breite: 35,3964° N
Länge: 83,2041° W

Ein Highlight im *Great-Smoky-Mountains-Nationalpark* in North Carolina und Tennessee, dem meistbesuchten der USA: Zwei Wochen pro Jahr leuchten Massen von Glühwürmchen alle gleichzeitig, um ihre Paarungsbereitschaft zu bekunden und einen Partner für sich zu gewinnen.

NASHVILLE, TENNESSEE, USA
453. Spiel mir ein Lied auf der Mundharmonika
Wann: Ganzjährig
Breite: 36,1626° N
Länge: 86,7816° W

Das Dixieland, die Südstaaten der USA, ist unzertrennlich mit seiner Musik verbunden: Gospel, Blues und Country lösen tiefe Gefühle aus. Kaufe dir im Musikladen an der Ecke eine Mundharmonika und lerne eine Melodie darauf spielen.

▶ GANSU, CHINA
454. Eine farbenfrohe Felslandschaft
Wann: Ganzjährig
Breite: 38,9252° N
Länge: 100,1331° O

Seine beeindruckende Farben- und Formenvielfalt verdankt der *Zhangye-Danxia-Geopark* in der chinesischen Provinz Gansu der Erosion, die sie im Laufe von 24 Millionen Jahren aus Sandstein und anderen Mineralen schuf. Auf einer Wanderung durch diese beeindruckende Felslandschaft wird dein Finger sich nur selten vom Auslöser wegbewegen.

PEKING, CHINA
455. Besuch in einer verbotenen Stadt
Wann: Ganzjährig
Breite: 39,9159° N
Länge: 116,3979° O

Nach seiner Fertigstellung im Jahre 1420 durfte niemand ohne Genehmigung des Kaisers höchstpersönlich dessen Palast in Peking betreten oder verlassen. Dagegen ist die *Verbotene Stadt* heute frei zugänglich und das meistbesuchte Museum der Welt.

Die Farbenpracht des *Zhangye-Danxia-Geoparks*

Madrids legendärer *Mercado de San Miguel*

▲ MADRID, SPANIEN

456. **Frühstück in einer spanischen Markthalle**

Wann: Ganzjährig
Breite: 40,4153° N
Länge: 3,7089° W

Der zentral gelegene *Mercado de San Miguel* ist bei Touristen und Einheimischen beliebt und für Liebhaber feiner Tapas ein Muss. Du hast die Qual der Wahl: In der stimmungsvollen Umgebung aus Stahl und Glas werden an 33 Ständen typisch spanische Produkte wie exquisite Fleischwaren, Oliven, Austern, Gambas (Garnelen), Kaviar und Rioja feilgeboten, und auch an Stehbars und in Vinotheken kannst du feine Tapas genießen.

MADRID, SPANIEN

457. **Ein antikes Schnäppchen auf dem Flohmarkt**

Wann: Sonntagmorgens
Breite: 40,4089° N
Länge: 3,7075° W

Fahre am Sonntagmorgen wie Tausende andere mit der Madrider U-Bahn zur Station *La Latina* und stöbere auf dem bekanntesten und beliebtesten Flohmarkt der Hauptstadt, *El Rastro de Madrid*, der in der Nähe im Freien stattfindet, nach versteckten Schätzen.

SEVILLA, ANDALUSIEN, SPANIEN

458. **Eine Tapa-Kneipentour durch Sevilla**

Wann: Ganzjährig
Breite: 37,3890° N
Länge: 5,9869° W

Andalusien ist die Heimat der Tapas und seine Hauptstadt Sevilla deshalb genau richtig, um zu *tapear*, sprich von einer Tapa-Bar zur anderen zu ziehen. Hervorragend für diese Kneipentour eignen sich die »Tapastraße« *Calle Mateos Gago* im Touristenviertel *Barrio Santa Cruz* oder die *Plaza del Salvador* mit den trendigsten Bars.

NÖRDLICHE HEMISPHÄRE 45°N bis 30°N

MADRID, SPANIEN
459. Ein Gemälde, das die Sinnlosigkeit des Kriegs vor Augen hält
Wann: Ganzjährig (donnerstags geschlossen)
Breite: 40,4076° N
Länge: 3,6948° W

Picasso reagierte mit seinem berühmten Gemälde *Guernica* auf die verheerende Bombardierung der baskischen Stadt Gernika im Spanischen Bürgerkrieg – am 26. April 1937 – durch deutsche Kampfflugzeuge der Legion Condor. Im *Museo Nacional Centro de Arte Reina Sofía* in Madrid kannst du das 3,49 Meter hohe und 7,8 Meter breite Ausnahmekunstwerk bestaunen, das dich als eines der bewegendsten Antikriegsbilder überhaupt zum Nachdenken anregen wird.

COSTA DE LA LUZ, SPANIEN
460. Im Wohnmobil durch den Süden Spaniens
Wann: Mai bis September
Breite: 36,0143° N
Länge: 5,6044° W

Eine tolle Alternative zur abgedroschenen Route an der Costa del Sol mit ihren überfüllten Stränden und Hochhäusern führt von der Straße von Gibraltar aus nach Westen statt nach Osten. Die als *Costa de la Luz* bezeichnete spanische Atlantiksüdküste bildet mit ihren beinahe unendlichen Stränden und dem weiten Hinterland die Antithese zu ihrem östlichen Nachbarn.

Von der bei Kitesurfern beliebten Stadt Tarifa an der Südspitze des europäischen Festlands fährst du nach Westen und erreichst über Jerez de la Frontera und Huelva die portugiesische Grenze.

SHIBUYA, TOKIO, JAPAN
461. Karaoke singen wie Bill Murray
Wann: Ganzjährig
Breite: 35,6640° N
Länge: 139,6982° O

Lust zu singen? Bill Murray und Scarlett Johansson lassen sich im Film *Lost in Translation* in Zimmer 601 des *Karaoke-kan* im geschäftigen Tokioter Stadtteil Shibuya von der japanischen Karaokebegeisterung anstecken.

FUJI, HONSCHU, JAPAN
462. Eine Pilgerreise zum schneebedeckten Gipfel des Fuji
Wann: Aufstieg von Anfang Juli bis Mitte September gestattet
Breite: 35,3605° N
Länge: 138,7277° O

An einem klaren Tag thront der beinahe symmetrische Vulkankegel des Fuji in seiner ganzen makellosen Pracht etwa 60 Kilometer nordöstlich von Tokio am Horizont der japanischen Hauptstadt. Der mit 3776 Metern höchste Gipfel Japans ist seit Jahrhunderten das Ziel von Pilgern.

Schneeaffe im *Shibu Onsen* in Japan

▲ YAMANOUCHI, JAPAN
463. Baden wie die Samurai
Wann: Ganzjährig
Breite: 36,7446° N
Länge: 138,4125° O

Seit Jahrhunderten strömen Pilger, Künstler und Samurai in die neun Badehäuser des historischen Kurorts Shibu im Yokoyugawa-Tal. Nur eines davon ist frei zugänglich. Um das wohltuende Heilwasser der anderen *Onsen* zu genießen, buche einfach eine Nacht im dazugehörigen *Ryokan*, einem traditionell eingerichteten japanischen Hotel. Am besten besuchst du alle neun *Onsen*, denn ihr Wasser soll jeweils andere Krankheiten lindern oder heilen. In den 400 Jahre alten *Ryokan* kannst du danach relaxen und den Schneeaffen (Japanmakaken) zusehen, wie sie sich durch die Räume hangeln.

TOGAKUSHI, NAGANO, JAPAN
464. Wie ein Ninja denken
Wann: Ganzjährig
Breite: 36,7413° N
Länge: 138,0845° O

Das große weiße Haus des Museums des *Togakure-ryū ninpō*, der Schule der verborgenen Tür des *Ninjutsu*, verrät dir, wie die Ninjas ihren Feinden entkamen. So entdeckst du hinter Bücherschränken versteckte Türen und Geheimgänge von Raum zu Raum. Die ausgestellten Werkzeuge, Waffen und Fotografien geben dir einen Einblick in die Techniken dieser uralten Kampftradition.

NÖRDLICHE HEMISPHÄRE 45°N bis 30°N

PRÄFEKTUR NIIGATA, JAPAN
465. Das Rockfestival mit dem vernünftigsten Publikum der Welt
Wann: Juli
Breite: 36,7928° N
Länge: 138,7782° O

Hoch oben in den japanischen Alpen im *Naeba-Skigebiet* geben sich weit abseits dicht bewohnter Gegenden beim *Fuji Rock Festival* die großen Namen die Klinke in die Hand. Das dreitägige Großereignis zählt jeweils über 100 000 Besucher.

Das Festival hat sich einen Namen als Großveranstaltung mit besonders freundschaftlicher Stimmung und größtmöglicher Sauberkeit gemacht. Die Besucher rollen morgens eine Matte aus, zu der sie den Tag über immer wieder zurückkehren, um sich zu erholen oder zu picknicken. Diese wird von den anderen nicht angerührt. Die Abfälle werden selbstverständlich recycelt, und die Raucher tragen Aschenbecher mit sich herum. Wenn die Camper ihre Zelte abbrechen, hinterlassen sie rein gar nichts – nicht einmal einen Pflock. Das ganze Areal sieht nach dem Festival wieder wie zuvor aus: wie unberührte Natur.

NAGANO, JAPAN
466. Die gedrängteste Gedichtform
Wann: Ganzjährig
Breite: 36,6513° N
Länge: 138,1810° O

Beim althergebrachten Haiku geht es nicht nur darum, Gedanken auf drei Zeilen mit 17 Moren bzw. Silben zu verdichten. Wichtiger noch ist, dabei auf wenig Raum eine konkrete Situation oder ein einmaliges Ereignis zu beschreiben und die Natur der Existenz zu hinterfragen. Versuche dich im Haus des Meisters Kobayashi Issa als angehender Haikudichter.

SAPPORO, JAPAN
467. Kulinarisches Russisches Roulette
Wann: November bis Februar
Breite: 43,0621° N, **Länge:** 141,3544° O

Da Teile des Kugelfischs giftiger als Blausäure sind, könnten dem Verzehr von *Fugu* als Nachspeise Lähmung und Tod folgen. Fachgerecht aus dem frisch schmeckenden, durchscheinenden Fisch zubereitet, ist Fugu jedoch eine ausgesprochene Delikatesse. Guten Appetit?

KANAZAWA, PRÄFEKTUR ISHIKAWA, JAPAN
468. Die präzise Ordnung der japanischen Gärten
Wann: Ganzjährig
Breite: 36,5613° N
Länge: 136,6562° O

Durch den Besuch eines japanischen Gartens erreichst du sicher die nächsthöhere Stufe auf deinem Weg des Zen. Als Juwel der japanischen Gartenbaukunst gilt unter Experten der *Kenroku-en* (»Garten der gleichzeitigen sechs [Attribute]«) bei der *Burg Kanazawa*.

Er beeindruckt mit einer Größe von elf Hektar und mit vielen Kleinoden wie traditionellen Teehäusern, Wasserfällen oder Springbrunnen. Sein Herzstück ist *Kasumi-ga-ike*, »der dunstige Teich«, mit den beschaulichen kleinen Holzhäusern an seinen Ufern. Sein Name verweist darauf, dass er alle sechs Attribute auf sich vereint, die für die Japaner einen perfekten Landschaftsgarten ausmachen: Weitläufigkeit und Abgeschiedenheit, Kunstfertigkeit und Althergebrachtes, fließendes Wasser und Panoramablick. Neben dem *Kenroku-en* erfüllen nur zwei weitere Gärten diese Anforderungen und zählen damit zu den Drei berühmten Gärten Japans.

ASHIKAGA, JAPAN

469. **Der betörende Duft des Blauregens**

Wann: Blüte von April bis Juni
Breite: 36,3140° N
Länge: 139,5202° O

Stell dir vor, du wandelst durch einen Blumentunnel mit Millionen herrlich duftender purpurroter, gelber, weißer und rosa Blüten, die im Licht der Sonne oder des Mondes farbenfroh schillern. Genau das kannst du im April im *Ashikaga Flower Park* erleben. Halte dich bereit für eine hypnotisierende Erfahrung.

NÖRDLICHE HEMISPHÄRE 45°N bis 30°N

OMIYA, TOKIO, JAPAN
470. Einen Bonsai für die Nachwelt kultivieren
Wann: Ganzjährig
Breite: 35,9064° N
Länge: 139,6287° O

Bonsai ist ein fester Bestandteil der japanischen Kultur. Lasse dich bei einem Besuch der Gärten in Omiya inspirieren. Anschließend kannst du in einer der Baumschulen im Dorf ein Bäumchen erwerben und deine lebenslange gärtnerische Meditationsreise antreten.

TOKIO, JAPAN
471. Innere Wandlung in der Karatehauptstadt
Wann: Ganzjährig
Breite: 35,7076° N
Länge: 139,7441° O

Karate, der Weg der »leeren Hand«, tut Körper und Seele gut. Lasse dich in der Innenstadt von Tokio, wo sich der Hauptsitz der *Japan Karate Association* befindet, von einem *Sensei* in der alten Kampfkunst unterweisen.

TOKIO, JAPAN
472. Ein wenig ungezogen im Liebeshotel
Wann: Ganzjährig
Breite: 35,6894° N
Länge: 139,6917° O

Mit ihrem schrillen Design und exzentrischen Schnickschnack wie den verspiegelten Wänden sind Tokios kitschige *Love Hotels* eine japanische Tradition, die jeder, der lustvoll durch die Stadt schlendert, unbedingt ausprobieren sollte.

HONSHU, JAPAN
473. Ein Tier aus Papier falten lernen
Wann: Ganzjährig
Breite: 36,0786° N,
Länge: 138,0804° O

Origami, die japanische Kunst des Papierfaltens, geht auf das 6. Jahrhundert zurück und hat sich seitdem immer wieder erneuert. Besuche Honshu, die Heimat des großen japanischen Origami-Meisters und Innovators Akira Yoshizawa.

START IN JAPAN
474. In allen Drei-Sterne-Restaurants der Welt dinieren
Wann: Ganzjährig
Breite: 35,6833° N
Länge: 139,7667° O

Die begehrte Auszeichnung mit drei Michelin-Sternen erhalten nur Restaurants mit dem Prädikat »eine der besten Küchen – eine Reise wert«. Sämtliche Drei-Sterne-Restaurants der Welt besuchen zu wollen, zeugt von Ehrgeiz und Durchhaltevermögen, denn schon die Tischreservierung gestaltet sich in diesen Gourmettempeln alles andere als einfach. Du musst dich aber nicht von den Schwierigkeiten abschrecken lassen, denn der Gastrokritiker Andy Hayler speiste 2014 im letzten der damals 110 Drei-Michelin-Sterne-Restaurants.

Die japanische Ausgabe des *Guide Michelin* wird stets mit Spannung erwartet, denn seit 2009 belegt das Land Platz eins auf der Weltrangliste der meisten Drei-Sterne-Restaurants.

NÖRDLICHE HEMISPHÄRE 45°N bis 30°N

TOKIO, JAPAN
475. Den olympischen Geist hautnah erleben
Wann: 24. Juli bis 9. August 2020
Breite: 35,6894° N
Länge: 139,6917° O

Der olympische Geist ist einmalig. Das nächste Mal wird er 2020 bei den 29. Olympischen Sommerspielen der Neuzeit in Tokio wehen.

Sieben Wettkampfstätten, darunter die Nationale Sporthalle *Yoyogi* für Handball, der *Garten des Kaiserpalastes* für den Start des Straßenrennens und der legendäre *Nippon Budokan* für Judo bilden zusammen die »Heritage Zone«. Eine weitere Zone, in der Wettkämpfe ausgetragen werden, befindet sich in der bezaubernden *Bucht von Tokio*.

Nicht zu vergessen sind die *Paralympics*, die vom 25. August bis zum 5. September stattfinden, mit tollen Events wie Goalball, Boccia oder Rollstuhlrugby. Teilnehmer und Zuschauer erleben in diesen elf Tagen nicht weniger begeisternde und inspirierende Momente wie bei den Olympischen Spielen.

JAPAN
476. Das traditionelle japanische Theater
Wann: Ganzjährig
Breite: 35,6833° N
Länge: 139,6833° O

Um das *Kabuki*, die hochstilisierte Form des japanischen Theaters, wirklich genießen zu können, musst du dich ganz deiner Fantasie hingeben. Lasse den geballten Angriff der aufwendig gestalteten Kostüme, der Schminke in leuchtenden Farben, der gewollt übertriebenen Bewegungen und der *Onnagata*, der männlichen Darsteller in weiblichen Rollen, auf deine Sinne zu. Erlebe das Kabuki hautnah in Tokio, Osaka oder Fukuoka.

HITACHINAKA, JAPAN
477. Ein blumiges Farbenspiel, das sprachlos macht
Wann: Ganzjährig
Breite: 36,4006° N
Länge: 140,5914° O

Lebendige Naturfarben können wie auf einem retuschierten Foto wirken. Davon kannst du dich im 77 Hektar großen *Hitachi Seaside Park* in Hitachikana überzeugen, der für seinen Blumenteppich aus 4,5 Millionen Hainblumen, die sich im Frühling leuchtend blau färben, 170 Tulpensorten, einer Million Narzissen und den Besen-Radmelden, die im Herbst ein rotes Flammenmeer bilden, Berühmtheit genießt.

▶ TOKIO, JAPAN
478. Gewichtiges Ringen auf Japanisch
Wann: Ganzjährig
Breite: 35,6894° N
Länge: 139,6917° O

Die uralte Kunst des *Sumō* erfreut sich in Japan großer Beliebtheit, sodass die sechs großen Turniere bei den scharenweise herbeiströmenden Fans wahre Begeisterungsstürme auslösen. Kaufe dir ein Ticket für eines der drei in Tokios *Ryōgoku-Kokugikan-Halle*, wo du auch ein *Sumō*-Museum besuchen kannst.

Sumoringer in Tokio

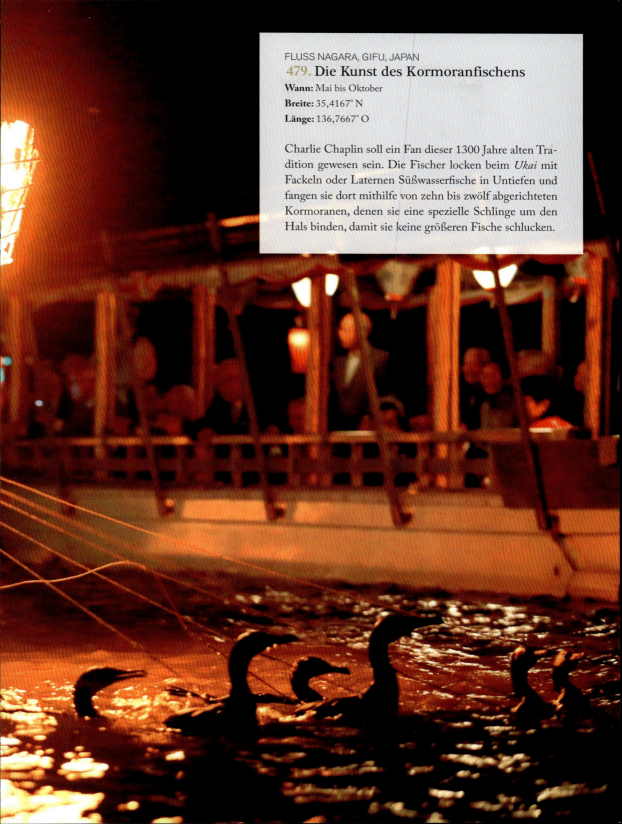

FLUSS NAGARA, GIFU, JAPAN
479. Die Kunst des Kormoranfischens
Wann: Mai bis Oktober
Breite: 35,4167° N
Länge: 136,7667° O

Charlie Chaplin soll ein Fan dieser 1300 Jahre alten Tradition gewesen sein. Die Fischer locken beim *Ukai* mit Fackeln oder Laternen Süßwasserfische in Untiefen und fangen sie dort mithilfe von zehn bis zwölf abgerichteten Kormoranen, denen sie eine spezielle Schlinge um den Hals binden, damit sie keine größeren Fische schlucken.

NÖRDLICHE HEMISPHÄRE   45°N bis 30°N

◀ BEIM STADTTEIL LINTON, XI'AN, CHINA
480. Eine Armee aus Terrakotta
Wann: Ganzjährig
Breite: 34,3841° N
Länge: 109,2783° O

Ein verblüffender Anblick: Mehr als 8000 Terrakotta-Figuren aus dem 3. Jahrhundert v. Chr. wurden in Gruben gefunden, die zur Grabanlage Qin Shihuangdis, des ersten chinesischen Kaisers und Begründers der Qin-Dynastie, gehören. Jede ist ein Unikat, und man nimmt an, dass sie um 250 v. Chr. als realistisches Abbild damaliger Truppen geschaffen wurden.

▶ VON CHANG'AN ZUM TIAN SHAN, CHINA
481. Wo einst Seide transportiert wurde
Wann: Ganzjährig
Breite: 34,5594° N
Länge: 12,9678° O

Die alte Seidenstraße wurde vom 2. Jahrhundert v. Chr bis weit ins 16. Jahrhundert genutzt. Ihr Name rührt daher, dass sie dem Transport der chinesischen Monopolware Seide nach Westen und Süden diente. Auf einer etwa 5000 Kilometer langen Route des Mammutnetzes, die seit 2014 als *Chang'an-Tianshan Corridor* zum UNESCO-Welterbe gehört, kannst du die Seidenstraße live erleben. Sie führt – oft genug durch menschenleere Gegenden – von Zentralchina über Kasachstan nach Kirgisistan, vorbei an historischen Stätten, Palästen, religiösen Bauwerken und Teilen der Chinesischen Mauer. Beste Reisezeit ist Anfang Mai bis Ende Oktober.

Das Netz der Seidenstraße ist so unermesslich wie seine Geschichte und von Extremen geprägt: So liegt der tiefste Punkt 154 Meter unter, der höchste 7400 Meter über dem Meeresspiegel.

An der Seidenstraße zwischen der alten chinesischen Stadt Chang'an und dem Tian-Shan-Gebirge

*Terrakotta-Armee
im Mausoleum Qin Shihuangdis*

NÖRDLICHE HEMISPHÄRE 45°N bis 30°N

PEKING, CHINA
482. Stuhlskilauf auf einem See
Wann: Ganzjährig
Breite: 39,9442° N
Länge: 116,3818° O

Ein beliebtes Ausflugsziel der Einwohner von Peking sind im beißend kalten Winter die zugefrorenen Seen der chinesischen Hauptstadt. Miete am *Houhai* einen Stuhl auf Skiern und wirble über die zugefrorene Oberfläche des Sees.

PEKING, CHINA
483. Pingpong spielen in der Höhle des Löwen
Wann: Ganzjährig
Breite: 39,9042° N
Länge: 116,4073° O

Tischtennis ist einfach zu erlernen, und du benötigst kein teures Equipment. Außerdem gehört es zu den beliebtesten Freizeitsportarten, sodass du meist nicht lange nach einem Mitspieler wirst suchen müssen.

PEKING, CHINA
484. Das wahre China in Pekings Gassen
Wann: Ganzjährig
Breite: 39,9042° N
Länge: 116,4073° O

Auf einem Streifzug durch Pekings verwinkelte alte Gassen kannst du womöglich dabei zusehen, wie jemand eine Schlange bei lebendigem Leib häutet, um sie anschließend als Teil seines Mittagessens zu verspeisen. Dieser und viele andere ungewohnte Anblicke vermitteln dir einen faszinierenden Einblick in die traditionelle chinesische Kultur.

PEKING, CHINA
485. In Peking eine Ente verspeisen
Wann: Ganzjährig
Breite: 39,9042° N
Länge: 116,4073° O

Das berühmte chinesische Gericht blickt auf eine jahrhundertelange Geschichte zurück, die in der Ming-Dynastie begann. Die saftige *Pekingente* mit ihrer dünnen, knusprigen Schale wird mit Gurken, Hoisin-Soße und Mandarinenpfannkuchen serviert. Lasse dir die feine Vorspeise in der chinesischen Hauptstadt schmecken.

PANJIN, CHINA
486. Blauer Fluss auf rotem Hintergrund
Wann: September und Oktober
Breite: 40,6764° N
Länge: 122,1420° O

Am besten besuchst du das Flussdelta des Liao He im Herbst, wenn sich seine Arme durch eine farbenprächtige Landschaft schlängeln. Das kommt daher, dass sich die Algen, die auf dem alkalischen Boden wachsen, in dieser Jahreszeit leuchtend rot färben.

GANZ CHINA
487. Massage mit heißen Steinen
Wann: Ganzjährig
Breite: 39,9042° N
Länge: 116,4074° O (Peking)

Schon vor über 2000 Jahren wurde die Warmsteinmassage in China praktiziert und ist in diesem Land auch heute noch sehr beliebt. Gönne auch du dir in China eine entspannende Therapie mit heißen Steinen.

START IN PEKING, CHINA

488. Eine Wanderung auf der Chinesischen Mauer

Wann: Ganzjährig
Breite: 40,4405° N, **Länge:** 116,5595° O

In der Tragikomödie *Das Beste kommt zum Schluss* (Originaltitel: *The Bucket List*) brausen die Hauptdarsteller Morgan Freeman und Jack Nicholson auf dem Motorrad über die Chinesische Mauer. Leider kannst du es ihnen nicht gleichtun, denn das wäre illegal. Zu Fuß aber darfst du die Mauer begehen, auch wenn dir die gesamte Strecke von 21 196 Kilometern womöglich zu lang ist. Falls es dir dafür an Zeit, Lust oder beidem mangelt, kannst du auf reizvollen Teilstrecken Highlights wie Peking, den *Drachenkopf* (das Ende der Mauer im Pazifik bei Shanhaiguan) oder *Kaisergräber der Qing-Dynastie* erwandern.

NÖRDLICHE HEMISPHÄRE 45°N bis 30°N

▶ ECHIGO-TSUMARI, PRÄFEKTUR NIIGATA, JAPAN
489. Das größte Freiluft-Kunstfestival der Welt
Wann: Ganzjährig (alle drei Jahre, das nächste Mal 2018)
Breite: 33,8403° N
Länge: 134,3973° O (Echigo)

Wenn dich *Satoyama*, ein Leben in Harmonie mit der Natur, fasziniert und du dich zu gegebener Zeit in Japan aufhältst, lohnt sich ein Abstecher zu der *Echigo-Tsumari-Triennale* in der Präfektur Niigata. Unter dem Motto »Der Mensch ist Teil der Natur« steht sie modellhaft dafür, wie wir Menschen eine Verbindung zur Natur herstellen und Umweltzerstörung vermeiden können.

Dieses weltgrößte Freiluft-Kunstfestival präsentiert auf 760 Quadratkilometern in der Region Echigo-Tsumari verteilt auf etwa 200 Dörfer mehr als 160 Kunstwerke von Künstlern aus aller Welt. Um seinen Satoyama-Geist zu erleben, solltest du mindestens eine Woche inmitten der Kunstwerke verbringen, an den Festivitäten teilhaben und die lokalen Bräuche kennenlernen.

FUJIYOSHIDA, PRÄFEKTUR YAMANASHI, JAPAN
490. Die Achterbahn mit der größten Beschleunigung
Wann: Ganzjährig
Breite: 35,4870° N
Länge: 138,7800° O

Dodonpa im Freizeitpark *Fuji-Q Highland* ist zurzeit »nur noch« die viertschnellste Achterbahn der Welt, belegt aber auf der Liste der Bahnen mit der stärksten Beschleunigung beim Abschuss noch immer Platz eins. Schnalle dich gut an und erlebe die Wirkung der 2,7-fachen Erdbeschleunigung. Astronauten erfahren beim Raketenstart nur geringfügig größere *g*-Kräfte.

HAKONE, JAPAN
491. Eine entspannende Nacht in einem traditionellen japanischen Gasthaus
Wann: Ganzjährig
Breite: 35,2324° N
Länge: 139,1069° O

Das *Ryokan* genannte traditionelle japanische Gasthaus steht mit seinen Papierwänden, niedrigen Möbeln und fantastischen Speisen für geschmackvolle Schlichtheit und japanische Gastfreundschaft. Du kannst ihren Geist in Hakone auf der historischen *Tōkai-Straße* von Edo (Tokio) nach Kyoto selbst erleben.

Die *Echigo-Tsumari-Triennale* in der Präfektur Niigata ist das größte Open-Air-Kunstfestival der Welt

NÖRDLICHE HEMISPHÄRE 45°N bis 30°N

VON SPRINGER MOUNTAIN ZUM MOUNT KATAHDIN, USA
492. Auf Schusters Rappen durch die Appalachen
Wann: Start Ende März bis Mitte Mai, wenn nach Norden unterwegs
Breite: 34,6267° N
Länge: 84,1936° W

Der *Appalachian Trail* ist ein Fernwanderweg durch die Wildnis vom *Springer Mountain* in Georgia bis zum *Mount Katahdin* in Maine und neben dem *Pacific Crest Trail* und dem *Continental Divide Trail* einer der drei Triple-Crown-Wege.

Seit seiner Einweihung im Jahr 1937 hat der *Appalachian Trail* Millionen von Wanderern zu begeistern vermocht, von denen einige sich mit ein oder zwei Tagesetappen begnügten, während die hartgesottenen *Thru Hikers* den gesamten Trail in einer Saison abwandern. Wenn du einer von ihnen sein möchtest, musst du dich auf eine sechsmonatige Wanderung gefasst machen.

An der gut markierten Route bieten mehr als 250 Campingplätze und andere Unterkünfte ein Bett zum Schlafen und Gelegenheit zum Austausch mit anderen Wanderern. Wenn du wie die meisten *Thru Hikers* Ende September ans Ziel deiner Wanderung gelangst, hast du rund 3500 Kilometer auf Schusters Rappen zurückgelegt und dabei einen Höhenunterschied überwunden, der in etwa dem von 16 Besteigungen des Mount Everest entspricht. Der *Appalachian Trail* ist kein Honigschlecken, doch er könnte dein Leben verändern.

LOS ANGELES, KALIFORNIEN, USA
493. Ein kleiner Hollywood-Filmstar
Wann: Ganzjährig
Breite: 34,0928° N
Länge: 118,3286° W

In einem Film oder einer Show eine kleine Rolle zu spielen, ist einfacher, als du denkst. Meist erhältst du dabei wenig Geld für einen langen Arbeitstag, aber was gibt es schon Besseres als dich im Hintergrund einer Blockbuster-Szene?

YOSEMITE, KALIFORNIEN, USA
494. Sonnenuntergang in der Sierra Nevada
Wann: Ganzjährig
Breite: 37,8651° N
Länge: 119,5383° W

Der zum Weltnaturerbe zählende *Yosemite-Nationalpark* mit seinen Wasserfällen, Tälern, saftigen Wiesen und gigantischen Bäumen ist ein wahrhaft magischer Ort, um das Widerspiel von Tag und Nacht zu beobachten. Von besonderer Schönheit sind die Sonnenuntergänge im Sommer.

BEVERLY HILLS, KALIFORNIEN, USA
495. Speed-Dating, wo alles begann
Wann: Ganzjährig
Breite: 34,0731° N
Länge: 118,3994° W

Es mag unglaublich klingen, aber das Speed-Dating wurde von einem orthodoxen Rabbiner erfunden und fand zum ersten Mal 1998 in *Peet's Café* in Beverly Hills statt. Es gibt also keinen besseren Ort, um dein Glück zu versuchen.

NÖRDLICHE HEMISPHÄRE 45°N bis 30°N

HUA SHAN, PROVINZ SHAANXI, CHINA
496. Eine nicht ganz ungefährliche Pilgerfahrt
Wann: Nicht im Winter, denn Schnee und Eis machen den Aufstieg noch gefährlicher
Breite: 34,4779° N
Länge: 110,0848° O

Der *Hua Shan* in China, auf dessen fünf Gipfeln je ein Tempel steht, gilt den Daoisten und Buddhisten als heilig. In einem dieser Tempel befindet sich auch ein Teehaus, vermutlich damit die meist chinesischen Besucher sich bei einer Tasse des beruhigenden Getränks vom Nervenflattern des Aufstiegs erholen können.

Trainiere, bevor du zum Gipfelsturm aufbrichst, erst auf der Ehrfurcht gebietenden »Himmlischen Treppe« am Fuße des Bergs. Von ihren Stufen genießt du eine fantastische Aussicht, aber du solltest die stellenweise sehr schmale Treppe im Auge behalten, denn sie hat – wie in noch viel größerer Zahl auch der Brettersteig – schon etliche Todesopfer gefordert. Wer diesen ersten Abschnitt gemeistert hat, fährt meist per Gondel zum Südgipfel des Berges. Anschließend erwartet dich der berühmt-berüchtigte Klettersteig, der nur aus Holzbrettern über dem Abgrund und einer im Fels verankerten Kette zum Festhalten besteht. Deshalb sei dir die Sicherung mit dem Klettergurt, den man dir am Zugang zum Brettersteig für das Eintrittsgeld in die Hand drückt, dringend empfohlen, wenn du den kaum zu überbietenden Adrenalinrausch genießen möchtest. Es gibt bestimmt einfachere Wege, um eine Tasse duftenden Tees genießen zu können.

Ein gefährlicher Pilgerweg in der Felswand des *Hua Shan* in China

NÖRDLICHE HEMISPHÄRE   45°N bis 30°N

SAN DIEGO, KALIFORNIEN, USA
497. Tierpfleger für einen Tag im Zoo von San Diego
Wann: Ganzjährig
Breite: 32,7357° N
Länge: 117,1516° W

Im 41 Hektar großen *San Diego Zoo* leben über 650 Tierarten und -unterarten. Wer als Hobby-Naturforscher hier ein Abenteuer hinter den Kulissen mit Tierkontakt erleben möchte, kann für einen Tag einen Tierpfleger begleiten.

Der Zoo genießt einen hervorragenden Ruf für den Schutz und die Wiederansiedlung wildlebender Arten in den Lebensräumen, in denen sie früher heimisch waren. Die Tiere leben zum Großteil in möglichst natürlicher Umgebung, zum Beispiel in großen Freiluftbecken oder Wassergräben, und nicht in Käfigen. In den Gondeln der *Skyfari* schweben die Besucher hoch über den Gehegen und stören die Tiere darunter nur minimal.

PIGEON FORGE, TENNESSEE, USA
498. Eine Holzachterbahn mit Katapultstart
Wann: Ganzjährig
Breite: 35,7884° N
Länge: 83,5543° W

Dollywood, Tennessees beliebteste Freizeitattraktion, befindet sich im Besitz der Namensgeberin Dolly Parton, der vermutlich berühmtesten lebenden Person aus Tennessee. Verbringe einen Tag voller Spaß in diesem Freizeitpark mit der weltweit ersten Holzachterbahn mit Katapultstart.

▶ DETROIT, MICHIGAN, USA
499. Eine Fahrt im amerikanischsten Sportwagen
Wann: Ganzjährig
Breite: 42,4015° N
Länge: 82,9239° W

Zu Recht steht auf der *Bucket List* von Carter Chambers (Morgan Freeman) und Edward Cole (Jack Nicholson) im Film *Das Beste kommt zum Schluss* auch eine Fahrt in einem Shelby Mustang, dem Inbegriff des amerikanischen Supersportwagens. Ob klassischer Mustang aus den Sechzigerjahren oder die neueste Version – er ist ein Muskelpaket und stets zu haben für eine berauschende Spritztour.

Morgan Freeman in einem Shelby Mustang in *Das Beste kommt zum Schluss*

NÖRDLICHE HEMISPHÄRE 45° N bis 30° N

▶ ALBUQUERQUE, USA
500. Auf dem größten Fest für Heißluftballonfahrer
Wann: Oktober
Breite: 35,1961° N
Länge: 106,5975° W

Jedes Jahr in der ersten Oktoberwoche versammeln sich in Albuquerque Hunderte von Heißluftballonfahrern zur *Albuquerque International Balloon Fiesta*, dem weltgrößten Treffen seiner Art.

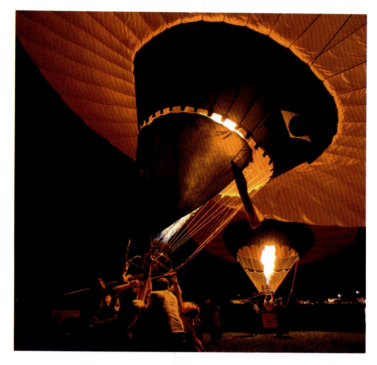

Die *Balloon Fiesta* in Albuquerque

NEW MEXICO, USA
501. 5000 Kilometer über Stock und Stein
Wann: Ganzjährig
Breite: 31,8276° N
Länge: 107,6400° W

Du lässt dich von Dehydrierung, Unterkühlung, wunden Füßen, Gewittern, Lawinen, Bären, Pumas und anderen Widrigkeiten nicht abschrecken? Dann ist der *Continental Divide Trail* vermutlich genau das Richtige für dich. Die etwa 5000 Kilometer lange Fernwanderung von der mexikanischen zur kanadischen Grenze der USA dauert etwa sechs Monate.

MEMPHIS, TENNESSEE, USA
502. In Graceland erfahren, wie es sich als »König des Rock 'n' Roll« lebt
Wann: Ganzjährig
Breite: 35,0480° N
Länge: 90,0260° W

Das Tor zu *Graceland* öffnet sich, und du betrittst Elvis Presleys knallbunte und unwiderstehliche Welt. Er erwarb das Anwesen 1957 für seine Mutter, die im folgenden Jahr verstarb, und ließ zu Beginn der Sechzigerjahre das Ess- und das Wohnzimmer auf Geheiß seiner Ex-Frau Priscilla erneuern.

Auf die Küche, in der Elvis' Leibköchin für ihn die berühmten Erdnussbutter-Bananen-Sandwiches zubereitete, folgt die Pièce de Résistance des Hauses: der Fernsehraum. Ein rebellisches blau-gelbes Meisterwerk mit verspiegelter Decke und drei Fernsehern – eine Jugendfantasie des Kings. Am Grab des Königs im Meditationsgarten sind schon viele Tränen vergossen worden.

Der *Leh–Manali-Highway* im Himalaja

VON LEH NACH MANALI, INDIEN
503. Eine Autofahrt im Himalaja

Wann: Mai/Juni bis September (August und September am besten)
Breite: 34,1454° N
Länge: 77,5676° O (Leh)

Der *Leh–Manali Highway* führt im nordindischen Himalaja auf 477 Kilometern über einsame Bergpässe, durch Dörfer und an Klöstern vorbei. Die Bergstrecke stellt hohe Ansprüche an die Erfahrung und Geschicklichkeit des Autolenkers. Reißende Schmelzbäche mit eisigem Wasser, die von den schneebedeckten Bergen und Gletschern kommen, queren häufig die Straße, und Erdrutsche machen sie nicht selten unpassierbar. Sie ist nur im Sommer für etwa viereinhalb Monate geöffnet.

Mit einer durchschnittlichen Höhe von 3950 Metern über dem Meeresspiegel gehört die Straße zu den höchsten der Welt. Am Gebirgspass *Taglang La* erreicht sie gar unglaubliche 5334 Meter. Lass deinem Körper am Ausgangspunkt, der Stadt Leh in der indischen Provinz Ladakh, die immerhin 3500 Meter über dem Meeresspiegel liegt, genügend Zeit, um sich an den spärlicher vorhandenen Sauerstoff zu gewöhnen. Auf die Akklimatisierung folgt eine unvergleichliche Fahrt.

NÖRDLICHE HEMISPHÄRE 45°N bis 30°N

LOS ANGELES, KALIFORNIEN, USA
504. Hollywoods Hotel mit dem meisten Glamour
Wann: Ganzjährig
Breite: 34,0981° N
Länge: 118,3686° W

Das luxuriöse *Chateau Marmont Hotel* am *Sunset Boulevard* ist einem Loire-Schloss nachempfunden. Du musst nur am Empfang die Schlüssel zu deinem Zimmer in Empfang nehmen, und schon kannst du dich unter die Noblesse von Hollywood mischen.

Die Türmchen und Säulengänge des Luxushotels im gotischen Stil strahlen den Hollywoodglamour der Dreißigerjahre aus. Durch die palmengesäumten Parkanlagen des *Chateau Marmont* flanieren seit 1929 Berühmtheiten, die nach Diskretion ohne lästige Paparazzi streben.

Abseits der Hektik der Stadt kannst du in diesem Hotel ganz dem Glamour und Luxus frönen und befindest dich in unmittelbarer Nähe von Treffpunkten der Schickeria wie dem *Viper Room* und den Luxusboutiquen des *Rodeo Drive*.

USA UND WELTWEIT
505. Tindern
Wann: Ganzjährig
Breite: 34,0221° N
Länge: 118,2852° W (Los Angeles)

Die Mobile-Dating-App Tinder hat die Art und Weise, wie Menschen sich kennenlernen, revolutioniert. Tinder wurde zuerst auf dem Campus der *University of Southern California* in Los Angeles verbreitet und verbindet Facebook-Profile. So können die Tinder-Benutzer eine virtuelle Liste mit Leuten erstellen, die ihnen gefallen. Das Tindern sollte auf der To-do-Liste aller stehen, die ihr Singledasein satthaben.

▶ LOS ANGELES, KALIFORNIEN, USA
506. Ein Stern in Hollywood
Wann: Ganzjährig
Breite: 34,0928° N
Länge: 118,3286° W

In Los Angeles, der Stadt, die aus Träumen besteht, muss jeder Möchtegernschauspieler, der in die Stadt zieht, unbedingt den Gehweg mit den über 2500 fünfzackigen Sternen entlangspazieren und dabei über eine leuchtende Zukunft fantasieren. Auf deinem Spaziergang auf dem *Walk of Fame*, der über 15 Häuserblöcke am Hollywood Boulevard und an der Vine Street führt, stößt du immer wieder auf die Namen deiner Lieblinge aus Film, Fernsehen, Musik, Radio oder Theater. Den Anfang machten acht Sterne im Jahr 1956, und seither kommen jedes Jahr 20 neue hinzu.

Der *Walk of Fame* in Hollywood

NÖRDLICHE HEMISPHÄRE 45° N bis 30° N

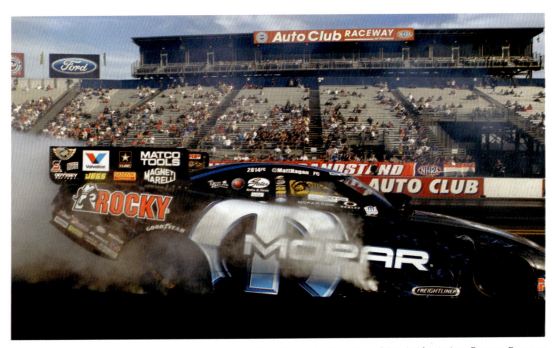

Das Röhren der Dragster auf dem kalifornischen *Pomona Raceway*

▲ KALIFORNIEN, USA
507. Das Röhren der PS-Boliden beim Dragsterrennen
Wann: Februar bis November
Breite: 34,0950° N
Länge: 117,7698° W

Die anfangs illegalen Dragsterrennen brachten mehr Nervenkitzel in den Straßenrennsport. Dabei treten auf einer kurzen, geraden Strecke zwei unglaublich schnelle Fahrzeuge gegeneinander an. Den Höhepunkt der Beschleunigungsrennen, wie sie auf Deutsch auch genannt werden, stellt die *NHRA Mello Yello Drag Racing Series* dar, die in vierundzwanzig Städten ausgetragen wird. Schließe dich der Masse von Autofreaks an, die beim Finale auf dem *Pomona Raceway* mit einem Leuchten in den Augen die PS-Giganten bestaunen und auch ihre eigenen hochtunen.

LOS ANGELES, KALIFORNIEN, USA
508. Einen Blick auf einen Weltstar auf dem Roten Teppich erhaschen
Wann: Ganzjährig
Breite: 34,1000° N
Länge: 118,3333° W

Der beste Platz für die Promijagd ist wohl L. A. Tauche, um einen davon aus nächster Nähe zu erleben, an einer Filmpremiere auf. Dort darf sich jeder über die Absperrungen nach vorne bücken, um vielleicht ein Selfie mit einem Star zu schießen.

Eine andere Möglichkeit, einem Star zu begegnen, sind Dreharbeiten. Dort hast du vielleicht das Glück, einen Filmstar in Action zu sehen. Oder du setzt dich bei deiner Lieblingssendung ins Publikum. Falls du nicht auf das Glück vertrauen willst, gibt es zahlreiche organisierte Touren in die *Hollywood Hills* mit Besichtigung von Häusern der Stars.

NÖRDLICHE HEMISPHÄRE 45° N bis 30° N

LOS ANGELES, KALIFORNIEN, USA
509. Sparring in einer heiligen Boxhalle
Wann: Ganzjährig
Breite: 34,0591° N
Länge: 118,3271° W

Zahlreiche Boxsporthallen haben ihre Türen auch für ein breiteres Publikum geöffnet. Da die USA zu Recht als Heimat der Boxpreiskämpfe gelten, solltest du hier Boxhandschuhe anziehen. Zum Beispiel im *Wild Card* am *Santa Monica Boulevard* in L.A, das durch den Weltmeister Manny Pacquiao und seinen Trainer Freddie Roach zu Berühmtheit gelangte. Hier kannst du trainieren oder einfach nur am Ring sitzen und den Profis zusehen. Eine andere, von der Geschichte des Boxkampfes geprägte Halle ist das *Gleason's Gym* in New York.

LONG BEACH, KALIFORNIEN, USA
510. Flug in einem Doppeldecker
Wann: Ganzjährig
Breite: 33,7700° N
Länge: 118,1937° W

Kaum etwas kann es mit dem Nervenkitzel und dem berauschenden Gefühl eines Flugs im Doppeldecker aufnehmen. In Long Beach erlernte die amerikanische Flugpionierin Amelia Earhart, die als erste Frau den Atlantik nonstop überquerte, das Pilotenhandwerk, und von hier aus starten noch immer wunderschöne Doppeldecker aus den Dreißigerjahren. Von einem erfahrenen Piloten durch die Luft kutschiert, kannst du die Aussicht auf den Hafen von Los Angeles mit dem Ozeandampfer *Queen Mary* und Long Beach genießen.

LINCOLN, NEW MEXICO, USA
511. Wo Billy the Kid den Sheriff erschoss
Wann: Ganzjährig
Breite: 33,4920° N
Länge: 105,3839° W

Im Gerichtsgebäude der ausgezeichnet erhaltenen Wildweststadt Lincoln in New Mexico kannst du dich genau an der Stelle aufpflanzen, von der aus der legendäre Outlaw *Billy the Kid* am 28. April 1881 den örtlichen Sheriff erschoss. Die ganze Stadt steht unter Denkmalschutz und lässt das Gefühl aufkommen, man befände sich im 19. Jahrhundert im glorreichen Westen.

BEI PHOENIX, ARIZONA, USA
512. Ungetrübte Sicht auf Meteoritenschauer
Wann: Mitte Dezember
Breite: 33,4483° N
Länge: 112,0740° W (Phoenix)

In Arizona stört keine Lichtverschmutzung den Blick auf den meist wolkenlosen Himmel. Das macht es zum idealen Ort, um zu beobachten, wie Meteore beim Eindringen in die Erdatmosphäre zerfallen. So kannst du hier im Dezember mit den Geminiden ein wirklich atemberaubendes himmlisches Ereignis bestaunen. Als Ursprungskörper der Erscheinung gilt der Apollo-Asteroid (3200) Phaethon.

LONG BEACH, KALIFORNIEN, USA
513. Auf der Warteliste für einen Weltraumflug
Wann: Schon buchbar
Breite: 33,7683° N
Länge: 118,1956° W

Die Raumflüge für alle kommen, denn *Virgin Galactic* entwickelt zurzeit ein Raumschiff, mit dem das Unternehmen schon bald die ersten kommerziellen Raumflüge durchführen will. Erwirb ein Ticket für 200 000 US-Dollar, und du landest auf der Warteliste mit Zehntausenden anderen Namen.

NÖRDLICHE HEMISPHÄRE   45°N bis 30°N

KII-BERGE, JAPAN
514. Eine spirituelle Erfahrung im Wald
Wann: Ganzjährig
Breite: 34,0000° N
Länge: 135,7500° O (*Kii Hanto*, halber Weg)

Die Spiritualität, die hier unmerklich von dir Besitz ergreift, erinnert daran, dass der *Kumano Kodo*, der sich hier durch den Wald schlängelt, ein vom 9. Jahrhundert bis heute benutzter Pilgerweg ist.

Er besteht eigentlich aus mehreren Routen, die die Kii-Halbinsel, eine der größten Japans, kreuz und quer durchziehen, und führt durch die Kii-Berge, von wo aus du eine atemberaubende Aussicht auf den Pazifik genießt. Gewaltige Wasserfälle stürzen in Kaskaden in Täler, und Nebelschwaden ziehen durch jahrhundertealte Tempel. Im Herbst gleicht die Landschaft einer Rhapsodie aus Rot- und Orangetönen, und im Frühling verwandelt die Kirschblüte die Wege für ein paar Tage in einen farbenfrohen Karneval. Hier wird die traditionelle japanische Kultur noch gelebt: An bestimmten Tagen begegnest du im Wald modernen Pilgern mit großen Strohhüten und Schleier.

Die Pilgerwege verbinden drei heilige Stätten, die zum Weltkulturerbe der UNESCO gehören: die *Kumano Hongu Taisha*, die *Kumano Nachi Taisha* und die *Kumano Hayatama Taisha* und die beiden alten Hauptstädte Nara und Kyoto. Die Pilger folgen unterschiedlichen Traditionen, darunter Shinto, die alte japanische Religion, und der aus Korea und China importierte Buddhismus. In den 1200 Jahren, in denen diese Wege beschritten werden, haben sich die unberührte Natur und die faszinierenden Tempel kaum verändert.

Eine der Routen des *Kumano Kodo* in den *Kii-Bergen* in Japan

NÖRDLICHE HEMISPHÄRE 45° N bis 30° N

KOBE, JAPAN
515. Das weltbeste Steak
Wann: Ganzjährig
Breite: 34,6900° N
Länge: 135,1956° O

Die Kobe-Rinder sollen mit Bier gefüttert, massiert und ihr Fell soll mit Sake gebürstet werden, um den zarten, saftigen Geschmack und die feine Marmorierung des Fleisches zu perfektionieren. Lass es dir an seinem Herkunftsort munden, denn hier sind die Preise vernünftig und die Köche schneiden das Fleisch vor der Zubereitung mit Sorgfalt in mundgerechte Stücke und passen sich deinem Esstempo an.

TOKIO, JAPAN
516. In Japan Kirschblüten betrachten
Wann: Frühling
Breite: 35,7331° N
Länge: 139,7467° O

Die japanische Kirschblüte (*Sakura*) ist etwas ganz Besonderes: Die Japaner begrüßen nach alter Tradition den Frühling, indem sie die Schönheit ihrer Nationalblume, der Kirschblüte, feiern, wenn sie die Landschaft in ein Meer von Weiß taucht. In Tokio blühen besonders viele Bäume auf kleinem Raum, und die Bewohner frönen in Scharen dem *Hanami* (»Blütenbetrachten«). Nachts sind Abertausende Kirschbäume in den Parks wunderschön beleuchtet und wirken unglaublich romantisch.

ABASHIRI, JAPAN
517. Auf einem Eisbrecher unterwegs
Wann: Winter
Breite: 44,0206° N
Länge: 144,2733° O

Die Weiten des Ozeans einmal anders erleben: Fahre von Abashiri ganz im Norden der japanischen Insel Hokkaido auf einem mächtigen Eisbrecher ins Ochotskische Meer hinaus und schaue zu, wie er sich durch das Treibeis pflügt.

KYOTO, JAPAN
518. Tee trinken in der alten Kaiserstadt Kyoto
Wann: Ganzjährig
Breite: 35,0117° N
Länge: 135,7683° O

Für uns Europäer soll der Tee meist anregend oder entspannend wirken. Im Teeland Japan ist seine Zubereitung eine Zeremonie, die den Prinzipien des Zen-Buddhismus folgt. Während der Reinigung des Geschirrs und Bestecks und des dreimaligen Umrührens im Uhrzeigersinn vor dem ersten Schluck hast du Zeit zum Nachsinnen und Entspannen.

OSAKA, JAPAN
519. Übernachtung in einer Kapsel
Wann: Ganzjährig
Breite: 34,6939° N
Länge: 135,5022° O

Kapselhotels sind etwas typisch Japanisches, das sich in Europa nicht durchsetzen konnte. Die Übernachtung in einer Glasfaserkapsel mit Fernseher, deren Größe die eines Sarges nur geringfügig übersteigt, darf als besonderes Erlebnis gelten. Den meisten reicht aber eine Nacht.

TOKIO, JAPAN
520. **An einem Tokioter Fischmarkt ein Sushi zusammenstellen**
Wann: Ganzjährig
Breite: 33,6273° N
Länge: 135,9426° O

Ein Besuch auf dem *Tsukiji-Fischmarkt*, dem größten und belebtesten der Welt, mit seinen penetranten Gerüchen und dem Spektakel für die Augen zur Thunfischauktion um fünf Uhr morgens wäre nicht komplett ohne Sushi-Frühstück. Das dreistündige Anstehen, bevor du dir die vorzüglichen *Omakase* (vom Küchenchef ausgewählten Gerichte) munden lassen kannst, lohnt sich auf jeden Fall.

MATMATA, TUNESIEN
521. Eine Nacht in Luke Skywalkers Kinderzimmer
Wann: Ganzjährig
Breite: 33,4552° N
Länge: 9,7679° O

Als Star-Wars-Fan kannst du im Haus übernachten, in dem Luke Skywalker in *Star Wars: Episode IV – Eine neue Hoffnung* aufgewachsen ist: im *Hotel Sidi Driss* in der tunesischen Wüste.

NÖRDLICHE HEMISPHÄRE 45°N bis 30°N

DERWEZE, TURKMENISTAN
522. Die Hitze des »Tors zur Hölle«
Wann: Ganzjährig
Breite: 40,2526° N
Länge: 58,4394° O

»Das Tor zur Hölle« – auf diesen Namen tauften Einheimische den *Krater von Derweze* mitten in der Wüste Karakum in Turkmenistan. Er entstand 1971, als bei der Suche nach Gasvorkommen der Boden einstürzte. Man zündete das Methangas an, um sein Austreten in die Atmosphäre zu verhindern, und nun brennt es schon seit über 40 Jahren.

DEMAWEND, IRAN
523. Gletscher, wo man sie nicht erwartet
Wann: Ganzjährig
Breite: 35,9556° N
Länge: 52,1100° O

Im Norden des Irans, wo man sie eher nicht erwarten würde, trifft man in den hohen Bergen, die aus der trockenen Landschaft ragen, auf Gletscher. Sieh sie dir unbedingt an, wenn du in der Gegend bist, denn sie schrumpfen infolge des Klimawandels schnell.

▼ ISFAHAN, IRAN
524. Eine märchenhafte Stadt in Persien
Wann: Ganzjährig
Breite: 32,6333° N
Länge: 51,6500° O

»Isfahan ist die Hälfte der Welt«, lautet ein persisches Sprichwort. Die Perle Irans und einstige persische Hauptstadt macht ihm noch heute alle Ehre. Auf deinem Spaziergang durch bezaubernde Alleen, lauschige Gärten und über malerische Brücken kommst du aus dem Staunen kaum mehr heraus.

Die bildschöne Stadt Isfahan

NÖRDLICHE HEMISPHÄRE   45°N bis 30°N

IBUSUKI, KYUSHU, JAPAN
525. **Ein belebendes Sandbad**
Wann: Ganzjährig
Breite: 31,2528° N, **Länge:** 130,6331° O

In Ibusuki, ganz im Süden Japans, lassen dich die freundlichen »Bestatterinnen« am Strand bis zum Hals im Sand verschwinden, der von den darunter befindlichen heißen Quellen erwärmt wird und die Blutzirkulation stimuliert.

▶ KYUSHU, JAPAN
526. **Riesige Sicheltannen in Kirishima**
Wann: Ganzjährig
Breite: 31,8872° N
Länge: 130,8559° O

Die uralten Bäume auf der Insel Kyushu, im Norden der Präfektur Kagoshima und im Westen der Präfektur Miyazaki, strahlen eine starke Spiritualität aus. Einige dieser japanischen Zedern (Sicheltannen) sind über 1000 Jahre alt und erreichen einen Stammumfang von 16 Metern. Weitere Sehenswürdigkeiten in der Gegend von Kirishima sind Felder von Rhododendren und der Senrigataki-Wasserfall.

Eine uralte Sicheltanne im
Kirishima-Kinkowan-Nationalpark

NÖRDLICHE HEMISPHÄRE 45°N bis 30°N

▶ TADSCHIKISTAN
527. Zu Fuß durch Asiens höchste Berge
Wann: Juli bis September
Breite: 38,5618° N
Länge: 73,2312° O

Tadschikistan beeindruckt durch seine faszinierenden Landschaften mit türkisfarbenen Seen, zerklüfteten Gebirgen und dampfenden Geysiren. Der Pamir, dessen mittlere Höhe etwa 3600 bis 4400 Meter beträgt, gehört neben Tibet und dem Himalaja zum »Dach der Welt«. In der zu Tadschikistan gehörenden Autonomen Provinz Berg-Badachschan befinden sich einige seiner höchsten Berge.

Die Sommer sind in diesen Höhenlagen kurz und die Winter lang. Der öffentliche Verkehr ist nur wenig entwickelt, verlässliche Karten der Region stehen nicht zur Verfügung, und ohne Russisch oder Tadschikisch erleidest du schnell Schiffbruch. Deshalb kommst du auf deinen Bergtouren nicht ohne lokalen Führer aus.

Fantastische Gletscherlandschaften mit smaragdgrünen Seen und wüstenähnlichen Ebenen belohnen dich reichlich für deine Bemühungen. Ein besonderes Highlight ist die herzliche Gastfreundschaft der Pamirbewohner, die dich zum Tee oder zu einer Mahlzeit einladen.

Unterwegs auf dem »Dach der Welt« in Tadschikistan

GANZ JAPAN
528. Verjüngungskur mit Fischen
Wann: Ganzjährig
Breite: 35,2324° N
Länge: 139,1069° O (Hakone)

Die Fisch-Pediküre scheint direkt aus einem Science-Fiction-Film in Japans berühmte *Onsen* (heiße Quellen) gebeamt. Süsswasserfische saugen sich dabei an den Füßen fest und entfernen die abgestorbene Haut. Nach gerade einmal 15 Minuten ist dein Fuß glatt wie der eines Babys. Erstmals kam diese Wellness-Therapie in Hakone zum Einsatz.

MCLEOD GANJ (UPPER DHARAMSALA), INDIEN
529. Zu Besuch beim spaßenden Gottkönig im Himalaja
Wann: Ganzjährig
Breite: 32,2433° N
Länge: 76,3210° O

Etwa 2000 Meter über dem Meeresspiegel residiert in McLeod Ganj in Nordindien der Dalai Lama, je nach Standpunkt Gottkönig, buddhistischer Meister, inspirierendes Vorbild oder – falls man ein chinesischer Beamter ist – imperialistische Marionette. Tausende strömen jedes Jahr hierher, um bei ihm zu Hause einem Vortrag Seiner Heiligkeit zu lauschen. Während der Audienzen werden in der Regel ein paar Witze ausgetauscht, und du erhältst als Segensgeschenk ein weißes Tuch.

NÖRDLICHE HEMISPHÄRE 45° N bis 30° N

MARRAKESCH, MAROKKO
530. Das leuchtende Kobaltblau eines Künstlergartens in Marokko
Wann: Ganzjährig, unterschiedliche Öffnungszeiten
Breite: 31,6414° N
Länge: 8,0023° W

Den nach ihm benannten Garten in Marrakesch legte der französische Künstler Jacques Majorelle 1923 an, und seit 1947 ist er öffentlich zugänglich. Die architektonische Vielfalt des *Jardin Majorelle* mit Gebäuden im maurischen, berberischen und kubistischen Stil sowie der arabisch angehauchten Pergola ist faszinierend. Die Oase, in der sie stehen, füllte Majorelle mit exotischen Pflanzen und seltenen Arten, die er auf seinen ausgedehnten Reisen aus fünf Kontinenten zusammengetragen hatte.

Lasse die farbenfrohen Gebäude und stimmungsvollen Gärten des Anwesens, das heute ein Museum ist, bei einem Spaziergang auf dich einwirken.

AMRITSAR, PUNJAB, INDIEN
531. Ein Gebet im Goldenen Tempel von Amritsar
Wann: Ganzjährig
Breite: 31,6200° N
Länge: 74,8769° O

Der als Goldener Tempel bekannte *Harmandir Sahib* in Amritsar im indischen Bundesstaat Punjab ist das höchste Heiligtum der Sikhs. Ein Bad im Wasser des Sees, der die strahlende Tempelanlage umgibt, soll zur Verbesserung des eigenen Karmas beitragen, deshalb strömen Sikh-Pilger aus der ganzen Welt nach Amritsar. Der untere Teil des eigentlichen Tempels besteht aus mit Schnitzereien verziertem Marmor, der weitaus größere obere Teil ist mit kunstvoll graviertem Blattgold belegt. Eine Kuppel aus Marmor und Gold krönt das Heiligtum. Ein Besuch garantiert für eine intensive spirituelle Erfahrung.

MASADA, ISRAEL
532. Auf den Spuren der jüdischen Rebellen
Wann: Ganzjährig
Breite: 31,3109° N
Länge: 35,3640° O

Die 400 steilen Höhenmeter, die du auf deiner Wanderung zum Gipfel des isolierten Tafelbergs Masada überwindest, führen dir vor Augen, warum Herodes der Große gerade hier eine Festung errichten ließ. Im Jahre 73 ging sie in die Annalen ein, als sich jüdische Rebellen vor den Römern verschanzten und sich ihnen nicht lebend ergaben.

HAIFA, ISRAEL
533. Die modernen hängenden Gärten
Wann: Ganzjährig
Breite: 32,7940° N
Länge: 34,9896° O

Die *Hängenden Gärten der Bahai* in Haifa, die in konzentrischen Kreisen auf 18 Terrassen den Schrein des Bab umgeben und die ersten 18 Jünger des Religionsstifters des Babismus symbolisieren, sind eine Reise wert. Könnten die berühmten Hängenden Gärten von Babylon vielleicht ähnlich ausgesehen haben?

JERUSALEM, ISRAEL
534. Im goldenen Widerschein einer Kuppel
Wann: Ganzjährig
Breite: 31,7780° N
Länge: 35,2354° O

Als strahlendes Juwel aus Marmor, blauen Mosaikfliesen und glitzerndem Gold thront der *Felsendom* auf dem Tempelberg in Jerusalem, der Juden, Muslimen und Christen gleichermaßen heilig ist.

NÖRDLICHE HEMISPHÄRE 45° N bis 30° N

BETHLEHEM, PALÄSTINA
535. Ein ganz besonderes Weihnachtsfest am Geburtsort Jesu erleben
Wann: Nicht nur an Weihnachten
Breite: 31,7054° N
Länge: 35,2024° O

Für gläubige Christen gibt es nur wenige Orte, deren Symbolkraft diejenige des Geburtsorts Jesu übersteigt. Das Städtchen Bethlehem ist deshalb ein Magnet für Pilger, aber auch Historiker und andere Reisende, die sich für den Religionsstifter und seine Zeit interessieren.

In den staubigen Außenbezirken der Stadt wimmelt es in den Straßen, deren Namen an biblische Personen und Ereignisse erinnern, nur so von Souvenirläden. Der zentrale *Krippenplatz* mit der *Geburtskirche*, der ältesten erhaltenen und ununterbrochen genutzten Kirche im Heiligen Land, wirkt dagegen beschaulich und lädt zum Nachdenken ein. Das Gotteshaus betritt der Besucher gebückt durch das winzige »Tor der Demut«, bevor er zur Geburtsgrotte hinabsteigt. Die genaue Stelle, an der Jesus geboren worden sein soll, markiert ein eingelegter vierzehnzackiger Silberstern.

TIBERIAS, ISRAEL
536. Ein reinigendes Bad in historischen Gewässern
Wann: Ganzjährig
Breite: 32,8244° N
Länge: 35,5880° O

Der See Genezareth ist mit 212 Metern unter dem Meeresspiegel der tiefstgelegene Süßwassersee der Erde und nimmt in der christlichen Tradition einen wichtigen Platz ein. Nimm ein erfrischendes Bad in biblischen Wassern.

▶ JERUSALEM, ISRAEL
537. Eine Mauer für Gebete und Wunschzettel
Wann: Ganzjährig
Breite: 31,7767° N
Länge: 35,2345° O

Die *Klagemauer* ist die Westmauer der ehemaligen Tempelanlage auf dem Tempelberg in Jerusalem und ihr einziger erhaltener Teil. Nach jüdischer Überlieferung befindet sich hinter der Mauer der Berg, auf dem Abraham seinen Sohn Isaak Gott zu opfern bereit war. Seit Jahrhunderten wird sie täglich von Tausenden besucht, um an der Mauer zu beten oder Zettel – alljährlich angeblich über eine Million – mit Gebeten, Wünschen und Danksagungen in Ritzen zu stecken.

Die *Klagemauer* in Jerusalem

NÖRDLICHE HEMISPHÄRE 45°N bis 30°N

Das Herz des *Djemaa el Fna* in Marrakesch

▲ MARRAKESCH, MAROKKO
538. Das pulsierende Leben des Marktes von Marrakesch
Wann: Ganzjährig
Breite: 31,6260° N
Länge: 7,9890° W

Der *Djemaa el Fna*, der zentrale Marktplatz von Marrakesch, ist Imbissmeile, Freilichttheater und Museum für Exotisches in einem. In der Nacht stellen die Grillmeister ihre Stände im Freien auf, Rauch kitzelt in der Nase, und der Duft von gebratenem Fleisch erfüllt die Luft. Die Einheimischen begeben sich in Scharen auf ihren abendlichen Spaziergang und bleiben alle paar Schritte in Trauben auf dem Platz stehen, um die Darbietungen von Geschichtenerzählern, Zauberern, Akrobaten und Musikern zu genießen. Gehe am besten in ein Dachcafé und beobachte das Spektakel von oben.

ESSAOUIRA, MAROKKO
539. Fußball spielen mit Sand zwischen den Zehen
Wann: Ganzjährig
Breite: 31,5085° N
Länge: 9,7595° W

Der *Strand von Essaouira* ist nicht nur von imposanter Länge, sondern bietet bei Ebbe auch in der Breite viel Platz. Kaum geben ihn die Fluten frei, ragen auch schon überall behelfsmäßige Torpfosten aus dem Sand. Die Fußballmannschaften lassen dich auch gerne mitspielen.

JORDANIEN

540. Sich im tiefstgelegenen See treiben lassen

Wann: Ganzjährig
Breite: 31,5590° N
Länge: 35,4732° O

Das Tote Meer darfst du dir wirklich nicht entgehen lassen, denn es ist in vielerlei Hinsicht außergewöhnlich. Du befindest dich hier am tiefstgelegenen Ort der Erde, und sein hoher Gehalt an mineralischen Salzen übersteigt denjenigen des Meerwassers um etwa das Zehnfache. Deshalb sind die einzigen Lebewesen, auf die du hier treffen wirst, du selbst und andere auf dem Wasser treibende Touristen.

NÖRDLICHE HEMISPHÄRE   45°N bis 30°N

MAROKKO
541. Wandern im höchsten Gebirge Marokkos

Wann: Ganzjährig
Breite: 31,4300° N
Länge: 6,9400° W

Der Hohe Atlas heißt nicht umsonst so: Die Gipfel von Marokkos wichtigstem Reiseziel für Trekkingfans erreichen Höhen von bis zu 4167 Metern. Auf deiner Wanderung begegnest du den faszinierenden Bewohnern der Berge und passierst uralte Dörfer, spektakuläre Landschaften, Täler mit weidenden Herden und versteckte Tunnel, die zu steilen Felsvorsprüngen mit atemberaubendem Panoramablick führen.

Du kannst dich für einen einfachen Tagesausflug in die Berge von Marrakesch aus entscheiden oder, wenn mehr Ehrgeiz in dir steckt, auch für eine drei- oder fünftägige Gipfeltour. Für beide Arten von Wanderung wird die Buchung eines ortskundigen Führers empfohlen, der auch Deutsch oder eine dir vertraute Sprache spricht.

Beim Erkunden verfallener *Kasbahs*, Kamelreiten und Bewundern der gepflegten Gärten der Dorfbewohner wirst du die Hektik der modernen Welt schnell vergessen und eine harmonische Verbindung mit einem einfachen Leben eingehen.

Der Hohe Atlas in Marokko

NÖRDLICHE HEMISPHÄRE 45° N bis 30° N

SHANGHAI, CHINA
542. Rasend schnell mit dem Zug unterwegs
Wann: Ganzjährig
Breite: 31,1433° N
Länge: 121,8053° O

Der Transrapid Shanghai (in China *Shanghai Maglev Train*) erreicht auf seiner Strecke mit ca. 430 Stundenkilometern fast die doppelte Höchstgeschwindigkeit der schnellsten Achterbahn der Welt. Er gilt damit als schnellster kommerziell betriebener Zug der Welt. Steig ein!

▶ SHANGHAI, CHINA
543. Einwöchige Schifffahrt auf dem längsten Fluss Chinas
Wann: Ganzjährig
Breite: 31,2304° N
Länge: 121,4737° O

Der 6380 Kilometer lange Jangtsekiang, der im Tanggula-Gebirge entspringt und bei Shanghai ins Ostchinesische Meer mündet, ist seit Jahrtausenden die Lebensader Chinas und die Wiege von Handel und Kultur im Reich der Mitte. Während einer Flussfahrt auf dem drittlängsten Strom der Welt erlebst du China aus einer völlig neuen Perspektive.

Als absolutes Highlight gelten die *Drei Schluchten*. Als Fotograf wirst du dich in der *Wu-Schlucht* mit ihren vielen Windungen im Dauereinsatz befinden und fantastische Bilder schießen, unter anderem von den magischen zwölf Gipfeln des Wu-Shan-Gebirges und der »Spitze der Göttin«. Die *Qutang-Schlucht* ist eine kurze und schmale Kalksteinschlucht, und die *Xiling-Schlucht*, die längste der drei, verbindet Xiangxi und die Großstadt Yichang durch bezaubernde Landschaften.

Den meisten Chinatouristen reicht eine einwöchige Flussschifffahrt, die sie mit einem Besuch der *Chinesischen Mauer*, Shanghais und Xi'ans verbinden können. Falls du Lust auf mehr hast, dann buche eine elftägige Reise über 2253 Kilometer, auf der du so richtig entspannen kannst.

MARRAKESCH, MAROKKO
544. Eine ruhige Nacht im Atriumhaus
Wann: Ganzjährig
Breite: 31,6295° N
Länge: 7,9811° W

Wer von der Straße aus einen *Riad*, ein traditionelles marokkanisches Atriumhaus, betritt, lässt den lärmenden Trubel hinter sich und genießt die Ruhe. Die Zimmer sind um einen zentralen Innenhof herum angeordnet, oft mit einem Brunnen oder einem kleinen Teich in der Mitte, sodass eine eigene, geschlossene kleine Welt entsteht.

MARRAKESCH, MAROKKO
545. Auf dem marokkanischen Markt um den Preis feilschen
Wann: Ganzjährig
Breite: 31,6294° N
Länge: 7,9811° W (Marrakesch)

Von Fes bis Rabat, von Essaouira bis Taroudant, das Feilschen haben die Marokkaner im Blut. Die Regeln sind dabei stets die gleichen: Sei früh da, schlendere stundenlang durch den Markt und debattiere ausgiebig, bevor du eine erste Kaufentscheidung triffst. Und feilsche schließlich um den Preis deines Wunschstücks, denn alles andere ist unhöflich.

In Marokko wird auf dem Markt heute so ziemlich alles feilgeboten. Am beliebtesten ist bei den Touristen das lokale Kunsthandwerk. Als erfahrener Feilscher wirkst du gleichgültig, bleibst stets höflich und bietest etwa ein Drittel des vom Verkäufer angegebenen Kaufpreises.

Per Schiff unterwegs auf dem Jangtse

NÖRDLICHE HEMISPHÄRE

▶ KURDISTAN, IRAK
546. Die älteste durchgängig bewohnte Stadt
Wann: Ganzjährig
Breite: 36,1910° N
Länge: 44,0090° O

Die Zitadelle von Erbil im Irak ist seit mindestens 2300 v. Chr. ununterbrochen bevölkert und wird von der UNESCO deshalb als ältester durchgängig bewohnter Ort geführt. Man fand hier ferner Tonscherben, die darauf hindeuten, dass eine erste Besiedlung bereits in der Jungsteinzeit stattfand.

Djalil-Chajat-Moschee in Erbil

ZUSAMMENFLUSS VON EUPHRAT UND TIGRIS, IRAK
547. Ein Dorf, das auf dem Wasser treibt
Wann: Ganzjährig
Breite: 31,0000° N
Länge: 47,0000° O

Die in den Sümpfen und Marschen am Zusammenfluss von Euphrat und Tigris im Irak lebenden *Ma'dan* (Marsch-Araber) bauen wirklich nachhaltige Häuser aus Schilf und einem anderen, bambusartigen Gras – ohne Nägel, Holz oder Glas. Seit Jahrhunderten pflegt dieses Volk eine einfache, halbnomadische Lebensweise. Ihre Häuser auf sumpfigen Inseln müssen die Dorfbewohner jedoch gut verankern, damit sie nicht mit einem Nachbarn zusammenstoßen.

Das Volk der Marsch-Araber wurde unter Saddam Hussein beinahe ausgelöscht. Die Feuchtgebiete wurden entwässert und die Bewohner zur Flucht und zur Aufgabe ihrer traditionellen Lebensweise gezwungen. Seit 2003 werden die Marschen wiederhergestellt, und man versucht der kleinen Gemeinschaft, die überlebt hat, neues Leben einzuhauchen und zu helfen, zu ihrer traditionellen Lebensweise zurückzukehren.

BEI NASIRIJA, IRAK
548. Wo die Töpferei ihren Anfang nahm
Wann: Ganzjährig (Sommer sehr heiß)
Breite: 30,9626° N, **Länge:** 46,1018° O

Die Stadt Ur (das heutige Tell el-Muqejjir) war eine der ältesten Stadtgründungen der Sumerer in Mesopotamien und ein Zentrum der Keramikproduktion. Bei Ausgrabungen wurde hier die älteste Töpferscheibe der Welt entdeckt, die um 3000 v. Chr. in Verwendung war. Versuche dich hier im Töpfern und stärke deine Bande zur »Wiege der Zivilisation«.

NÖRDLICHE HEMISPHÄRE 45°N bis 30°N

ALEXANDRIA, ÄGYPTEN
549. Im Taucheranzug einen Palast erkunden
Wann: Ganzjährig
Breite: 31,2000° N
Länge: 29,9187° O

Als ein Erdbeben den *Palast von Kleopatra* und den alten *Leuchtturm von Alexandria* im Meer versinken ließ, ahnte niemand, dass hier viele Jahrhunderte später ein Unterwasserspielplatz für Taucher mit vielen Artefakten entstehen würde. Ziehe einen Neoprenanzug an und erkunde dieses erstaunliche Unterwassermuseum.

ALEXANDRIA, ÄGYPTEN
550. Kleopatras Schönheitskur
Wann: Ganzjährig
Breite: 31,2001° N
Länge: 29,9187° O

Die seidenweiche Liebkosung warmer Milch auf der Haut gehörte zum Wellnessprogramm Kleopatras, die dafür Eselsmilch bevorzugte. Wissenschaftler haben inzwischen den Grund für die Wirkung dieser Schönheitskur herausgefunden: Die Milchsäure entfernt abgestorbene Hautzellen.

SAHARA, MAROKKO
551. Ein Marathon, der einem alles abverlangt
Wann: Jährlich im April
Breite: 31,1458° N
Länge: 3,9677° W

Der *Marathon des Sables* gilt als eine der härtesten Laufveranstaltungen. Auf die Teilnehmer mit robuster Gesundheit warten 230 Kilometer felsiges oder sandiges Wüstengelände, die in sechs Etappen an sieben Tagen zurückgelegt werden, und Temperaturen von weit über 40 °C tagsüber.

UTTARAKHAND, HIMALAJA, INDIEN
552. In einem Farbenmeer versinken
Wann: Hauptblütezeit im Juli und Oktober
Breite: 30,7280° N
Länge: 79,6053° O

Es war ein Moment des Glücks für die drei britischen Bergsteiger Frank Smythe, Eric Shipton und Romily Lisle Holdsworth, als sie 1931 im westlichen Himalaja, im heutigen *Nanda-Devi-Nationalpark*, von ihrer Route abkamen und im wahrsten Sinne des Wortes über eines der schönsten Wildblumen-Felder der Welt stolperten. Sie tauften es das »Tal der Blumen«, und Smythe veröffentlichte später ein Buch gleichen Titels. Ihren staunenden Augen bot sich ein Panorama aus smaragdgrünen Birkenhängen, sanften Wasserfällen und einem Teppich aus Bergwiesen mit zierlichen braunen Blumen dar.

LADAKH, INDIEN
553. Ein Blick auf einen Schneeleoparden
Wann: August bis Oktober
Breite: 33,7563° N, **Länge:** 77,2833° O

Im Winter begibt sich der gefährdete, in den Gipfelregionen des Himalaja lebende Schneeleopard auf der Suche nach Nahrung in tiefer liegende Regionen. Auf einer Wanderung in seinen Lebensraum im Rumbak-Tal erspähst du vielleicht eines der wunderschönen Tiere.

AÏT-BEN-HADDOU, MAROKKO
554. Sonnenaufgang über einer befestigten Stadt in Marokko

Wann: Ganzjährig
Breite: 31,0500° N, **Länge:** 7,1333° W

Schaue zu, wie die Sonne über Aït-Ben-Haddou, einer typischen marokkanischen befestigten Stadt (*Ksar*), aufgeht und ihr von den Lehmziegelgebäuden reflektiertes Licht die Hügel orange färbt. Die am Fuße des Hohen Atlas liegende Stadt diente als Kulisse für große Film- und Fernsehproduktionen wie *Gladiator* oder *Game of Thrones*. Insbesondere werden hier des Öfteren in Jerusalem spielende Szenen gedreht.

Der spektakuläre Sonnenaufgang in Petra

PETRA, JORDANIEN
555. Sonnenaufgang in der roten Felsenstadt
Wann: März bis Mai
Breite: 30,3286° N
Länge: 35,4419° O

Die von den Nabatäern im 4. Jahrhundert v. Chr. gegründete Felsenstadt Petra ist einzigartig, denn ihre Gebäude sind zumeist in den Fels gehauen. Die Stadt mit der besonderen Ausstrahlung wurde von ihren Gründern wegen der Farbgebung der von Höhlen und Geheimgängen durchzogenen Berge wahrscheinlich *Reqmu* (»die Rote«) genannt.

Bei Sonnenaufgang, wenn die wärmenden Strahlen auf die rosa Kulisse treffen, erglänzt die Rote Stadt in ihrer ganzen Pracht. Durch den schluchtartigen *Siq* gelangst du zu ihrem Wahrzeichen *Khazne al-Firaun*, der »Schatzkammer des Pharao«, die in Spielbergs *Indiana Jones und der letzte Kreuzzug* eine wichtige Rolle spielt.

NÖRDLICHE HEMISPHÄRE 45° N bis 30° N

JORDANIEN
556. Mit dem Rad vom Toten zum Roten Meer
Wann: Ganzjährig
Breite: 31,1806° N
Länge: 35,7014° O (Kerak)

Die Radtour deines Lebens beginnt und endet an je einem Gewässer mit klingendem Namen, nämlich am Toten Meer an der Ostgrenze Jordaniens beziehungsweise am Roten Meer ganz im Süden des Landes.

Das Tote Meer ist der tiefliegendste und salzigste See der Erde. Aufgrund seines hohen Salzgehaltes können in seinem Wasser kaum Lebewesen existieren. Das Rote Meer, zu dessen Namensgebung mehrere konkurrierende Theorien existieren, ist ein Nebenmeer des Indischen Ozeans. Seine Gewässer bevölkert ganz im Gegensatz zum Toten Meer eine Vielfalt von Meereslebewesen.

Mit dem Mountainbike brauchst du zwischen sechs und neun Tagen von »Meer« zu Meer. Die Route besteht hauptsächlich aus Schotterpisten oder wenig befahrenen Straßen, doch sandige Abschnitte und längere Aufstiege, stets unter der sengenden Wüstensonne, werden dir ganz schön zu schaffen machen. Als Belohnung winken die atemberaubenden Ausblicke und faszinierenden Sehenswürdigkeiten an der Strecke.

KAIRO, ÄGYPTEN (ODER WO IMMER)
557. »Bake like an Egyptian«
Wann: Ganzjährig
Breite: 30,0444° N, **Länge:** 31,2357° O

Frisches Brot ist einer der simplen Genüsse des Lebens, besonders wenn man es selbst gebacken hat. Die ältesten Hinweise auf die Zubereitung eines Sauerteigs stammen aus dem alten Ägypten um 1500 v. Chr. Schmackhaft, leicht verdaulich und natürlich, wird das Sauerteig-Brot bis heute im ganzen Land gebacken.

BAKU, ASERBAIDSCHAN
558. Reise in die Vergangenheit in Baku
Wann: Ganzjährig
Breite: 40,3667° N
Länge: 49,8352° O

Aserbaidschan ist ein Land mit magisch klingendem Namen. Spaziere durch das mittelalterliche Zentrum der Hauptstadt Baku mit ihrem Labyrinth bezaubernder Gassen und den mächtigen Mauern. Sie gehört seit 2000 zum UNESCO-Welterbe.

KAIRO, ÄGYPTEN
559. Die Karten sagen, was geschehen wird
Wann: Ganzjährig
Breite: 30,0444° N
Länge: 31,2357° O

Nach der Legende stammt das Tarot aus dem Alten Ägypten. Erst in der zweiten Hälfte des 14. Jahrhunderts gelangten Spielkarten nach Europa. Eine weitverbreitete Praxis ist das Kartenlegen, die Voraussage der Zukunft mithilfe von Spielkarten.

ÄGYPTEN
560. Ein Lied auf der Gitarre spielen
Wann: Ganzjährig
Breite: 30,0444° N
Länge: 31,2357° O

Die allseits beliebte Gitarre könnte ihren Ursprung in Babylonien oder im Ägypten der Pharaonen gehabt haben, aus dem Zeichnungen bekannt sind, die Frauen beim Spiel eines altertümlichen derartigen Instruments zeigen. Ob klassische Gitarre oder eine rockige *Flying V*, es ist für jeden Geschmack etwas dabei.

Tauchen mit Schildkröten rund um den Globus (siehe Seite 338)

4. KAPITEL
NÖRDLICHE HEMISPHÄRE
von 30° Nord bis 15° Nord

NÖRDLICHE HEMISPHÄRE 30°N bis 15°N

▼ EVERGLADES, FLORIDA, USA
561. Krokodile und Alligatoren an einem Ort
Wann: Ganzjährig
Breite: 26,0000° N
Länge: 80,7000° W

NEW ORLEANS, LOUISIANA, USA
562. Eine Runde Poker in der Heimat des Spiels
Wann: Ganzjährig
Breite: 29,9500° N
Länge: 90,0667° W

NEW ORLEANS, LOUISIANA, USA
563. Fröhlich feiern in der zweiten Reihe
Wann: Ganzjährig (im April und August finden große Festivals statt)
Breite: 29,9511° N, **Länge:** 90,0715° W

Die Gebiete, in denen Echte Krokodile und Echte Alligatoren vorkommen, überschneiden sich kaum. Im Gegensatz zu den Krokodilen können sich Alligatoren nicht länger in Salzwasser aufhalten und bevorzugen Süß- oder Brackwasser. Eine Ausnahme ist das tropische Marschland der *Everglades* in Florida, wo Alligatoren und Spitzkrokodile in einem für beide idealen Habitat zusammenleben.

Als Heimat des Pokers gilt New Orleans. Von dort aus soll sich das Spiel über den Mississippi im Rest der USA ausgebreitet haben. Spiele eine Runde oder zwei in den Bars der Stadt mit dem besonderen Flair oder auf den Flussschiffen, die noch heute auf dem Mississippi verkehren.

Die *Second Lines* von New Orleans haben ihren Ursprung in den legendären Jazz-Beerdigungen, deren fester Bestandteil sie bis heute sind. Außerdem sind sie auch beim *Mardi Gras* und vielen Festivals nicht wegzudenken. Ihr Name rührt daher, dass den vorausmarschierenden Musikern in der zweiten Reihe ein bunt gemischtes, ausgelassenes, jubelndes Festpublikum folgt und das Leben feiert. Du darfst gerne mitfeiern.

Auf Krokodil- und Alligatorensuche in den *Everglades*

Mardi Gras in New Orleans

NEW ORLEANS, LOUISIANA, USA
564. Karneval feiern in New Orleans
Wann: Januar und Februar
Breite: 29,9500° N
Länge: 90,0667° W

Nach den schweren Verwüstungen, die der Hurrikan Katrina 2005 in der Stadt hinterließ, stellte New Orleans seinen unbezwingbaren Geist immer neu unter Beweis. Zum Ausdruck kommt er unter anderem im berühmten zweiwöchigen Karneval mit seinem Höhepunkt am Faschingsdienstag (*Mardi Gras*), der stets mit dem gebotenen Pomp gefeiert wird.

Du hast zwei Möglichkeiten, das Karnevalfeeling wirklich mitzuerleben: vom Balkon einer Unterkunft an den Paradewegen im *French Quarter* aus oder in den Straßen der Innenstadt, wo Jazz-Vibes sowie der Duft von *Gumbo* und *Jambalaya* die Luft erfüllen.

NÖRDLICHE HEMISPHÄRE 30°N bis 15°N

Miamis funkige *South Beach*

▲ MIAMI BEACH, FLORIDA, USA
565. Miamis Tummelplatz des Art déco
Wann: Ganzjährig
Breite: 25,7616° N
Länge: 80,1917° W

Der *Ocean Drive*, eine Straße im südlichen Teil von Miami Beach, ist das Mekka für Art-déco-Fans in den USA. Palmen vor großen pastellfarbenen Gebäuden – eine einmalige Kombination.

NEW ORLEANS, USA
566. Ein Fest für den Magen an der Straße
Wann: Ganzjährig
Breite: 29,9510° N
Länge: 90,0715° W

Da die Amerikaner nicht wissen, ob sie lieber im Auto durch die Gegend kurven oder essen, breitete sich die »Road Foodculture«, die beides mit dem Genuss der beliebtesten Speisen heimischer Restaurants direkt an den Highways und Straßen des Landes verband, nach ihrer Einführung rasend schnell aus. Greif auch du zu, von den leckeren Krabbenkuchen in Maryland bis zu den *Prairie Oysters*, den Stierhoden, in Texas.

ORLANDO, FLORIDA, USA
567. Ein Freudentag für das innere Kind
Wann: Ganzjährig
Breite: 28,4186° N
Länge: 81,5811° W

Mische dich unter die Besuchermengen in Orlandos *Disney World*, dem Vergnügungspark Nummer eins der Welt. »The Happiest Place on Earth« mit seinen unzähligen Highlights wie *Cinderella Castle* und *Adventureland* erwartet dich schon.

KENNEDY SPACE CENTER, FLORIDA, USA
568. Einer Rakete beim Start zusehen
Wann: Ganzjährig
Breite: 28,5241° N
Länge: 80,6509° W

Von allen Weltraumbahnhöfen hat das *Kennedy Space Center* in Florida die Aussichtsplattform, die der Startrampe am nächsten liegt. Nirgendwo anders wirst du den Start einer Weltraumrakete so hautnah miterleben können. Und erst recht mithören: Das Donnern der Raketentriebwerke dringt schon kurz nach der Zündung an dein Trommelfell, also bringe Ohrenstöpsel mit.

Die Tickets kannst du im Voraus online besorgen, allerdings ändert sich der Starttermin hin und wieder aufgrund des Wetters oder technischer Probleme. Aber auch wenn während deines Besuchs in Florida kein Start vorgesehen ist, kannst du hier trotzdem ein wenig »Raumflugatmosphäre« schnuppern. Vergiss nicht, die 160 Meter hohe »Raketengarage« und die fünf Kilometer lange Shuttle-Landebahn zu besuchen.

SAN ANTONIO, TEXAS, USA
569. Baumklettern als Wettkampfsport

Wann: Jährlich im August
Breite: 29,4241° N
Länge: 98,4936° W

Bei der seit über 40 Jahren organisierten *International Tree Climbing Championship* in Texas messen sich Konkurrenten in Wettbewerben, bei denen es um Geschwindigkeit, Genauigkeit, Gleichgewicht und Kraft geht. Ihrer Sicherheit dienen eine Sicherheitsleine und die Helmtragepflicht.

▶ CRYSTAL RIVER, FLORIDA, USA
570. Eine Runde mit Seekühen schwimmen

Wann: April bis Oktober
Breite: 28,9024° N
Länge: 82,5926° W

Diese urzeitlich anmutenden Tiere ziehen in den Monaten mit angenehmeren Wassertemperaturen ihre gemächlichen Runden vor der Küste Floridas. Im Golf von Mexiko vor Crystal River, dem einzigen Ort, an dem dies erlaubt ist, kannst du sie ein wenig dabei begleiten.

Eine Seekuh vor Crystal River in Florida

NÖRDLICHE HEMISPHÄRE 30°N bis 15°N

KATHMANDUTAL, NEPAL
571. Das reiche kulturelle und religiöse Erbe des Kathmandutals
Wann: Ganzjährig (Monsunzeit von Mitte Juni und September nicht zu empfehlen)
Länge: 27,6722° N (Bhaktapur)
Breite: 85,4278° O

Die Hauptstadt Nepals breitet sich immer weiter aus, aber das Kathmandutal hält in anderen Teilen noch viele andere kulturelle Schätze bereit. Mittelalterliche Städte, darunter die kleine Königsstadt Bhaktapur, locken mit gut erhaltenen Häusern, Tempeln, Palästen und Plätzen, die sich in vielen Jahrhunderten kaum verändert haben. Im Kathmandutal liegen außerdem einige der heiligsten Stätten Nepals. In Pashupatinath an den Ufern des Bagmati-Flusses befindet sich einer der wichtigsten *Shiva-Tempel* und Leichenverbrennungsstätten für die höheren (*Arya Ghats*) und die niederen Kasten (*Surya Ghats*) mit Stufen zum Fluss. Der *Dakshinkali-Tempel* ist für seine Tieropferzeremonien bekannt. Bodhnath (Boudha), ein Vorort von Kathmandu, gilt als Zentrum des tibetischen Buddhismus in Nepal und beeindruckt durch die leuchtend weiße Kuppel mit den gelben Safranbögen des großen *Stupa*.

SAURAHA, NEPAL
572. Ein Elefantenbaby streicheln
Wann: Ganzjährig (nicht Monsunzeit)
Breite: 27,5747° N
Länge: 84,4936° O

Etwas außerhalb von Sauraha, in der Nähe der Hauptzufahrt zum *Chitwan-Nationalpark*, kümmert sich eine Elefanten-Aufzuchtstation um eine sichere Umgebung für ihre Paarung. Hier kannst du die unglaublich süßen Elefantenkälber anschauen und sogar streicheln.

LHASA, TIBET, CHINA
573. Der Himmel zum Greifen nah
Wann: Ganzjährig
Breite: 29,6578° N
Länge: 91,1169° O

Der Name »Götterort« für die tibetische Hauptstadt Lhasa ist allein schon deshalb treffend, weil sie als eine der höchstgelegenen Städte der Welt dem Himmel viel näher ist. Und über allem thront seit Jahrhunderten der prachtvolle Potala-Palast des Dalai Lama.

SICHUAN, CHINA
574. Die Kraft des Wassers spüren
Wann: Ganzjährig
Breite: 28,1822° N
Länge: 101,6314° O

Jinping I, die mit 305 Metern zur Zeit höchste Talsperre der Welt, staut den Fluss Yalong Jiang zu einem riesigen Speichersee auf, um eine gigantische Menge Wasserkraft zu erzeugen. Wenn du beobachtest, wie über 3000 Kubikmeter Wasser pro Sekunde aus den vier Toren des Staudamms schießen, kannst du die gewaltige Kraft förmlich spüren.

TIBET, CHINA
575. Karmaupgrade mit der Gebetsmühle
Wann: Ganzjährig
Breite: 29,6475° N
Länge: 91,1175° O

Gebetsmühlen, die in der Regel aus Holz, Metall oder Stein bestehen, sind mit buddhistischen Mantras verziert oder enthalten eine Papierrolle mit aufgedruckten Gebeten oder Mantras. Das Drehen des Rades gleicht dem Rezitieren eines Gebets. Auch du kannst so auf einfache Weise dein Karma verbessern.

VARANASI, INDIEN
576. Eine Bootsfahrt auf den heiligen Wassern des Ganges
Wann: November bis März
Breite: 25,3176° N
Länge: 82,9739° O

Das von tiefer Spiritualität erfüllte Varanasi am Ganges ist eine der ältesten bis heute bewohnten Städte der Welt. Tausende strömen jedes Jahr hierher, um an den zahlreichen Badestellen mit Steintreppen (*Ghats*) in den Ganges zu steigen oder um in der Stadt zu sterben, an den *Ghats* eingeäschert zu werden.

Auf einer Fahrt mit dem Ruderboot bei Sonnenaufgang siehst du Hunderte von Pilgern ihre rituellen Waschungen am Flussufer durchführen. Bei Sonnenuntergang solltest du unbedingt einer *Aarti*, der abendlichen Andachtszeremonie mit Feuer am Ganges, beiwohnen. Bei Einbruch der Dunkelheit versammeln sich am *Dashashwamedh Ghat* große Menschenmengen, um den Priestern bei der Zelebrierung des täglichen Agni-Puja-Rituals zuzusehen.

PROVINZ YUNNAN, CHINA
577. Auf Schusters Rappen zu einem der heiligen Berge Tibets

Wann: Mai bis Oktober
Breite: 28,8187° N, **Länge:** 99,7022° O

Du hast die Wahl zwischen einer lohnenden Tages- und einer zweiwöchigen 180-Kilometer-Wanderung auf einem spirituellen Pfad. Bei beiden erwartet dich ein atemberaubendes Bergpanorama mit 20 Gipfeln. Der 6740 Meter hohe Khawa Karpo gilt als einer der heiligsten Orte des Buddhismus.

NÖRDLICHE HEMISPHÄRE 30°N bis 15°N

NEPAL
578. Eine Wanderung zum Basislager des Mount Everest
Wann: Oktober bis April
Breite: 28,0072° N (*Everest Base Camp*)
Länge: 86,8594° O

Der *Mount Everest Trek*, Nepals berühmteste Fernwanderung zum Basislager des Mount Everest, bringt dich ganz in die Nähe des höchsten Berges der Erde, ohne dass du klettern musst. Du benötigst 14–19 Tage. Nimm dir Zeit, denn du brauchst Erholung und musst dich langsam an die Höhe von bis zu 5550 Metern über dem Meeresspiegel anpassen. Die Tagesetappen von drei bis sechs Stunden in großen Höhen sind aber kein großes Problem, wenn du einigermaßen fit bist. Teehäuser mit nepalesischer, tibetischer und europäischer Küche sowie Bier und der lokalen Spirituose *Rakshi* im Angebot laden unterwegs zum Verweilen ein.

Die Trekkingtour beginnt in Lukla, das einen Flughafen mit einer gefährlich wirkenden Landebahn besitzt. Von dort folgst du dem Fluss Dudhkoshi nach Namche Bazaar. Anschließend führt der Weg in nordwestlicher Richtung durch kleine Dörfer, über den Dudhkoshi und durch die Wacholderwälder von Tengboche. Nach einem

NÖRDLICHE HEMISPHÄRE 30°N bis 15°N

kurzen Abstieg erreichst du Pangboche mit dem ältesten buddhistischen Tempel (*Gönpa*) der Region. Von hier aus geht es immer höher, vorbei an einsamen Dörfern, Teehäusern und Klöstern mit bunten Gebetsfahnen.

Die letzten Etappen führen über den Khumbu-Gletscher zum *Everest Base Camp*, das 5364 Meter über dem Meeresspiegel an der Südseite des Mount Everest liegt. Um eine noch bessere Sicht auf den Berg zu genießen, solltest du den nahe gelegenen, 5550 Meter hohen Gipfel des Kala Patthar erklimmen.

In der Hochsaison von Anfang Oktober bis Anfang Dezember suchen oft Scharen von Touristen Wanderweg und Hütten heim. Die Zeit zwischen Mitte Dezember und Ende Januar ist ruhiger, aber infolge kälteren Wetters mit Temperaturen um −20 °C und oft starkem Schneefall alles andere als ideal für Hobby-Wanderer. Im Frühjahr (Februar bis April) sind die Temperaturen wieder angenehmer und die Strecke ist nicht überlaufen, doch Nebel, Regen und gelegentliche Schneestürme können die Aussicht trüben. Wann immer du dich auf die Wanderung zum Everest begibst – sie ist und bleibt ein unvergessliches Erlebnis.

Zu Fuß unterwegs zum *Everest Base Camp*

ROTES MEER, ÄGYPTEN
579. Die Wunder der Unterwasserwelt
Wann: Ganzjährig
Breite: 27,9158° N
Länge: 34,3300° O (Sharm el-Sheikh)

Auf einer Liste mit den Sieben Wundern der Unterwasserwelt wird auch der nördliche Teil des Roten Meeres genannt. In den warmen ägyptischen Küstengewässern von Taba am Golf von Akaba an der Grenze zu Israel über Dahab mit seinen berühmten Tauchplätzen und das Touristenzentrum Sharm el-Sheikh an der Südspitze des Sinai bis nach Hurghada gegenüber auf dem Festland wimmelt es nur so von Meerestieren und Korallenriffen von spektakulärer Schönheit.

Schnorchle oder tauche an einem dieser Orte und lasse dich von der Unterwasserwelt begeistern.

NÖRDLICHE HEMISPHÄRE 30°N bis 15°N

VRINDAVAN, UTTAR PRADESH, INDIEN
580. Ein großes hinduistisches Fest
Wann: August bis September
Breite: 27,5650° N
Länge: 77,6593° O

Auf halbem Weg zwischen Neu-Delhi und Agra liegt die heilige Stadt Vrindavan mit ihren vielen Tempeln. Im geistigen Bewusstsein der Inder nimmt sie einen weit wichtigeren Platz ein als viele international bekanntere Orte im Land.

Der Überlieferung zufolge nahm der Hindu-Gott Krishna im nahe gelegenen Mathura menschliche Gestalt an, während er in Vrindavan einen großen Teil seiner jungen Jahre verbrachte. Aus diesem Anlass finden in der Stadt alljährlich aufsehenerregende Festlichkeiten statt, die mit viel Farbe, Prunk und religiösem Eifer für ein packendes Spektakel sorgen.

▶ LUNANA, BHUTAN
581. Auf einer Gebirgswanderung durch Bhutan die Wirklichkeit hinter dir lassen
Wann: Ganzjährig
Breite: 27,5141° N
Länge: 90,4336° O

Der *Snowman Trek* ist eine anspruchsvolle Wanderung in großen Höhen mit täglich sechs bis acht Stunden Fußmarsch. Bei dieser etwa einmonatigen, sehr lohnenswerten Challenge wanderst du einmal rund um den entlegenen Gebirgsstaat Bhutan.

Von Lunana führt die Trekkingtour an sechs Bergen vorbei, die alle über 7000 Meter hoch sind, wobei du neun Pässe mit teilweise über 4500 Metern Höhe überwinden musst. Ein gewisses Maß an Fitness ist also Voraussetzung, aber du musst kein Athlet sein, denn auch viele über Sechzigjährige haben den *Snowman Trek* schon absolviert.

Auf dem *Snowman Trek* in Bhutan

NÖRDLICHE HEMISPHÄRE 30°N bis 15°N

VON LA GOMERA IN SPANIEN NACH ANTIGUA
582. Im Ruderboot über den Atlantik
Wann: Ganzjährig
Breite: 28,1033° N
Länge: 17,2193° W (La Gomera)

Mehr Menschen haben den Mount Everest bestiegen, als über den Atlantik gerudert sind; ungefähr gleich viele waren schon im Weltall. Die Ozeanüberquerung im Ruderboot ist ein schwieriges Unterfangen, das meist von einer Viererequipe in Angriff genommen wird. Und es erfordert Geld und viele Stunden Training.

Gerudert wird in Zweierteams, zwei Stunden am Ruder, zwei Stunden Rast, rund um die Uhr, bis zu fünfzig Tage lang. Schlaf gibt es nur sporadisch. Zur Nervenprobe werden stürmische See und der leichte Wahnzustand aufgrund des Reizentzugs.

Warum solltest du dann überhaupt daran denken? Die Ausdauersportler, die es geschafft haben, schwärmen von den großartigsten Sonnenauf- und untergängen, die sie je gesehen haben, vom unglaublich klaren Nachthimmel, Begegnungen mit Walen, Delfinen und Robben und dem mit nichts zu vergleichenden Teamgefühl.

CHITWAN-NATIONALPARK, NEPAL
583. In Nepals dichter Dschungelwildnis
Wann: Dezember bis April
Breite: 27,5000° N, **Länge:** 84,3333° O

Der üppige Dschungel Nepals lässt sich am besten auf einem Streifzug durch den Chitwan-Nationalpark erleben. In seinem 932 Quadratkilometer großen, dichten Wald lebt eine Vielzahl von Wildtieren: Wenn du Glück hast, erspähst du Faultiere, Leoparden und vielleicht sogar einen Königstiger.

BHAKTAPUR, NEPAL
584. Ein buddhistisches Rollbild für zu Hause
Wann: Ganzjährig
Breite: 27,7165° N
Länge: 85,4298° O

Es fällt dir leichter, nicht vom spirituellen Weg zum Nirwana abzukommen, wenn du die richtigen Hilfsmittel zur Hand hast. Dazu gehört zum Beispiel das *Thangka*, das du auch als Nichtbuddhist schön finden kannst. Die nach geometrischen Vorgaben über das Bild verteilten Augen, Nasen, Mündern, Tieren und spirituellen Symbole regen zur Meditation an und wirken schön. Lass dir von der Sunapati-Thangka-Malschule, einer der Akademien dieser alten Kunst in Nepal, eine *Thangka* anfertigen.

TRONGSA, BHUTAN
585. Ein kaum bekannter Winkel im Himalaja
Wann: Ganzjährig, im Winter eher kühl
Breite: 27,4997° N
Länge: 90,5050° O

Bhutan, das geheimnisvolle Königreich hoch oben in den Ausläufern des Himalaja mit seiner faszinierenden Geschichte und den herrlichen Panoramen, ist noch immer ein besonderes Erlebnis. Besuche *Trongsa Dzong*, eine mehrstufige Dzong-Festung mit Innenhöfen, Gassen und Tempeln, in der 200 Mönche leben. Das hier um Neujahr stattfindende Tshechu-Fest ist eine passende Zeit für einen Besuch.

NÖRDLICHE HEMISPHÄRE   30°N bis 15°N

TENERIFFA, SPANIEN
586. Sonnenaufgang auf dem Vulkan
Wann: Ganzjährig (im Hochwinter Gipfel oft geschlossen)
Breite: 28,2725° N
Länge: 16,6421° W

Der Teide ragt hoch über Teneriffa empor. Mit einer Gipfelhöhe von 3718 Metern ist er der höchste Berg Spaniens und der dritthöchste Inselvulkan der Welt.

Eine Seilbahn bringt dich von der Hauptstraße aus bis auf eine Höhe von 3555 Metern. Falls du auf dem Kraterrand stehen möchtest, musst du eine Genehmigung für die Gipfelbesteigung erwerben. Dasselbe gilt, wenn du den angenehmen Aufstieg von der Montaña Blanca aus wählst. Übernachte im *Refugio de Altavista* und brich zwei Stunden vor Sonnenaufgang auf, dann erreichst du den Gipfel rechtzeitig, um die Sonne aus dem Atlantik aufsteigen zu sehen.

LA GOMERA, KANARISCHE INSELN, SPANIEN
587. Die Pfiffe der Bewohner von La Gomera
Wann: Ganzjährig
Breite: 28,1033° N, **Länge:** 17,2193° W

In unserer Welt von WhatsApp und WLAN hat das *Silbo Gomero*, das alte Kommunikationssystem auf der gebirgigen Kanareninsel La Gomera mittels Pfiffen, etwas Warmes an sich. Mit zwei pfeifenden Vokalen und vier Konsonanten eignet sich die Methode hervorragend, um Botschaften bis zu drei Kilometer weit über tiefe Täler und Schluchten hinweg zu übermitteln.

▶ SARANGKOT, POKHARA, NEPAL
588. Mit einem Falken fliegen
Wann: Oktober bis April
Breite: 28,2439° N
Länge: 83,9486° O

Parahawking ist Gleitschirmfliegen mit einem ausgebildeten ägyptischen Falken. Da ein erfahrener Pilot den Gleitschirm steuert, kannst du den Falken im Flug füttern und mitverfolgen, wie er sich die Thermik zunutze macht.

Parahawking in Nepal

NÖRDLICHE HEMISPHÄRE 30°N bis 15°N

▶ LUMBINI, NEPAL
589. Am Geburtsort Buddhas
Wann: Am besten von Oktober bis Mitte Juni (sonst Monsun)
Breite: 27,4840° N, **Länge:** 83,2760° O

In der Terai-Tiefebene im Süden Nepals liegt Lumbini, der Ursprungsort einer der Weltreligionen. In einem Garten voller meditierender Anhänger Buddhas markiert dort der Mayadevi-Tempel die Stelle, an der Siddharta Gautama 623 v. Chr. das Licht der Welt erblickt haben soll. Es ist ein wunderbar ruhiger und beschaulicher Ort.

Im weiten, friedlichen Park, der den Maya-Devi-Tempel umgibt, haben buddhistische Gruppen aus der ganzen Welt Klöster gegründet. Ganz hinten leuchtet der strahlend weiße Shanti Stupa im japanischen Stil (»Friedenspagode«). Beste Besuchszeit ist im Mai zu Buddhas Geburtstag *Buddha Jayanti*, dessen genaues Datum wegen des in Nepal verwendeten Mondkalenders variiert.

Lumbini in Nepal, der Geburtsort Buddhas

BHANGARH, INDIEN
590. Besuch in einem Dorf, in dem es spukt
Wann: Ganzjährig (nur tagsüber!)
Breite: 27,0947° N
Länge: 76,2906° O

Das befestigte indische Dorf Bhangarh, das für seine jahrhundertealten Ruinen Berühmtheit genießt, solltest du tagsüber besuchen, denn in den Stunden, wenn die Sonne auf- oder untergeht, ist dies verboten. Man sagt, das sei einer der meistbesuchten Orte der Welt!

DELHI, INDIEN
591. Taxifahrt in einer indischen Rikscha
Wann: Ganzjährig
Breite: 28,6139° N
Länge: 77,2090° O

Das »Tuk-tuk« ist Indiens allgegenwärtiges dreirädriges Taxi. In einer Autorikscha wird eine ganz normale Reise von A nach B umgehend zu einem Mini-Abenteuer.

DARJEELING, INDIEN
592. Teepflücken in Darjeeling
Wann: März bis November
Breite: 27,0500° N
Länge: 88,2667° O

Die Inder lieben ihren Tee. Etwa ein Viertel der aromatischen Pflanzen wird an den Hängen von Darjeeling angebaut. Besuche die malerische Stadt in den Bergen zwischen März und November zum Teepflücken. Die Monsunzeit von Mitte Juni bis September solltest du allerdings eher meiden.

AGRA, INDIEN
593. Sprachlos beim Anblick eines Mausoleums

Wann: November bis März
Breite: 27,1750° N
Länge: 78,0419° O

Den *Tadsch Mahal* in Agra ließ Großmogul Shah Jahan nach ihrem Tod von 1631 bis 1648 als Mausoleum für seine Lieblingsfrau Mumtaz Mahal (»Exzellenz des Palastes«) errichten. Er thront als majestätisches Herzstück in einem blühenden, umfriedeten Garten. Am schönsten ist er, wenn sich in den Strahlen der aufgehenden Sonne die Farben der Marmorsäulen und Kuppeln laufend ändern.

NÖRDLICHE HEMISPHÄRE 30°N bis 15°N

▼ JAIPUR, RAJASTHAN, INDIEN
594. Ein Fest der Sinne in einem indischen Basar
Wann: Ganzjährig
Breite: 26,9000° N
Länge: 75,8000° O

Rajasthan ist berühmt für seine Basare. Die bekanntesten befinden sich in Jaipur, der Hauptstadt des Bundesstaates. In den schmalen Gassen der Märkte kannst du dich leicht im Gedränge verirren.

JAIPUR, RAJASTHAN, INDIEN
595. Der extravagante Palast in der »Rosa Stadt«
Wann: Ganzjährig
Breite: 26,9239° N
Länge: 75,8267° O

Der *Hawa Mahal* (»Palast der Winde«) befindet sich in der prachtvollen, als »Pink City« bezeichneten Altstadt von Jaipur. Sein außergewöhnlicher Baustil sollte es den Haremsdamen ermöglichen, das Treiben im Freien zu beobachten, ohne selbst gesehen zu werden. Heute kannst du den Palast besichtigen.

ASSAM, INDIEN
596. Auge in Auge mit einem Rhinozeros
Wann: November bis April
Breite: 26,5775° N
Länge: 93,1711° O

Wenn du einem Nashorn (aus sicherer Entfernung) in die Augen schaust, erscheint es nicht mehr so bedrohlich, sondern eher verletzlich. Probiere es im Kaziranga-Nationalpark in Assam aus, wo viele Panzernashörner leben.

Ein lebhafter indischer Basar in Jaipur

NÖRDLICHE HEMISPHÄRE 30°N bis 15°N

WELTWEIT, START IN HA'IL, SAUDI-ARABIEN
597. Ein UNESCO-Welterbe nach dem anderen auf der Liste abhaken
Wann: Ganzjährig
Breite: 26,8578° N
Länge: 40,3293° O (Ha'il, Saudi-Arabien)

Jede der 1031 UNESCO-Welterbestätten (Stand: April 2016) ist auf ihre Weise etwas ganz Besonderes, entweder in landschaftlicher (Weltnaturerbe) oder in kultureller (Weltkulturerbe) Hinsicht. Die Liste der 163 Länder mit UNESCO-Welterbe führt Italien mit 51 Einträgen an. Wenn du pro Woche ein UNESCO-Welterbe besuchst, bist du mehr als 20 Jahre lang unterwegs, bis du alle gesehen hast.

BAHRAIN
598. Ein Baum als Überlebenskünstler
Wann: Am besten November bis März
Breite: 26,0386° N
Länge: 50,5459° O

Woher auch immer, aber Bahrains *Schadscharat al-Haya* (»Baum des Lebens«) in der Nähe von Dschabal ad-Duchan findet mitten in der Wüste genug Wasser zum Überleben. Da überrascht es kaum, dass er mittlerweile den Status einer Legende besitzt.

TIMBUKTU, MALI
599. Eine Reise nach Timbuktu
Wann: November bis Februar
Breite: 16,7666° N
Länge: 3,0026° W

Die Stadt Timbuktu liegt am Südrand der unendlichen Weiten der Sahara, etwa 1000 Kilometer von der Hauptstadt Bamako entfernt. Von dort aus ist es mit dem Geländewagen in etwa 20 Stunden zu erreichen. Timbuktu gilt in verschiedenen Sprachen als Synonym für einen völlig entlegenen Ort. Seit 1988 gehört die wunderschöne und unvergessliche Lehmziegelstadt zum UNESCO-Weltkulturerbe. Entdecke ihre faszinierende Geschichte, außergewöhnliche Architektur und die drei prachtvollen Moscheen.

SAHARA, MAROKKO
600. Eine Nacht als Berber
Wann: April und Mai
Breite: 23,4162° N
Länge: 25,6628° W

250 Kilometer von der turbulenten Stadt Marrakesch entfernt, beginnt die weite Sahara. Sie bedeckt den Westen und Süden Marokkos und erstreckt sich quer über den afrikanischen Kontinent von Mauretanien im Westen bis nach Ägypten im Osten.

Nimm an einer organisierten Tour von Marrakesch aus in die Wüste teil und verbringe eine Nacht mit den gastfreundlichen, nomadischen Berbern. Sie sind Marokkos Ureinwohner und lebten schon vor der Ankunft der Araber im ausgehenden 7. Jahrhundert im Land.

Die Temperaturen sinken in der Sahara nachts deutlich unter den Gefrierpunkt, aber das Lagerfeuer und die traditionelle Musik mit Tanz werden dich warm halten.

PUSHKAR, RAJASTHAN, INDIEN
601. Kamelmarkt mit Schönheitswettbewerb
Wann: November
Breite: 26,4897° N, **Länge:** 74,5511° O

Hunderttausende besuchen den alljährlichen, leicht schrägen Kamelmarkt in Pushkar. Hier werden nicht nur Kamele gehandelt, sondern im Rahmen des Karnevals auch Preise für den längsten Schnurrbart, den am kunstvollsten umgebundenen Turban, Schlangenbeschwörung und sogar bei einem Kamel-Schönheitswettbewerb vergeben. Schau doch rein.

NÖRDLICHE HEMISPHÄRE 30°N bis 15°N

GUWAHATI, ASSAM, INDIEN
602. Brandscharfe Versuchung
Wann: Ganzjährig
Breite: 26,1445° N
Länge: 91,7362° O

Nimm einen winzigen Biss von der *Bhut Jolokia* (»Geisterchili«), die dir den Schweiß auf die Stirn und die Tränen in die Augen treiben wird. Mit einer Schärfe von über einer Million Scoville-Einheiten gehört dieses feurige Gewächs zu den schärfsten Chilischoten der Welt und wird in der Küche von Assam wegen ihres Aromas geschätzt.

RAJASTHAN, INDIEN
603. Die Königspaläste von Rajasthan
Wann: Oktober bis Februar
Breite: 26,5727° N
Länge: 73,8390° O

Die majestätischen Festungen und Paläste in Rajasthan, von denen einige aus dem 16. Jahrhundert stammen und hervorragend erhalten sind, beeindrucken heute noch genauso wie damals, als sie gebaut wurden.

AL-FAYYUM ÄGYPTEN
604. Walfossilien mitten in der Wüste
Wann: November bis April
Breite: 29,2725° N
Länge: 30,0405° O

Die über 250 Walskelette im *Wadi Al-Hitan* (»Tal der Wale«) in der ägyptischen Wüste sind ein imposanter Anblick. Das Trockental liegt 185 Kilometer vom Meer entfernt, was die umfassenden Veränderungen in den letzten 50 Millionen Jahren vor Augen hält.

GIZEH, ÄGYPTEN
605. Die Geheimnisse der Pyramiden
Wann: Ganzjährig
Breite: 29,9791° N
Länge: 31,1343° O

Die *Pyramiden von Gizeh* entstanden im 26. Jahrhundert v. Chr. Erkunde die faszinierenden, feuchten Tunnel im Inneren und lüfte ihre Geheimnisse. Wer unter Platzangst leidet, kann auf einem Kamel rund um die kolossalen Monumente reiten und die berühmte Sphinx genauer betrachten.

LUXOR, ÄGYPTEN
606. In den Fußstapfen der Pharaonen
Wann: Ganzjährig
Breite: 25,6872° N
Länge: 32,6396° O

Im *Karnak-Tempel*, dessen älteste sichtbare Überreste aus der Herrschaftszeit Sesostris' I. stammen und damit beinahe 4000 Jahre alt sind, kannst du auf den Spuren der Pharaonen wandeln. Der Tempel in der antiken ägyptischen Großstadt Theben gehörte zu den größten Gotteshäusern der damaligen Welt. Nur einer von vier Tempelbezirken, der *Amun-Bezirk*, ist zur Zeit für das Publikum geöffnet. Die kolossalen Statuen, die gewaltigen Säle und der 29 Meter hohe Obelisk werden dir einen Eindruck vom architektonischen Können der Alten Ägypter vermitteln.

NÖRDLICHE HEMISPHÄRE 30°N bis 15°N

PROVINZ FARS, NÖRDLICH VON SCHIRAS, IRAN
607. Besuch bei den Perserkönigen in Persepolis
Wann: Ganzjährig
Breite: 29,9355° N
Länge: 52,8915° O

Persepolis, die Residenzstadt des antiken Perserreiches zwischen 520 und 330 v. Chr., im Persischen *Tacht-e Dschamschid* (»Thron des Dschamschid«) genannt, beeindruckt allein schon durch ihre überwältigende Größe. Erkunde die Ruinen mit den achtzehn Säulen eines gewaltigen Gebäudes auf der Terrasse und den reich geschmückten Grabkammern in den Seitenhängen der benachbarten Hügel. Das nur etwa sechs Kilometer entfernte *Naqsch-e Rostam* ist ein außergewöhnliches Beispiel für eine Nekropole der Achämeniden.

PROVINZ HUNAN, CHINA
608. Über den Wolken
Wann: Ganzjährig
Breite: 29,2057° N
Länge: 110,3238° O

Die atemberaubende Schönheit des wolkenverhangenen Berges *Tianzi Shan* sorgt für ein überirdisches Erlebnis. Du kannst die etwa 2000 Höhenmeter von Wulingyuan am Eingang des *Zhangjiajie National Forest Parks* zum Gipfel bequem mit der Seilbahn überwinden oder über 3878 Stufen zu Fuß zurücklegen. Es liegt ganz an dir.

◀ PROVINZ SICHUAN, CHINA
609. Ein Blick ins Wohnzimmer der Pandas
Wann: Ganzjährig
Breite: 29,5347° N
Länge: 102,0845° O

In den sieben Naturschutzgebieten der chinesischen Provinz Sichuan leben 30 Prozent aller Pandas. Nach vorheriger Absprache kannst du dich als Hilfstierpfleger um diese Bambusliebhaber kümmern.

Pandas in ihrer natürlichen Umgebung in der chinesischen Provinz Sichuan

WADI RUM, JORDANIEN
610. Auf den Spuren von Lawrence von Arabien
Wann: Ganzjährig
Breite: 29,5846° N
Länge: 35,4263° O

Der berühmte Kinofilm *Lawrence von Arabien* wurde in Jordanien, unter anderem auch im Wadi Rum gedreht. Thomas Edward Lawrence war im Ersten Weltkrieg in dieser Gegend stationiert, auf deren frühe Besiedlung prähistorische Felszeichnungen und Tempel verweisen.

NÖRDLICHE HEMISPHÄRE 30°N bis 15°N

▼ MEGHALAYA, INDIEN
611. Auf Baumwurzeln einen Fluss überqueren
Wann: Januar bis Mai und September bis Dezember
Breite: 25,2717° N, **Länge:** 91,7308° O

Die Ethnie der Khasi in Nordindien baut ihre Brücken aus den Wurzeln des Gummibaumes. Auf diesen lebenden Brücken können bis zu 50 Menschen den Fluss überqueren. Besonders sehenswert ist die Doppeldecker-Wurzelbrücke im Dorf Nongriat im Regenwald von Cherrapunji.

ST. LOUIS, SENEGAL
612. Ein Top-Jazz-Festival in Senegal
Wann: Mai
Breite: 16,0333° N
Länge: 16,5000° W

Die pulsierende Stadt Saint-Louis ganz im Norden Senegals brodelt im Mai vor Leben, wenn die Jazzer der Welt sich hier zum Singen, Scatten und Tanzen ein Stelldichein geben. Genieße zusammen mit dem zahlreichen Publikum in kleinen und großen Hallen die Performance einiger der weltbesten Jazzmusiker.

SAHARA, ALGERIEN
613. Auf den Spuren der Sahara-Sandkatze
Wann: Ganzjährig
Breite: 25,5000° N
Länge: 9,0000° O

Mit ihren großen Augen und noch größeren Ohren ist die nachtaktive Sandkatze ein Hingucker. In den Nationalparks Algeriens wie dem *Tassili-n'Ajjer-Nationalpark* kannst du dich selbst davon überzeugen.

Wurzelbrücke im Regenwald von Cherrapunji in Indien

Das Restaurant *Al Mahara* im *Burj Al Arab Jumeirah Hotel* in Dubai

MADHYA PRADESH, INDIEN
614. Erotische Skulpturen in einem indischen Tempelbezirk
Wann: Ganzjährig (nicht in der Monsunzeit von Mitte Juni bis Ende September)
Breite: 24,8500° N
Länge: 79,9300° O

▲ DUBAI, UAE
615. Ein Drink hoch oben und weit unten
Wann: Ganzjährig
Breite: 25,1409° N
Länge: 55,1857° O

In einem abgelegenen Winkel des heißen, staubigen zentralindischen Bundesstaates Madhya Pradesh sind einige der am besten erhaltenen und zudem explizit erotischen Skulpturenreliefs des Subkontinents versteckt. Die Szenen an den Wänden der *Tempel von Khajuraho* zeigen Paare, Trios und Gruppen beim Liebesspiel. Die Heiligtümer werden deshalb mithin als »Kamasutra-Tempel« bezeichnet.

Die im 10. bis 12. Jahrhundert von den Herrschern der Chandela-Dynastie erbauten Tempel wurden schon bald danach verlassen, als die Wellen islamischer Invasoren von Afghanistan über das Land schwappten, und blieben jahrhundertelang verborgen. Erst in den 1830er-Jahren wurden sie von den Briten wiederentdeckt.

Genieße die fantastische Aussicht von der Cocktailbar im 27. Stock des *Burj Al Arab* auf die Küste vor Dubai und fahre anschließend mit dem Aufzug hinunter zum Unterwasserrestaurant mit raumhohen Glaswänden für einen ganz anderen Ausblick.

NÖRDLICHE HEMISPHÄRE 30°N bis 15°N

▶ AL JAYLAH, OMAN
616. Wasserversorgung in der Wüste
Wann: Ganzjährig
Breite: 24,5328° N
Länge: 56,4923° O

Die *Afladsch* (Einzahl: *Faladsch*) sind ein bis zu 1500 Jahre altes Bewässerungssystem im Oman. Es besteht aus schmalen Kanälen, die an Felswänden entlang und durch trockene Wüsten Wasser von den Quellen zu den Siedlungen und Feldern bringen.

Bewässerungssystem von Al Jaylah in Oman

◀ BODHGAYA, BIHAR, INDIEN
617. Im Schatten des Baumes des großen Erwachens
Wann: Ganzjährig
Breite: 24,6961° N
Länge: 84,9870° O

Wer auf dem Weg zum *Mahabodhi-Tempel* in Bodhgaya ist, sieht seine Spitze schon aus zehn Kilometern Entfernung über die Baumwipfel hinausragen, denn er ist 55 Meter hoch. An diesem Ort soll Buddha *Bodhi* (»Erwachen, Erleuchtung«) erlangt haben, indem er unter einer Pappelfeige sieben Tage lang meditierte, ohne sich zu bewegen.

Der heilige Mahabodhi-Baum gilt als direkter Abkömmling der ursprünglichen Pflanze und als wichtigster Wallfahrtsort für buddhistische Pilger. Die Gläubigen kommen hierher, um zu meditieren und unter dem Baum mit seinen herzförmigen Blättern über Buddhas Lehren nachzusinnen. Setze dich in seinen Schatten und genieße die Ruhe und die andächtige Stimmung.

CHERRAPUNJI, INDIEN
618. Ein Ständchen im Regen in Cherrapunji
Wann: Juni und August
Breite: 25,2717° N, **Länge:** 91,7308° O

Statt dir die Kapuze überzuziehen und den Regenschirm aufzuklappen, kannst du auch die Arme weit ausstrecken, den Kopf zurückwerfen und wie Gene Kelly im Regen ein Ständchen singen. Bei Cherrapunji in Indien musst du dabei nicht leise sein.

Der Mahabodhi-Baum in Bodhgaya in Indien

NÖRDLICHE HEMISPHÄRE 30°N bis 15°N

START IN GUANGZHOU, CHINA
619. Reisefieber in der eigenen Küche
Wann: Ganzjährig
Breite: 23,1333° N
Länge: 113,2667° O

Wenn du wie ein König frühstücken möchtest, so iss jeden Morgen Spezialitäten aus einem anderen Land. Beginne mit gefüllten gedämpften Brötchen (*Mantou*) aus China. Weiter geht es mit *Arepas*, Maisfladen aus Kolumbien, mit Eiern oder Marmelade und einem englischen Frühstück. Tags darauf gibt es französische Croissants, dann russische Eierkuchen (*Bliny*) und schließlich aus Jamaika die *Ackee*, eine Frucht, die gebraten wie Rührei aussieht.

BEI HUIZHOU, GUANGDONG, CHINA
620. Österreich mitten in China
Wann: Ganzjährig
Breite: 23,0667° N
Länge: 114,4000° O

Hast du dich je gefragt, wofür Milliardäre Geld ausgeben? Dann musst du nur erst nach Hallstatt in der chinesischen Provinz Guangdong und anschließend nach Hallstatt in Österreich fahren, das zum UNESCO-Welterbe gehört.

Das chinesische Hallstatt ist eine exakte Nachbildung des Originals für beinahe sieben Milliarden Yuan. Die beiden sind Partnerorte, und das österreichische Hallstatt empfängt heute zahlreiche chinesische Besucher.

◀ HAVANNA, KUBA
621. Stilvoll Autofahren in Havanna
Wann: Ganzjährig
Breite: 23,1136° N
Länge: 82,3666° W

Heiß geliebte Oldtimer aus den Fünfzigerjahren, die noch tagtäglich genutzt werden, gehören ebenso zu Kuba wie Che-Guevara-Plakate. Beide sind ein Beweis für den Durchhaltewillen der Insulaner.

Auf Kuba in einem stylishen Oldtimer fahren

Großfischangeln vor Kuba

HAVANNA, KUBA
622. Eine Zigarre rauchen im Herkunftsland
Wann: Ganzjährig
Breite: 23,1136° N
Länge: 82,3666° W

Du musst kein Raucher sein, um eine kubanische Zigarre zu genießen, wenn du das Land des feinen Tabaks besuchst. Die Herstellungstechnik hat sich seit über hundert Jahren nicht geändert und verleiht den Zigarren ihr authentisches Aroma.

▲ VOR KUBA
623. Auf der Jagd nach einem großen Fang
Wann: Je nach Spezies
Breite: 23,1799° N
Länge: 81,1885° W

Hemingway fing in *Der alte Mann und das Meer* die Atmosphäre der Jagd nach großen Fischen im Meer perfekt ein. Das Buch entstand aus seiner Liebe zum Angelsport: warten, ködern und schließlich der Kampf mit der Leine beim Einholen. Fang in der Karibik deinen eigenen Fisch.

LA CECILIA, HAVANNA, KUBA
624. Tanz den Salsa unter den Sternen
Wann: Am besten November bis April
Breite: 23,1012° N
Länge: 82,4493° W

Kuba hat seinen ganz eigenen Flow. Wenn sich dieser mit der Energie des Salsa verbindet, dann kommen die Kubaner so richtig in Fahrt. Kipp ein Gläschen Rum hinter die Binde, lockere die Hüften und mach mit.

HAWIYAT NAJM, OMAN
625. In einer Doline baden
Wann: Ganzjährig
Breite: 23,0361° N
Länge: 59,0717° O

Die *Hawiyat-Najm-Doline* bildete sich, als Wasser allmählich Gestein auflöste und in der Folge die Decke der so entstandenen Höhle einstürzte. Nimm ein Bad in ihrem türkisfarbenen Wasser inmitten von gestreiften Felswänden, die rundum 20 Meter in die Höhe ragen.

Das internationale Drachenfest im indischen Ahmedabad

▲ AHMEDABAD, GUJARAT, INDIEN
626. Einen Drachen steigen lassen
Wann: 14. Januar
Breite: 23,0225° N
Länge: 72,5714° O

Beim Anblick Tausender Drachen, die am Himmel tanzen, erfüllt sich das Herz mit Staunen. Im indischen Ahmedabad und im übrigen Gujarat wird am 14. Januar das Ende des Winters mit dem internationalen Drachenfest *Uttarayan* gefeiert.

HOWRAH, INDIEN
627. Eine noble Zugreise durch Indien
Wann: Ganzjährig
Breite: 22,5818° N
Länge: 88,3423° O

Das englische Wort *posh* bedeutet »nobel, schick« und soll angeblich ursprünglich eine Abkürzung für »port out, starbord home« gewesen sein, das sich auf die Lage der Kabinen der feinen Herrschaften auf dem Dampfschiff nach und von Indien bezog. Noblesse oblige, also setze dich in Indien in die Erste Klasse eines Zugs, der von Howrah Junction, einem der ältesten Bahnhöfe des Landes, abfährt.

MAHARASHTRA, INDIEN
628. Buddhas Leben an Höhlenwänden
Wann: Oktober bis Mitte Juni
Breite: 20,5524° N
Länge: 75,7004° O

Die *Ajanta-Höhlen* wurden von buddhistischen Mönchen hoch über dem Fluss Waghora in die Basaltfelswände seines hufeisenförmigen Tals getrieben. Die Höhlentempel enthalten zahlreiche eindrucksvolle Malereien, die das Leben des Buddha darstellen. Sie gehören zu den besterhaltenen Beispielen alter Malkunst überhaupt.

NÖRDLICHE HEMISPHÄRE 30°N bis 15°N

MUMBAI, INDIEN
629. Streetfood in den Straßen von Mumbai
Wann: Ganzjährig
Breite: 18,9664° N
Länge: 72,8136° O

Die *Swati*-Snacks in Mumbai eignen sich hervorragend als Einstieg in die südindische Küche. Probiere sie alle aus, von *Pav bhaji* bis *Panipuri*.

MUMBAI, INDIEN
630. Rushhour in einem indischen Großbahnhof
Wann: Ganzjährig
Breite: 18,9690° N
Länge: 72,8188° O

Das prächtige Bahnhofsgebäude von Mumbais *Chhatrapati Shivaji Terminus* mit seinem Deckengewölbe und seinen Fialen repräsentiert die viktorianische Neogotik. Der Mumbaier Hauptbahnhof zählt, besonders in den Stoßzeiten, zu den geschäftigsten Bahnhöfen der Welt.

▼ KALKUTTA, INDIEN
631. Auf Indiens größtem Blumenmarkt
Wann: Ganzjährig
Breite: 22,5667° N
Länge: 88,3667° O

Am Ufer des Hugli in Kalkutta findet der *Malik Ghat Flower Market*, Indiens größter Blumenmarkt mit seinen nicht enden wollenden Standreihen statt. Tausende Verkäufer bieten die für die heimische Kultur so wichtigen Blumengirlanden feil, die bei keinem Fest oder Tempelbesuch fehlen dürfen.

Indiens größter Blumenmarkt, der *Malik Ghat* in Kalkutta

NÖRDLICHE HEMISPHÄRE 30°N bis 15°N

NIZWA, OMAN
632. Ein arabisches Fort aus dem 17. Jahrhundert
Wann: Ganzjährig
Breite: 22,9171° N
Länge: 57,5363° O

Das *Fort von Nizwa* bietet als eine der ältesten Festungen des Oman einen faszinierenden Einblick in den Bevölkerungsschutz in diesem Land im 17. Jahrhundert. Aufsehenerregend ist der runde Turm im Zentrum der Festung mit seinen 43 Metern Durchmesser und den sanften Zinnen, der hoch aus dem Wüstensand des Oman aufragt.

HONGKONG, CHINA
633. Die schiere Größe der Superschiffe erleben
Wann: Ganzjährig
Breite: 22,3964° N
Länge: 114,1095° O

Wenn du dich langsam einem Containerschiff näherst, sehen die großen Container wie Legosteine aus. Die derzeit größten, vom Stapel gelassenen Containerschiffe der Welt gehören zur OOCL G-Klasse und sind in Hongkong registriert.

HONGKONG, CHINA
634. Hongkong erleben in einer Dschunke
Wann: Ganzjährig
Breite: 22,3964° N
Länge: 114,1094° O

Die elektrisierende Atmosphäre des *Victoria Harbour* in Hongkong erkundet man am besten in einer chinesischen Dschunke traditioneller Bauart. Erlebe auf einem Bootsausflug das faszinierende Aufeinandertreffen von Alt und Neu in dieser Metropole.

▶ RAS AL-JINZ SCHILDKRÖTENRESERVAT, OMAN
635. Babyschildkröten beim Schlüpfen zusehen
Wann: Juli bis Oktober
Breite: 22,4242° N
Länge: 59,8303° O

Es gibt kaum Faszinierenderes, als zu beobachten, wie die Sandkörner plötzlich in Bewegung geraten, sich eine kleine Flosse aus der Dunkelheit ans Tageslicht kämpft und schon bald eine winzige Schildkröte auftaucht. Behände krabbeln die Tiere über das Treibholz, im Wettlauf mit den Möwen hoch über ihnen und den Krabben im Sand, dem ersten kühlenden Spritzer der Brandung entgegen. Das Wunder und die gnadenlose Härte der Natur werden dich zum Staunen bringen.

Frisch geschlüpfte Baby-Schildkröten im *Ras al-Jinz Turtle Reserve* im Oman

NÖRDLICHE HEMISPHÄRE 30°N bis 15°N

▶ MADHYA PRADESH, INDIEN
636. Einen Tiger in freier Wildbahn beobachten
Wann: Die Nationalparks sind von November bis Juni geöffnet
Breite: 22,3333° N
Länge: 80,6333° O (Kanha-Tigerreservat)

Die Tigerreservate im östlichen Teil des indischen Bundesstaats Madhya Pradesh, wo die gestreiften Großkatzen heute in freier Wildbahn beobachtet werden können, gehörten ironischerweise einst zu den Jagdrevieren des Generalgouverneurs und Vizekönigs von Indien. Die beste Zeit, den im *Kanha-Tigerreservat* lebenden etwa 40 Königstigern (Bengal-Tigern, Indischen Tigern) einen Besuch abzustatten, ist zwischen März und Juni, wenn die Vormonsunhitze sie aufs offene Feld hinaustreibt, wo sie sich an Flüssen und Wasserlöchern am erfrischenden Nass laben. Plane dennoch mindestens drei Tage in den Tigerparks ein und unternimm fünf bis sechs »Pirschfahrten« mit einem kundigen Führer, um einen Blick auf die wunderschönen Tiere zu erhaschen.

Tiger in freier Wildbahn in Madhya Pradesh

PROVINZ UDAIPUR, INDIEN
637. Königlicher Komfort im Inselpalast
Wann: Ganzjährig
Breite: 24,5720° N
Länge: 73,6790° O

Der *Taj Lake Palace* und der *Lake Garden Palace*, in denen jahrhundertelang Königshäuser und danach Filmstars residierten, ragen majestätisch aus dem Wasser des Pichhola-Sees. Buche ein paar Nächte in einem der zu Hotels umfunktionierten Paläste.

WESTBENGALEN, INDIEN
638. Radtour mit Aussicht auf den Mount Everest
Wann: April und Mai
Breite: 27,0600° N
Länge: 88,0000° O

Der 3636 Meter hohen Gipfel des *Sandakphu* ist zu Fuß gut erreichbar. Von dort genießt du eine fantastische Rundsicht auf den Mount Everest und seine Nachbarn Lhotse und Makalu sowie den Lieblingsberg der Einheimischen, den Kangchendzönga, der einem auf dem Rücken liegenden Mann gleicht.

ABU DHABI, VAE
639. Die schnellste Achterbahn der Welt
Wann: Ganzjährig
Breite: 24,4832° N
Länge: 54,6074° O

Nimm Platz in den Wagen der derzeit schnellsten Achterbahn der Welt. Die *Formel Rossa* in Abu Dhabis Themenpark *Ferrari World* benötigt nur 4,9 Sekunden, um ihre Höchstgeschwindigkeit von 240 Stundenkilometern zu erreichen.

NÖRDLICHE HEMISPHÄRE 30°N bis 15°N

HOANG-LIEN-SON-GEBIRGE, PROVINZ LAO CAI, VIETNAM
640. Eine spektakuläre Bergwanderung im vietnamesischen Dschungel
Wann: Ganzjährig (Ende September Reisernte)
Breite: 22,3033° N
Länge: 103,7750° O (Berg Fansipan)

Auf deiner Wanderung durch die Ausläufer der malerisch grünen Hoang-Lien-Son-Berge mit den spektakulären Reisterrassen ist der alles überragende 3143 Meter hohe Fansipan stets präsent. Von besonderem Reiz ist die Landschaft kurz vor der jährlichen Reisernte, gegen Ende September, wenn sich die Reisfelder leuchtend gelb verfärben.

▼ MANDALAY, MYANMAR
641. Der Weg nach Mandalay
Wann: Ganzjährig
Breite: 21,9750° N
Länge: 96,0833° O

Die *Road to Mandalay* bringt dich in die zweitgrößte Stadt Myanmars. Entdecke das buddhistische kulturelle und religiöse Zentrum des Landes mit über 700 Pagoden.

Ein Pferdewagen unterwegs nach Mandalay

NÖRDLICHE HEMISPHÄRE 30°N bis 15°N

SUNDARBANS, BANGLADESCH
642. Auf der Suche nach dem Königstiger in den Mangrovenwäldern von Bangladesch
Wann: Ganzjährig (beste Zeit für die Tigerbeobachtung November bis Februar)
Breite: 21,9497° N
Länge: 89,1833° O

Die *Sundarbans* liegen im Delta dreier großer Ströme am Golf von Bengalen: Ganges, Brahmaputra und Meghna. Bangladeschs von den Gezeiten geprägte Inselwelt mit den Mangrovenwäldern ist das Zuhause einer äußerst vielfältigen Tierwelt, zu der auch der Königstiger oder Bengal-Tiger gehört.

Auf einer Fläche von etwa 6000 Quadratkilometern – weitere 4000 Quadratkilometer liegen im indischen Bundesstaat Westbengalen – verteilt, richtete Bangladesch in den Sundarbans drei Naturschutzgebiete ein. Herkömmliche Stürme, Zyklone und Überflutungen machen die Sundarbans zu einem gefährlichen Ort. Sie sind schwer zu erreichen, und es mangelt an Unterkünften. Wer sich von diesen kleinen Widrigkeiten nicht abschrecken lässt, wird aber reich belohnt.

In Begleitung eines ortskundigen Führers kannst du zwischen November und Februar gefahrlos nach Tigern an den Flussufern Ausschau halten.

PHONGSALI, LAOS
643. Dem Reis beim Wachsen zusehen
Wann: Juni bis Dezember
Breite: 21,6819° N
Länge: 102,1090° O

Du musst nicht nach Laos reisen und die *Phongsali-Reisfelder* besuchen, um eine Antwort auf die Frage zu erhalten, wie der Reis wächst. Sie sind aber ein wunderschöner Ort, um das zu tun. Das Klima ist für diese Weltgegend angenehm, und die friedlichen Bauern betreiben hier ihren traditionellen Reisanbau. Die Getreidekörner reifen an Stielen auf Feldern heran, die überschwemmt werden, um Unkraut fernzuhalten.

PALEIK, MYANMAR
644. Besuch in der Schlangenpagode
Wann: Ganzjährig
Breite: 21,8333° N
Länge: 96,0667° O

Als sich drei Pythons in dieser Pagode in der Nähe von Mandalay niederließen und sich um die Buddha-Statue wanden, entschieden die örtlichen Mönche, dass die Pythons heilig sein müssen. So werden sie heute bevorzugt behandelt. Sieh den Mönchen zu, wie sie die Schlangen täglich in einer Wanne mit Blütenblättern baden.

ARAKAN, MYANMAR
645. Der Buddha mit der Brille
Wann: Ganzjährig
Breite: 19,8100° N
Länge: 93,9878° O

Die Kleinstadt Shwe Taung an der Straße von Rangun (Yangon) nach Pyay ist bekannt für ihren Buddha mit der goldenen Brille und das Arakan-Joma-Gebirge, das an der Ostküste des Golfs von Bengalen emporragt. Vom *Shwe-Taung-Hügel* genießt du spektakuläre Sonnenauf- und -untergänge.

NÖRDLICHE HEMISPHÄRE 30°N bis 15°N

HONOLULU, HAWAII, USA
646. Sprung in die Tiefe aus einem Flugzeug
Wann: März bis August
Breite: 21,5799° N
Länge: 158,1839° W

Fallschirmspringen gehört zu den aufregendsten Adrenalinkicks. Das Schwierigste ist der Anfang: Du musst Vertrauen in die Leinen fassen und allen Mut zusammennehmen. Nach dem Absprung gibst du dich ganz der Schwerkraft hin. Jetzt fühlst du dich frei: Bis zu einer Minute fliegst du aus über 4000 Metern Höhe im freien Fall, bevor du die Reißleine ziehst und dein Fallschirm dich zurückzerrt und sanft und langsam zu Boden gleiten lässt. Während der nächsten zehn Minuten kannst du den Blick in aller Ruhe über die Landschaften schweifen lassen.

Honolulu ist ein fantastischer Ort, um durch die Lüfte zu fliegen. Sobald sich dein Fallschirm geöffnet hat, genießt du einen atemberaubenden Rundblick über die Inselwelt von Hawaii und die unendlichen Weiten des azurblauen Ozeans, während die grüne, gebirgige Landschaft von Honolulu dich zurück auf die Erde ruft.

MONTEGO BAY, JAMAIKA
647. Die Nacht durchtanzen zu Reggae-Rhythmen
Wann: Juli
Breite: 18,4762° N
Länge: 77,8939° W

Nirgendwo sonst steckt so viel Reggae im Blut der Leute wie in seinem Ursprungsland Jamaika. Das einwöchige *Reggae-Sumfest*, das jedes Jahr im Juli in Montego Bay stattfindet, ist eines der größten musikalischen Events der Welt. Von einer durchtanzten Nacht kannst du dich am palmengesäumten *Doctor's Cave Beach* erholen.

KUPFERCANYON, MEXIKO
648. Eine unvergessliche Bahnfahrt durch eine Schlucht
Wann: Ganzjährig
Breite: 26,6858° N
Länge: 97,7961° W

Die *Ferrocarril Chihuahua al Pacifico* gilt als eine der spektakulärsten Eisenbahnstrecken der Welt. Ihre Züge tuckern über 36 Brücken 650 Kilometer durch die nordmexikanische Pazifikküstenregion. Die Ausblicke auf die Sierra Madre Occidental und auf die Kupferschlucht sind kaum zu überbieten. In der Schlucht leben außerdem zahlreiche Indio-Gruppen.

NÖRDLICHE HEMISPHÄRE   30°N bis 15°N

OAHU, HAWAII, USA
649. Ein riesiges Pflanzenlabyrinth
Wann: Ganzjährig
Breite: 21,5258° N
Länge: 158,0379° W

Finde einen Weg durch die einen Hektar große Ananasplantage *Dole Plantation's* auf der Insel O'ahu mit ihren insgesamt vier Kilometer langen Pfaden. Sie ist das größte Pflanzenlabyrinth der Welt.

▼ HAIKU STAIRS, HAWAII, USA
650. Ein Pfad in den Himmel
Wann: Ganzjährig (bzw. nie: illegal!)
Breite: 21,4046° N
Länge: 157,8250° W

Fast 4000 Stufen führen auf der hawaiischen Insel O'ahu auf die Ko'olau-Berge. Obwohl Schilder das Betreten der »Treppe zum Himmel« als verboten ausweisen und Wachen am Fuß des Berges aufgestellt sind, riskieren viele die Geldstrafe für das Besteigen der phänomenalen *Haiku-Treppe*, die in den Vierzigerjahren errichtet wurde, um den Zugang zu einer Funkstation auf dem Gipfel zu ermöglichen. Wirst du es riskieren?

HAWAII, USA
651. Der »Staat der Regenbogen«
Wann: Ganzjährig
Breite: 19,8967° N
Länge: 155,5827° W

Nach einem alten hawaiischen Sprichwort soll man versuchen, keinem Regenbogen zu begegnen. Das fällt einem an einem Ort, an dem sie tagtäglich auftreten, oft an mehreren Orten gleichzeitig und manchmal bis zu dreißig Minuten lang, nicht gerade leicht.

Haiku-Treppe auf O'ahu

HONOLULU, HAWAII, USA
652. Von »Aloha!« bis »Zdravo!«
Wann: Ganzjährig
Breite: 21,3069° N
Länge: 157,8583° W

Lerne in möglichst vielen Sprachen »Hallo!« sagen, beginnend mit dem hawaiischen »Aloha!« bis hin zu »Zdravo!«, das in den Sprachen des ehemaligen Jugoslawien von Slowenien bis nach Mazedonien gleich lautet.

◀ HAWAII, USA
653. Ein berauschender Ritt auf den gigantischen Wellen von Hawaii
Wann: Ganzjährig
Breite: 21,2893° N
Länge: 157,9174° W

Das Wellenreiten macht in seiner geistigen Heimat, auf den zu Hawaii gehörenden Inseln, einfach am meisten Spaß. Dieser Archipel darf die meisten Surfstrände der Welt sein Eigen nennen. Allein am berühmten North Shore von Oʻahu findest du an einem Küstenstreifen von nur 18 Kilometern Länge über 55 davon. Anfänger sollten vermutlich die Wintermonate meiden, in denen Surfspots wie Jaws und Banzai Pipeline ihrem furchterregenden Ruf alle Ehre machen. Von Honolulu bis Maui gibt es aber Surfstrände für jeden Geschmack und jedes Könnerniveau.

MAUI, HAWAII, USA
654. Hawaii, ich komme!
Wann: Ganzjährig (November bis März sehr feucht)
Breite: 20,8810° N
Länge: 156,4438° W

Ein Trip auf dem kurvenreichen *Hana Highway* auf der Insel Maui, mit dem glitzernden Ozean auf der einen und dem Regenwald mit Wasserfällen auf der anderen Seite, gleicht einer Fahrt durch das Paradies. Genieße die mehr als 600 Kurven und 55 Brücken dieser Straße, die in die steilen Klippen der Küste von Maui gehauen ist.

MAUI, HAWAII, USA
655. Wie ein König von einer hohen Klippe ins rauschende Meer springen
Wann: Ganzjährig
Breite: 20,9178° N
Länge: 156,6966° W

Der große König Kahekili, der von 1766 bis 1793 auf Maui herrschte, war ein begeisterter und exzellenter Klippenspringer. Unter anderem stürzte er sich vom berühmten schwarzen *Puʻu-Kekaʻa-Felsen* ins Wasser. Die Insulaner feierten ihn, denn sie waren der festen Überzeugung, dass nur ein Mensch, der unter dem Schutz der Götter stand, dazu fähig wäre, ohne Schaden zu erleiden. Auch deshalb hat sich das Klippenspringen in ganz Hawaii zu einer Art Nationalsport entwickelt. Jeden Abend bei Sonnenuntergang stellt ein Taucher die große Leistung des Königs in einer Zeremonie nach. Schau anderen beim Klippensprung zu oder stürze dich selbst vom Felsen in die Fluten des Ozeans.

Auf einer großen Welle reiten in Hawaii

HALONG-BUCHT, VIETNAM
656. Kajakfahren im Paradies
Wann: März bis Mai (weniger Nebel)
Breite: 20,9101° N
Länge: 107,1839° O

Kajakfahren in der Halong-Bucht in Vietnam kann gefährlich sein, denn die Höhlen entlang der Küste neigen zum Einsturz und zur Dolinenbildung. Auf keine andere Weise jedoch lassen sich das kristallklare Wasser rund um die über 3000 Kalkstein- und Dolomitinseln und die unberührten Strände besser erkunden.

NÖRDLICHE HEMISPHÄRE 30°N bis 15°N

HAMPI, KARNATAKA, INDIEN
657. Die »musikalischen Säulen« in Hampi
Wann: Ganzjährig (Oktober bis Februar sehr beliebt)
Breite: 15,3350° N, **Länge:** 76,4600° O

Die pittoresken Ruinen von Hampi aus dem 14. bis 16. Jahrhundert liegen zwischen riesigen Haufen von Felsbrocken, die aussehen, als stammten sie aus einer Folge der TV-Serie *Familie Feuerstein*. Überzeuge dich selbst davon, dass sie echt sind, genauso wie die filigranen Reliefs, die Tempel und Basar schmücken, und die »musikalischen Säulen«.

MUMBAI, INDIEN
658. Nachmittagstee mit Bollywoodstars
Wann: Ganzjährig
Breite: 18,9220° N
Länge: 72,8334° O

Mische dich im *Taj Mahal Palace* in Mumbai, einem der luxuriösesten Hotels der Welt, unter das Bollywood-Volk und genieße die reichhaltige Auswahl an frischen indischen Straßen-Snacks und köstlichen Süßigkeiten.

AL WUSTA, OMAN
659. Bei der Erhaltung einer Tierart mithelfen
Wann: Ganzjährig (Sommer heiß!)
Breite: 20,1739° N
Länge: 56,5616° O

Die arabische Oryx wäre in den frühen Siebzigerjahren nach intensiver Bejagung fast ausgestorben. Das Al-Wusta-Wildreservat in der zentralen Wüste des Oman hat es sich zur Aufgabe gemacht, die Population zu stabilisieren. Besuche das Reservat und staune über die Schönheit dieser Antilopenart.

MEKKA, SAUDI-ARABIEN
660. Auf den Spuren der Mekka-Pilger
Wann: Ganzjährig
Breite: 20,3941° N
Länge: 40,8531° O

Der Haddsch, die Wallfahrt zur *Großen Moschee in Mekka*, gehört zu den Pflichten eines Muslims. Dort vollzieht er den Tawāf, die siebenmalige Umkreisung der *Kaaba*, der heiligsten Stätte des Islams, gegen den Uhrzeigersinn. Er symbolisiert Einheit und Harmonie unter den Gläubigen.

Du musst kein Anhänger Allahs sein, um nach Mekka zu reisen. Die Stadt ist ein wunderbarer und lehrreicher Ort für Menschen jedes Glaubens. Zur Kaaba, dem würfelförmigen Gebäude in ihrer Mitte, orientieren sich die Muslime, wenn sie täglich fünfmal beten. Der *Schwarze Stein* stammt nach der islamischen Überlieferung aus dem Paradies und wurde im Jahre 605 von Mohammed selbst aufgestellt. Der »Standplatz Abrahams« (*Maqām Ibrāhīm*) ist ein Felsen, der einen Abdruck von Abrahams Fuß enthalten soll. Trinke am Zamzam-Brunnen, wo die Pilger sich nach alter Tradition erfrischen, einen Schluck Wasser.

DSCHIDDA, SAUDI-ARABIEN
661. Der höchste Springbrunnen der Welt
Wann: Ganzjährig
Breite: 21,2854° N, **Länge:** 39,2376° O

Genieße den Blick auf *King Fahd's Fountain* (ein Geschenk des Königs an die Stadt), der im Meer vor Dschidda seine Wasserfontäne bis zu 312 Meter in die Höhe schießt – höher als der Eiffelturm. Er ist damit der derzeit höchste künstliche Springbrunnen der Welt.

NÖRDLICHE HEMISPHÄRE 30°N bis 15°N

MUMBAI, INDIEN
662. Die wohltuende Wirkung des Lachens entdecken
Wann: Ganzjährig
Breite: 18,9750° N
Länge: 72,8258° O

Beim Lachyoga, das in den Neunzigerjahren von Mumbai aus verbreitet wurde, hast du, wie der Name schon vermuten lässt, sicher viel Spaß. Basierend auf seinen Forschungen zu den gesundheitlichen Auswirkungen des Lachens, suchte der indische praktische Arzt und Yogalehrer Madan Kataria nach einer Möglichkeit, es sich zur Minderung der physischen und psychischen Belastungen des modernen Lebens zunutze zu machen. Lachyoga wirkt am besten in der Gruppe, also überwinde deine Hemmungen und mach mit.

SAUDI-ARABIEN
663. Die Schuhe mit Sand füllen im »Leeren Viertel«
Wann: Ganzjährig
Breite: 20,0952° N
Länge: 48,7191° O

Rub al-Chali (»Leeres Viertel«) ist eine riesige Einöde in der arabischen Wüste in Saudi-Arabien, Jemen, dem Oman und den Vereinigten Arabischen Emiraten. Seine fast absolute Leere hat im Laufe der Jahre immer wieder Abenteurer angezogen.

Du kannst die größte Sandwüste der Welt, am besten mit einem ortskundigen Führer, für ein paar Tage oder auch eine ganze Woche durchstreifen. Zum Lohn erwarten dich atemberaubende, sternenklare Nächte, beeindruckende 200 Meter hohe Sanddünen und weite Salzebenen.

▶ GUJARAT, INDIEN
664. Die letzten wilden Asiatischen Löwen
Wann: Mitte Oktober bis Mitte Juni
Breite: 21,1356° N
Länge: 70,7967° O

Im wenig besuchten *Gir-Nationalpark*, einem 1150 Quadratkilometer großen Wald, leben die letzten 523 wilden Asiatischen Löwen. Halte Ausschau auf einer Jeep-Safari nach den kleineren und zottigeren Großkatzen.

Die letzten wilden Asiatischen Löwen im *Gir-Nationalpark*

YUCATÁN, MEXIKO
665. Tauchen in einem Kalksteinloch
Wann: Ganzjährig
Breite: 20,7098° N
Länge: 89,0943° W

Der wohl aufregendste Ort für ein Bad sind die *Cenotes*, dolinenartige Kalksteinlöcher in Mexiko, die mit Süßwasser gefüllt sind. Die Mayas glaubten, hier könne man mit den Göttern sprechen. Im karstigen Yucatán wimmelt es nur so von den *Cenotes* mit dem mineralreichen, klaren Wasser voller bunter Fische. Schnapp dir Taucherbrille und Schnorchel und spring hinein.

NÖRDLICHE HEMISPHÄRE 30°N bis 15°N

▼ MICHOACÁN, MEXIKO
666. Ein Teppich aus Monarchfaltern
Wann: Winter (ab Oktober)
Breite: 19,5665° N
Länge: 101,7068° W

Millionen Monarchfalter überwintern in den Kiefernwäldern von Michoacán. Besuche zwei von acht der für alle zugänglichen Kolonien in Sierra Chinch und El Rosario.

ZÓCALO, MEXIKO-STADT, MEXIKO
667. Ein Besuch im Zentrum des Universums
Wann: Ganzjährig
Breite: 19,4328° N
Länge: 99,1333° W

Der ausladende *Zócalo* in Mexiko-Stadt, gilt als einer der größten Plätze in einer Weltmetropole. Er diente schon zur Zeit der Azteken als Treffpunkt für Einheimische. Nördlich des Zócalo befindet sich die Ausgrabungsstätte des »Templo Mayor« mit Resten des früheren Tempelbezirkes von Tenochtitlán, den die Azteken als Zentrum des Universums betrachteten.

TAXCO, MEXIKO
668. In der Welthauptstadt des Silbers
Wann: Ganzjährig
Breite: 18,5564° N
Länge: 99,6050° W

Die reizvolle Kolonialstadt Taxco im Süden Mexikos blickt auf eine lange Geschichte des Silberabbaus und der Silberschmiedekunst zurück. Auch heute noch bieten an fast jeder Ecke Werkstätten und Geschäfte lokal produzierten Schmuck und andere Kreationen aus dem Edelmetall feil.

Monarchfalter bedecken einen Baumstamm in Michoacán

NÖRDLICHE HEMISPHÄRE 30°N bis 15°N

▶ HAWAII, USA
669. Einen Vulkanausbruch live miterleben
Wann: Ganzjährig
Breite: 19,4100° N
Länge: 155,2864° W

Auf der Insel Hawaii kannst du im *Hawai'i-Volcanoes*-Nationalpark oder bei Kalapana den Lavafluss beobachten. Ein besonderes Schauspiel bietet der Lavasee des *Halema'uma'u-Kraters* bei Sonnenuntergang.

Vulkaneruption auf der Insel Hawaii

COYOACÁN, MEXIKO-STADT, MEXIKO
670. Die berühmte Boheme von Mexiko-Stadt
Wann: Von März bis Mai
Breite: 19,3496° N
Länge: 99,19743° W

Besuche die *Casa Azul*, heute das *Museo Frida Kahlo*. Hier lebte die große mexikanische Malerin mit dem harten Leben von 1907 bis 1954. Im »Blauen Haus« befindet sich auch die umfangreichste Sammlung ihrer Werke. Ihr Geist aber ist omnipräsent: in ihrem Heimatstadtbezirk Coyoacán und in den Häusern und Museen, die dem Künstler und Revolutionär Diego Rivera gewidmet sind, dem Mann, den sie zweimal heiratete.

HO'OKENA BEACH, HAWAII
671. Eine Nacht am Strand mit Sonnenaufgang
Wann: Ganzjährig
Breite: 19,3827° N
Länge: 155,9005° W

Im Rauschen der Brandung unter dem Sternenzelt sanft einzuschlafen, ist ein wundervolles Gefühl.

ÜBERALL IN HAWAII, USA
672. Den Hula tanzen lernen
Wann: Ganzjährig
Breite: 21,3069° N
Länge: 157,8583° W

Der Hula war ursprünglich ein Kulttanz und dient der Segnung oder Feier, wird aber auch nur zur Unterhaltung getanzt. Der Unterricht macht Spaß und ist auf den meisten hawaiischen Inseln kostenlos.

Die farbenfrohen *Trajineras* in Xochimilco

▲ XOCHIMILCO, MEXIKO
673. Mit dem Boot durch Mexiko-Stadt
Wann: Ganzjährig
Breite: 19,2572° N
Länge: 99,1030° W

Viele der in leuchtendem Rot, Blau, Grün und Gelb gestrichenen Boote (*Trajineras*) in Xochimilco im Süden von Mexiko-Stadt laden die Besucher zu einer Tour auf den Kanälen gegen Bezahlung ein. Auf anderen spielen Mariachigruppen oder Marimbaspieler ein Ständchen, oder »schwimmende« Händler verkaufen Mais und Tacos. Genieße eine Bootsfahrt durch dieses wunderbare Wirrwarr von Farben und Lebensfreude.

GUADALAJARA, MEXIKO
674. Rodeo auf Mexikanisch
Wann: Ganzjährig (sonntags)
Breite: 20,6667° N
Länge: 103,3500° W

Eine *Charreada* ist so etwas wie die mexikanische Variante des Rodeos und gilt in einigen Gegenden des Landes als Nationalsport. Traditionell gekleidete *Charros* (Cowboys) wettstreiten bei diesen Veranstaltungen im Festbinden der Hinterbeine sowie im Reiten einer wilden Stute und eines Bullen. Dabei müssen sie von einem ungesattelten Pferd auf eine ungezähmte Stute springen. Nimm an einer der sonntäglichen *Charreadas* in Guadalajara teil oder besuche die nationalen Meisterschaften in der Stadt im September.

NÖRDLICHE HEMISPHÄRE 30°N bis 15°N

NEW PROVIDENCE, BAHAMAS
675. Die »Atlässin« der Ozeane
Wann: Ganzjährig (Hurrikan-Saison Juni bis November)
Breite: 25,0519° N, **Länge:** 77,4013° W

Das klare Meerwasser vor den Küsten der Bahamas lädt zum Tauchen und Schnorcheln ein. Unter Wasser gibt es die *Ocean Atlas* zu entdecken. Die fünf Meter hohe Statue einer Frau krümmt sich unter der Bürde der Umweltbelastung, die wir unseren Kindern hinterlassen.

KAIMANINSELN
676. Skateboard-Tricks im Top-Park der Welt
Wann: Ganzjährig
Breite: 19,3221° N
Länge: 81,2408° W

Der riesige *Black Pearl Skate and Surf Park* in George Town auf Grand Cayman gilt als der schönste Platz der Welt für *Ollie*, *Rail-Slide* und *720°*. Auf 6000 Quadratmetern bietet er beinahe 19 Kilometer Elemente für *Street-* und *Vert-Tricks*. Bist du bereit?

SANTIAGO DE CUBA, KUBA
677. Ein kubanisches Baseballspiel
Wann: Ganzjährig
Breite: 20,0344° N
Länge: 75,8122° W

Baseballspiele gleichen auf Kuba, insbesondere in Santiago de Cuba, der Heimat der erfolgreichsten Mannschaft des Landes, eher Volksfesten als Sportveranstaltungen. Mach mit bei der Party.

KUBA
678. Domino in den Straßen Kubas
Wann: Ganzjährig
Breite: 22,1456° N
Länge: 80,4364° W

Dass die Kubaner in den Parks und sonstigen öffentlichen Bereichen von Cienfuegos und anderen Städten Domino spielen, ist an der Tagesordnung. Folge dem Klick-Klack der Steine und mach mit.

KUBA
679. Eine Ballettaufführung auf Kubanisch
Wann: Ganzjährig
Breite: 23,1368° N
Länge: 82,3596° W

Das staatliche *Ballet Nacional de Cuba* gilt als eine der besten Ballettschulen der Welt. Im neobarocken Opernhaus der kubanischen Hauptstadt, dem *Gran Teatro de la Habana*, kannst du einen Eindruck von der herausragenden Choreografie und Tanzkunst gewinnen.

VIÑALES, KUBA
680. Auf dem Motorroller durch das ländliche Kuba
Wann: Ganzjährig
Breite: 22,6188° N
Länge: 83,7066° W

Das *Valle de Viñales* ist ein Stück waschechtes ländliches Kuba, wo noch die *Guajiros* (Kleinbauern) ihre Felder bestellen. Schlichte, einstöckige Dorfhäuser und die *Mogotes* (hohe, runde Hügel) prägen hier das Landschaftsbild. Am besten erkundest du das Tal von Viñales auf einem einfach und günstig zu mietenden Motorroller.

NÖRDLICHE HEMISPHÄRE 30°N bis 15°N

MEXIKO-STADT, MEXIKO
681. Eine Serenade einer Mariachi-Gruppe
Wann: Ganzjährig
Breite: 19,4326° N
Länge: 99,1332° W

Die aus dem Westen Mexikos stammende Tradition der Mariachi-Ensembles, die Tanzmusik verschiedener Stile spielen, geht auf das 19. Jahrhundert zurück. Ein Ständchen der Mariachi-Musiker im feinen *Charro*-Anzug zählt zu den großen musikalischen Genüssen Lateinamerikas.

ZACATECAS, MEXIKO
682. In der Seilbahn über eine Stadt hinweg
Wann: Ganzjährig
Breite: 22,7667° N
Länge: 102,5500° W

Den besten Blick auf Zacatecas, eine historische Silberminenstadt in Zentralmexiko, genießt du auf einer Fahrt mit der Seilbahn, die in über 640 Metern Höhe über die berühmte rosa Stadt hinweg auf den *Cerro de la Bufa* schwebt.

NIEDERKALIFORNIEN, MEXIKO
683. Auf Walbeobachtung im Golf von Kalifornien
Wann: Februar bis Mai
Breite: 28,0331° N
Länge: 111,7749° W

In der *Cortés-See* zwischen Mexiko und der Halbinsel Niederkalifornien, die auch als »Aquarium der Welt« bezeichnet wird, kannst du Blau- und Buckelwale aus der Nähe beobachten.

◀ FAJARDO, PUERTO RICO
684. Mit dem Kajak auf leuchtender See
Wann: Ganzjährig (nachts)
Breite: 18,3258° N
Länge: 65,6524° W

Während du mit dem Kajak durch das Wasser der biolumineszenten *Lagunen von Fajardo* gleitest, verursacht jedes Eintauchen des Paddels ein zauberhaftes Leuchten. Das erstaunliche Naturphänomen ist dem ausbalancierten Ökosystem der Meeresbuchten zu verdanken.

Das Wasser der See leuchtet bei Fajardo auf Puerto Rico

NÖRDLICHE HEMISPHÄRE 30°N bis 15°N

▶ TULUM, MEXIKO
685. Eine Mayastadt am Karibikstrand
Wann: Ganzjährig
Breite: 20,1373° N
Länge: 87,4633° W

Die Ruinen der alten Mayastadt Tulum liegen an einem der schönsten Karibikstrände Mexikos. Genieße den fantastischen Ausblick und erkunde die historische Stätte, die als Seehafen für den Handel mit Jade und Türkis gegründet wurde.

Die einzigen Maya-Ruinen am Strand in Tulum

START IN TEQUILA, MEXIKO
686. Fünf Top-Drinks an ihren namengebenden Orten genießen
Wann: Ganzjährig
Breite: 20,7883° N, **Länge:** 103,8414° W

Genieße deine »Big Five« der alkoholischen Getränke an ihrem Herkunftsort. Stelle dazu eine Liste nach deinem Geschmack mit Drink und Reiseziel zusammen.

Tequila sollte auf deiner Liste nicht fehlen, denn ein Besuch dieser mexikanischen Kleinstadt inmitten von Feldern mit stacheligen blauen Agavenpflanzen, aus denen der Tequila hergestellt wird, ist ein unvergessliches Erlebnis.

Champagner verleiht deiner Liste eine festliche Note, natürlich nur echter aus der französischen Champagne. Genau dort solltest du dir ein Gläschen des edlen Schaumweins gönnen, der eine doppelte Gärung durchlaufen hat – im Fass und in der Flasche.

Portwein solltest du selbstverständlich in Porto zu beiden Seiten des Douro genießen. Sowohl am einen Ufer, in Ribeira, als auch am anderen, in Vila Nova de Gaia, findest du zahlreiche Keller, in denen der edle Tropfen heranreift, der die Stadt berühmt gemacht hat.

Pisco, ein Destillat aus Traubenmost, ist das inoffizielle Nationalgetränk Chiles und wird hauptsächlich im Elqui-Tal, nördlich von Santiago, gebrannt. Bestelle in einer Bar der namengebenden Hafenstadt Pisco mit ihren zwei Destillerien einen *Pisco Sour*, einen Cocktail aus Pisco, Zitrone und Eiweiß.

Zu den Mixgetränken zählt der *Manhattan*, ein klassischer Cocktail aus Whiskey und rotem, süßem Wermut. Oft wird behauptet, sein Name stehe in Zusammenhang mit dem Manhattan Club in New York.

NÖRDLICHE HEMISPHÄRE 30°N bis 15°N

MORELOS, MEXIKO
687. Ein hippes Festival in Mexiko
Wann: Februar
Breite: 18,7056° N
Länge: 99,0972° W

Hier lockt nicht nur der Dancefloor. In Bahidorá kühlen sich die Partyhitzköpfe im Fluss ab, an dessen Ufer die riesige Bühne des DJ steht. Wenn die Musik zu spielen aufhört, kannst du auch Kajak fahren.

CHIHUAHUA, MEXIKO
688. Klettertour inmitten von Riesenkristallen
Wann: Wann immer du Zugang erhältst
Breite: 27,8508° N
Länge: 105,4964° W

Diese unglaubliche Höhle aus gigantischen Kristallen wurde von Bergleuten der *Silbermine Naica* entdeckt. Wenn du Glück hast und die Höhle betreten darfst, wirst du nicht mehr aus dem Staunen herauskommen über die spektakulären Kristalle, von denen einige bis zu elf Meter lang sind und dich wie einen Zwerg aussehen lassen.

XOCHIMILCO, MEXIKO-STADT
689. Auf der Insel der verwunschenen Puppen
Wann: Ganzjährig
Breite: 19,2901° N
Länge: 99,0965° W

Überwinde deine Angst vor Chucky der Mörderpuppe und betritt eine Insel mit trauriger Vorgeschichte voller verstümmelter Puppen. Die kleine *Isla de las Muñecas* (»Puppeninsel«) wird, so glaubt man, vom Geist eines Mädchens heimgesucht, das vor vielen Jahren auf mysteriöse Weise vor ihrem Ufer ertrank. Die Puppen sollten ihren Geist besänftigen.

▶ TIKAL, GUATEMALA
690. Dschungelerwachen in uralten Maya-Ruinen
Wann: Ganzjährig
Breite: 17,2171° N
Länge: 89,6233° W

Tikal ist die größte bisher entdeckte antike Mayastadt. Auf etwa 65 Quadratkilometern wohnten hier einst in etwa 10 000 Gebäuden mindestens 50 000 Menschen, in der unmittelbaren Agglomeration gar bis zu 200 000.

Da die Stadt mitten im Dschungel liegt, erkundest du sie am besten bei Sonnenaufgang. Um diese Tageszeit geben Brüllaffen und Vögel ihr Morgenkonzenert – eine ohrenbetäubende Kakofonie. Sobald der Tag angebrochen ist, kannst du die Weiten der Ruinen von Tikal erkunden.

Das Zentrum der Stadt bildet der Große Platz mit je einem Tempel am nördlichen und südlichen Ende, während sich zu beiden Seiten je eine Akropolis in mehreren Stufen aus dem Rasen erhebt. Neben zahlreichen Tempeln legten die Archäologen Paläste, Gräber, Altäre, Dämme und sogar einen Ballspielplatz frei. Die zahlreichen Ruinen gaben ihnen faszinierende Details über das Leben der Mayas in verschiedenen Perioden preis.

Maya-Ruinen in der guatemaltekischen Mayastadt Tikal

NÖRDLICHE HEMISPHÄRE 30°N bis 15°N

◂ LUANG PRABANG, LAOS
691. Bei den Mönchen von Luang Prabang
Wann: Ganzjährig
Breite: 19,8833° N
Länge: 102,1333° W

Du wirst die friedliche Gelassenheit spüren, die Luang Prabang bei Sonnenaufgang erfasst, wenn Hunderte von buddhistischen Mönchen in ihren orangen Gewändern aus dem Kloster kommen, um die Almosen der Einheimischen in Empfang zu nehmen, die die Straßen säumen.

Mönche im laotischen Luang Prabang

SAGADA, PHILIPPINEN
692. Die Hängenden Särge von Sagada
Wann: Ganzjährig
Breite: 17,0996° N
Länge: 120,9102° O

Die beeindruckenden Hängenden Särge von Sagada sind mit Nägeln oder Schnüren an den steilen Felswänden des Echo-Tals auf der philippinischen Insel Luzon befestigt. Die Bestattung der Toten in Hängenden Särgen blickt auf eine über 2000-jährige Tradition zurück und wird, wenn auch in wesentlich geringerem Umfang, noch heute praktiziert. Die Toten werden dabei zusammengekauert wie Föten bestattet, sodass die Länge der Särge weniger als einen Meter beträgt.

KABAYAN, BENGUET, PHILIPPINEN
693. Die »Feuermumien« der Philippinen
Wann: Ganzjährig
Breite: 16,5500° N
Länge: 120,7500° O

Auf einer Wanderung durch die Berghänge in der Nähe der philippinischen Stadt Kabayan triffst du womöglich auf Grabhöhlen mit Überresten der »Feuermumien« von Kabayan. Bei dieser Methode der Mumifizierung wurde der Tote durch Tabakrauch konserviert, den man in seinen Körper blies.

NÖRDLICHE HEMISPHÄRE 30°N bis 15°N

OAXACA, MEXIKO
694. Das Gedenken der Toten mit den Einheimischen feiern
Wann: 1. und 2. November, Beginn schon am 31. Oktober
Breite: 17,0833° N
Länge: 96,7500° W

Am *Día de los Muertos*, dem »Tag der Toten«, feiern die Mexikaner in den Tagen vom 31. Oktober bis zum 2. November das Gedenken der Toten.

An vielen Orten Mexikos ist es das höchste Fest des Jahres. Es ist stark vom Glauben der Azteken an Mictlan geprägt, an die Unterwelt, in der sich die Menschen nach einem natürlichen Tod für längere Zeit aufhielten und von der sie einmal im Jahr zum Ende der Erntezeit nach Hause zurückkehrten. Zu ihrer Begrüßung wurden Gräber und Altäre hergerichtet und Speise- und Trankopfer für die Toten daraufgestellt – sie hatten schließlich eine lange Reise hinter sich.

Oaxaca ist bekannt für seine besonders pompösen Feiern zum »Tag der Toten«, die eine Woche vor dem 1. November mit der Eröffnung der festlichen Märkte beginnen. Die reich dekorierten Gräber kannst du auf dem Friedhof *Panteón General* in Oaxaca oder dem *Xoxocotlan* etwas außerhalb der Stadt bestaunen.

Die Plätze der Stadt bevölkern sich während des Festes mit Skeletten, die mit Schmuck, Hüten und Federboas ausstaffiert sind. *Comparsas*, Gruppen von Künstlern, ziehen von Haus zu Haus, spielen Theaterszenen mit Musik und Tanz und essen die zuvor auf den Altären platzierten Opfergaben auf.

»Tag der Toten« in Oaxaca

SANTA MARÍA DEL TULE, OAXACA, MEXIKO
695. Dem ältesten Baum der Welt Respekt erweisen
Wann: Ganzjährig
Breite: 17,0447° N, **Länge:** 96,6330° W

Der *Baum von Tule*, eine riesige Mexikanische Sumpfzypresse, gilt als »wildester Baum der Welt«. Mit einem Stammumfang von 42 Metern hält er den Rekord für den dicksten Baum der Welt. Einige Quellen geben sein Alter mit bis zu 6000 Jahren an. 500 Personen finden unter seinem Blätterwerk Schatten. Versuche doch, ein kleines Nickerchen in seinem Schutz zu machen.

NÖRDLICHE HEMISPHÄRE 30°N bis 15°N

BANAUE, PHILIPPINEN
696. Eine ausgedehnte Wanderung durch Reisterrassen
Wann: Ganzjährig
Breite: 16,9241° N
Länge: 121,0573° O

Seit mehr als zwei Jahrtausenden schmiegen sich die zum UNESCO-Welterbe zählenden Reisterrassen sanft an die Hänge der philippinischen Zentralkordilleren. Die Stein- und Schlammreisterrassen wurden von den Ifugao, die das Gebiet seit Urzeiten bewohnen, mit einfachen Werkzeugen angelegt und dürfen als Musterbeispiel für Nachhaltigkeit gelten. Die effektiven Anbaumethoden und Bewässerungssysteme spiegeln die Ingenieurskunst dieses Volkes wider, das es durchaus mit den Erbauern der Pyramiden aufnehmen kann.

Eine Wanderung durch die Reisterrassen mit Übernachtung in einer traditionellen Ifugao-Hütte stellt einen Höhepunkt einer jeden Philippinenreise dar. Genieße die atemberaubende Berglandschaft mit den kilometerlangen Reisterrassen und den Aufenthalt in den Dörfern, in denen das Leben seit Jahrhunderten weitgehend unverändert verläuft. Wann immer du vorbeischaust, du wirst begeistert sein.

Eine Wanderung durch die Reisterrassen von Banaue auf den Philippinen

NÖRDLICHE HEMISPHÄRE 30°N bis 15°N

HPA-AN, MYANMAR
697. In den Bergen Frieden finden
Wann: Ganzjährig
Breite: 16,8182° N
Länge: 97,6402° O

Das Kloster *Kyauk Ka Lat* in Myanmar ist ein Ort der meditativen Ruhe und Schönheit. Auf einer kleinen Insel steht mitten im See auf einem Nadelfelsen seine höchste Pagode. Du kannst sie über eine Brücke und wenige Treppenstufen erreichen.

Das buddhistische Kloster ist bewohnt, sodass du hier Mönchen und Besuchern beim Meditieren begegnen wirst. Das Gefühl der absoluten Ruhe ist einfach überwältigend.

▼ RANGUN, MYANMAR
698. Das Wahrzeichen von Myanmar
Wann: Ganzjährig
Breite: 16,8660° N
Länge: 96,1951° O

Die *Shwedagon-Pagode* erhebt sich 98 Meter hoch auf dem Singuttara-Hügel. Sie ist eine der eindrucksvollsten religiösen Sehenswürdigkeiten und dominiert die Skyline der myanmarischen Hauptstadt Rangun. Der goldene Stupa zieht buddhistische Pilger und Missionare aus der ganzen Welt an. Bei Sonnenaufgang oder Sonnenuntergang wirkt er am spektakulärsten.

Die Goldene Pagode in Rangun

NÖRDLICHE HEMISPHÄRE 30°N bis 15°N

▶ BELIZE
699. Der Farbenzauber der Tukane
Wann: Dezember bis Mai
Breite: 16,8535° N
Länge: 88,2814° W

Tukane sind auch in freier Wildbahn leicht zu entdecken, denn ihr Schnabel ist von knallig hellgrüner und ihre Brust von leuchtend gelber Farbe und sie neigen dazu, in laut kreischenden Schwärmen aufzutreten. Gehe in Belize auf die Suche nach ihnen, wo der Tukan als Nationalvogel gilt.

Ein leuchtend bunter Tukan in Belize

BELIZE
700. Ein Tauchgang in ein großes blaues Loch
Wann: Ganzjährig
Breite: 17,3157° N
Länge: 87,5348° W

Tauche direkt vom Boot ins klare Wasser des Leuchtturmriffs vor der Küste Belizes und immer tiefer ins *Great Blue Hole* in seiner Mitte. Der Tauchgang gilt als einer der spektakulärsten überhaupt. Während der Tiefenmesser immer höhere Zahlen anzeigt, ändert sich die Umgebung: In zwölf Metern Tiefe kannst du beobachten, wie deine Luftblasen an glatten Kalksteinwänden emporsteigen. Bei 18 Metern entdeckst du die Silhouetten von Karibischen Riff-, Bullen- und Hammerhaien. In 40 Metern Tiefe verlangsamt sich der Abstieg, während sich vor deinen Augen eine gewaltige Höhle mit Stalaktiten auftut.

COCKSCOMB BASIN, BELIZE
701. Ein Besuch im einzigen Jaguarreservat
Wann: Ganzjährig
Breite: 16,7896° N, **Länge:** 88,6144° W

Das *Cockscomb Basin Wildlife Sanctuary* in Belize ist ein einzigartiges Naturreservat, denn es hat sich als einziges in der Welt der Erhaltung des Jaguars verschrieben.

NÖRDLICHE HEMISPHÄRE 30°N bis 15°N

ROATÁN, HONDURAS
702. Die Wunder der Unterwasserwelt entdecken
Wann: Januar bis August
Breite: 16,3298° N
Länge: 86,5300° W

Kaum eine Erfahrung ist so faszinierend wie das Eintauchen in die reiche Vielfalt der Unterwasserwelt. Die farbenfrohen Ökosysteme der Korallenriffe überall auf der Welt bieten schätzungsweise 4000 Fisch-, 700 Korallen- und Tausenden anderer Pflanzen- und Tierarten ein Zuhause.

Roatán, eine etwa 60 Kilometer lange und acht Kilometer breite Insel 65 Kilometer vor der honduranischen Nordküste in der Karibik eignet sich ausgezeichnet, um den Tauchsport zu erlernen. Da es zu einem Meerespark gehört, ist das Riff geschützt, und die Korallen gedeihen hier ungestört. Zu seinen Bewohnern gehören auch über als 370 Fischarten, die oft in riesigen Schwärmen im Meer schwimmen. Wenn du das Riff genauer unter die Lupe nimmst, entdeckst du Muränen, die aus Spalten ragen, Hummer, die sich unter Korallenfelsen verstecken, und kleine Würmer sowie Weichtiere, die wie bunte Farbtupfen wirken.

Auch größere Tiere wie Rochen, Schildkröten und Haie begegnen dir auf deinem Tauchgang. Die faszinierende Haivielfalt in den Gewässern vor Roatán beinhaltet Karibische Riffhaie, Ammenhaie, Hammerhaie und gelegentlich zu beobachtende Walhaie.

Aber die Karibik ist nur einer von mehreren tollen Orten, um das Tauchen zu erlernen. Eine faszinierende Vielfalt an Meeresbewohnern und ideale Bedingungen für Anfänger findest du auch in Ägypten, Israel, im Great-Barrier-Riff in Australien und in Thailand vor.

Die Unterwasserwelt bei der honduranischen Insel Roatán entdecken

NÖRDLICHE HEMISPHÄRE 30°N bis 15°N

NATIONALPARK PHONG NHA-KE-BANG, VIETNAM
703. Ein gewaltiges Höhlensystem erkunden
Wann: Ganzjährig
Breite: 17,5911° N
Länge: 106,2833° O

In der *Son-Doong-Höhle* im Nationalpark Phong Nha-Ke-Bang befindet sich der größte bisher entdeckte Höhlengang der Welt. Der Fluss und die riesigen Tropfsteine in der unterirdischen Welt werden dich zum Staunen bringen.

▼ DA NANG, VIETNAM
704. Ein typisch vietnamesisches Fest abseits der Touristenströme
Wann: Ganzjährig
Breite: 16,0470° N
Länge: 108,2062° O

Die Küstenstadt Da Nang ist der richtige Ort, um die traditionelle Küche des Landes auszuprobieren. Koste das leckere Streetfood, wobei Pho (eine Nudelsuppe) und Xoi (ein klebriger Reis) keinesfalls auf deiner Liste fehlen dürfen.

Vietnamesisches Streetfood in Da Nang

NÖRDLICHE HEMISPHÄRE 30°N bis 15°N

START UND ZIEL IN CHIANG MAI, THAILAND
705. Auf zwei Rädern abseits der ausgetretenen Pfade in Thailand
Wann: November bis Februar (kühler); März bis Juni (heiß)
Breite: 18,7061° N
Länge: 98,9817° O

Das fabelhafte Klima und die faszinierende tropische Landschaft machen den Motorradtrip auf dem *Mae Hong Son Loop* zu einem besonderen Erlebnis. Deine Rundreise durch den Norden Thailands startet im Touristenmekka Chiang Mai und führt beinahe 600 Kilometer durch den Dschungel und nebelverhangene Berge.

▼ HOI AN, VIETNAM
706. Sich nach Maß neu einkleiden lassen in Vietnam
Wann: Ganzjährig
Breite: 15,8833° N
Länge: 108,3333° O

In den malerischen Straßen von Hoi An, dessen Schneider von Seide bis Leder alle möglichen Materialien verarbeiten, reiht sich ein Kleiderladen mit Maßarbeit an den anderen. Nach dem Maßnehmen wirst du vielleicht gar auf dem Rücksitz eines Mopeds zur Schneiderin gefahren und kannst zusehen, wie dein Einkauf gefertigt wird.

Läden mit maßgeschneiderter Kleidung in Hoi An

ZIPOLITE, MEXIKO
707. Am FKK-Strand die Hüllen fallen lassen
Wann: Ganzjährig
Breite: 15,6630° N
Länge: 96,5177° W

An einem FKK-Strand, inmitten anderer Nacktbadender, stellst du sicher fest, dass Nacktsein die normalste Sache der Welt ist.

NÖRDLICHE HEMISPHÄRE 30°N bis 15°N

COBÁN, GUATEMALA
708. Koffeinkick am Herkunftsort
Wann: Ganzjährig
Breite: 15,4833° N
Länge: 90,3667° W

Erfahre auf einer Tour durch eine Plantage der Chicoj-Kooperative in Cobán alles über Kaffee und erlebe die Wirkung des Koffeins. Der Flug mit der Seilrutsche über einen Teich sorgt zusätzlich für einen Adrenalinkick.

ALTSTADT VON SANAA, JEMEN
709. Reise in die Vergangenheit in Sanaa
Wann: Ganzjährig
Breite: 15,3520° N
Länge: 44,2075° O

Die zauberhafte jemenitische Hauptstadt Sanaa empfängt schon seit über 2500 Jahren Reisende. Entdecke die einzigartigen mehrstöckigen Moscheen und Häuser in der Altstadt, die alle aus einer Zeit vor dem 11. Jahrhundert stammen.

GOUVERNEMENT AMRAN, JEMEN
710. Ein Spaziergang in himmlischer Höhe
Wann: Ganzjährig
Breite: 16,1818° N
Länge: 43,7071° O

Die Überquerung der *Brücke von Shaharah*, auch »Seufzerbrücke« genannt, ist nichts für schwache Nerven. Sie wurde im 17. Jahrhundert als Verbindung zwischen zwei abgelegenen Bergdörfern gebaut und führt über eine 198 Meter tiefe Schlucht in den Ahnum-Bergen.

▶ GUATEMALA
711. Den Quetzal in seiner Heimat sehen
Wann: Oktober bis April
Breite: 15,2354° N
Länge: 90,2350° W

Der auffällige Quetzal mit seinen überlangen Schwanzfedern, der scharlachroten Brust und dem sonst hellgrünen Federkleid gilt als Nationalvogel Guatemalas. Der Vogel ist jedoch aufgrund der fortschreitenden Abholzung seines Lebensraums vor allem in Rückzugsgebieten wie dem Naturschutzgebiet *Biotopo del Quetzal* anzutreffen.

Der farbenprächtige Quetzal in Guatemala

Der wunderschöne Atitlán-See in Guatemala (siehe Seite 352)

5. KAPITEL
NÖRDLICHE HEMISPHÄRE
von 15° Nord bis 0° Nord

NÖRDLICHE HEMISPHÄRE   15°N bis 0°N

CERRO VERDE, EL SALVADOR
712. Wanderung über erloschene Vulkane
Wann: November bis April
Breite: 13,8310° N
Länge: 89,6421° W

Der *Parque Nacional Cerro Verde* ist das Zuhause von über 120 Vogelarten sowie Reptilien, Amphibien und einer Vielfalt von Insekten. Auf mäandernden Wanderwegen kannst du den 4500 Hektar großen Park mit den Vulkanen Cerro Verde, Izalco und Santa Ana erkunden. Die Aussicht vom Gipfel des Santa Ana entschädigt dich für den schweißtreibenden Aufstieg in Hülle und Fülle.

▼ RETBA-SEE, SENEGAL
713. Ein rosaroter Salzsee
Wann: November bis Juni
Breite: 14,8388° N
Länge: 17,2341° W

Den Retba-See (*Lac Rose*) trennt nur ein schmaler Dünenstreifen vom Meer, sodass sein Wasser einen hohen Salzgehalt aufweist. Damit ist es ein idealer Lebensraum für eine Bakterienart, die dem Wasser seinen unverwechselbaren rosaroten Farbton verleiht.

Das rote Wasser des Retba-Sees in Senegal

NÖRDLICHE HEMISPHÄRE 15°N bis 0°N

CHICHICASTENANGO, GUATEMALA
714. Der größte Markt Zentralamerikas
Wann: Ganzjährig (Markt donnerstags und sonntags)
Breite: 14,9450° N
Länge: 91,1089° W

In der von den Einheimischen meist nur liebevoll »Chichi« genannten guatemaltekischen Stadt Chichicastenango herrscht donnerstags und sonntags ein buntes Markttreiben mit Maya-Textilien, Kunsthandwerk und Holzschnitzereien. Vergiss nicht, nach dem Shoppen auf dem Markt auch der 400 Jahre alten *Iglesia de Santo Tomás* einen Besuch abzustatten.

▼ SAN ANDRÉS ITZAPA, GUATEMALA
715. Besuch bei einem sombrerotragenden »teuflischen« Mayagott
Wann: Ganzjährig
Breite: 14,6194° N, **Länge:** 90,8413° W

Der katholische Glaube beseitigte in Lateinamerika nach seiner Einführung nicht alle bestehenden religiösen Vorstellungen. So rufen in vielen Teilen Guatemalas die Einheimischen noch heute Maximón an, einen Gott oder Volksheiligen mit Anzug und Sombrero. Er wird in einem eigenen Gebäude oder Raum verehrt, und auf seinen Altären liegen Zigarren und Rum.

Der sombrerotragende Mayagott Maximón in Guatemala

NÖRDLICHE HEMISPHÄRE 15°N bis 0°N

◄ START IN ANTIGUA, GUATEMALA
716. Eine Reise durch Raum und Zeit zu ehemaligen Hauptstädten
Wann: Ganzjährig
Breite: 14,5667° N
Länge: 90,7333° W

Besuche die ehemalige Hauptstadt eines Landes und erhalte einen faszinierenden Einblick in seine Vergangenheit.

Starte in Antigua, der ehemaligen guatemaltekischen Hauptstadt, zu deiner Reise durch die historischen Kapitalen der Welt. Die Stadt am Fuß von drei Vulkanen gehört mit ihren bezaubernden und monumentalen Bauten aus der spanischen Kolonialzeit zum UNESCO-Weltkulturerbe.

In Marokko lockt dessen ehemalige Hauptstadt Fes mit ihrem von Lebensfreude erfüllten Gassengewirr.

Kalkutta, die Hauptstadt von Britisch-Indien, gilt als Denkmal für die britische Kolonialarchitektur. Englische Gärten kontrastieren hier mit den ärmlichen Behausungen der heutigen ärmsten Bürger Indiens.

Die ehemalige finnische Hauptstadt Turku wurde im 13. Jahrhundert gegründet und darf als älteste Stadt des Landes gelten.

PAYS DOGON, MALI
717. Eine Wanderung durch eine Welt der zauberhaften Architektur
Wann: November bis Februar (weniger heiß)
Breite: 14,3489° N
Länge: 3,6091° W

Im Herzen Malis lebt am Fuße des Bandiagara-Felsmassivs seit Jahrhunderten das Volk der Dogon. Eine Wanderung durch ihr Stammesgebiet dauert vier bis fünf Tage. Besonders interessant sind in den Dogon-Dörfern die Kornkammern, Lehmbauten mit reetgedeckten konischen Dächern, die in eine Felswand eingebettet zu sein und der Schwerkraft zu trotzen scheinen. Die Dörfer und Felsen wurden 1989 von der UNESCO zum Welterbe erklärt.

DJENNÉ, MALI
718. Lehmmoschee in Mali
Wann: Oktober bis März (weniger heiß)
Breite: 13,9054° N
Länge: 4,5560° W

Die aus Lehmziegeln erbaute *Große Moschee* ist der Mittelpunkt der alten, südlich der Sahara gelegenen malischen Stadt Djenné. Schaue dir die Wände mit dem Gerüst aus Palmyrapalmen-Stämmen genau an: Sie müssen ständig von Freiwilligen gepflegt werden.

Antigua, ehemalige guatemaltekische Hauptstadt

NÖRDLICHE HEMISPHÄRE   15°N bis 0°N

VON HO-CHI-MINH-STADT NACH HANOI, VIETNAM
719. Unterwegs mit dem »Wiedervereinigungsexpress«
Wann: September bis Dezember und März bis April
Breite: 14,0583° N
Länge: 108,2772° O

Für Zugbegeisterte stellt der »Reunification Express« einen Höhepunkt dar. Auf der 1730 Kilometer langen Fahrt von Ho-Chi-Minh-Stadt, der ehemaligen südvietnamesischen Hauptstadt Saigon, bis zur vietnamesischen Kapitale (und früheren Hauptstadt Nordvietnams) Hanoi kannst du das Land erleben, wie es leibt und lebt.

Die Eisenbahnstrecke wurde im Vietnamkrieg von den USA genutzt. Nach dem Krieg ließ die Regierung in Hanoi im Interesse eines Zusammenwachsens der beiden Landesteile die meisten der 1334 Brücken und 27 Tunnel wieder aufbauen. Seine erste Nachkriegsreise trat der »Wiedervereinigungsexpress« am Silvesterabend 1976 an.

Der »Wiedervereinigungsexpress« in Vietnam

NÖRDLICHE HEMISPHÄRE 15°N bis 0°N

VIETNAM
720. Ein Meisterwerk aus Sand erschaffen
Wann: Ganzjährig
Breite: 14,0583° N, **Länge:** 108,2772° O

Die Sandbildkünstler erschaffen aus bunten Körnern Meisterwerke mit kurzer Lebensdauer. Nimm in Vietnam an einem Kurs für Anfänger (oder Fortgeschrittene, falls du schon Erfahrung hast) teil und kreiere dein eigenes Kunstwerk aus Sand.

VIETNAM
721. Auf den Spuren von Ho Chi Minh
Wann: September bis Dezember und März bis April
Breite: 14,0583° N
Länge: 108,2772° O

Der »Easy Rider Trail«, wie der *Ho-Chi-Minh-Pfad* auch heißt, wurde von den Nordvietnamesen im Vietnamkrieg als Versorgungsweg benutzt. Wie es sich gehört, ist er nicht durch Wegweiser als offizielle Route gekennzeichnet. Auf deiner Fahrt passierst du weite grüne Reisfelder, kleine Dörfer und hie und da ein Zeugnis des Krieges. In Vietnam Auto zu fahren ist eine erheiternde, aber auch nervenstrapazierende Angelegenheit.

LAK-SEE, VIETNAM
722. In einem Einbaum unterwegs
Wann: Ganzjährig
Breite: 12,4144° N
Länge: 108,1851° O

Beobachte, wie die Sonne über dem Lak aufgeht, während du in einem Einbaum, dem traditionellen, aus einem einzigen Baumstamm gefertigten Boot, über den See paddelst.

HO-CHI-MINH-STADT, VIETNAM
723. Die Tunnel von Cu Chi
Wann: Ganzjährig
Breite: 11,1437° N
Länge: 106,4597° O

Ein BBC-Journalist bezeichnete die Region mit dem 120 Kilometer langen Tunnelnetz von Cu Chi als »die am meisten bombardierte, beschossene, ausgeräucherte, entlaubte und überhaupt verwüstete Gegend in der Geschichte der Kriegsführung«. Ein Besuch ist nichts für Leute mit schwachen Nerven oder Klaustrophobie.

INSEL PHU QUOC, VIETNAM
724. Auf nächtlichem Kalmarenfang
Wann: April bis Januar
Breite: 10,2899° N
Länge: 103,9840° O

Während der Saison wimmelt es in den Gewässern um die vietnamesische Insel Phu Quoc nach Sonnenuntergang nur so von großen Tintenfischschwärmen. Versuche dein Glück und fang dir dein eigenes Abendessen.

NÖRDLICHE HEMISPHÄRE 15°N bis 0°N

LAGO DE ATITLÁN, GUATEMALA
725. Ein wahrhaft bezaubernder See
Wann: Ganzjährig
Breite: 14,6907° N
Länge: 91,2025° W

Der Atitlán-See mit seinem tiefblauen Wasser ist von berückender Schönheit. In eine Landschaft aus Bergen und Tälern gebettet, liegt er zwischen drei Vulkanen. Ob du nur am Ufer entlangwanderst oder einen der Vulkane besteigst – du wirst die atemberaubenden Bilder nie mehr vergessen.

BANGKOK, THAILAND
726. Wie die Thais massieren lernen
Wann: Ganzjährig
Breite: 13,7563° N
Länge: 100,5018° O

Thai-Massagen von Kopf und Nacken wirken regenerierend. In Thailand kannst du diese Technik erlernen und auch anderen zugutekommen lassen. Ein Intensivkurs dauert etwa fünf Wochen. Vielleicht hast du ja deine Berufung gefunden?

KANCHANABURI, THAILAND
727. Über die Brücke am Kwai
Wann: Ganzjährig
Breite: 14,0408° N
Länge: 99,5037° O

Der Film *Die Brücke am Kwai* von 1957 basiert auf den Erfahrungen von rund 60000 alliierten Kriegsgefangenen, die zum Bau der »Todeseisenbahn« (Thailand-Burma-Eisenbahn) gezwungen wurden. Beim friedlichen Anblick der von den Alliierten 1945 zerbombten und 1946 wiederaufgebauten Brücke fällt es einem schwer, sich den Schmerz und das Leid von damals auszumalen.

BANGKOK, THAILAND
728. In einem thailändischen Kloster meditieren
Wann: Ganzjährig
Breite: 13,7563° N
Länge: 100,5018° W

Der *Tempel des Königs Wat Phra Kaew* ist das Zentrum des thailändischen Buddhismus. Dort wird das Nationalheiligtum, der Smaragd-Buddha, eine meditierende Jadefigur, verehrt.

▶ SIEM REAP, KAMBODSCHA
729. Ein längst verflossenes kambodschanisches Königreich
Wann: Ganzjährig
Breite: 13,4120° N
Länge: 103,8646° O

Erlebe ein frühmorgendliches Abenteuer im kambodschanischen Wald und mache dich auf den Weg zu den Ruinen der Hauptstadt des mittelalterlichen Khmer-Reichs mit seinen Sandsteintempeln wie dem majestätischen *Angkor Wat*.

Die Tempel sind mit aufwendig gearbeiteten Reliefs geschmückt, die unter anderem mythologische Schlachten oder das Rühren der himmlischen Ozeane darstellen. Götter und Monster aus der hinduistischen und buddhistischen Glaubenswelt schauen auf dich herab, während du die engen Stufen des Tempels hinaufsteigst. Klettere bis ganz nach oben und genieße von dort den Sonnenaufgang.

Die lange verschollene Tempelanlage von *Angkor Wat* in Kambodscha

NÖRDLICHE HEMISPHÄRE 15°N bis 0°N

▼ KOKOSINSEL, COSTA RICA
730. Zu den Hammerhaien aufschauen
Wann: Am besten Juni bis Oktober
Breite: 5,5282° N
Länge: 87,0574° W

Wenn du vor der einsamen Kokosinsel ins Wasser des Pazifiks tauchst und aufschaust, erblickst du über dir Hunderte von Hammerhaien, die sich hier versammelt haben. Ein spektakulärer Anblick.

COSTA RICA
731. Sechs Hängebrücken an einem Tag
Wann: Ganzjährig
Breite: 10,3026° N
Länge: 84,7959° W

Bist du schwindelfrei? Wenn ja, so besuche das *Biologische Reservat Monteverde* mit seinen sechs Hängebrücken von Wipfel zu Wipfel, deren längste etwa 300 Meter lang ist.

MANZANILLO, COSTA RICA
732. Im Galopp durch die Brandung
Wann: Ganzjährig
Breite: 9,6298° N
Länge: 82,6578° W

Auch wer sonst nicht auf Pferden reitet, würde sicher gern über einen tropischen Strand galoppieren. In Costa Rica kannst du unter beinahe 1300 Kilometern Küste auswählen – an der Karibik für einen wundervollen Sonnenaufgang, am Pazifik für einen glühenden Sonnenuntergang.

Hammerhaie auf der Wanderung zur costa-ricanischen Kokosinsel

CAYO GRANDE, VENEZUELA
733. Schnorcheln in trauter Einsamkeit
Wann: November bis April
Breite: 11,7833° N
Länge: 66,6167° W

Das ungestörte Schnorcheln in der Karibik rund um die einsame, aber gut zugängliche venezuelanische Insel Cayo Grande inmitten von Korallenriffen und Seegras ist ein ganz besonderes Erlebnis.

NÖRDLICHE HEMISPHÄRE   15°N bis 0°N

LALIBELA, ÄTHIOPIEN
734. Die erstaunlichen Felsenkirchen von Lalibela
Wann: 7. Januar
Breite: 12,0309° N
Länge: 39,0476° O

Die elf Felsenkirchen von Lalibela (Neu-Jerusalem), einer der heiligsten Städte Äthiopiens, wurden im dreizehnten Jahrhundert von Hand aus Felsformationen herausgearbeitet und sind die größten aus Stein gehauenen monolithischen Strukturen der Erde.

Vergiss nicht, die alten christlichen Gemälde, Artefakte und religiösen Utensilien in den Kirchen zu besichtigen. Ein Guide führt dich gegen Bezahlung auch durch das Netz von engen Tunneln, die sie miteinander verbinden. Am 7. Januar, wenn die orthodoxen Christen Weihnachten feiern, strömen Tausende Priester und Pilger zur zwölfstündigen Christmette in die Kirchen, um zu beten und zu singen.

Touristen am Eingang zur Kirche
Bet Giyorgis in Lalibela

Mit dem Snowboard einen Vulkanhang hinabrutschen

▲ BEI MALPAISILLO, NICARAGUA
735. »Vulkansurfing« auf dem Cerro Negro
Wann: Ganzjährig
Breite: 12,5078° N
Länge: 86,7022° W

Snowboarden mal anders: an den mit schwarzer Asche bedeckten Hängen des aktiven Vulkans Cerro Negro in Nicaragua. Auf der 550 Meter langen Abfahrt erreichst du Geschwindigkeiten von bis zu 80 Stundenkilometern.

ÄTHIOPIEN
736. Eine beeindruckende Wanderung durch einen äthiopischen Nationalpark
Wann: November bis März
Breite: 13,1833° N
Länge: 38,0667° O

Vergiss im *Sämen-Nationalpark* die Bilder von Äthiopiens ausgetrockneter, karger Natur. Eine Wanderung durch die eindrucksvolle Landschaft mit Hochebenen und über 4500 Meter hohen Gipfeln lohnt sich auf jeden Fall: Naturliebhaber erwarten hier über 3000 Tierarten, und Gipfelstürmer genießen von jedem der zahlreichen Berge aus eine einmalige Aussicht auf die weit unter ihnen liegenden Ebenen.

NÖRDLICHE HEMISPHÄRE 15°N bis 0°N

BOBO-DIOULASSO, BURKINA FASO
737. **Der mitreißende Rhythmus der Djembé**
Wann: Ganzjährig
Breite: 11,1649° N
Länge: 4,3052° W

Ursprünglich spielten sogenannte *Griots*, angesehene berufsmäßige Sänger, die Djembé, während sie überlieferte Geschichten erzählten, bei religiösen oder anderen Zeremonien. Heute ist die Bechertrommel mit der überraschenden Klangvielfalt nicht nur in Westafrika populär. Warum versuchst du es nicht selbst?

SCHLUCHT DES BLAUEN NILS, ÄTHIOPIEN
738. **Eine Fahrt zum afrikanischen Grand Canyon**
Wann: Ganzjährig
Breite: 12,0000° N
Länge: 37,2500° O

Die 190 Kilometer lange Fahrt von der äthiopischen Hauptstadt Addis Abeba zur bis zu 1200 Meter tiefen Schlucht des Blauen Nils ist sehr eindrücklich. Seinen Namen erhielt dieser Fluss von der Farbe des Wassers, die von den Mineralien aus dem fruchtbaren Hochlandboden herrührt.

▶ PHNOM PENH, KAMBODSCHA
739. **Insekten zum Mittagessen**
Wann: Ganzjährig
Breite: 11,5500° N
Länge: 104,9167° O

Du hattest noch nie das Vergnügen, einen Skorpionsalat, ein Grillen-Cupcake oder einen *Bug Mac* zu verzehren? Dann kannst du das in Kambodschas erster Insekten-Tapas-Bar, dem *Bugs Café* in Phnom Penh, nachholen. Die Insekten gelten als hervorragende Eiweißlieferanten und damit als nachhaltige Lösung, um die Ernährung unserer schnell wachsenden Weltbevölkerung sicherzustellen.

Käfer und Taranteln
zum Mittagessen in Phnom Penh

NÖRDLICHE HEMISPHÄRE 15° N bis 0° N

▶ SIERRA NEVADA DE SANTA MARTA, KOLUMBIEN
740. Im kolumbianischen Urwald eine längst vergessene Stadt entdecken
Wann: Dezember bis März
Breite: 11,0382° N
Länge: 73,9252° W

In der kolumbianischen Sierra Nevada de Santa Marta entdeckten 1972 lokale Grabräuber *Ciudad Perdida* (»die verlorene Stadt«) wieder, die von den Einheimischen Teyuna genannt wird. Archäologen vermuten, dass die Stadt um 800 n. Chr. vom Volk der Tairona gegründet wurde, das sie kurz nach der Ankunft der spanischen Konquistadoren wegen der Ausbreitung von Seuchen aufgeben musste.

Teyuna besteht aus etwa 200 durch gepflasterte Straßen miteinander verbundene Terrassen, einige davon kleine runde Plätze. Es gibt Treppen, Kanäle, Wege, Häuser und Lagerräume und noch viele weitere im Dschungel verborgene Dinge zu entdecken. Mach dich gefasst auf einen mehrtägigen Marsch durch dichtes Unterholz, bevor du zu den 1200 Stufen der Treppe gelangst, die in die alte Stadt führt.

KOLUMBIEN
741. In einer Hängematte am tropischen Strand
Wann: Dezember bis Mai oder Juli und August
Breite: 11,2882° N, **Länge:** 74,1517° W

Nichts ist so entspannend wie in einer Hängematte am Strand zu liegen. Miete eine im kolumbianischen *Tayrona-Nationalpark*.

ADDIS ABEBA, ÄTHIOPIEN
742. Essen wie die Äthiopier
Wann: Ganzjährig
Breite: 9,0300° N
Länge: 38,7400° O

Auf einer Food-Tour durch die äthiopische Hauptstadt mit *Go Addis* lernst du das leckere äthiopische Essen näher kennen. Schlendere mit einem äthiopischen Führer von Lokal zu Lokal und iss das *Injera* mit *Wot* wie ein Einheimischer mit der Hand.

GONDER, ÄTHIOPIEN
743. Die historischen Schlösser von Gonder
Wann: Ganzjährig
Breite: 12,6000° N
Länge: 37,4667° O

Auf einem Spaziergang durch den von einer Mauer umgebenen Festungs- und Schlosskomplex in Gonder erhältst du einen Einblick in die faszinierende Vergangenheit des Landes. Die Stadt wurde 1636 von Kaiser Fasilides gegründet und war bis 1855 die Hauptstadt Äthiopiens.

EL TOTUMO, KOLUMBIEN
744. Im Krater eines Schlammvulkans
Wann: Ganzjährig
Breite: 10,7444° N
Länge: 75,2414° W

Nimm ein Bad im Krater des Schlammvulkans El Totumo im Norden Kolumbiens. Dank seiner dickflüssigen Konsistenz versinkst du nicht, und das Schlammbad gilt als hervorragende Hautpflege.

Die verlorene Stadt Teyuna im kolumbianischen Dschungel

VON TRINIDAD UND TOBAGO BIS ZUR ISLA DE MARGARITA
745. Von Strand zu Strand durch die Karibik
Wann: Am besten Dezember bis April
Breite: 10,6918° N, **Länge:** 61,2225° W

Wenn du dich nicht für einen der wunderschönen Karibikstrände entscheiden kannst, so besuche sie doch alle.

Starte an der Nordküste Venezuelas zu deiner Tour durch die Karibik und setze über nach Trinidad und Tobago mit seiner abwechslungsreichen Küste. Weiter geht es nach Norden, nach Grenada, Barbados, St. Lucia und auf die paradiesischen Britischen Jungferninseln, die den Abschluss der Kleinen Antillen bilden. Dort erwarten dich weiße Sandstrände und türkisblaues Meer.

Nun kannst du entweder nach Nordwesten reisen, wenn du die im offenen Atlantik gelegenen Turks- und Caicosinseln und die Bahamas besuchen möchtest, oder aber nach Westen, in die Dominikanische Republik, nach Haiti, Kuba und Jamaika.

In Mexiko wieder auf dem Festland angekommen, fahre an der Küste entlang immer nach Süden durch Belize, Honduras und Nicaragua mit seinen mehr schlechten als rechten Küstenstraßen bis nach Costa Rica, dessen entspannte Strandatmosphäre zum längeren Verweilen einlädt.

Bleibe nicht zu lange, denn in Panama wartet schon die Provinz Bocas del Toro mit ihren wunderschönen Stränden auf dich und an Kolumbiens Karibikküste mit Cartagena Indias eine der schönsten Kolonialstädte.

Die letzte Etappe der Karibiktour führt dich zurück nach Venezuela, wo auf der Isla de Margarita jeder einen Strand nach seinem Geschmack findet.

Du hast die Qual der Wahl.

NÖRDLICHE HEMISPHÄRE 15°N bis 0°N

▶ COSTA RICA
746. Die lustige Wabbelnase des Tapirs
Wann: Ganzjährig
Breite: 10,6731° N
Länge: 85,0150° W

In der Morgen- oder Abenddämmerung sind die Tapire am aktivsten. Du kannst ihnen beispielsweise am Tapir-See im *Tenorio-Nationalpark* mit der Kamera auflauern, wo sie sich zum Trinken versammeln.

Die lustige Wabbelnase eines Baird-Tapirs

COSTA RICA
747. Das Faultier – langsamer geht es nicht
Wann: Ganzjährig
Breite: 9,3923° N
Länge: 84,1370° W

Halte in den Wäldern Costa Ricas Ausschau nach einem Faultier, dem langsamsten Säugetier der Welt. Sein Anblick wird dich zum Lachen bringen.

PORT OF SPAIN, TRINIDAD
748. Karibik-Karneval pur
Wann: Rosenmontag und Fastnachtsdienstag
Breite: 10,6617° N
Länge: 61,5194° W

Mitmachen beim Karneval von Trinidad mit seinen heißen Rhythmen, die Calypso-, Soca- und Steelbands in extravaganten Kostümen durch die Straßen von Port of Spain hallen lassen, macht einen Heidenspaß.

KOLUMBIEN
749. Eine bunte Partyfahrt mit dem Bus
Wann: Ganzjährig
Breite: 10,3910° N
Länge: 75,4794° W

Die Busse in Cartagena de Indias und anderen kolumbianischen Städten sind bunt lackiert, und die laute Salsa-Musik aus den Lautsprechern bringt dich in Schwung. Jede Fahrt ist eine Party.

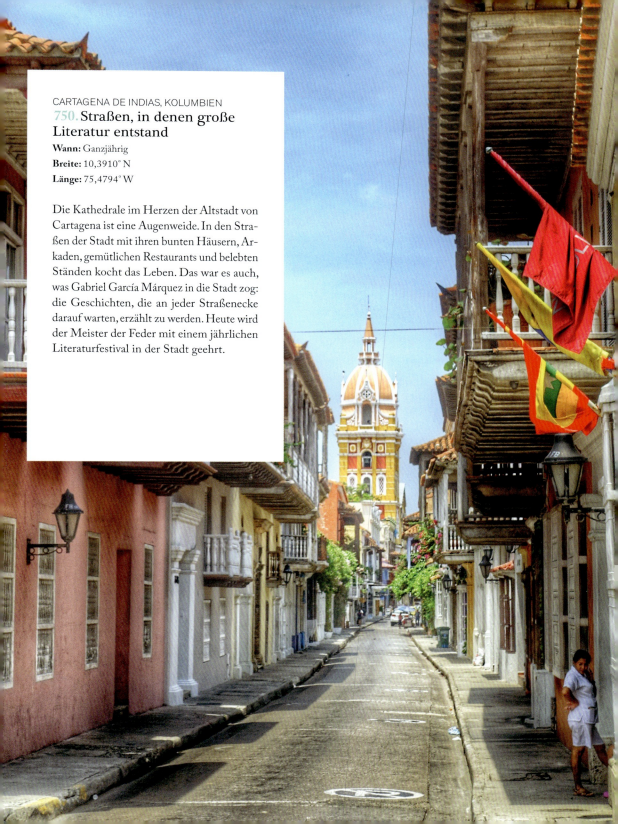

CARTAGENA DE INDIAS, KOLUMBIEN
750. Straßen, in denen große Literatur entstand
Wann: Ganzjährig
Breite: 10,3910° N
Länge: 75,4794° W

Die Kathedrale im Herzen der Altstadt von Cartagena ist eine Augenweide. In den Straßen der Stadt mit ihren bunten Häusern, Arkaden, gemütlichen Restaurants und belebten Ständen kocht das Leben. Das war es auch, was Gabriel García Márquez in die Stadt zog: die Geschichten, die an jeder Straßenecke darauf warten, erzählt zu werden. Heute wird der Meister der Feder mit einem jährlichen Literaturfestival in der Stadt geehrt.

MADURAI, TAMIL NADU, INDIEN
751. Die Tempeltürme von Madurai
Wann: Oktober bis März
Breite: 9,9252° N
Länge: 78,1198° O

Die spektakulären Tempel der 2500 Jahre alten südindischen Stadt Madurai sind einfach überwältigend. Von den 14 bunten *Gopurams* (Tortürmen), die das Stadtbild dominieren, ragt derjenige des *Minakshi-Tempels* mit 52 Metern am höchsten empor. Tausende bemalter Skulpturen von Gottheiten und Fabelwesen schmücken ihn auf allen Seiten.

NÖRDLICHE HEMISPHÄRE 15°N bis 0°N

MEKONGDELTA, VIETNAM
752. Sonnenaufgang über dem Mekongdelta
Wann: Ganzjährig
Breite: 10,0090° N
Länge: 105,8240° O

Steige bei Sonnenaufgang im Mekongdelta in eines der traditionellen Langheckboote. Wegen seiner neun Hauptarme im Delta heißt der Mekong, der in Tibet entspringt, durch Südchina, Laos sowie Kambodscha fließt und in Vietnam ins Südchinesische Meer mündet, im Vietnamesischen auch »Neun-Drachen-Fluss«.

LA-PAZ-WASSERFALL, COSTA RICA
753. Farbenfrohes Froschfilmen
Wann: Ganzjährig
Breite: 10,1473° N
Länge: 84,5318° W

In den »Froschgärten« (*Ranarios*) im ganzen Land erfährst du mehr über Costa Ricas vielfältige Welt der Frösche und Kröten – zum Beispiel den nachtaktiven Rotaugenlaubfrosch, das Erdbeerfröschchen, den Glasfrosch und den Pfeilgiftfrosch, auch Baumsteigerfrosch genannt. Buche eine Tour oder besuche das Naturschutzgebiet am La-Paz-Wasserfall.

VOLCÁN POÁS, COSTA RICA
754. Der Schwefelgeruch eines aktiven Vulkans
Wann: Ganzjährig (vormittags)
Breite: 10,1978° N
Länge: 84,2306° W

Vom Rand des nördlichen Kraters des Poás in Costa Rica mit einem Durchmesser von gut anderthalb Kilometern kannst du beobachten, wie der türkisfarbene Säuresee blubbert und hin und wieder, wenn sich aufgrund der Hitze des Magmas genügend Druck aufgebaut hat, eine Geysirfontäne in die Höhe schießt.

GEORGETOWN, GUYANA
755. Das wenigstbesuchte Land der Welt
Wann: Ganzjährig
Breite: 6,8013° N
Länge: 58,1551° W

Das für seinen unberührten Regenwald berühmte Guyana in Südamerika gilt offiziell als Land, das weltweit am wenigsten Besucher verzeichnet. Inoffiziell – eine Statistik fehlt – hält diesen Negativrekord der pazifische Inselstaat Nauru, den du problemlos an einem Tag erkunden kannst.

SRI LANKA
756. Einen Brunnen graben für sauberes Wasser
Wann: Ganzjährig
Breite: 7,8730° N
Länge: 80,7717° O

Der Schutz von Gemeinschaften vor Krankheiten, die durch das Wasser übertragen werden, gehört zu den sinnvollsten Beiträgen zu einer besseren Welt. Jeder sechste Erdenbewohner hat keinen Zugang zu sauberem Wasser, doch viele gemeinnützige Organisationen versuchen dies zu ändern. Sri Lanka ist ein guter Ort, um dabei mitzuhelfen.

ÄQUATORIALGUINEA
757. Die totale Flaute spüren
Wann: Ganzjährig (wetterabhängig)
Breite: 3,7504° N
Länge: 8,7371° O

Als Kalmen bezeichnet man die nahezu windstillen Gebiete im Bereich des Äquators zwischen etwa 10°N und 10°S. In dieser Zone herrscht manchmal wochenlang Flaute, sodass sie in den Zeiten der windgetriebenen Segelschiffe gefürchtet war.

YAP, MIKRONESIEN
758. Teufelsrochen
Gesellschaft leisten

Wann: Ganzjährig
Breite: 9,5557° N
Länge: 138,1399° O

Die Teufelsrochen, die durch die Gewässer der mikronesischen Yap-Inseln gleiten, weisen eine Flossen-Spannweite von bis zu sieben Metern auf. Das entspricht der Größe eines Elefanten. Schwimme neben einem Riesenmanta her oder schaue dir das anmutige Tier von unten an.

NÖRDLICHE HEMISPHÄRE   15° N bis 0° N

ORINOCO-DELTA, VENEZUELA
759. Ein gemächlicher Lebensstil im Dschungel am Orinoco
Wann: Ganzjährig
Breite: 9,5500° N
Länge: 62,7000° W

Das Orinoco-Delta ist die Heimat des Volkes der Warao, die seit über 9000 Jahren hier leben. Ihre strohgedeckten Häuser stehen auf Stelzen am Ufer der Flussarme. Die Warao verbringen viel Zeit damit, in ihren Booten auf Fischfang zu gehen oder in den Wäldern zu jagen.

Wenn du die Gegend besuchst, kannst du in Häusern übernachten, die denen der Warao gleichen, und die Tage mit Dschungelspaziergängen oder Kanufahrten verbringen. Dein gemächlicher Lebensstil belohnt dich mit fantastischen Tierbeobachtungen: Riesenotter, rosa Flussdelfine, Brillenkaimane und Flussschildkröten bevölkern das Wasser, und an Land hörst du Brüllaffen schreien, bevor du sie siehst. Außerdem leben in dieser Dschungelwelt auch Faultiere, Kapuzineraffen und eine bunte Vogelwelt.

Ein gemächlicheres Leben im Orinoco-Delta

NÖRDLICHE HEMISPHÄRE 15° N bis 0° N

◄ ALAPPUZHA, KERALA, INDIEN
760. Entspannung pur im traditionellen Kerala-Hausboot
Wann: September bis März
Breite: 9,4900° N
Länge: 76,3300° O

Die *Backwaters* sind ein verzweigtes Wasserstraßennetz aus Kanälen, Seen und Lagunen im Hinterland der südindischen Hafenstadt Alappuzha an der malerischen Malabarküste im indischen Bundesstaat Kerala. Am besten erkundest du sie in einem traditionellen Hausboot und genießt dabei die entspannende Wirkung einer mehrtägigen Flussfahrt. Zu Wasser und zu Land wartet eine bunt gemischte Tierwelt aus Krabben, Fröschen, Schildkröten, Ottern, Eisvögeln und Kormoranen auf die Beobachtung, und die üppige Ufervegetation taucht die ganze Umgebung in ein herrliches Grün.

MERGUI-ARCHIPEL, THAILAND
761. Ein Lebensstil, den es schon bald nicht mehr geben wird
Wann: November bis April
Breite: 9,4344° N
Länge: 97,8681° O

Die Existenz des Volkes der Moken, die als Seenomaden verstreut vor den Küsten Thailands und Myanmars im Mergui-Archipel leben, ist zunehmend bedroht. Die Moken-Kinder verbringen die meiste Zeit des Jahres auf Booten und können schon schwimmen, bevor sie laufen lernen. Immer mehr Mitglieder dieses bemerkenswerten Volkes, das vom Fischfang und Sammeln lebt, siedeln sich in Dörfern mit Häusern auf Stelzen im *Koh Surin National Marine Park* an. Dein Besuch trägt ein wenig zur Festigung der prekären lokalen Wirtschaft bei.

SOKOTRA-ARCHIPEL, JEMEN
762. Drachenblut in einer vergessenen Welt
Wann: Februar bis April
Breite: 12,4634° N
Länge: 53,8237° O

Die markante, pilzförmige *Dracaena cinnabari* aus der Gattung der Drachenbäume kommt nur auf einer Inselgruppe vor, die etwa 350 Kilometer südlich der jemenitischen Küste liegt. Aus dem Baum wird ein dunkelrotes, blutartiges Harz, das Drachenblut, gewonnen, das in der traditionellen Medizin verwendet wird.

KOH PHA-NGAN, THAILAND
763. Vollmondparty in Koh Phangan
Wann: Bei Vollmond
Breite: 9,7318° N
Länge: 100,0135° O

Vollmond-Partys garantieren Spaß für die ganze Nacht. Die spirituell angehauchte Fete am *Haad-Rin-Strand* in Koh Pha-ngan sucht ihresgleichen.

MAYON, PHILIPPINEN
764. Auf dem Gipfel des schönsten Vulkans
Wann: Februar bis April
Breite: 13,2544° N
Länge: 123,6850° O

Der 2462 Meter hohe Mayon hat den symmetrischsten Kegel der Welt und ist der aktivste Vulkan der Philippinen. Wandere durch den Wald, über Felsbrocken und Grasland zum Gipfel und genieße die atemberaubende Aussicht.

Faulenzen auf einem Kerala-Hausboot in den *Backwaters*

NÖRDLICHE HEMISPHÄRE 15°N bis 0°N

▼ THENMALA, KERALA, INDIEN
765. Eine aufregende Schmetterlingssafari
Wann: Ganzjährig
Breite: 8,9500° N
Länge: 77,0667° O

Über hundert Schmetterlingsarten flattern im 3,5 Hektar großen *Butterfly Safari Park* im indischen Bundesstaat Kerala inmitten tropischer Pflanzen durch die Luft, darunter auch viele weniger gefleckte Schönheiten.

KERALA, INDIEN
766. Wie in Südindien kochen
Wann: November bis März
Breite: 9,9257° N
Länge: 76,6717° O

Im *Pimenta Spice Garden* kocht sich das südindische Essen wie von selbst. Sein Besitzer Jacob nimmt dich mit zum Einkauf auf dem lokalen Markt und führt dich dann in die Geheimnisse der Zubereitung von leckeren Gerichten mit erlesenen indischen Gewürzen ein.

KERALA, INDIEN
767. Buntes pantomimisches Tanztheater
Wann: Ganzjährig
Breite: 10,8505° N
Länge: 76,2711° O

Sei Zeuge des ewigen Kampfes von Gut und Böse bei einer extravaganten, vom durchdringenden Rhythmus der Trommeln begleiteten Kathakali-Aufführung.

Ein giftiger *Tirumala limniace* in Kerala

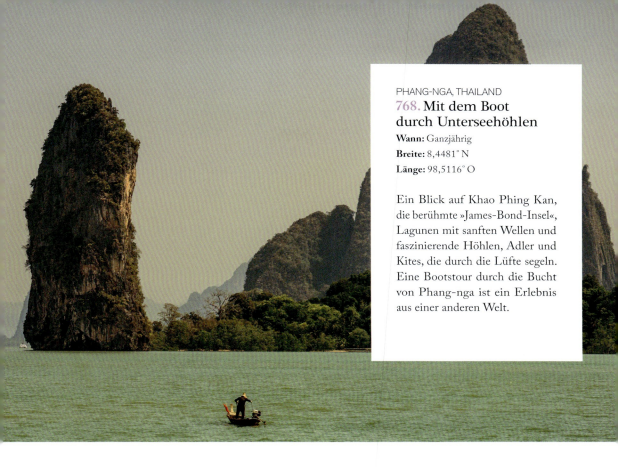

PHANG-NGA, THAILAND
768. Mit dem Boot durch Unterseehöhlen
Wann: Ganzjährig
Breite: 8,4481° N
Länge: 98,5116° O

Ein Blick auf Khao Phing Kan, die berühmte »James-Bond-Insel«, Lagunen mit sanften Wellen und faszinierende Höhlen, Adler und Kites, die durch die Lüfte segeln. Eine Bootstour durch die Bucht von Phang-nga ist ein Erlebnis aus einer anderen Welt.

VON KANHANGAD NACH POOMPUHAR, INDIEN
769. Eine Wanderung quer über den indischen Subkontinent
Wann: Dezember bis Februar
Breite: 12,3094° N
Länge: 75,0961° O

Auf geht es zu individuellen Abenteuern auf einer Wanderung vom Arabischen Meer bis zum Golf von Bengalen. Eine beliebte Route führt an den heiligen Wassern des Flusses Kaveri entlang, der im südlichen Teil nahezu quer über den indischen Subkontinent verläuft. Die etwa 800 Kilometer lange Wanderung beginnt in Kanhangad an der Westküste Indiens im Bundesstaat Kerala. Von dort geht es bergauf in die Westghats, nach Bhagamandala, einer Pilgerstadt am Kaveri, der bald ein Stück weit unterirdisch verläuft, um darauf als Wasserfall den Berg hinunterzustürzen. Von hier kannst du ihm bis zum Golf von Bengalen folgen.

Zu den ersten Highlights deiner Wanderung gehören die *Krishna-Raja-Sagar-Talsperre*, die Tempel von Somanathapura, die Wasserfälle bei Shivasamudram und die geheimnisvollen Hogenakkal-Fälle. Durch verwinkelte Schluchten, saftig grüne Landschaften und Berge geht es weiter nach Srirangam, einer Tempelstadt auf einer Kaveri-Insel. Hier kannst du den *Sri-Ranganathaswamy-Tempelkomplex*, den größten Indiens, besichtigen.

Deine Wanderung endet am Strand von Poompuhar (Puhar) am Golf von Bengalen, wo auch der Kaveri seine Reise abschließt.

NÖRDLICHE HEMISPHÄRE 15° N bis 0° N

SRI LANKA
770. Treppensteigen zum Palast auf dem Löwenfelsen

Wann: Ganzjährig
Breite: 7,9563° N
Länge: 80,7601° O

Sigiriya (»Löwenfelsen«) ist ein etwa 200 Meter aus der Ebene ragender riesiger Monolith, der oben flach ist. Auf diesem Felsen fand man die Ruinen eines Königspalastes mit Lustgärten aus dem 5. Jahrhundert.

Den Palast erreichst du über mehrere Treppen. Eine davon führt von den Gärten am Fuße des Felsens hinauf zur Spiegelwand, einer zu Zeiten des Königs auf Hochglanz polierten, etwa 180 Meter langen Wand, von der man annimmt, dass sie ursprünglich die Fresken an der gegenüberliegenden Felswand widerspiegelte. Der Aufgang zum Palast führte durch den Mund eines Löwen (Löwentor), von dem nur die aus Stein gehauenen Pranken übrig sind. Die unglaublichen Leistungen und verrückten Einfälle der Palasterbauer werden dich zum Staunen bringen.

Die Palastruinen auf dem *Sigiriya-Felsen* in Sri Lanka

NÖRDLICHE HEMISPHÄRE   15°N bis 0°N

Das Takua-Pa-Vegi-Festival in Phuket

▲ PHUKET, THAILAND
771. Inspiration vegetarische Küche
Wann: Oktober
Breite: 7,8804° N
Länge: 98,3922° O

Warum nicht eine Woche lang gesünder leben und fleischlos essen? Phukets vegetarisches Festival versorgt dich mit inspirierenden Rezeptideen.

KOH PHI PHI, THAILAND
772. Ein Traumstrand, den du aus dem Kino kennst
Wann: Ganzjährig
Breite: 7,7461° N
Länge: 98,7784° O

Von Phuket aus kannst du auf einem Ausflug die Inselgruppe Koh Phi Phi besuchen, wo der Film *The Beach* mit Leonardo DiCaprio in der Hauptrolle gedreht wurde. Hier findest du fantastische Sandstrände und einen wuchernden Dschungel.

SRI LANKA
773. Im wolkigen Hochland von Sri Lanka
Wann: Januar bis April
Breite: 7,4675° N
Länge: 80,6234° O (Matale)

Im zentralen Hochland von Sri Lanka, das Höhen von bis zu 2500 Metern über Meer erreicht, solltest du unbedingt Ausschau halten nach den hier heimischen Tieren: Bärenaffen, einer Subspezies der auf Sri Lanka heimischen Weißbartlanguren, Elefanten und Leoparden, die sich im Unterholz oder auf den Bäumen verstecken.

NÖRDLICHE HEMISPHÄRE 15°N bis 0°N

KANDY, SRI LANKA
774. Auf der Suche nach dem Zahn Buddhas
Wann: Zehn Nächte vor dem ersten Augustvollmond
Breite: 7,2905° N
Länge: 80,6337° O

Die *Esala Perahera* in Kandy auf Sri Lanka ist ein einzigartiges Pilgerfest. Nach der Legende erhielt eine Anhängerin des Buddha nach seiner Einäscherung im fünften Jahrhundert v. Chr. einen seiner Eckzähne, der später nach Sri Lanka gelangte. Der damalige König Megavanna stellte ihn auf einer Prozession zur Schau. Eine Tradition war geboren.

Bei der *Esala Perahera-Prozession* präsentiert ein Priester eine Kopie. Dabei sitzt er auf einem Elefanten, dessen Rücken mit einer prunkvollen Seidendecke geschmückt ist. Die bei der Prozession mitmarschierenden Pilgergruppen, Bannerträger, Feuerschlucker und Geißler tragen zusätzlich zur unvergleichlichen Buntheit des lärmenden Treibens bei.

»AFFENINSEL«, MALAYSIA
775. Überlebenstraining auf einer einsamen malaysischen Insel
Wann: März bis Oktober
Breite: 6,2941° N
Länge: 99,7113° O

Vor der Küste Malaysias liegt zwischen den mit Badeorten übersäten Inseln Langkawi und Rebak Besar eine »einsame Insel«, wie sie im Buche steht. Der kleine mit Bäumen bewachsene Sandhaufen, ungezähmt und nur von Affen bewohnt, hört auf den Spitznamen »Affeninsel«.

Sie ist nicht ganz einfach zu erreichen, aber frage doch einfach auf Langkawi einen Einheimischen, ob er dich nicht mit einem Boot hinbringen und für einen Tag an der einladend leeren Küste absetzen könnte. Der Weg der Schiffbrüchigen führt stets zum Einzigen, das hier von Menschenhand geschaffen worden ist: einer Holztruhe am Landende des Strands, in der du deine Sachen aufbewahren kannst. Anschließend solltest du deine Überlebenskünste verfeinern: Versuche aus Seil oder Palmblättern einen Unterschlupf zu bauen, oder mache dich auf die Suche nach Essbarem, das du am Mittag über offenem Feuer braten kannst.

NÖRDLICHE HEMISPHÄRE 15°N bis 0°N

VENEZUELA
776. Zu Besuch bei den Capybaras
Wann: Ganzjährig
Breite: 7,8817° N
Länge: 67,4687° W

Capybaras (Wasserschweine) sind die größten Nagetiere der Welt und liegen meist im Morast und dösen vor sich hin. Vielleicht kommst du ja auf den Geschmack? Ihr Fleisch gilt in Venezuela als heiß begehrter Leckerbissen.

KOLUMBIEN
777. »Flüssiger Regenbogen« in Kolumbien
Wann: September bis November
Breite: 2,1817° N
Länge: 73,7865° W

Zwischen Regen- und Trockenzeit färbt sich eine Pflanze, die am Grund des Flusses Caño Cristales im kolumbianischen Nationalpark *Serranía de la Macarena* wächst, leuchtend rot. Halte das atemberaubende Farbenspiel von roter *Macarenia clavigera*, gelbem Sand, grünen Algen und blauem Wasser des »Fünf-Farben-Flusses« mit der Kamera fest.

SAN GIL, KOLUMBIEN
778. Von der Kante eines Wasserfalls abseilen
Wann: Ganzjährig
Breite: 6,3797° N
Länge: 73,1668° W

Seile dich mit dem Klettergurt um die Taille von der Kante des Juan-Curi-Wasserfalls ab. Während du langsam an Höhe verlierst, spritzt dir sein Wasser ins Gesicht, bis du 70 Meter tiefer wieder festen Boden unter den Füßen hast.

▶ SALTO ÁNGEL, VENEZUELA
779. Eine Wanderung zum höchsten Wasserfall der Welt
Wann: Ganzjährig
Breite: 5,9675° N
Länge: 62,5356° W

Tief im venezolanischen Regenwald versteckt sich der Salto Ángel, der höchste Wasserfall der Welt. Er ist entsprechend schwer zu erreichen: Erst geht es mit einem Leichtflugzeug in den Canaima-Nationalpark, dann mit einem Boot flussaufwärts und schließlich zu Fuß zum Wasserfall. Hier stürzt das Wasser des Río Churún von einem Vorsprung des Auyan-Tepui-Tafelbergs 979 Meter in die Tiefe.

Der Salto Ángel, der höchste frei fallende Wasserfall der Welt

NÖRDLICHE HEMISPHÄRE 15°N bis 0°N

LIMÓN BAY, PANAMA
780. Ein Wunderwerk der Ingenieurskunst
Wann: Ganzjährig
Breite: 9,3459° N
Länge: 79,9305° W

Der 1914 eröffnete, rund 80 Kilometer lange Panamakanal verkürzt die Schifffahrt vom Nordatlantik zum Nordpazifik, beispielsweise von New York nach Kalifornien, um Tausende Seemeilen. Auf einer Kanalfahrt lernst du das ausgeklügelte Schleusensystem kennen, das die Schiffe auf beiden Seiten um 26 Meter anhebt beziehungsweise absenkt, um die Passage zu ermöglichen.

ISLA GIBRALEÓN, PANAMA
781. Überleben auf einer einsamen Insel
Wann: Ganzjährig
Breite: 8,5156° N
Länge: 79,0462° W

Tue es den Teilnehmern von Insel-Abenteuer-Shows gleich und zimmere dir eine gemütliche Bleibe in freier Natur. Vielleicht probierst du es besser erst in deinem Garten oder einem Nationalpark in deiner Nähe aus, bevor du es auf der unbewohnten panamaischen Isla Gibraleón versuchst, wo die Teilnehmer von *Wild Island* hingeschickt wurden.

VOLCÁN BARÚ, PANAMA
782. Klare Sicht auf zwei Ozeane
Wann: Ganzjährig
Breite: 8,8088° N
Länge: 82,5423° W

Vom Gipfel des ruhenden Vulkans Barú, des höchsten Berges Panamas, aus kannst du an klaren Tagen sowohl den Pazifik als auch das zum Atlantik gehörende Karibische Meer sehen.

GUATAPÉ, KOLUMBIEN
783. Die schwindelerregende Treppe zum Gipfel eines Inselbergs
Wann: Ganzjährig
Breite: 6,2311° N
Länge: 75,1535° W

Zwischen den beiden kolumbianischen Orten, nach denen er benannt ist, ragt ein Felsen etwa 200 Meter aus der flachen Umgebung empor: der *Peñón de Guatapé* (»Felsen von Guatapé«) oder *Piedra del Peñol* (»Stein von Peñol«). Steige die 649 Stufen der Treppe empor, die in einer Felsspalte zum Gipfel führt, und genieße für eine Weile das überwältigende Panorama.

PANAMA–KOLUMBIEN
784. Eine Wanderung von Kontinent zu Kontinent
Wann: In der Trockenzeit von Dezember bis April
Breite: 7,9000° N
Länge: 77,4600° W

Als *Tapón del Darién* (»Darién-Hindernis«) bezeichnet man die einzige noch verbliebene Lücke der Panamericana im Grenzgebiet von Panama und Kolumbien. Man kann sie zu Fuß überwinden, aber die Wanderung ist nichts für Leute mit schwachen Nerven. Sie führt durch dichten Dschungel, Sumpfgebiete und über Berge, in denen Schlangen, Skorpione, Krokodile und andere gefährliche Tiere leben. Und nicht zu vergessen die unerwünschten menschlichen Bewohner, sprich die Guerillas, denen man besser nicht begegnet. Brich nur mit einem kundigen einheimischen Führer zu diesem dreitägigen harten Trekkingerlebnis auf.

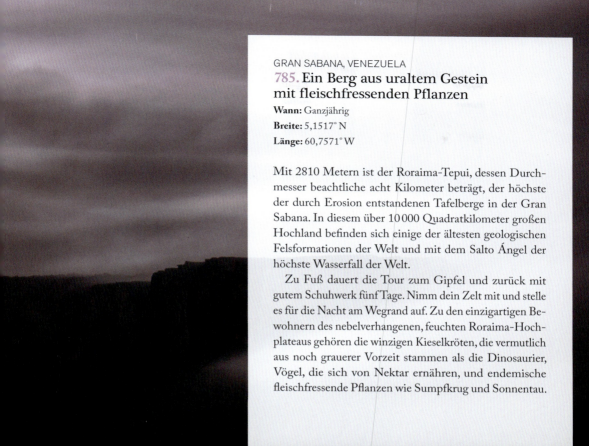

GRAN SABANA, VENEZUELA
785. Ein Berg aus uraltem Gestein mit fleischfressenden Pflanzen
Wann: Ganzjährig
Breite: 5,1517° N
Länge: 60,7571° W

Mit 2810 Metern ist der Roraima-Tepui, dessen Durchmesser beachtliche acht Kilometer beträgt, der höchste der durch Erosion entstandenen Tafelberge in der Gran Sabana. In diesem über 10 000 Quadratkilometer großen Hochland befinden sich einige der ältesten geologischen Felsformationen der Welt und mit dem Salto Ángel der höchste Wasserfall der Welt.

Zu Fuß dauert die Tour zum Gipfel und zurück mit gutem Schuhwerk fünf Tage. Nimm dein Zelt mit und stelle es für die Nacht am Wegrand auf. Zu den einzigartigen Bewohnern des nebelverhangenen, feuchten Roraima-Hochplateaus gehören die winzigen Kieselkröten, die vermutlich aus noch grauerer Vorzeit stammen als die Dinosaurier, Vögel, die sich von Nektar ernähren, und endemische fleischfressende Pflanzen wie Sumpfkrug und Sonnentau.

Das »Wasserdorf« Kampong Ayer in Bandar Seri Begawan

▲ BRUNEI
786. Zu Besuch in einem Wasserdorf
Wann: Ganzjährig
Breite: 4,8827° N
Länge: 114,9443° O

Die Gebäude von Kampong Ayer stehen alle auf Stelzen und sind durch Holzstege miteinander verbunden. Das »Wasserdorf« liegt mitten in der Hauptstadt von Brunei, Bandar Seri Begawan, und hat 40 000 Einwohner. Am besten, du erkundest es mit dem Wassertaxi.

MALEDIVEN
787. Ein Dinner am Meeresgrund
Wann: Ganzjährig
Breite: 3,6164° N
Länge: 72,7164° O

Ithaa auf den Malediven ist das erste voll verglaste Unterwasserrestaurant der Welt. Genieße fünf Meter unter der Meeresoberfläche das erstklassige Essen und die ungetrübte Rundumsicht auf Fische, Haie und wunderschöne Korallen.

MALEDIVEN
788. Luxusleben im Haus auf Stelzen
Wann: Dezember bis April, für Tauchen/Schnorcheln Mai bis November
Breite: 4,1755° N, **Länge:** 73,5093° O

Auf den paradiesischen Malediven im Indischen Ozean kannst du in einer luxuriösen Hütte auf Stelzen mit Terrasse, Tauchbecken und Hängematten das Leben eines Superstars führen.

NÖRDLICHE HEMISPHÄRE 15°N bis 0°N

CHESOWANJA, KENIA
789. Mit zwei Stöcken ein Feuer entfachen
Wann: Ganzjährig
Breite: 0,6321° N
Länge: 36,0567° O

Schon vor 1,5 Millionen Jahren wussten unsere Vorfahren im heutigen Kenia, wie man ein Feuer entfacht, indem man zwei Stöcke aneinanderreibt. Erlerne ihre Technik, um absolut unabhängig zu sein.

BARINGOSEE, KENIA
790. Im Mekka der Vogelbeobachtung
Wann: Oktober bis April
Breite: 0,6321° N
Länge: 36,0567° O

Die Vogelbeobachter strömen in Scharen an den Baringosee in Kenia. Zähle mit, wie viele der hier lebenden 450 Vogelarten du während deines Aufenthalts in diesem Ornithologenparadies beobachtest.

▼ TURKANASEE, KENIA
791. Der See an der Wiege der Menschheit
Wann: Ganzjährig
Breite: 3,5833° N
Länge: 36,1167° O

In der »Marslandschaft« am Turkanasee (Rudolfsee) wurden einige der ältesten menschlichen Überreste gefunden. Hier leben auch einige der kleineren Völker Kenias.

Flamingos am Turkanasee

NÖRDLICHE HEMISPHÄRE 15°N bis 0°N

BEI KUALA LUMPUR, MALAYSIA
792. Andächtig in heiligen Höhlen
Wann: Ganzjährig
Breite: 3,2365° N
Länge: 101,6816° O

Schon vor dem Besuch der *Batu Caves* verschlägt es dir vermutlich beim Anblick der 43 Meter hohen goldenen Statue des Gottes Murugan auf dem Vorplatz die Sprache. Steige die 272 Stufen zum Eingang der Kalksteinhöhlen hinauf. Im Inneren erwarten dich Statuen, Gemälde und kunstvolle Hinduschreine sowie wunderschöne Tropfsteine. Und auch die lebende Natur ist mit Makaken, großen Gliederspinnen und Fruchtvampiren kaum weniger spannend. Das beliebteste Hindu-Heiligtum außerhalb Indiens verzeichnet besonders anlässlich der religiösen Feste mit Prozessionen und Zeremonien einen großen Besucherandrang.

GEORGE TOWN, PENANG, MALAYSIA
793. Boomende Straßenkunst in Malaysia
Wann: Ganzjährig
Breite: 5,4167° N, **Länge:** 100,3167° O

Posiere vor skurriler Straßenkunst für ein Foto. In den Straßen des malaysischen George Town nach schmiedeeisernen Karikaturen und interaktiven Vignetten zu suchen, die hier in jedem Winkel der Stadt versteckt sind, ist ein spielerisches Abenteuer für Stunden.

SABAH, BORNEO/MALAYSIA
794. Unter Verwandten
Wann: Ganzjährig
Breite: 5,5281° N,
Länge: 118,3045° O

Die Beobachtung des Orang-Utans, eines der nächsten Verwandten des Menschen, sorgt für faszinierende und erhellende Augenblicke. In freier Wildbahn kommt er nur auf Borneo und Sumatra vor. Am wahrscheinlichsten begegnest du den Menschenaffen am Fluss Kinabatangan im malaysischen Bundesstaat Sabah, denn hier leben besonders viele von ihnen.

NÖRDLICHE HEMISPHÄRE   15°N bis 0°N

Die »Dschungelbahn« in Malaysia

▲ MALAYSIA
795. Eine Fahrt mit der »Dschungelbahn«
Wann: März bis Oktober
Breite: 2,5800° N
Länge: 102,6132° O

Die »Dschungelbahn« schlängelt sich durch das kaum bevölkerte Innere der malaiischen Halbinsel. Auf den etwa 500 Kilometern von Gemas nach Tumpat an der Ostküste fährst du durch Ackerland, Urwald und traditionelle Dörfer (*Kampong*).

Die Strecke wurde zu Beginn des 20. Jahrhunderts von tamilischen Arbeitern gebaut und diente ursprünglich dem Transport von Zinn und Kautschuk. Seit der 1938 erfolgten Freigabe für die Öffentlichkeit verkehren hier auch Personenzüge.

Die Wagen sind einfach, die Züge alt und langsam, Verspätungen nicht unüblich, und auch der Fahrkartenkauf kann dich vor Probleme stellen. All das sind jedoch Eigenheiten, die den Charakter der Strecke als wahres lokales Abenteuer nur hervorheben und dessen Authentizität beweisen.

TAMAN NEGARA, MALAYSIA
796. Eine Fahrt tief in den ältesten Regenwald
Wann: Ganzjährig
Breite: 4,3920° N, **Länge:** 102,4046° O

Der *Taman-Negara-Nationalpark* umfasst über 4300 Quadratkilometer malaiischen Dschungel, der als das älteste Waldgebiet der Welt gilt. Im beinahe menschenleeren Urwald leben Elefanten, Tiger, Tapire, Leoparden, Nashörner und unzählige Arten von Insekten. Hier wachsen Orchideen, Farne sowie die Riesenrafflesie, die größte Blume der Welt. Auf einer Nachtwanderung kannst du dir ein Bild von der schieren Größe des Waldes machen.

NÖRDLICHE HEMISPHÄRE 15°N bis 0°N

MALAKKA, MALAYSIA
797. Die Mischkultur der Peranakan
Wann: Ganzjährig
Breite: 2,2061° N
Länge: 102,2471° O

Drei Gemeinschaften bilden das Rückgrat der Gesellschaft von Malaysia: Malaien, Chinesen und Inder. So verwundert es nicht, dass hier auch eine einzigartige ethnische Gruppe lebt: die Peranakan, die ursprünglich aus der Verbindung von chinesischen Männern, die sich auf der Halbinsel niederließen, und malaiischen Frauen hervorgingen. Die Peranakan-Männer werden als *Baba* bezeichnet, die Frauen als *Nyonya*, und ein alternativer Name des Volkes ist deshalb Baba-Nyonya. Neben malaiischen Elementen zeichnet sich ihre Kultur durch die weitgehende Beibehaltung chinesischer Bräuche aus. Am lebendigsten ist die Peranakan-Kultur in Malakka, einer Stadt, die zum UNESCO-Weltkulturerbe zählt.

▼ KENIA
798. Im Norden Kenias auf einer Stammeshochzeit tanzen
Wann: Ganzjährig
Breite: 2,0048° N, **Länge:** 37,4985° O

Im Norden Kenias findet fast jede Woche eine Hochzeit statt. Die Frauen der Rendille tragen bunte Armbänder und Halsketten, die stämmigen Samburu-Krieger mit Federn geschmückte Kopfbedeckungen. Nimm mit Hunderten anderer Gäste am abendlichen Tanzfest teil. Es beginnt mit rhythmischen Trommeln und traditionellen Liedern und mündet in einen ansteckenden ekstatischen Taumel aus Singen und Luftsprüngen.

Tanzende Samburu-Krieger im Norden Kenias

NÖRDLICHE HEMISPHÄRE 15° N bis 0° N

BORNEO/MALAYSIA
799. Affen mit langen Nasen und ihre Verwandten
Wann: Ganzjährig
Breite: 1,7167° N
Länge: 110,4667° O

Im *Bako-Nationalpark* im malaysischen Bundesstaat Sarawak leben unter anderem drei Arten von Affen, darunter der nur auf Borneo vorkommende, stark gefährdete Nasenaffe. Über 100 dieser an ihren großen Hängenasen leicht zu erkennenden Tiere leben im Park. Sie kommen meist abends zum Strand, um in den Mangrovensümpfen nach Nahrung zu suchen. Makaken wirst du häufiger begegnen, und auch der Silberne Haubenlangur ist im Bako-Nationalpark zu Hause. Am intensivsten erlebst du den Park, wenn du in einem der Bungalows übernachtest, denn er erwacht in der Morgendämmerung zum Leben.

LAGOS, NIGERIA
800. Das Heiligtum des Afrobeat
Wann: Ganzjährig
Breite: 6,6229° N, **Länge:** 3,3591° W

Der auf die Afrobeat-Legende Fela Kuti zurückgehende *New African Shrine* gilt als einer der berühmtesten Nachtclubs Afrikas. Der von Fela selbst gegründete Vorgänger namens *Old African Shrine* wurde nach seinem Tod 1997 geschlossen, doch sein Sohn Femi sorgte für eine Wiedereröffnung als Zentrum für darstellende Kunst und funky Musik. Mach mit bei der jährlichen *Felabration*, einem Festival zu Ehren von Fela Kuti.

SARAWAK, BORNEO/MALAYSIA
801. Die Blume mit der größten Blüte aufspüren
Wann: Zur Blütezeit (unterschiedlich)
Breite: 1,6905° N
Länge: 109,8459° O

Namensgeber der *Rafflesia arnoldii* (Riesenrafflesie) waren Sir Thomas Stamford Raffles, 1811–1815 Gouverneur des damals britischen Java und ab 1817 von Benkulu auf Sumatra, sowie der Naturforscher Joseph Arnold, die die Pflanze mit einem malaiischen Führer 1818 auf Sumatra »entdeckten«. Eine Art dieser Aasblume kommt nur um Benkulu, die andere nur im Regenwald von Borneo vor. Sie besteht lediglich aus einer Blüte – ohne Stängel, Wurzeln oder Blätter – mit einem Durchmesser von bis zu einem Meter, deren Gewicht bis zu elf Kilogramm beträgt. Im Nationalpark Gunung Gading kannst du dich mit eigenen Augen davon überzeugen.

LAIKIPIA COUNTY, KENIA
802. Eine Safari abseits der befahrbaren Wege
Wann: Januar und Februar sowie Juli bis Oktober
Breite: 0,3771° N
Länge: 36,7884° O

Eine Kamelsafari lässt dir mehr Freiheiten als eine mit dem Geländewagen. Die Tiere tragen deine Ausrüstung, während du im kenianischen Laikipia County die Umgebung erkundest: Hochebenen mit Bächen und Flüssen, die fast das ganze Jahr über Wasser führen. Hier lebt etwa die Hälfte der Spitzmaulnashörner Kenias, wilde Hunde in Rudeln und eine wachsende Anzahl von Grevyzebras, dazu Giraffen, Elefanten, Flusspferde, Gazellen, Strauße, Adler und Chamäleons.

NÖRDLICHE HEMISPHÄRE 15°N bis 0°N

Ein idealer Ort für einen Cocktail: das *Raffles* in Singapur

▲ SINGAPUR
803. Ein nostalgischer Cocktail in Singapur
Wann: Ganzjährig
Breite: 1,2949° N
Länge: 103,8545° O

Das im Kolonialstil errichtete Raffles Hotel in Singapur strahlt heute wieder im Glanz seiner besten Tage. Es begrüßte im Laufe seiner Geschichte viele berühmte Gäste wie Hermann Hesse, Ernest Hemingway, Charlie Chaplin, Liz Taylor, Ava Gardner oder Michael Jackson.

PENANG, MALAYSIA
804. Bunt gemischtes Streetfood in Penang
Wann: Ganzjährig
Breite: 5,4000° N
Länge: 100,2333° O

Im bunten Mix der Straßenküche von Penang in Malaysia, der Hauptstadt des südostasiatischen Streetfoods, spiegelt sich das multikulturelle Erbe des Landes wider: Ob indisch, chinesisch, malaiisch oder Nyonya, eine Mischung aus malaiischer und chinesischer Küche – am besten probierst du sie alle aus.

ECUADOR
805. Eine Orchidee zum Blühen bringen
Wann: Ganzjährig
Breite: 0,0260° N, **Länge:** 78,6324° W
(El-Pahuma-Orchideenreservat)

Wähle die Orchidee gut aus, bevor du sie hegst und pflegst, bis sie aufblüht. Einige erfreuen dich bis zu sechs Monate lang, andere verblühen schon nach wenigen Stunden. Von den etwa 25 000 Orchideenarten kommen mindestens 4000 in Ecuador vor.

NÖRDLICHE HEMISPHÄRE 15°N bis 0°N

SINGAPUR
806. **Ein Blick in die Zukunft in einem Park in Singapur**
Wann: Ganzjährig
Breite: 1,3520° N
Länge: 103,8198° O

In *Gardens by the Bay*, einem etwa 100 Hektar großen Parkgelände in der Nähe des Jachthafens von Singapur, kannst du einen Blick auf die Zukunft grüner Städte werfen. Vom *Bay East Garden* mit seinen zwei riesigen Glashäusern, dem *Flower Dome* und dem *Cloud Forest*, genießt du einen wunderbaren Ausblick auf die Skyline der Stadt.

OTAVALO, ECUADOR
807. **Eine Handarbeit fertigen und auf dem Markt verkaufen**
Wann: Ganzjährig
Breite: 0,2343° N
Länge: 78,2611° W

Otavalo in Ecuador ist ein wahrer Farbenreigen: Hüte, Pullover, Taschen, Hemden und alles andere, was man aus Wolle machen kann. Die Bewohner der Stadt weben die Wolle selbst und fertigen daraus die Produkte, die auf dem lokalen Markt verkauft werden. Lass dich hier inspirieren und mache selbst etwas für den Verkauf Bestimmtes von Hand.

ECUADOR
808. **Kurze Naturdoku mit Kolibri**
Wann: Ganzjährig
Breite: 0,5525° N
Länge: 78,6115° W

Da Kolibris beim Futtern an einem Ort schweben, eignen sie sich ideal als Motive für Foto und Film. In Ecuador leben 163 Kolibri-Arten. Halte Ausschau, bis einer sich im Blickfeld deines Objektivs an einer Leckerei gütlich tut, und drehe eine kurze Naturdoku.

Löwen im Ngorongoro-Krater in Tansania (siehe Seite 402)

6. KAPITEL
SÜDLICHE HEMISPHÄRE

von 0° Süd bis 15° Süd

ITACARÉ, BRASILIEN
809. Die Kunst der Capoeira
Wann: Ganzjährig
Breite: 14,2791° S
Länge: 38,9946° W

Die Capoeira, die brasilianische Kampfkunst mit Tanz, Akrobatik und Musik, kam ursprünglich mit aus Angola verschleppten Sklaven nach Brasilien. In der Zeit der gewaltsamen Unterdrückung der Sklaven entwickelte sie sich zu einer Art Straßenkampftechnik und wurde vom brasilianischen Staat verboten.

Die Bewegungen der Capoeira verbinden physische Stärke mit Beweglichkeit und Eleganz, und das alles zum rhythmischen Klang des Berimbau, eines Musikbogens mit einer Saite aus Draht und einem ausgehöhlten Flaschenkürbis als Resonanzkörper. Um völlig in die Kunst und Kultur der Capoeira einzutauchen, fährst du am besten nach Itacaré im brasilianischen Bundesstaat Bahia.

SÜDLICHE HEMISPHÄRE 0°S bis 15°S

MINDO, ECUADOR
810. Ein angehender passionierter Vogelbeobachter
Wann: Ganzjährig
Breite: 0,0487° S
Länge: 78,7752° W

In Ecuador sind über 1600 Vogelarten heimisch, wobei der Nebelwald des Chocó mit der höchsten Artenkonzentration auftrumpfen kann. Spektakuläre Farbkombinationen und ein Wald von Schnäbeln und Schwänzen lassen Vogelbeobachter ihre Kameras mit Teleobjektiv zücken, um die sich schnell bewegenden Motive festzuhalten.

Die Vogelbeobachtung ist ein faszinierendes Hobby, das dich in die schönsten Regionen der Welt entführt und dir einen außergewöhnlichen Einblick in die Vielfalt der Natur gibt. Aber sei gewarnt: Sie ist alles andere als preisgünstig.

Ein Blutbürzelarassari in Ecuador

SÜDLICHE HEMISPHÄRE 0°S bis 15°S

GALAPAGOSINSELN
811. In den Fußstapfen von Charles Darwin
Wann: Ganzjährig
Breite: 0,7500° S
Länge: 90,3167° W

Am 15. September 1835 landete Charles Darwin auf einem kaum bekannten Archipel etwa 900 Kilometer vor der ecuadorianischen Küste, der von seltsamen Kreaturen bevölkert war. Sein fünfwöchiger Aufenthalt auf diesen unzugänglichen Inseln regte ihn zu seiner die Welt verändernden Evolutionstheorie an, die er 1859 unter dem Titel *On the Origin of Species* (deutsch *Über die Entstehung der Arten*, erstmals 1860) veröffentlichte.

Wandle auf den Galapagosinseln auf seinen Spuren. Ihrer einzigartigen Tierwelt kannst du aufgrund ihrer kaum vorhandenen Scheu vor dem Menschen aus nächster Nähe begegnen.

Je nach Jahreszeit triffst du hier auf Galápagos-Riesenschildkröten, brütende Fregattvögel, Blaufußtölpel oder Meeresleguane. Außerdem bevölkern auch Seelöwen, Pinguine, Grüne Meeresschildkröten, Gefleckte Adlerrochen sowie riesige Hammerhai-Schwärme die Galapagosinseln und die umliegenden Gewässer.

Zu den eindrucksvollsten Natursehenswürdigkeiten zählen die auf vielen der Eilande lebenden Darwinfinken mit von Insel zu Insel unterschiedlicher, an die lokale Umgebung angepasster Schnabelform. Diese Beobachtung spielte eine wichtige Rolle für Darwins Theorie der Evolution durch natürliche Auslese.

Meeresleguan auf den für Charles Darwin so wichtigen Galapagosinseln

SÜDLICHE HEMISPHÄRE   0°S bis 15°S

▼ NAIVASHASEE, KENIA
812. Wo die Welt auseinanderbricht
Wann: Ganzjährig
Breite: 0,7754° S
Länge: 36,3715° O

Am Großen Afrikanischen Grabenbruch driften die arabische und die afrikanische Kontinentalplatte mit einer Geschwindigkeit von beinahe 25 Millimetern pro Jahr auseinander. Mach dir in seinem südlichen Teil, dem Ostafrikanischen Graben mit seinen steil zum Tal abfallenden Flanken, ein Bild davon.

NAIROBI–MOMBASA, KENIA
813. Bahnfahrt mit Giraffenkulisse
Wann: Ganzjährig
Breite: 4,0500° S
Länge: 39,6667° O

Der Nachtzug von Nairobi nach Mombasa ist ein Muss für Weltenbummler. Schlafe in einem Zweibettabteil der 1. Klasse und genieße nach dem Aufwachen im Speisewagen einen feinen Kaffee, während draußen vor dem Fenster in den Nationalparks vor Mombasa Giraffen an dir vorbeiziehen.

NAIROBI, KENIA
814. Einem Vogel beim Schlüpfen zusehen
Wann: Ganzjährig
Breite: 1,2920° S
Länge: 36,8219° O

Einem kleinen Vogel beim Durchstoßen der Schale zuzusehen, ist die vielleicht entzückendste Art, die Ankunft neuen Lebens mitzuverfolgen. Die größten Eier legt der Vogel Strauß. Beim Besuch einer der riesigen Farmen in Kenia hast du die Chance, ein Straußenküken schlüpfen zu sehen.

Der Naivashasee in Kenia liegt im Ostafrikanischen Graben

SÜDLICHE HEMISPHÄRE 0°S bis 15°S

▶ NAIROBI, KENIA
815. Ein Elefantenbaby streicheln
Wann: Ganzjährig
Breite: 1,2920° S
Länge: 36,8219° O

Der *David Sheldrick Wildlife Trust* ist eine Art Waisenhaus für Elefanten und Nashörner und widmet sich ganz dem Schutz der afrikanischen Wildnis. Erlebe in diesem Park eine unvergessliche Begegnung mit den mächtigen Tieren aus nächster Nähe.

Ein Elefantenbaby im *David Sheldrick Wildlife Trust* in Nairobi

SALVADOR, BRASILIEN
816. Ein spiritistisches Ritual
Wann: Ganzjährig
Breite: 12,9731° S
Länge: 38,5099° W

Als Zeuge eines Candomblé-Rituals kannst du beobachten, wie die Teilnehmer beim rituellen Tanz zu den Trommelklängen in einen tranceähnlichen Zustand verfallen, während die Geister der Ahnen von ihnen Besitz ergreifen.

BELÉM (PARÁ), BRASILIEN
817. Die exotische Küche Amazoniens
Wann: Ganzjährig
Breite: 1,4558° S
Länge: 48,5039° W

Fisch bildet die Grundlage der Küche des brasilianischen Amazonasgebiets. Dabei stehen auch exotische Arten wie der bis zu 200 Kilogramm schwere *Pirarucu* (*Arapaima*) auf der Speisekarte. Nicht verpassen darfst du die *Tacacá*, eine Garnelensuppe mit *Jambú*, einer anästhetisch wirkenden Pflanze, die die Zunge betäubt.

MANAUS, BRASILIEN
818. Riesenameisen zum Fürchten
Wann: Ganzjährig
Breite: 3,0528° S
Länge: 60,0151° W

Die Ameisen der Gattung *Dinoporera* krabbeln auf Nahrungssuche mit hoher Geschwindigkeit über den Waldboden und injizieren mit ihrem Stachel der Beute das Nervengift Poneratoxin. Selbst bei Menschen verursacht es starke Schmerzen, die bis zu 48 Stunden anhalten können. Das Beobachten dieser über drei Zentimeter langen Riesenameisen ist ein kribbelndes und lehrreiches Erlebnis.

BAÑOS, ECUADOR
819. Ein Schwung über den Rand der Welt hinaus
Wann: Ganzjährig
Breite: 1,3964° S
Länge: 78,4247° W

Die *Casa del Arbol* ist ein Baumhaus in den ecuadorianischen Bergen mit einer ungewöhnlichen Zugabe: einer Schaukel über dem Abgrund. Wer den Mut hat und dem drohenden Sturz in den Tod die Stirn bietet, wird belohnt mit einer fantastischen Aussicht auf den sehr aktiven Vulkan Tungurahua auf der anderen Seite sowie dem Gefühl zu fliegen.

SÜDLICHE HEMISPHÄRE 0°S bis 15°S

▶ ECUADOR
820. Eine waghalsige Zugfahrt
Wann: Ganzjährig
Breite: 1,8312° S
Länge: 78,1834° W

Der Einfallsreichtum der Menschen bringt uns immer wieder zum Staunen. Ein anschauliches Beispiel dafür sind die Spuren menschlicher Ingenieurskunst an der *Nariz del Diablo* (»Teufelsnase«) in Ecuador. Sie liegt an der Bahnstrecke von Riobamba nach Simbabe. Dort folgt einer Kurvenfahrt durch eine Vulkanallee hinter Alausí die todesmutige Strecke über den »Teufelsfelsen«. Der fast senkrechte, 100 Meter hohe Felsen wird mit beinahe übereinanderliegenden, durch zwei Spitzkehren verbundenen Gleisen überwunden. Ein Blick aus dem Fenster lässt bei manchem Passagier mulmige Gefühle aufkommen.

Bahnfahrt zur *Nariz del Diablo* in Ecuador

CUENCA, ECUADOR
821. Spanische Kolonialatmosphäre in Ecuador
Wann: Ganzjährig
Breite: 2,8992° S
Länge: 79,0153° W

Auf einem Spaziergang durch die gepflasterten Straßen der zum UNESCO-Weltkulturerbe gehörenden ecuadorianischen Stadt Cuenca, vorbei an bezaubernden Kirchtürmen, Rotunden und Häusern mit Bogenfenstern, scheint man unmerklich in die Zeit der spanischen Kolonialherrschaft zurückversetzt worden zu sein.

ECUADOR
822. Ein Schritt auf die andere Seite der Welt
Wann: Ganzjährig
Breite: 0,0000°
Länge: 78,4544° W

La Mitad del Mundo, die »Mitte der Welt«, in Ecuador, ist eine Parkanlage mit einem Äquatormonument. Eine Linie auf dem Boden markiert den Verlauf des nullten Breitengrades – gemäß modernen GPS-Messungen befindet sich dieser aber etwa 240 Meter nördlich davon. Im nahe gelegenen Intiñan-Solarmuseum kannst du den echten Äquator überqueren und mit einem Schritt die andere Hälfte der Welt betreten.

BEI LUANDA, ANGOLA
823. Alienfeeling in einer Mondlandschaft
Wann: Ganzjährig
Breite: 8,8803° S
Länge: 13,1964° O

Das angolanische *Miradouro da Lua* erinnert auf den ersten Blick an Arizona – oder auch an einen fremden Planeten aus einem Sci-Fi-Film. Die magische Erosionslandschaft von *Miradouro da Lua*, in der Nähe der Hauptstadt Luanda mit ihren psychedelisch wirkenden Sonnenuntergängen über den roten Felsen, ist ein unvergleichlicher Anblick.

SÜDLICHE HEMISPHÄRE 0° S bis 15° S

NAIROBI, KENIA
824. Ein wenig Wagemut bei der Auswahl des Essens
Wann: Ganzjährig
Breite: 1,3291° S
Länge: 36,8013° O

Ob frittierte Taranteln in Kambodscha, fermentierte Eier in China oder giftige Ameisenlarven in Mexiko – die Vielfalt extravaganter Speisen kennt keine Grenzen. Die kulinarische Weltreise der speziellen Art wäre nicht vollständig ohne den Hai in Island, die Elchnase in Kanada und die Heuschrecken in Schokolade in Israel.

Im *Carnivore Restaurant* in Nairobi gibt es ganz viel ungewöhnliches Fleisch an einem Ort. Der Kellner serviert dir hier von Krokodilfleisch am Grillspieß über Stierhoden bis zu Straußenfleischbällchen so viele Spezialitäten, bis du die Flagge streichst. Besuche dieses Restaurant nur mit offenem Geist und leerem Magen.

BAÑOS, ECUADOR
825. In freier Fahrt mit dem Fahrrad den Berg hinabsausen
Wann: Ganzjährig
Breite: 1,3928° S
Länge: 78,4269° W

Die ecuadorianische Stadt Baños wird ihrem Namen mit den unzähligen schwefelhaltigen heißen Quellen, in deren Wasser die Einheimischen schon seit langer Zeit baden, mehr als gerecht. Die zahlreichen Bilderbuch-Wasserfälle in den umliegenden Hügeln entdeckst du am besten mit dem Fahrrad oder Mountainbike auf einer rasanten Abfahrt. Die 64 Kilometer lange Straße von Baños ins etwa 920 Meter tiefer gelegene Puyo führt an zwölf Wasserfällen, darunter dem berühmten *Pailón del Diablo* (»Teufelskessel«), vorbei. Zurück bergaufwärts nach Baños geht es mit dem Bus – das Fahrrad kannst du auf dem Dach verstauen.

▶ VULKAN-NATIONALPARK, RUANDA
826. Eine Gorillafamilie in freier Wildbahn beobachten
Wann: Ganzjährig
Breite: 1,5098° S
Länge: 29,4875° O

Entfessle den Verhaltensforscher in dir mit einer geführten Wanderung zu den Berggorillas im Vulkan-Nationalpark von Ruanda. Seine vielen Gipfel wurden im Film *Gorillas im Nebel* mit Sigourney Weaver als Verhaltensforscherin Dian Fossey verewigt. Hier, im ruandischen Teil des ehemaligen Albert-Nationalparks, leben fast 400 Gorillas, und so ist es fast sicher, dass du einem begegnen wirst.

NGORONGORO-KRATER, TANSANIA
827. Afrikas Garten Eden, die Wiege der Menschheit
Wann: Am besten Juni bis September; April und Mai sehr feucht, aber weniger von Touristen überlaufen
Breite: 3,1740° S, **Länge:** 35,5639° O

Seit über drei Millionen Jahren siedeln im riesigen, fruchtbaren Ngorongoro-Krater, der zum UNESCO-Welterbe gehört, schon Menschen. Seit noch viel grauerer Vorzeit wimmelt es hier von Wildtieren, darunter Löwen, Zebras, Gnus und Nashörner.

Ein Berggorilla in seiner natürlichen Umgebung in Ruanda

SÜDLICHE HEMISPHÄRE   0°S bis 15°S

JEMBRANA, BALI, INDONESIEN
828. **Ein verrücktes Wasserbüffelrennen mit Modenschau**
Wann: Juli bis November
Breite: 8,3000° S
Länge: 114,6667° O

Noch belustigender als die jährlichen Wasserbüffelrennen in Jembrana sind vermutlich nur die Büffel-Modenschauen, bei denen sich die Tiere von Horn bis Huf in Stoffe mit Ornamenten gehüllt dem Urteil der Preisrichter stellen.

Den ernsthaften Teil des Festes aber bilden natürlich die Makepung genannten Büffelrennen. Dabei kämpfen die Jockeys auf traditionellen Holzpflügen sitzend, die von einem Büffelpaar gezogen werden, um den begehrten *Governor's Cup*. Die Rennen finden in der Regel am frühen Sonntagmorgen statt. Die Geschicklichkeit, der zur Schau gestellte Machismo der Reiter und der farbenfrohe Hornschmuck aus Stoff, Blumen und Glöckchen bringen dich sicher zum Staunen. Genieße die festliche Atmosphäre mit Musik und anderer Unterhaltung in vollen Zügen.

INDONESIEN
829. **Eine Tasse edelsten Kaffees genießen**
Wann: Ganzjährig
Breite: 0,5897° S
Länge: 101,3431° O

Der teuerste Kaffee der Welt kostet geröstet vor Ort etwa 75 Euro pro Kilo und in Europa schon mal 300 Euro oder mehr. Seinen Spitznamen »Katzenkaffee« hat er nicht ohne Grund: Er wird aus Bohnen hergestellt, die der Fleckenmusang, eine Schleichkatzenart, unverdaut ausgeschieden hat. Das putzige Tierchen isst gern Kaffeefrüchte, verdaut aber nur ihr Fruchtfleisch. Die Exkremente mit den Kaffeebohnen werden gewaschen und anschließend die Bohnen geröstet.

YOGYAKARTA, JAVA, INDONESIEN
830. **Indonesische Batiken selbst gemacht**
Wann: Ganzjährig
Breite: 7,8014° S
Länge: 110,3644° O

Als »Batik« wird ein traditionelles, ursprünglich von der indonesischen Insel Java stammendes Textilfärbeverfahren bezeichnet, bei dem Muster auf Stoff mithilfe von Wachs abgedeckt werden, damit sie beim anschließenden Färben erscheinen. Lerne die Batik-Kunst in Yogyakarta, das für die Herstellung von Batikstoffen und deren großes Angebot auf dem dortigen Markt von Beringharjo bekannt ist.

INDONESIEN
831. **Die Frucht mit dem strengen Geruch**
Wann: Ganzjährig
Breite: 0,7892° S
Länge: 113,9213° O

Die stachligen grünen Durians oder Zibetfrüchte als eher gewöhnungsbedürftig zu bezeichnen, ist eine Untertreibung: Ihr Geruch wurde schon mit demjenigen von Fäkalien oder faulendem Fleisch verglichen. Enthusiasten heben dagegen den angenehm süßen Geschmack der Früchte hervor, der an Vanille erinnert. Du kannst das Probieren ja im Sinne eines südostasiatischen Initiationsritus auffassen.

INDONESIEN
832. **Schnappschuss von einem Eisvogel**
Wann: Ganzjährig
Breite: 0,7892° S
Länge: 113,9213° O

Die wunderschönen Eisvögel kommen auf der ganzen Welt vor, in besonders großer Vielfalt jedoch in Indonesien. Unter anderem lebt hier der zierliche, königsblaue und weiße Spiegelliest. Am besten legst du dich an einem Dschungelteich mit der Kamera auf die Lauer. Dorthin kommt er auf der Suche nach Nahrung.

SÜDLICHE HEMISPHÄRE   0° S bis 15° S

▼ STONE TOWN, SANSIBAR, TANSANIA
833. Sich in den verwinkelten Gassen der Altstadt von Sansibar verlieren
Wann: Ganzjährig
Breite: 6,1622° S
Länge: 39,1921° O

Stone Town, der älteste Teil von Sansibar-Stadt, besteht aus einem Labyrinth von engen, verwinkelten Gassen, die aus dem 19. Jahrhundert stammen, als die Straßen noch keine für Autos ausreichende Breite aufweisen mussten.

Verliere dich in den Gassen der Altstadt, um ihre einzigartige Atmosphäre einzuatmen. Unterwegs kannst du die geschnitzten Holztüren bestaunen, in den Gewürzläden in der Gizenga-Straße vorbeischauen und die vielen »merkwürdigen« Alltagsdinge in Augenschein nehmen, die sonst noch in der »Steinernen Stadt« feilgeboten werden.

SANSIBAR, TANSANIA
834. Einen Kraken zum Abendessen fangen
Wann: Ganzjährig (bei Ebbe)
Breite: 6,3159° S
Länge: 39,5446° O

Kraken sind kluge Tiere: Sie verstecken sich, indem sie in Felslöcher kriechen und den Zugang mit einem Stein versperren. Bei Ebbe aber bist du der Gescheitere und kannst einen zum Abendessen fangen.

Die engen Gassen von Sansibar-Stadt

SÜDLICHE HEMISPHÄRE   0°S bis 15°S

▼ MOUNT MERU, TANSANIA
835. Atemberaubender Sonnenaufgang über dem Kilimandscharo
Wann: Juni bis Februar
Breite: 3,2392° S
Länge: 36,7627° O

Der dreitägige Aufstieg auf den 4562 Meter hohen Mount Meru in Tansania mag dir anfangs locker vorkommen, aber am dritten Tag beginnt der Spaß (genauer gesagt: die Qual) erst wirklich. Du brichst eine Stunde nach Mitternacht auf, um seinen Gipfel beziehungsweise seinen Kraterrand bei Sonnenaufgang zu erreichen. Die Erklimmung von Tansanias zweithöchstem Berg dient nicht selten »nur« der Akklimatisierung vor dem Gipfelsturm auf den Kilimandscharo, obwohl die Aussicht mindestens ebenso spektakulär ist wie diejenige von seinem großen Bruder. Ergötze dich am Sonnenaufgang, der den Kilimandscharo in ein buntes Kleid aus Rot, Orange und Pink hüllt.

Sonnenaufgang über dem Kilimandscharo

GALAPAGOSINSELN
836. Der Balztanz des Blaufußtölpels
Wann: Frühling
Breite: 0,6518° S
Länge: 90,4056° W

Der Blaufußtölpel ist ein Vogel, der seinem Namen mit dem tollpatschigen Aussehen und den hellblauen Füßen alle Ehre macht. Beobachte ihn, wenn er vor dem Nistplatz auf und ab stolziert, um einen Partner anzuziehen.

SÜDLICHE HEMISPHÄRE 0°S bis 15°S

ARUSHA, TANSANIA
837. Chamäleons beim Farbwechsel zusehen
Wann: Ganzjährig
Breite: 3,2088° S
Länge: 36,7157° O

Nach Madagaskar ist die Artenvielfalt der Chamäleons in Tansania am zweitgrößten. Sieh ihnen zu, wie sie die Bewegung der Äste nachahmen, ihre Augen um 360 Grad drehen und ihre klebrigen Zungen ausstrecken, um die Beute zu verschlingen.

DEMOKRATISCHE REPUBLIK KONGO
838. Auf Kamerapirsch nach den seltensten Vögeln der Welt
Wann: Juni bis August
Breite: 1,0554° S
Länge: 23,3645° O (Township Ikela)

Der erst kürzlich in den Tieflandwäldern der Demokratischen Republik Kongo wiederentdeckte Kongopfau mit seinem spektakulären Federkleid gilt als der in freier Wildbahn am seltensten zu beobachtende Vogel der Welt. Auf einer Camping- und Trekkingtour im nördlichen Kongobecken kannst du dich mit der Kamera auf die Pirsch nach diesen Schönheiten machen, die etwa achtzig Jahre lang als ausgestorben galten.

SÜDLICHE HEMISPHÄRE 0° S bis 15° S

▶ FERNANDO DE NORONHA, BRASILIEN
839. Der Himmel auf Erden vor der brasilianischen Atlantikküste
Wann: Ganzjährig
Breite: 6,5181° S
Länge: 49,8624° W

Fernando de Noronha ist eine Inselgruppe etwa 350 Kilometer vor der brasilianischen Atlantikküste von umwerfender Schönheit. Wegen ihres bemerkenswerten Ökosystems gehört sie zum UNESCO-Weltnaturerbe.

Viele Besucher der Inseln strömen wegen ihrer reichen Bestände an Meeresbewohnern wie Meeresschildkröten, Fleckendelfinen und Kurzflossen-Grindwalen zum Schnorcheln oder Tauchen an die unberührten Strände. An Land warten die Inseln mit erstklassigen Wanderungen auf. Meist übernachten Touristen in Vila dos Remédios mit seinen malerischen Rokoko-Häusern oder in Porto de Santo Antônio, dem einzigen Hafen.

Die Sache hat einige Haken: Die Besucherzahlen sind stark limitiert, und Touristen müssen eine Umweltsteuer entrichten. Außerdem kann der Aufenthalt nicht gerade als preiswert bezeichnet werden, und die Mücken sind eine wahrhafte Plage. Wenn dir ein paar Unannehmlichkeiten nichts ausmachen, winkt dir ein Aufenthalt im Paradies.

MANAUS, BRASILIEN
840. Mit dem Hausboot auf dem Amazonas
Wann: Ganzjährig
Breite: 3,0528° S
Länge: 60,0151° W

Das Einzugsgebiet des Amazonas, des je nach Messart längsten oder zweitlängsten Flusses der Welt, nimmt die Hälfte Brasiliens ein. Über den Strom fließt ein Fünftel des Süßwassers des Planeten zum Atlantik, und etwa 80 000 Kilometer der Flussläufe in seinem Einzugsgebiet sind schiffbar.

Am besten erkundest du das gewaltige Amazonasgebiet deshalb mit einem kleinen Hausboot auf den Wasserstraßen und Kanälen des Flusssystems. Du fährst dabei durch spektakuläre Dschungellandschaften und kannst vom Boot aus ausgezeichnet die Tiere im Fluss und an Land beobachten.

Der Amazonas zählt zu den artenreichsten Regionen der Erde: Zehn Prozent aller bekannten Arten leben im dortigen Regenwald. Auf kleineren Ruderbooten kannst du auf schmalen Kanälen tief in den Dschungel vordringen und Fauna und Flora aus nächster Nähe beobachten.

Der Himmel auf Erden auf den Inseln von Fernando de Noronha vor Brasilien

GILI-INSELN, LOMBOK, INDONESIEN

841. Die friedliche Atmosphäre einer verkehrsfreien Insel

Wann: Ganzjährig
Breite: 8,3500° S
Länge: 116,0600° O

Die indonesischen Gili-Inseln in der Balisee vor der Nordwestküste Lomboks gelten mit Recht als von Sand gesäumte Eilande des Friedens. Hier gibt es keinen Straßenverkehr, und so stört kein Motorenlärm deinen Aufenthalt.

INDONESIEN

842. Die weltgrößte Echse

Wann: Ganzjährig
Breite: 8,5433° S
Länge: 119,4894° O

Der Komodowaran oder Komododrache wurde erst vor hundert Jahren entdeckt. Im *Komodo-Nationalpark*, der seit 1991 zum UNESCO-Weltnaturerbe gehört, kannst du einen Blick auf ein paar der beinahe 6000 dort lebenden Riesenechsen werfen.

MARQUESAS-INSELN, FRANZÖSISCH-POLYNESIEN

843. Eine Schifffahrt zum Ende der Welt

Wann: April bis September
Breite: 8,8605° S
Länge: 140,1421° W (Insel Nuku Hiva)

Wenn du zerklüftete Vulkanlandschaften am Ende der Welt bevorzugst, dann ist eine Schifffahrt zu einer der entlegensten Inselgruppen genau das Richtige für dich. Etwa 1600 Kilometer nordöstlich von Tahiti und 4800 Kilometer von Mexiko liegt im südlichen Pazifik das Bilderbuch-Paradies der Marquesas-Inseln.

Sie gehören zu Französisch-Polynesien, und die Reise mit dem Schiff zu den Marquesas ist nicht einfach zu organisieren. Am leichtesten gelangst du von Mexiko oder den Galapagos-Inseln dorthin, von wo einige Frachtfirmen Reisemöglichkeiten zu den Marquesas auch für Passagiere anbieten.

SÜDLICHE HEMISPHÄRE 0°S bis 15°S

PAPUA-NEUGUINEA
844. Paradiesvogeltanz tief im Dschungel
Wann: Ganzjährig
Breite: 5,8667° S, **Länge:** 144,2167° O

Tief im Regenwald von Papua-Neuguinea kannst du Paradiesvögel-Männchen dabei beobachten, wie sie mit spektakulären Tanzdarbietungen einen Partner zu gewinnen versuchen.

▼ PAPUA-NEUGUINEA
845. Von den Asaro Mudmen verwunschen
Wann: Ganzjährig
Breite: 9,4438° S
Länge: 147,1802° O

Wenige Länder haben alte Traditionen und den Sinn für ihre »Andersartigkeit« so bewahrt wie Papua-Neuguinea. Ein gutes Beispiel hierfür ist der skurrile Tanz der Asaro Mudmen, der uns Europäer erschaudern lässt. Beobachte die geisterhaften Figuren, wie sie, weiß vom Schlamm, mit großen, Grimassen schneidenden Tonköpfen und scharfspitzigen Jagdspeeren in der Hand die Zuschauer mit ihren durch Mark und Bein gehenden Rhythmen zu verspotten und verwünschen scheinen.

BOLIVIEN
846. Mit Amazonasdelfinen schwimmen
Wann: Mai bis Oktober
Breite: 14,4422° S, **Länge:** 67,5283° W

Der vielleicht überraschendste Bewohner der durch den *Nationalpark Madidi* mäandernden Flüsse mit ihrem teefarbenen Wasser sind die Bolivianischen Amazonasdelfine. Um diese verspielten Kreaturen besser kennenzulernen, schwimmst du am besten ein Stück neben ihnen her.

Die geisterhaften Asaro Mudmen von Papua-Neuguinea

SÜDLICHE HEMISPHÄRE   0° S bis 15° S

MALAWISEE, MALAWI
847. Ein einzigartiges Musikfestival in Afrika
Wann: September bis Oktober
Breite: 11,8817° S
Länge: 34,1694° O

Das *Lake of Stars*-Musikfestival findet an einem Strand des Malawisees statt. Dort tanzt das Publikum bis zum Morgengrauen, um den atemberaubenden Sonnenaufgang aus dem Wasser nicht zu verpassen. Lass dich von afrikanischer und europäischer Musik verzaubern.

MALAWISEE, MALAWI
848. Wasserskifahren auf dem Malawisee
Wann: Ganzjährig
Breite: 11,6701° S
Länge: 34,6856° O

Der beinahe 30 000 Quadratkilometer große Malawisee gilt als Wassersport-Mekka und vielleicht bester Spot zum Wasserskifahren. Wer lieber langsamer unterwegs ist, hat die Auswahl zwischen Kajakfahren, Schnorcheln und Bootstouren.

SAMOA
849. Sonnenaufgang vor dem Rest der Welt
Wann: Ganzjährig
Breite: 13,4993° S
Länge: 172,7872° W

Die Schönheit eines Sonnenaufgangs auf der südpazifischen Bilderbuchinsel Samoa ist kaum zu überbieten. Sei unter den Ersten auf der Erde, die den neuen Tag oder das neue Jahr begrüßen.

▶ SAMBIA
850. Die Wanderung der Flughunde
Wann: Oktober bis Dezember
Breite: 12,5833° S
Länge: 30,2000° O

Jedes Jahr kommen etwa zehn Millionen putziger Flughunde aus dem Kongo in ein kleines Waldgebiet im Kasanka-Nationalpark in Sambia. Das Schauspiel, wenn sie auffliegen und sich der Himmel schwarz färbt, ist unvergleichlich.

Flughunde im Kasanka-Nationalpark in Sambia

SÜDLICHE HEMISPHÄRE 0° S bis 15° S

SERENGETI, TANSANIA
851. Die Wanderung der Gnus und Zebras
Wann: Juli bis Oktober
Breite: 6,3690° S
Länge: 34,8888° O

Der Anblick der weltweit größten Wanderung von Landsäugern in der Serengeti stellt einen der Höhepunkte Afrikas dar: Über eine Million Gnus und 200 000 Zebras wandern auf Nahrungssuche durch die etwa 30 000 Quadratkilometer große Savanne bis zu ihrem nördlichen Ende im kenianischen Massai-Mara-Reservat. Beobachte sie im Flusstal des Seronera, wo du in Camps übernachten und den Höhepunkt der Stampede auf organisierten Safaris miterleben kannst.

SALVADOR, BRASILIEN
852. Die Farbenpracht der Kolonialhäuser
Wann: Ganzjährig
Breite: 12,9731° S, **Länge:** 38,5099° W

Die Kolonialhäuser im *Pelourinho* (»Pranger«), einem Teil der Oberstadt der brasilianischen Stadt Salvador, leuchten in allen möglichen Farben: Grün, Gelb, Rot, Rosa, Blau, Orange – und das alles auf einer Seite der Straße. Aber nicht nur vor Farben strotzt diese besondere Gegend der ersten Hauptstadt Brasiliens, sondern auch von Kultur, denn in vielen Gebäuden findest du Musik-, Tanz- oder Capoeira-Schulen. Feiere mit bei der Dienstagabendparty, wenn sich die gepflasterten Straßen mit Musikern und Tänzern füllen.

▶ MACHU PICCHU, PERU
853. Wanderung von Cuzco nach Machu Picchu auf dem alten Inka-Pfad
Wann: Ganzjährig
Breite: 13,1631° S
Länge: 72,5450° W

Die alte Inkastadt Machu Picchu liegt in den peruanischen Anden inmitten einer atemberaubenden Kulisse und bietet einen faszinierenden Einblick in eine uralte Zivilisation.

Die gut erhaltene Ruinenstadt kannst du auf einem Tagesausflug von Cuzco aus besichtigen oder auch auf einer längeren, aber nicht allzu beschwerlichen Bergwanderung erreichen. Sie dauert vier Tage und folgt in weiten Teilen der Route des Inka-Pfads. Den Höhepunkt der Wanderung bildet der Augenblick, in dem Machu Picchu zum ersten Mal vor deinen Augen erscheint: am Sonnentor. Manche Wanderer richten es so ein, dass sie bei Sonnenaufgang dort ankommen und Machu Picchu, das auf ihre Entdeckungstour wartet, sich ihnen in einem bezaubernden Licht präsentiert.

PERU
854. Alpakas, Guanakos, Lamas und Vicuñas
Wann: Ganzjährig
Breite: 14,7502° S
Länge: 74,3822° W

Bei einem Besuch des Vicuña-Nationalparks *Pampas Galeras* in den peruanischen Hochanden lernst du die verschiedenen Neuweltkamelarten kennen. Du erfährst, dass man das Lama an seinen langen Ohren, das Alpaka dagegen an seinem flachgedrückten Gesicht erkennt. Ihre bis heute wild lebenden Vorfahren sind für das Alpaka das hirschartige Vicuña (Nationaltier von Peru) und für das Lama das größere Guanako.

Der alte Inka-Pfad führt zur Ruinenstadt Machu Picchu in den Anden

SÜDLICHE HEMISPHÄRE   0°S bis 15°S

AUSTRALIEN
855. Auf Krokodilsuche im Norden Australiens
Wann: Ganzjährig
Breite: 13,0922° S
Länge: 132,3937° O

Der Kakadu-Nationalpark in der Region der drei Alligators Rivers im australischen Bundesstaat Northern Territory ist etwa halb so groß wie die Schweiz und beherbergt etliche bedrohte Tierarten. Halte Ausschau nach den liebevoll »Saltie« genannten Leistenkrokodilen, die oft bis zu zwei Meter lang werden und als einzige Krokodilart im Salz- und im Süßwasser leben.

WEIHNACHTSINSEL, AUSTRALIEN
856. Eine Krabbe, die auf Palmen klettert
Wann: Ganzjährig (Wanderung im Oktober und November)
Breite: 10,4475° S, **Länge:** 105,6904° O

Als Fan wundersamer Tierarten kommst du am Palmendieb oder Kokosnussräuber, dessen größte Population auf der australischen Weihnachtsinsel lebt, kaum vorbei. Dort kannst du die Krustentiere von der Größe einer Katze und mit einer Beinlänge von über 75 Zentimetern dabei beobachten, wie sie auf die Bäume klettern und Kokosnüsse knacken.

CUZCO, PERU
857. Ein Fest zu Ehren des Inka-Sonnengottes
Wann: 24. Juni
Breite: 13,5050° S
Länge: 71,9801° W

In den Ruinen der um 900 errichteten Inkafestung *Sacsayhuamán* (»gesättigter Falke«) mit ihren zyklopischen Zickzackmauern, die am Rande der peruanischen Andenstadt Cuzco liegt, wird heutzutage zur Wintersonnenwende am 24. Juni *Inti Raymi*, das Sonnenfest, gefeiert. Hier kannst du theatralischen Inszenierungen des Inkafestes zu Ehren des Sonnengottes Inti mit Lamas, Prozessionen, Musik und Volkstanz beiwohnen.

TIPÓN BEI CUZCO, PERU
858. Meerschweinchen gegrillt in Peru
Wann: Ganzjährig
Breite: 13,5708° S
Länge: 71,7831° W

In Peru gehört das Cuy oder Riesenmeerschweinchen – in Südamerika werden auch alle anderen Meerschweinchen so bezeichnet – zum Speiseplan. Es darf meist frei in der Küche herumlaufen, bevor es am Spieß gegrillt oder anders zubereitet wird. Versuche es in Tipón bei Cuzco, das berühmt ist für seine *Cuyerias*.

HUACACHINA, PERU
859. In einem Buggy durch die Dünen kurven
Wann: Ganzjährig
Breite: 14,0875° S
Länge: 75,7633° W

Donnere wie Mad Max ein paar Stunden lang im Buggy durch die Sanddünen von Huacachina. Wenn du ihn wieder abgestellt hast, kannst du einen der herrlichen Sonnenuntergänge genießen, beim Sandboarding Spaß haben und danach in der Partystadt die ganze Nacht durchfeiern.

PERU
860. Einen Ara in freier Wildbahn beobachten
Wann: Ganzjährig
Breite: 12,5825° S
Länge: 69,1933° W

Der beste Ort, um die bunten Aras zu beobachten, ist die größte Tonerde-Salzlecke der Welt im peruanischen Amazonasgebiet. Die Vögel strömen am frühen Morgen hierher, um ihren Speisezettel mit Tonerde zu bereichern – ein unglaubliches Schauspiel.

Die mysteriösen Nazca-Linien in Peru

PERU
861. Das Rätsel der geheimnisvollen Nazca-Linien

Wann: Ganzjährig
Breite: 14,7390° S
Länge: 75,1300° W

Wenn du in einem kleinen Flugzeug über die Nazca-Ebene fliegst, wirst du sofort die vielen Zeichnungen (Geoglyphen) in der Wüste entdecken, zum Beispiel eine riesige Spinne, einen Kondor sowie Hunderte gerader Linien und geometrischer Formen.

Die Linien stammen aus der Zeit der Nazca-Kultur (200 v. Chr. bis 600 n. Chr.) und entstanden, indem man die oberste Gesteinsschicht wegbürstete, um den hellen Sand darunter freizulegen. In der trockenen, windstillen Wüste bildete dieser Sand eine Kruste und erodierte nicht, sodass die Linien noch heute zu sehen sind.

Warum und wie die Nazca-Leute derart immense Formen lange vor der modernen Ära des Fliegens in die Wüste zeichneten, ist bis heute ein Rätsel geblieben. Kannst du es vielleicht lösen?

Uluru im australischen Bundesstaat Northern Territory (siehe Seite 435)

7. KAPITEL
SÜDLICHE HEMISPHÄRE
von 15° Süd bis 30° Süd

SÜDLICHE HEMISPHÄRE   15°S bis 30°S

Ein Kondor hoch über dem Colca-Canyon

▲ COLCA-CANYON, PERU
862. Die mächtigen Schwingen des Kondors
Wann: Ganzjährig (am besten bei Sonnenaufgang)
Breite: 15,6093° S, **Länge:** 72,0896° W

Der majestätische Anblick eines Andenkondors, der an den steilen Felsen einer Schlucht entlanggleitet, ist überwältigend. Die Flügelspannweite des größten (fliegenden) Vogels der westlichen Hemisphäre beträgt manchmal über drei Meter.

RAROTONGA, COOKINSELN
863. Zu südpazifischer Musik schunkeln
Wann: April oder Mai
Breite: 21,2292° S
Länge: 159,7763° W

Verpasse auf den Cookinseln nicht die authentischen polynesischen Tänze. Während des *Island Dance Festival* in Rarotonga zeigen sich die Insulaner bei dieser traditionellen Kunstform von ihrer besten Seite.

CHIRUNDU, SAMBIA/SIMBABWE
864. Kanusafari auf dem Sambesi
Wann: Ganzjährig
Breite: 16,0271° S
Länge: 28,8509° O

Die Kanusafaris auf dem Sambesi führen durch unberührte Wildnis. Am empfehlenswertesten sind dabei die viertägigen Touren von Chirundu zum *Mana-Pools-Nationalpark*.

SÜDLICHE HEMISPHÄRE 15° S bis 30° S

TITICACASEE, BOLIVIEN
865. Auf einer schwimmenden Insel
Wann: Ganzjährig
Breite: 15,9254° S
Länge: 69,3354° W

Auf den schwimmenden Inseln im Titicacasee lebt die indigene Volksgruppe der Urus. Sie bauen die Wohninseln und ihre Häuser aus getrocknetem Totoraschilf, das regelmäßig erneuert werden muss.

POTOSÍ, BOLIVIEN
866. Im Kriechgang durch eine Silbermine
Wann: Ganzjährig
Breite: 19,5722° S
Länge: 65,7550° W

Die Luft in der Silbermine von Potosí ist heiß und stickig, und die Tunnel sind sehr eng – nichts für klaustrophobisch Veranlagte. Kein Wunder, dass die Bergleute Opfergaben in Form von Zigaretten und Alkohol mit in die Tiefe nehmen, um El Tío, den Gott dieser Unterwelt, zu besänftigen.

LA PAZ–EL ALTO, BOLIVIEN
867. Eine Seilbahn für Pendler
Wann: Ganzjährig
Breite: 16,4897° S
Länge: 68,1193° W

In Bolivien leben die einzigen Pendler der Welt, die meist mit der Seilbahn reisen. Ein Seilbahnnetz verbindet den tiefer gelegenen Regierungssitz La Paz mit El Alto, das bis zu 4150 Meter über dem Meeresspiegel liegt und in dem sich der Flughafen befindet. Ein spannendes urbanes Seilbahnerlebnis.

▶ AREQUIPA, PERU
868. In einem peruanischen Kloster zur Gelassenheit finden
Wann: Ganzjährig
Breite: 16,4090° S
Länge: 71,5375° W

Wenn du durch das Eingangstor des Klosters *Santa Catalina* in Arequipa schreitest, betrittst du eine Oase mit Arkaden, Brunnen, Höfen und Gärten. In diesem ruhigen Klosterbezirk, der sich über einen ganzen Stadtteil erstreckt, führen enge Gassen in leuchtenden Ockertönen von Kapellen zu Wohnquartieren und von Wäschereien zu Innenhöfen.

Gelassenheit im Kloster *Santa Catalina* in Arequipa

SÜDLICHE HEMISPHÄRE   15°S bis 30°S

▶ BAHIA, BRASILIEN
869. Ein kühler Schluck aus der Kokosnuss
Wann: Ganzjährig
Breite: 16,4871° S
Länge: 39,0789° W (Arraial d'Ajuda)

Die erfrischende Wirkung von Kokosmilch aus der Nuss genießt du am besten am Strand bei heißem Wetter.

Ein erfrischender Schluck direkt aus der Kokosnuss in Bahia

LA PAZ–COROICO, BOLIVIEN
870. Die »gefährlichste Straße der Welt«
Wann: Ganzjährig
Breite: 16,4897° S
Länge: 68,1193° W (La Paz)

Die als »Todesstraße« bekannte, etwa 70 Kilometer lange Schotterpiste von La Paz und Coroico überwindet von ihrem höchsten Punkt auf dem La-Cumbre-Pass bis hinunter nach Coroico rund 3500 Höhenmeter. Die schmale Straße an den steilen Berghängen forderte infolge der fehlenden Leitplanken und häufigen Erdrutsche in der Vergangenheit zahlreiche Opfer. Erlebe die heute von Kraftfahrzeugen nur noch wenig befahrene »gefährlichste Straße der Welt« auf einer geführten Mountainbiketour.

LA PAZ, BOLIVIEN
871. Der »Hexenmarkt« von La Paz
Wann: Ganzjährig
Breite: 16,5000° S
Länge: 68,1500° W

Die kleinen Läden des »Hexenmarktes« in La Paz bieten Zaubertränke, Pulver, Amulette, Räucherwerk und auch Zutaten für die Hexenküche wie getrocknete Lama-Föten feil. Die Verkäuferinnen sind als »Hexen« bekannte Aymara-Frauen, die von sich behaupten, Krankheiten heilen zu können.

BOLIVIEN
872. Die Jesuitenreduktionen von Chiquitania
Wann: Ganzjährig
Breite: 17,3500° S
Länge: 63,5833° W (San Javier)

In der bolivischen Region Chiquitania befinden sich sechs der schönsten Kirchen aus der Kolonialzeit in Lateinamerika. Sie wurden von der UNESCO zum Weltkulturerbe erklärt und gehen auf Jesuitenreduktionen, jesuitische Siedlungen für die indigene Bevölkerung, des 16. und 17. Jahrhunderts zurück, die diesen Teil Ostboliviens von Grund auf veränderten. Besuche unbedingt San Javier, die älteste dieser Jesuitenmissionen.

BORA BORA, FRANZÖSISCH-POLYNESIEN
873. Ein Bad in einer paradiesischen Lagune
Wann: Ganzjährig
Breite: 16,5064° S, **Länge:** 151,7494° W

Bora Bora in Französisch-Polynesien ist als Atoll umgeben von einer Lagune und einem Barriereriff. Genieße das Leben im Paradies und entdecke beim Schwimmen, Schnorcheln und Tauchen das spektakuläre Leben im Meer.

SÜDLICHE HEMISPHÄRE   15° S bis 30° S

TIAHUANACO, BOLIVIEN
874. Uralte Ruinen im Andenhochland
Wann: Ganzjährig
Breite: 16,5542° S
Länge: 68,6782° W

Erste Siedlungsspuren in Tiahuanaco (Tiawanaku) gehen auf die Zeit um 1500 v. Chr. zurück. Die Ruinenstätte ist damit bedeutend älter als die legendäre Inkastadt Machu Picchu, deren Überreste in den peruanischen Anden entdeckt wurden. Die Hauptstadt eines Prä-Inka-Reiches, dessen Gebiet große Teile der südlichen Anden rund um den Titicacasee umfasste, wurde im 16. Jahrhundert von den Spaniern wiederentdeckt.

Ihre Überreste wurden unter der Ägide der UNESCO, zu deren Weltkulturerbe sie seit 2000 gehört, teilweise ausgegraben. Es gibt viele archäologische Schätze wie Paläste, exakt behauene Monolithen, Tempel und geheimnisvolle Pyramiden zu entdecken.

Eine Statue der prä-inkaischen Ruinenstätte Tiahuanaco

SÜDLICHE HEMISPHÄRE   15° S bis 30° S

Über dem gähnenden Abgrund der Victoriafälle

▲ »DEVIL'S POOL«, VICTORIAFÄLLE, SAMBIA
875. Ein Bad über dem gähnenden Abgrund der Victoriafälle
Wann: Mitte August bis Mitte Januar
Breite: 17,9244° S, **Länge:** 25,8559° O

Die Wassermassen des Sambesi, der hier die Grenze zwischen Sambia und Simbabwe bildet, stürzen an den Victoriafällen 110 Meter in die Tiefe. Bei genügend niedrigem Wasserstand, wenn die Felsen auf der sambischen Seite beinahe die Wasseroberfläche erreichen, können Mutige sich in den »Devil's Pool« wagen. Um zu diesem kleinen, natürlichen Bassin unmittelbar an der Kante zu gelangen, musst du erst über Felsen zum Fluss gehen und ein Stück im Sambesi schwimmen. Erst dann kannst du den Kick des Badens am Abgrund erleben.

VON TRANCOSO NACH ARRAIAL D'AJUDA, BRASILIEN
876. Ein mehrstündiger Strandspaziergang in einer brasilianischen Stadt
Wann: Ganzjährig (bei Ebbe)
Breite: 16,5906° S, **Länge:** 39,0958° W

Einst lag Trancoso, ein Stadtteil von Porto Seguro im brasilianischen Bundesstaat Bahia, so weit abseits, dass man es nur durch einen mehrstündigen Strandspaziergang vom besser erschlossenen Stadtteil Arraial d'Ajuda erreichen konnte. Auch heute noch kannst du bei Ebbe die 15 Kilometer am Strand zu Fuß zurücklegen.

Der Spaziergang am smaragdgrünen Meer entlang nach Trancoso, das für seinen wilden Charme und seine unberührten Strände Berühmtheit genießt, ist das pure Vergnügen.

SÜDLICHE HEMISPHÄRE   15°S bis 30°S

Das Tier mit den besonderen Fingern

▲ MADAGASKAR
877. Das Tier mit den besonderen Fingern
Wann: Ganzjährig (nachts)
Breite: 18,7669° S
Länge: 46,8691° O

Das Fingertier (Aye-Aye) kommt nur in Madagaskar vor und kennt eine einzigartige Methode der Nahrungssuche. Es klopft einen Baumstamm ab und prüft das Echo, bis es einen Hohlraum ausmacht. Darauf kaut es ein kleines Loch in das Holz, steckt seinen langen Mittelfinger hindurch und klaubt Larven heraus.

MANGOKY RIVER, MADAGASKAR
878. Madagaskar erleben mit einer Wildwasserfahrt auf dem Mangoky
Wann: April bis November (Trockenzeit)
Breite: 21,5857° S
Länge: 43,7220° O

Etwa 90 Prozent der Tiere Madagaskars sind endemisch, das heißt die betreffenden Arten kommen nirgendwo sonst auf der Erde vor. Den Westen der Insel erkundest du am besten zu Wasser, zum Beispiel beim Rafting auf dem 564 Kilometer langen Mangoky River, der im zentralen Hochland der Insel entspringt und in die Straße von Mosambik mündet, die zum Indischen Ozean gehört. Die wilde Schlauchbootfahrt führt unter den wachsamen Blicken der Lemuren durch Affenbrotbaum-Wälder, die von Sandsteinfelsen überragt werden.

SÜDLICHE HEMISPHÄRE 15°S bis 30°S

MENABE, MADAGASKAR
879. Wo die Bäume kopfstehen
Wann: Ganzjährig
Breite: 20,2508° S
Länge: 44,4183° O

Die Baobab- oder Affenbrotbaumallee besteht aus den gleichnamigen »umgedrehten« Bäumen, deren Äste und Zweige einem Wurzelsystem gleichen. Nach einer Sage lautet der Grund dafür, dass die Bäume dauernd weggelaufen seien und man sie folglich falsch herum gepflanzt habe.

KUNENE-REGION, NAMIBIA
880. Eine Begegnung mit dem Volk der Himba
Wann: April bis Mai
Breite: 18,0556° S
Länge: 13,8406° O

In Kunene, der nordwestlichsten der 14 Regionen Namibias, lebt das Volk der Himba, das für seine rotbraun gefärbte Haut, aufwendige Haartracht und spärliche Kleidung bekannt ist. Buche in der Regionshauptstadt Opuwo eine Tour mit Besuch eines Himbadorfes, um dieses interessante Volk kennenzulernen.

NAMIBIA
881. Eine gewaltige Düne in der ältesten Wüste der Welt
Wann: April bis Mai
Breite: 24,5464° S
Länge: 15,3297° O

Düne Nummer 7 ist mit 383 Metern die höchste Sanddüne Namibias und gehört zu den höchsten der Welt. Sie liegt in der Wüste Namib, die als älteste der Welt gilt. Steige im Morgengrauen über den orangefarbenen Sand zum Gipfel empor und lass dich vom Sonnenaufgang über einer Landschaft verzaubern, die nicht von dieser Welt zu sein scheint.

FÜRSTENTUM HUTT RIVER, AUSTRALIEN
882. Inspiration zur Gründung einer eigenen Mikronation
Wann: Ganzjährig
Breite: 28,0910° S
Länge: 114,4489° O

Das Fürstentum Hutt River, das eine Fläche von nur 75 Quadratkilometern hat, aber rund 40 000 Besucher pro Jahr empfängt, wurde 1970 vom Landwirt Leonard Casley gegründet, der mit den Weizenquoten der australischen Regierung nicht einverstanden war. Obwohl kein Staat der Welt die Mikronation offiziell anerkennt, findest du sie auf *Google Maps*.

Zurzeit gibt es über die ganze Welt verteilt mehr als hundert Mikronationen. Besonderer Beliebtheit erfreut sich ihre Gründung in Australien, wo Aeterna Lucina, das Kaiserreich Atlantium, Großherzogtum Avram und der Unabhängige Staat von Rainbow Creek liegen.

COOBER PEDY, AUSTRALIEN
883. Auf Edelsteinsuche in der Wüste
Wann: Ganzjährig
Breite: 29,0111° S
Länge: 134,7556° O

In Coober Pedy, der Opal-Hauptstadt der Welt, einen dieser Edelsteine zu finden, fällt gar nicht schwer: Du musst nur hinreisen und graben. Genau so fand hier 1915 ein vierzehnjähriger Junge den ersten Opal.

Frisch gefangener Piranha im brasilianischen Pantanal

▲ PANTANAL, BRASILIEN
884. Frische Piranhas
Wann: Ganzjährig (am besten in der Trockenzeit von Mai bis September)
Breite: 19,0089° S (Corumbá)
Länge: 57,6528° W

Zur vielfältigen Fauna des größten Süßwasser-Feuchtgebiets der Welt gehören unter anderem Krokodilkaimane, Jaguare und Riesengürteltiere. Eine der vergnüglichsten Aktivitäten im Pantanal ist das Piranha-Fischen. Wirf deinen Köder aus und verzehre deinen Fang gegrillt zum Mittagessen.

MOREMI-WILDRESERVAT, OKAVANGODELTA, BOTSWANA
885. Auf Erkundungstour durch den letzten Garten Eden auf Erden
Wann: Juli bis September
Breite: 19,1667° S
Länge: 23,1667° O

Das Okavangodelta im südlichen Afrika wird mitunter als »letzter Garten Eden auf Erden« bezeichnet, denn es erinnert als eines der größten Feuchtgebiete der Welt mit seiner weitgehend unberührten, reichen Tier- und Pflanzenwelt an eine paradiesische Zeit fast ohne Menschen.

Das Binnendelta des Okavango liegt inmitten der Trockensavanne der Kalahari und stellt ein wahrhaft außergewöhnliches Ökosystem dar. Als beste Besuchszeit gelten die Monate von Juli bis September, wenn die Überschwemmungen vorbei sind und Tausende von Tieren in diese riesige Oase strömen.

OKAVANGODELTA, BOTSWANA
886. Den Flusspferden zuwinken

Wann: Mai bis September
Breite: 19,6510° S
Länge: 22,9059° O

Das Flusspferd ist eines der auffälligsten Tiere, die südlich der Sahara in Afrika zu Hause sind. Es lebt dort in Gewässernähe und hält sich auch gern im Wasser auf. Wenn du Flusspferde aus der Nähe sehen möchtest, besuchst du am besten die fruchtbaren Gebiete am Fluss Chobe und im Okavangodelta.

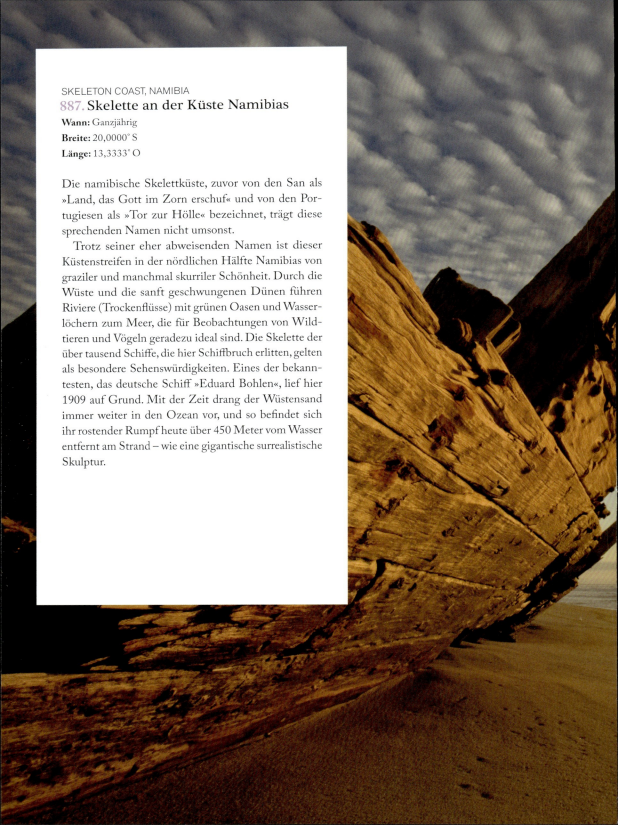

SKELETON COAST, NAMIBIA
887. Skelette an der Küste Namibias
Wann: Ganzjährig
Breite: 20,0000° S
Länge: 13,3333° O

Die namibische Skelettküste, zuvor von den San als »Land, das Gott im Zorn erschuf« und von den Portugiesen als »Tor zur Hölle« bezeichnet, trägt diese sprechenden Namen nicht umsonst.

Trotz seiner eher abweisenden Namen ist dieser Küstenstreifen in der nördlichen Hälfte Namibias von grazilier und manchmal skurriler Schönheit. Durch die Wüste und die sanft geschwungenen Dünen führen Riviere (Trockenflüsse) mit grünen Oasen und Wasserlöchern zum Meer, die für Beobachtungen von Wildtieren und Vögeln geradezu ideal sind. Die Skelette der über tausend Schiffe, die hier Schiffbruch erlitten, gelten als besondere Sehenswürdigkeiten. Eines der bekanntesten, das deutsche Schiff »Eduard Bohlen«, lief hier 1909 auf Grund. Mit der Zeit drang der Wüstensand immer weiter in den Ozean vor, und so befindet sich ihr rostender Rumpf heute über 450 Meter vom Wasser entfernt am Strand – wie eine gigantische surrealistische Skulptur.

SÜDLICHE HEMISPHÄRE 15°S bis 30°S

SALAR DE UYUNI, BOLIVIEN
888. Durchquerung der größten Salzpfanne der Welt
Wann: Ganzjährig (am besten Mai bis Oktober)
Breite: 20,1431° S (Isla del Pescado)
Länge: 67,8075° W

Ganz im Südwesten Boliviens erstreckt sich die größte Salzpfanne der Welt, der Salar de Uyuni, über eine Fläche von 10 582 Quadratkilometern. Bis vor 12 000 Jahren bedeckte ein riesiger See die ganze Region. Er trocknete aus, sein Grund versalzte, und die gleißend helle Salzwüste von heute entstand.

Starte von der nahe gelegenen Stadt Uyuni aus zu einer mehrtägigen Fahrt im Geländewagen, während der du den Salar de Uyuni überquerst und die Sehenswürdigkeiten der Region besuchst: die mit Kakteen bewachsene Isla del Pescado (»Fischinsel«), die blutroten und smaragdgrünen Seen in der *Reserva Nacional de Fauna Andina Eduardo Abaroa*, den Geysir Sol de Mañana und die Felsformationen in der Wüste Siloli.

▶ MAURITIUS
889. Das farbenfrohe Kleid der Insel Mauritius
Wann: Ganzjährig
Breite: 20,4251° S, **Länge:** 57,3917° O

Die Siebenfarbige Erde von Chamarel ist eine wahre Augenweide. Die sanfte, bunt leuchtende Hügellandschaft im Südwesten der Insel Mauritius entstand durch die Verwitterung von Vulkangestein und der darin enthaltenen Mineralien. Dabei bildeten sich Tonmineralien von brauner, roter, purpurner, violetter, blauer, grüner und gelber Farbe heraus.

SALAR DE UYUNI, BOLIVIEN
890. Alle sechs Flamingoarten sehen
Wann: Ganzjährig
Breite: 20,1338° S
Länge: 67,4891° W

Glücklicherweise sind gleich drei Flamingoarten, nämlich der Chile-, der Anden- und der Jamesflamingo, auf dem Salzsee Salar de Uyuni in den südamerikanischen Anden anzutreffen. Die Reise zu zwei weiteren Arten, dem Zwerg- und dem Rosaflamingo, führt dich nach Afrika, die zur letzten der sechs Arten, dem Kubaflamingo, wie sein Name schon andeutet, in die Karibik.

BEI POTOSÍ, BOLIVIEN
891. Eine Nacht in einer alten Hacienda
Wann: Ganzjährig
Breite: 19,5500° S
Länge: 65,8500° W

Die *Hacienda de Cayara* stammt aus dem Jahre 1557 und liegt in einem fruchtbaren Tal vor den Toren der bolivianischen Stadt Potosí. Zu ihren Highlights zählen die wunderschöne Kapelle aus der spanischen Kolonialzeit, die Bibliothek mit 6000 Büchern, eine 500 Jahre alte Rüstung, steinzeitliche Waffen und weitere interessante Relikte.

QUEENSLAND, AUSTRALIEN
892. Ein Blick auf eine der scheuesten Kreaturen
Wann: Mai bis August
Breite: 21,1078° S
Länge: 148,5422° O (Eungella)

Nirgendwo sonst kannst du die Schnabeltiere, die nur im Osten Australiens vorkommen und wirklich merkwürdig aussehen, so gut beobachten wie am Broken River im *Eungella-Nationalpark*.

Das bunte Kleid der Insel Mauritius

Walhaie, die größten Fische der Welt, in Australien

▲ NINGALOO-RIFF, AUSTRALIEN
893. Mit einem Walhai eine Runde schwimmen
Wann: März bis September
Breite: 21,9331° S
Länge: 114,1281° O

Fahre auf der Suche nach den größten Fischen der Gegenwart mit dem Boot zum Ningaloo-Riff vor der Westküste Australiens. Die sanftmütigen, etwa zwölf Meter langen Walhaie haben nichts dagegen, wenn du neben ihnen herschwimmst.

QUEENSLAND, AUSTRALIEN
894. In Ruhe die Gedanken sammeln
Wann: Am besten Mai bis September
Breite: 16,1700° S
Länge: 145,4185° O

Auf einem Spaziergang oder einer Wanderung durch den 150 Millionen Jahre alten Regenwald des *Daintree-Nationalparks* im tropischen Norden Queenslands kannst du deinen Kopf durchlüften und über Gott und die Welt nachsinnen. Sein Hunderte Kilometer langes Wegenetz und seine menschenleeren Strände bieten mehr als genug Gelegenheit dazu.

GREAT-BARRIER-RIFF, AUSTRALIEN
895. Tauchgang in eine kunterbunte Meereswelt
Wann: Ganzjährig
Breite: 16,4472° S
Länge: 145,8173° O

Das Great-Barrier-Riff vor der Nordostküste Australiens beherbergt als größtes Korallenriff der Welt eine unermessliche Vielfalt an Meereslebewesen. Miete eine Tauchausrüstung und sieh dir das farbenfrohe Kaleidoskop der Arten aus der Nähe an.

SÜDLICHE HEMISPHÄRE 15° S bis 30° S

SÜDAFRIKA
896. Bei den Wildhunden in Südafrika
Wann: Ganzjährig
Breite: 24,7562° S
Länge: 31,8107° O

Der afrikanische Wildhund gehört zu den am meisten gefährdeten Säugetieren des Kontinents und lebt verstreut über Afrika in der Savanne. Im *Kruger-Nationalpark* kannst du neben anderen Raubtieren auch Wildhunderudel beim Jagen beobachten – ein wahrer Nervenkitzel.

BIS NACH SALTA, ARGENTINIEN
897. Durch den wilden Nordwesten Argentiniens
Wann: Ganzjährig
Breite: 24,7821° S
Länge: 65,4231° W

Ein Roadtrip durch Argentinien gehört zum Schönsten, das es gibt. Erkunde den wilden Nordwesten mit seinen bezaubernden Landschaften und Gauchodörfern.

ATACAMA-WÜSTE, CHILE
898. Einem Sternbild einen Namen geben
Wann: Ganzjährig
Breite: 24,6272° S
Länge: 70,4042° W

In der Atacama-Wüste befinden sich zahlreiche astronomische Beobachtungsstationen wie das Paranal-Observatorium mit seinem berühmten *Very Large Telescope* (VLT). Online kannst du (inoffiziell) deiner Traumkonstellation einen Namen geben.

NORTHERN TERRITORY, AUSTRALIEN
899. Die Hektik der Welt weit hinter sich lassen
Wann: Mai bis September kühler
Breite: 24,2498° S
Länge: 131,5118° O

Weit abgelegen liegt im australischen Northern Territory der spektakuläre Kings Canyon. Er ist seit über 20 000 Jahren die Heimat des Aborigines-Stamms der Luritja. Genieße auf einer sechs Kilometer langen Rundwanderung das unvergleichliche Panorama.

NORTHERN TERRITORY, AUSTRALIEN
900. Ein Dinner mit Blick auf den Uluru
Wann: Ganzjährig
Breite: 25,3450° S
Länge: 131,0361° O

Genieße die Atmosphäre beim *Sounds of Silence Dinner* zum Sonnenuntergang an einem geheim gehaltenen Ort mit Blick auf den Uluru. Zu *Bush Tucker* aus einheimischen Pflanzen und Tieren, wie sie die Aborigines verwenden, wird Champagner serviert, während die Sterne der Milchstraße über dir aufgehen.

QUEENSLAND, AUSTRALIEN
901. Ein Spaziergang, wo einst Lava floss
Wann: Ganzjährig
Breite: 18,2011° S
Länge: 144,5961° O

Im Norden Queenslands kannst du im *Undara-Volcanic-Nationalpark* durch Lavaströme spazieren. Das dortige riesige Lavaröhrensystem entstand, als sich die Lava des Undara-Vulkans nach einem Ausbruch abkühlte, da sich an der Oberfläche eine zunehmend dickere Kruste bildete, während im Inneren dünnflüssige Lava weiterfloss, bis der Vulkan keinen Nachschub mehr lieferte. 69 Lavaröhren sind begehbar.

SÜDLICHE HEMISPHÄRE 15°S bis 30°S

RIO DE JANEIRO, BRASILIEN
902. Die Pracht der Oper von Rio de Janeiro
Wann: Ganzjährig
Breite: 22,9090° S
Länge: 43,1766° W

Die Fassade des Theatro Municipal in Rio de Janeiro ist mit ihren blauen Kuppeln, aufwendigen Mosaiken, goldenen Verzierungen und großen Säulen eine Augenweide.

RIO DE JANEIRO, BRASILIEN
903. Erlebe die wahre Größe der Erlöserstatue
Wann: Ganzjährig
Breite: 22,9524° S
Länge: 43,2114° W

Cristo Redentor (»Christus, der Erlöser«) auf dem Berg Corcovado in Rio de Janeiro kennt man auf der ganzen Welt. Aber erst wenn du näher herantrittst, wird dir die wahre Größe der Skulptur bewusst.

RIO DE JANEIRO, BRASILIEN
904. Ein Megakonzert einer Kultband
Wann: Ausschau halten
Breite: 22,9698° S
Länge: 43,1869° W

Kaum ein Konzert kann es mit demjenigen der Rolling Stones an der Copacabana in Rio de Janeiro von 2006 aufnehmen, zu dem zwei Millionen Zuschauer herbeiströmten. Halte Ausschau nach dem nächsten Megaevent an diesem Strand.

NITERÓI, RIO DE JANEIRO, BRASILIEN
905. Ein Niemeyer'sches Wahrzeichen
Wann: Ganzjährig
Breite: 22,9078° S, **Länge:** 43,1259° W

Der berühmte brasilianische Architekt Oscar Niemeyer, der sich nicht selten von weiblichen Formen inspirieren ließ, ist für seine markanten Bauten bekannt. Beim Anblick der geschwungenen Linien des Museums für Zeitgenössische Kunst, das wie eine Weltraumrakete über dem Meer thront, verschlägt es einem den Atem.

SÜDLICHE HEMISPHÄRE 15° S bis 30° S

Der allerheiligste Fußballtempel: das Maracanã-Stadion in Rio de Janeiro

▲ RIO DE JANEIRO, BRASILIEN
906. **Als Zuschauer im heiligsten Fußballtempel**
Wann: Ganzjährig
Breite: 22,9122° S
Länge: 43,2302° W

Die Fußballspiele im Maracanã-Stadion gelten als die spannendsten der Welt.

RIO DE JANEIRO, BRASILIEN
907. **Beachvolleyball an den Stränden Rios**
Wann: Ganzjährig
Breite: 22,9847° S
Länge: 43,1986° W

Die Strände von Rio de Janeiro sind die Heimat des Beachvolleyballs. Hier wird beinahe rund um die Uhr gespielt.

INSEL NANUYA LEVU, FIDSCHI
908. **Im Adamskostüm ins warme Wasser springen**
Wann: Ganzjährig
Breite: 16,9667° S
Länge: 177,3833° O

Du musst dich nicht auf einer einsamen Insel befinden, um nackt ins Wasser zu springen, aber besser wäre meist ein Platz außerhalb der Sichtweite anderer. Das Nacktbaden ist ein Inbegriff der Freiheit und ein unschlagbares Erlebnis.

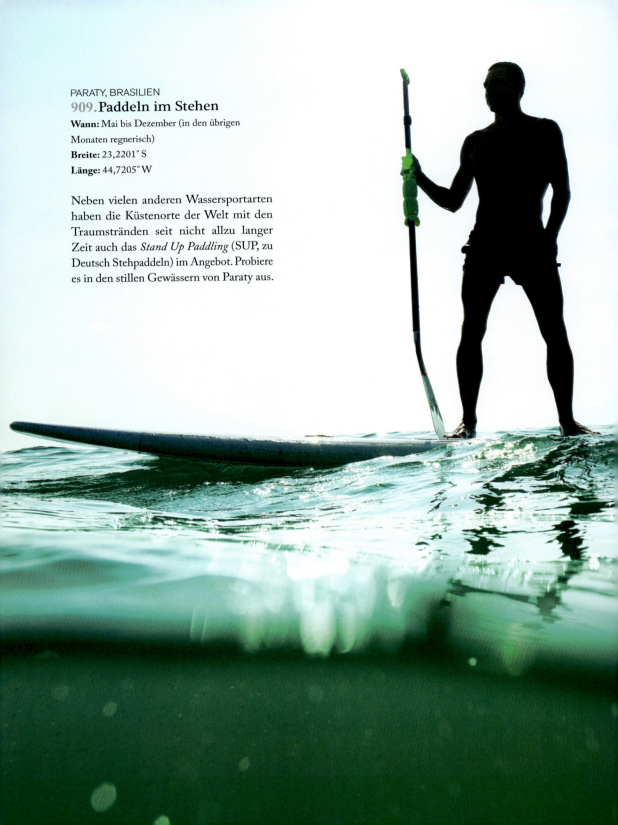

PARATY, BRASILIEN
909. Paddeln im Stehen
Wann: Mai bis Dezember (in den übrigen Monaten regnerisch)
Breite: 23,2201° S
Länge: 44,7205° W

Neben vielen anderen Wassersportarten haben die Küstenorte der Welt mit den Traumstränden seit nicht allzu langer Zeit auch das *Stand Up Paddling* (SUP, zu Deutsch Stehpaddeln) im Angebot. Probiere es in den stillen Gewässern von Paraty aus.

SÜDLICHE HEMISPHÄRE 15°S bis 30°S

BRASILIEN
910. Affenspaß mit einem winzigen Tierchen
Wann: Ganzjährig
Breite: 22,9068° S
Länge: 43,1728° W

Das niedliche Zwergseidenäffchen wiegt weniger als 100 Gramm und kommt in den Regenwäldern des Amazonasbeckens in Brasilien vor. Den kleinsten Affen der Welt in der Hand zu halten, ist ein echtes Privileg.

BONITO, BRASILIEN
911. Lange Schnorchelfahrt ohne Hektik
Wann: Ganzjährig
Breite: 21,1286° S
Länge: 56,4929° W

Die Stadt Bonito im Südwesten des brasilianischen Bundesstaats Mato Grosso do Sul ist die Drehscheibe des Ökotourismus in diesem Gebiet. Nimm an einer gemütlichen Bootsfahrt mit Schnorcheln auf dem unberührten Rio Olha d'Água teil.

BRASILIEN
912. Die Arachnophobie überwinden
Wann: Ganzjährig
Breite: 22,9068° S
Länge: 43,1728° W

Unter fachkundiger Anleitung eine Tarantel in die Hand zu nehmen ist eine geeignete – und direkte – Methode zur Überwindung der Angst vor Spinnen und anderen Krabbeltieren. Stelle sie in Brasilien, dem Land der Spinnentiere, auf die Probe.

Der Karneval von Rio, die Party aller Partys

▶ RIO DE JANEIRO, BRASILIEN
913. Zu Gast auf der Party aller Partys
Wann: Februar bis März
(vor der Fastenzeit)
Breite: 22,9068° S
Länge: 43,1729° W

Karneval ist Rio, und Rio ist Karneval. Während der gigantischen fünftägigen Fete, die die Fastenzeit einläutet, sind die Straßen von Samba erfüllt, und etwa zwei Millionen Menschen kennen nur noch eins: feiern.

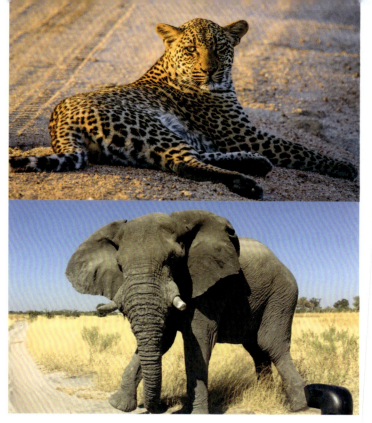

◀ SÜDAFRIKA
914. Eine Safari zu den »Big Five«
Wann: Ganzjährig
Breite: 24,8167° S
Länge: 26,2167° O

Steige im *Madikwe Game Reserve* in einen Jeep und halte Ausschau nach Löwen, Elefanten und Flusspferden. In den Überschwemmungsgebieten kannst du den Afrikanischen Büffel beobachten, während du für einen Schnappschuss des letzten der auf den südafrikanischen Rand-Banknoten abgebildeten »Big Five«, des Leoparden, viel Geduld und ein gutes Quäntchen Glück brauchst.

Leopard und Elefant gehören beide zu den »Big Five«

◀ SÜDAFRIKA
915. Einen Blick durch »Gottes Fenster« werfen
Wann: Ganzjährig
Breite: 24,5911° S
Länge: 30,8128° O

Der legendäre Aussichtspunkt »God's Window« hoch über dem Blyde River Canyon in den Drakensbergen wird seinem Namen gerecht. Von dieser bemerkenswerten geologischen Formation genießt du einen fantastischen Ausblick auf grüne Berghänge und das weit unten liegende *Lowveld*.

DRAKENSBERGE, SÜDAFRIKA
916. Wanderung durch das unberührte Südafrika
Wann: Ganzjährig
Breite: 28,9233° S
Länge: 29,1339° O

Für die Mühen der 65 Kilometer langen, anspruchsvollen Bergwanderung durch den Norden der Drakensberge (*North Drakensberg Traverse*) wirst du mit fantastischen Ausblicken auf mystische Felstürme, einer spektakulären Tierwelt und seltsamen Felsmalereien der San (Buschmänner) belohnt.

KOSI-BUCHT, SÜDAFRIKA
917. Haiflossen in einem südafrikanischen See
Wann: Ganzjährig
Breite: 25,8463° S
Länge: 28,3023° O

Vier unberührte, miteinander verbundene Seen, in denen du auch mal eine Haiflosse den Wasserspiegel schneiden siehst, bilden die Seenlandschaft der Kosi-Bucht in KwaZulu-Natal an der Grenze zu Mosambik. Erkunde das Gebiet in einem Geländewagen.

Der Blyde River Canyon in den südafrikanischen Drakensbergen

Blumenpracht in der Atacama-Wüste

▲ ATACAMA-WÜSTE, CHILE
918. Blumenpflücken in der Wüste
Wann: September bis November
Breite: 23,8634° S
Länge: 69,1328° W

Die Atacama-Wüste, die als trockenste Gegend der Erde gilt, zieht uns mit faszinierenden Lehmziegeldörfern und traumhaften Landschaften in ihren Bann. Regnet es doch einmal, quillt die Wüste explosionsartig vor Leben über, und ein Teppich aus Abertausenden von rosa und orangen Blüten breitet sich aus.

ARGENTINIEN
919. Unterwegs mit dem »Zug zu den Wolken«
Wann: Ganzjährig
Breite: 24,7821° S
Länge: 65,4231° W

Auf einer Fahrt mit dem argentinischen *Tren a las nubes* (»Zug zu den Wolken«) von Salta über San Antonio de los Cobres zum *Viaducto La Polvorilla* auf 4188 Metern über dem Meeresspiegel und zurück kannst du den Kick der Höhe erfahren und die Aussicht auf Salzseen und Berge genießen.

QUEENSLAND, AUSTRALIEN
920. Aufregende Strandfahrt mit dem SUV
Wann: Ganzjährig
Breite: 25,2663° S
Länge: 153,1561° O

Die Sandküste von Fraser Island im australischen Bundesstaat Queensland ist beachtliche 124 Kilometer lang. Miete einen SUV und fahre am Strand einmal rund um die Insel.

SÜDLICHE HEMISPHÄRE   15°S bis 30°S

VON DURBAN NACH KAPSTADT, SÜDAFRIKA
921. Mit dem Mountainbike quer durch den Süden Afrikas

Wann: Ganzjährig, am besten im Frühling oder Herbst
Breite: 29,6006° S
Länge: 30,3794° O (Pietermaritzburg)

Der 2300 Kilometer lange Fernradweg *Freedom Trail* führt mit einem Gesamthöhenunterschied von 37 000 Metern von der Ost- zur Westküste Südafrikas. Der Start zur herausfordernden Mountainbiketour befindet sich in Pietermaritzburg unweit des Indischen Ozeans – oder in der 70 Kilometer entfernten Küstenstadt Durban. Nach einer Fahrt über sechs Gebirgszüge, durch Nationalparks und Naturschutzgebiete erreichst du bei Kapstadt den Atlantik.

Die gesamte Tour zu absolvieren ist eine Spitzenleistung. Wenn du sechs bis acht Stunden täglich in die Pedalen trittst – manche Abschnitte sind nur mit geschultertem Fahrrad zu bewältigen –, brauchst du etwa 27 Tage. Unterkünfte stehen in ausreichender Zahl zur Verfügung.

Passionierte Radfahrer nehmen an der jährlichen *Freedom Challenge Race Across South Africa* teil, die mitten im Winter ausgetragen wird.

Mit dem Mountainbike quer durch den Süden Afrikas

FISCHFLUSS-CANYON, NAMIBIA
922. In den Fußstapfen von Drachen
Wann: Mai bis September
Breite: 28,0643° S, **Länge:** 17,1905° O

Mit ein wenig Fantasie erkennst du, dass der gähnende Abgrund des Fischfluss-Canyons in Namibia entstanden sein könnte, als ein Drache mit dem Schwanz auf den Wüstenboden schlug. Falls du dagegen trockene, wissenschaftlich fundierte Fakten bevorzugst, hier sind sie: Die etwa 160 Kilometer lange und bis zu 550 Meter tiefe Schlucht ist auf die Auswaschung durch den Fischfluss und den Einsturz des Talbodens vor etwa 500 Millionen Jahren zurückzuführen. Der Blick auf den zweitgrößten Canyon der Welt ist auf jeden Fall atemberaubend.

SPRINGBOK, SÜDAFRIKA
923. Auf Blumensafari
Wann: Blüte von Juli bis September
Breite: 29,6655° S
Länge: 17,8880° O

Das trockene und staubige Namaqualand verwandelt sich nach Regenfällen innerhalb von Tagen in ein blühendes Meer, das in allen Edelsteinfarben leuchtet. Im Umland der südafrikanischen Stadt Springbok kannst du dieses Blütenfest der wilden Gänseblümchen, Orchideen, Vygien und Sukkulenten miterleben.

◄ KWAZULU-NATAL, SÜDAFRIKA
924. Sardinenwanderung im Indischen Ozean
Wann: Mai bis Juli
Breite: 28,5305° S
Länge: 30,8958° O

Jedes Jahr wandern von Mai bis Juli Milliarden silberfarbene Sardinen vom Kap an der südafrikanischen Küste entlang nach Nordosten. Tauche oder schnorchle vor den Stränden KwaZulu-Natals im Indischen Ozean und beobachte die gigantischen Sardinenschwärme auf ihrer Wanderung.

Tauchgang zur Beobachtung der wandernden Sardinenschwärme

SÜDLICHE HEMISPHÄRE 15°S bis 30°S

▼ OSTERINSEL, CHILE
925. Sonnenaufgang auf der Osterinsel
Wann: Ganzjährig
Breite: 27,1167° S
Länge: 109,3667° W

Die Osterinsel liegt 2078 Kilometer vom nächsten bewohnten Eiland entfernt mitten im Pazifik und zählt damit zu den abgelegensten Orten der Welt. Beobachte das Schauspiel, wenn die Sonne an der Nordostküste hinter *Ahu Tongariki*, einer Reihe von fünfzehn monumentalen, aus einem Stück gemeißelten Steinstatuen, *Moai* genannt, aufgeht.

SAN PEDRO DE ATACAMA, CHILE
926. Sonnenuntergang im »Mondtal«
Wann: Ganzjährig
Breite: 22,9087° S
Länge: 68,1997° W

Mit seinen schroffen Gipfeln und großen Kratern wirkt das *Valle de Luna* in der Atacama-Wüste wirklich wie eine Mondlandschaft. Der Sonnenuntergang taucht sie in einen Farbenreigen aus Rot- und Goldtönen.

PROVINZ SALTA, ARGENTINIEN
927. Ein Besuch im größten »Skyspace«
Wann: Ganzjährig (montags und wetterabhängig im Südwinter geschlossen)
Breite: 25,5132° S, **Länge:** 66,3925° W

In der *Bodega Colomé*, einem der ältesten Weingüter Argentiniens gibt es nicht nur den höchstgelegenen Weinberg der Welt zu besuchen, sondern auch das James-Turrell-Museum. Hier befindet sich der bisher größte »Skyspace« des amerikanischen Land-Art-Künstlers, in dem du den Himmel in einem sich ständig verändernden Blau schimmern siehst.

Sonnenaufgang auf der Osterinsel

SÜDLICHE HEMISPHÄRE 15°S bis 30°S

Die Iguazú-Wasserfälle an der argentinisch-brasilianischen Grenze

VON ARGENTINIEN NACH CHILE
928. Auf dem Rücken eines Pferdes durch die Anden
Wann: Sommer
Breite: 27,7882° S
Länge: 64,2739° W (Ausgangspunkt in Argentinien)

Die Anden erkundest du am besten zu Pferde. Eine einwöchige bis zehntägige organisierte Reittour von Chile nach Argentinien oder umgekehrt kannst du bei zahlreichen Anbietern in der Andenregion beider Länder buchen.

Der Ritt auf dem alten *Pfad der Pioniere*, der durch das wilde Tal des Puelo in Patagonien, über weite Ebenen mit Pampasgras, vorbei an rauchenden Vulkanen, dichten Regenwäldern und schneebedeckten Gipfeln führt, lässt ein Gefühl von ursprünglichem Abenteuer aufkommen.

Tauche ein in die lokale Kultur: Erhole dich in einfachen Blockhäusern vom Tag im Sattel und lass dich mit einem *Asado* (Gegrilltem) verwöhnen.

▲ IGUAZÚ, ARGENTINIEN
929. Hinter dem Wasserfall
Wann: Ganzjährig
Breite: 25,6867° S
Länge: 54,4447° W

Die Iguazú-Wasserfälle auf der argentinisch-brasilianischen Grenze sind mit 20 größeren und 255 kleineren Kaskaden eine ernsthafte Konkurrenz für die Niagara- und die Victoriafälle. Folge auf der argentinischen Seite den Wegen zum Flussufer, zur Kante und sogar hinter die grandiosen Wasserfälle.

Der Nationalpark Torres del Paine in Chile (siehe Seite 471)

8. KAPITEL
SÜDLICHE HEMISPHÄRE
von 30° Süd bis 90° Süd

SÜDLICHE HEMISPHÄRE   30°S bis 90°S

▼ WESTAUSTRALIEN
930. Wildblumenteppich bis zum Horizont
Wann: Juli bis September
Breite: 30,4326° S
Länge: 115,4378° O

Im Frühling verwandelt sich die Landschaft in Westaustralien in einen gelben Wildblumenteppich, der bis zum Horizont reicht.

NEW SOUTH WALES, AUSTRALIEN
931. Eine Arie singen auf dem Busdach im Outback
Wann: Ganzjährig
Breite: 31,8841° S
Länge: 141,2177° O

Hommage an eine große Kinoszene, in der Guy Pearce als Dragqueen Adam Whitely/Felicia Jollygoodfellow in hohen silbernen Pumps auf einem ausgemusterten Schulbus in der australischen Tragikomödie *Priscilla – Königin der Wüste* im Outback eine Arie aus der *Traviata* singt.

HERMANUS, SÜDAFRIKA
932. Walbeobachtung im Mondschein
Wann: August bis November
Breite: 34,4092° S
Länge: 19,2504° O

Am Strand von Hermanus, Südafrikas Mekka der Walbeobachtung, kannst du mitverfolgen, wie ein Südkaper (Südlicher Glattwal) aus dem Wasser springt. Bei Mondschein wirkt der Anblick besonders geheimnisvoll.

Gelbe Frühlingswildblumen im australischen *Badgingarra-Nationalpark*

Strauße an der *Garden Route* in Südafrika

VON MOSSEL BAY ZUM STORMS, SÜDAFRIKA
933. Eine Spazierfahrt am Indischen Ozean
Wann: Ganzjährig (besonders Mai bis Dezember)
Breite: 34,4092° S
Länge: 19,2504° O (Hermanus)

Die 240 Kilometer lange *Garden Route* von Mossel Bay in der Provinz Westkap zum Fluss Storms in der Provinz Ostkap führt durch ein Blumenparadies. Auf deiner gemütlichen Autofahrt erwarten dich zahlreiche Attraktionen, darunter – von Westen nach Osten – Walbeobachtung in Hermanus, Käfigtauchen mit Weißen Haien auf Dyer Island bei Gansbaai und nördlich von Outshoorn in den *Cango Caves* eine Höhlenerkundung, die es in sich hat.

In Knysna geht es bei einem Spaziergang auf der belebten Uferpromenade und einem Besuch in der Stadtbrauerei sowie im Elefantenpark ruhiger zu. Das *Robberg Nature Reserve* in der Nähe von Plettenberg Bay kannst du auf zahlreichen Wanderwegen erkunden, während die Stadt am Indischen Ozean Entspannung pur verspricht. Und schließlich laden kurz vor Port Elizabeth etliche Safariparks zum Vorbeischauen ein.

SÜDLICHE HEMISPHÄRE   30°S bis 90°S

NEW SOUTH WALES, AUSTRALIEN
934. Ein Skulpturenpark im australischen Outback
Wann: Ganzjährig
Breite: 31,9559° S
Länge: 141,4651° O

Die Sandsteinskulpturen in Broken Hill in der Wüste von New South Wales sind ein relativ neuer Farbtupfer im Bild der Bergbaustadt.

SYDNEY, AUSTRALIEN
935. Im wohl berühmtesten Gebäude Australiens
Wann: Ganzjährig
Breite: 33,8571° S
Länge: 151,2152° O

Buche ein Ticket für eine Veranstaltung im *Sydney Opera House*, dem als architektonisches Meisterwerk bekannten Wahrzeichen der Stadt. Du hast die Wahl zwischen Ballett, Oper, Musical, Konzert und Theater.

COQUIMBO, CHILE
936. Das weichste Fell der Welt streicheln
Wann: Ganzjährig
Breite: 31,5458° S
Länge: 71,1022° W

Bei den Chinchillas, auch Wollmäuse genannt, wachsen aus einer Haarwurzel bis zu 60 Wollhaare, was ihr dichtes, seidiges Fell erklärt. Besuche die putzigen Tierchen in der *Reserva Nacional Las Chinchillas* in Chile in freier Wildbahn.

FEUERLAND, CHILE
937. In einem großen Schiff um Kap Hoorn
Wann: Ganzjährig
Breite: 55,9817° S
Länge: 67,2695° W

Kap Hoorn gilt bei den Seeleuten seit alters her als große Herausforderung. Wenn du es in einem großen Schiff mit einem erfahrenen Kapitän umfährst, wird deine Reise auf der berühmten Route zum romantischen Erlebnis.

SAN ALFONSO DEL MAR, ALGARROBO, CHILE
938. Schwimmunterricht im weltgrößten Schwimmbecken
Wann: Ganzjährig
Breite: 33,3496° S
Länge: 71,6523° W

Möchtest du selbst schwimmen lernen oder es jemand anders beibringen, so gibt es keinen besseren Ort dafür als den größten Swimmingpool der Welt im *Resort San Alfonso del Mar* in der chilenischen Küstenstadt Algarrobo. Mit 1013 Metern weist es eine Länge von gut 20 aneinandergereihten olympischen Schwimmbecken auf und wird mit 250 Millionen Liter Wasser aus dem Pazifik gefüllt.

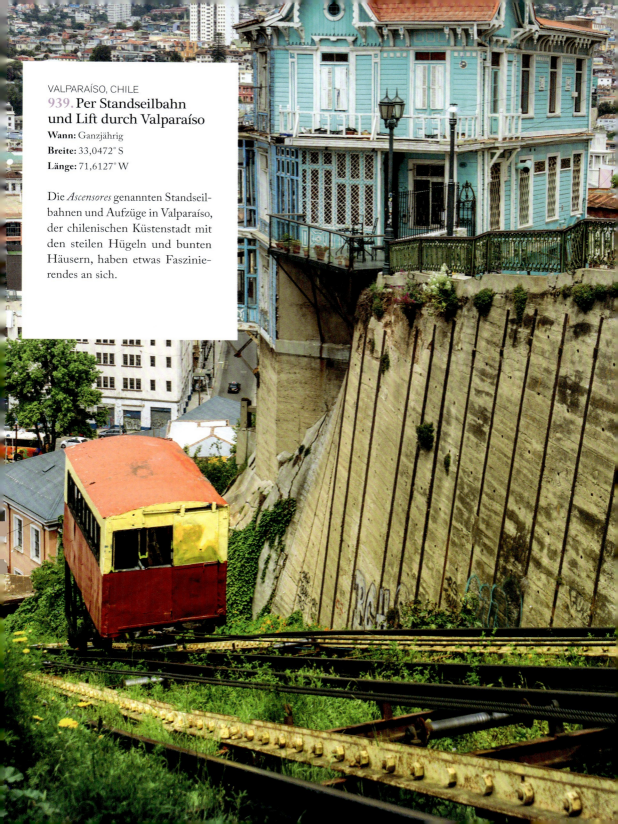

VALPARAÍSO, CHILE
939. **Per Standseilbahn und Lift durch Valparaíso**
Wann: Ganzjährig
Breite: 33,0472° S
Länge: 71,6127° W

Die *Ascensores* genannten Standseilbahnen und Aufzüge in Valparaíso, der chilenischen Küstenstadt mit den steilen Hügeln und bunten Häusern, haben etwas Faszinierendes an sich.

SÜDLICHE HEMISPHÄRE 30°S bis 90°S

Eines von Pablo Nerudas einzigartigen Häusern: die »Casa de Isla Negra«

▲ CASA DE ISLA NEGRA, CHILE
940. Pablo Nerudas einzigartige Häuser
Wann: Ganzjährig
Breite: 33,4429° S
Länge: 71,6838° W

Pablo Neruda ist für die Chilenen mehr als nur ihr berühmtester Dichter, er ist ein Nationalheld. Eines seiner drei wunderschönen Häuser befindet sich auf der Isla Negra und ist heute ein Hausmuseum des Nobelpreisträgers. Die anderen beiden kannst du in der chilenischen Hauptstadt Santiago (»La Chascona«) und in Valparaíso (»La Sebastiana«) besuchen.

CHILE
941. Durch die Fjorde im Süden Chiles
Wann: Ganzjährig
Breite: 52,1667° S
Länge: 74,6667° W

Erlebe die südliche Küste Chiles auf einer aufregenden Reise durch Fjorde und Seen, vorbei an malerischen Inseln und spektakulären Gletschern auf Meereshöhe.

PATAGONIEN, CHILE
942. Ein Wettlauf zum »Ende der Welt«
Wann: Ganzjährig
Breite: 31,4092° S
Länge: 70,5437° W

Beim *Patagonian Expedition Race* messen sich vierköpfige Teams in den Disziplinen Trekking, Orientierungslauf, Klettern, Kajakfahren und Mountainbikefahren. Dabei legen sie Hunderte von Kilometern in der faszinierenden Landschaft Südpatagoniens zurück.

SÜDLICHE HEMISPHÄRE 30° S bis 90° S

SANTIAGO, CHILE
943. Hausbau für Unbekannte
Wann: Ganzjährig
Breite: 33,4566° S
Länge: 70,5978° W

Die wichtige Zusammenarbeit des chilenischen Staates mit *Habitat for Humanity* dient der Bereitstellung von Wohnlösungen durch die Gemeinden. Hilf als Freiwilliger beim Bau eines Hauses mit und sammle Karmapunkte.

SANTIAGO, CHILE
944. Schachspielen in Chile
Wann: Ganzjährig
Breite: 33,4379° S
Länge: 70,6504° W

Der Schachklub von Santiago trifft sich meist nachmittags auf der Bühne an der Ostseite der Plaza de Armas. Mach doch mit – Fragen genügt. Aber sei gewarnt, das Niveau ist hoch, und es wird schnell gespielt.

PUCÓN, CHILE
945. Einen Vulkan hinunterrodeln
Wann: Juni bis Dezember
Breite: 39,4208° S
Länge: 71,9391° W

Der Villarrica bei der chilenischen Kleinstadt Pucón wirkt wie die kitschige Parodie eines Vulkans. Für den langen, anstrengenden Aufstieg wirst du mit einer berauschenden Talfahrt auf dem Schlitten oder Rutschbob belohnt.

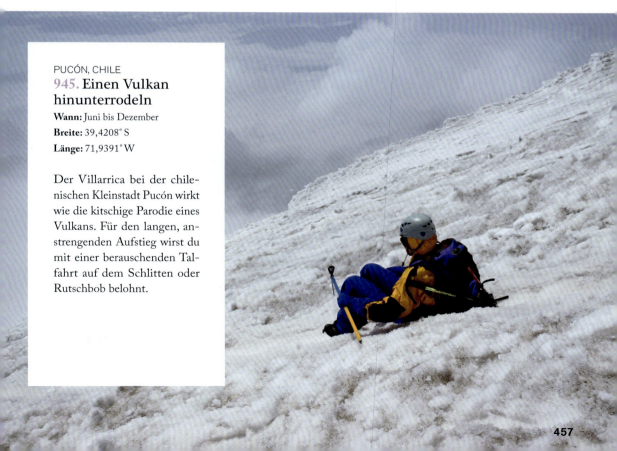

SÜDLICHE HEMISPHÄRE   30°S bis 90°S

▶ AUSTRALIEN UND WELTWEIT
946. Hula-Hoop-Reifen kreisen lassen
Wann: Ganzjährig
Breite: 33,8674° S
Länge: 151,2069° O

Weißt du noch? Hula-Hoop-Reifen kreisen zu lassen macht nicht nur Spaß, sondern auch fit. Außerdem ist es gut für den Gleichgewichtssinn. In Sydney kannst du bei einem tollen Kurs mit Tanzelementen den Kontakt zu deinem inneren Kind wiederherstellen.

Amber Pamba, ein inspirierendes Vorbild

PALM BEACH, SYDNEY, AUSTRALIEN
947. Am Strand mit vielen anderen grillen
Wann: Oktober bis März
Breite: 33,5965° S
Länge: 151,3241° O

Die *Public Barbecues* an den australischen Stränden sind einfach der Inbegriff des simplen Lebens voller Genuss.

WESTAUSTRALIEN
948. Ein Strandselfie mit Kängurus
Wann: Ganzjährig
Breite: 33,9944° S
Länge: 122,2325° O

Im *Cape-Le-Grand-Nationalpark* an der idyllischen Südwestküste Australiens hat eine Gruppe von Kängurus den Sand der Lucky Bay in Beschlag genommen. Die Tiere sind zahm und posieren gern für ein Selfie.

SYDNEY, AUSTRALIEN
949. Ein australischer Topspot für Surfer
Wann: Ganzjährig
Breite: 33,8910° S
Länge: 151,2777° O

Nur wenige Namen bringen die Augen von Surfern so zum Leuchten wie *Bondi Beach*. Der Strand hat viel zu bieten: eine atemberaubende Kulisse, fantastische Brecher, braun gebrannte Körper und trendige Bars.

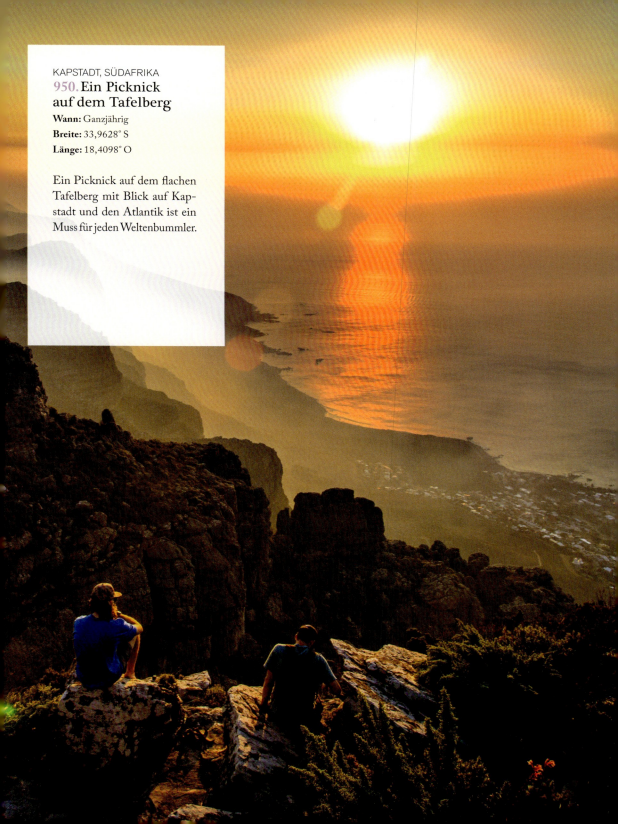

KAPSTADT, SÜDAFRIKA
950. Ein Picknick auf dem Tafelberg
Wann: Ganzjährig
Breite: 33,9628° S
Länge: 18,4098° O

Ein Picknick auf dem flachen Tafelberg mit Blick auf Kapstadt und den Atlantik ist ein Muss für jeden Weltenbummler.

SÜDLICHE HEMISPHÄRE 30°S bis 90°S

VON EDEN NACH ADDO, SÜDAFRIKA
951. Alte Elefantenwanderrouten mit Kunsterlebnis
Wann: Ganzjährig
Breite: 34,0333° S
Länge: 23,2000° O

Noch vor etwa 200 Jahren konnten die Elefanten des Knysna Forest in der Nähe des südafrikanischen Garden-Route-Nationalparks auf der Suche nach Wasser und Futter nach alter Gewohnheit wandern. Dank der *Eden to Addo Corridor Initiative* kannst du eine etwa 400 Kilometer lange mutmaßliche Route auf Schusters Rappen erkunden und unterwegs Land-Art-Kunstwerke bestaunen.

Jedes Jahr im September findet hier der geführte, achtzehntägige *Great Corridor Hike* statt. Auf deiner Wanderung durch den Korridor mit der größten Biodiversität weltweit passierst du sieben Bergketten, zwei Flüsse sowie sechs Nationalparks und Naturschutzgebiete.

Ein Elefant im *Eden to Addo Corridor* in Südafrika

SÜDLICHE HEMISPHÄRE   30° S bis 90° S

▼ ARGENTINIEN
952. Sieben malerische Seen auf einen Schlag
Wann: Ganzjährig
Breite: 40,1572° S
Länge: 71,3524° W

Entdecke die natürliche Schönheit Patagoniens mit einer Fahrt auf dem *Camino de los Siete Lagos* (Sieben-Seen-Route). Du startest in San Martín de Los Andes zu deiner 107 Kilometer langen Tour, die du mit dem Auto problemlos an einem Tag schaffst. Mit dem Fahrrad solltest du dir drei oder vier Tage Zeit nehmen.

PROVINZ NEUQUÉN, ARGENTINIEN
953. Im argentinischen »Jurassic Park«
Wann: Ganzjährig
Breite: 38,9459° S
Länge: 68,0731° W

In der patagonischen Provinz Neuquén entdeckten Saurierforscher unter anderem ein fossiles Giganotosaurus-Skelett, etliche gut erhaltene Fußabdrücke sowie die ersten versteinerten Dinosaurier-Eier überhaupt. Auf organisierten Touren, die in der Stadt Neuquén starten, kannst du auf Dinojagd gehen.

WELLINGTON, NEUSEELAND
954. In der windigsten Stadt den Hut festhalten
Wann: Ganzjährig
Breite: 41,2889° S
Länge: 174,7772° O

Die neuseeländische Hauptstadt Wellington ist die windigste Stadt und die südlichste Kapitale der Welt. Der Wind weht hier im Jahresdurchschnitt mit einer Geschwindigkeit von etwa 29 Stundenkilometern oder knapp Windstärke 5.

Die sieben malerischen patagonischen Seen

SÜDLICHE HEMISPHÄRE 30° S bis 90° S

SAN ANTONIO DE ARECO, ARGENTINIEN
955. Patrouillenritt durch die Pampa mit einem Gaucho
Wann: Ganzjährig
Breite: 34,2500° S
Länge: 59,4667° W

Auf den riesigen Weideflächen der argentinischen *Estancias* patrouillieren Gauchos, die vielleicht legendärsten Bewohner der Pampas. Schwing dich selbst in den Sattel und begleite einen dieser erfahrenen Reiter auf seiner Tour für ein unvergessliches Erlebnis.

GAIMAN, PATAGONIEN, ARGENTINIEN
956. Ein walisischer Nachmittagstee in Argentinien
Wann: Ganzjährig
Breite: 43,2895° S
Länge: 65,4920° W

1865 brachen 153 walisische Männer, Frauen und Kinder aus Großbritannien auf, überquerten zu Schiff den Atlantik und landeten im Nordosten Patagoniens, um dort eine walisische Kolonie zu gründen und ihre Sprache am Leben zu erhalten. Eine der größten Touristenattraktionen in der typischen walisisch-patagonischen Stadt Gaiman sind heute die *Casas de Té Galés* (Walisischen Teehäuser). Hier werden wie im Heimatland üblich am späteren Nachmittag zu Tee oder Kaffee hausgemachte Kuchen und Scones serviert.

BUENOS AIRES, ARGENTINIEN
957. Die lodernde Leidenschaft des Tangos
Wann: Ganzjährig
Breite: 34,6033° S
Länge: 58,3817° W

Der im späten 19. Jahrhundert in der argentinischen Hauptstadt geborene Tango wurde schnell zu einem festen Bestandteil der nationalen Identität. Wenn du in Buenos Aires bist, solltest du unbedingt einen Tangokurs besuchen.

BUENOS AIRES, ARGENTINIEN
958. Auf der Suche nach feinem Gegrilltem
Wann: Ganzjährig
Breite: 34,6033° S
Länge: 58,3817° W

In Buenos Aires wimmelt es nur so von erstklassigen Steakhäusern, die hier *Parrillas* heißen und riesige, saftige Steaks und üppige *Parilladas*, gemischte Grillteller, servieren.

BUENOS AIRES, ARGENTINIEN
959. Ein eigenes Grabmal entwerfen
Wann: Ganzjährig
Breite: 34,6036° S
Länge: 58,3815° W

Der Friedhof *La Recoleta* im gleichnamigen Stadtteil von Buenos Aires ist mit seinen bemerkenswerten Mausoleen der vielleicht berühmteste des amerikanischen Doppelkontinents. Entwirf hier dein eigenes Grabmal.

SÜDLICHE HEMISPHÄRE   30°S bis 90°S

START IN BUENOS AIRES, ARGENTINIEN
960. Ein revolutionärer Motorradtrip durch Südamerika

Wann: Ganzjährig
Breite: 34,6037° S
Länge: 58,3816° W (Buenos Aires)

Che Guevara konnte erst nach einer neunmonatigen Motorrad-Odyssee zum legendären Revolutionsführer werden. Eine Reise mit dem Feuerstuhl auf seinen Spuren gilt bis heute als Initiationsritus.

Nach dem Verlassen der argentinischen Hauptstadt in Richtung Miramar fährst du erst durch die spektakuläre Seenlandschaft des Landes, bevor dich im Norden Chiles eine der größten Kupferminen der Welt in Chuquicamata erwartet. Weiter geht es nach Peru, wo unbedingt den Inka-Pfad und die Hauptstadt Lima du besuchen solltest. Anschließend führt Ches Route durch den Amazonas-Regenwald über Kolumbien bis nach Venezuela.

Ein revolutionärer Trip durch Südamerika, von Argentinien nach Venezuela

SÜDLICHE HEMISPHÄRE 30° S bis 90° S

KLEINBAAI, SÜDAFRIKA
961. Käfigtauchen mit Weißen Haien
Wann: Ganzjährig
Breite: 34,6150° S
Länge: 19,3530° O

Auch wenn du im Käfig vor ihnen sicher bist, werden dir die scharfen weißen Zähne, die in wenigen Metern Entfernung aufblitzen, lange in Erinnerung bleiben.

START IN CANBERRA, AUSTRALIEN
962. Eine Tour zu den unvermuteten Hauptstädten auf allen Kontinenten
Wann: Ganzjährig
Breite: 35,3075° S
Länge: 149,1244° O

Pubquiz-Fans wissen sicher, dass die Frage nach der Hauptstadt die Teilnehmer bei einigen Ländern meist durcheinanderbringt. Zu diesen kniffligen Staaten gehören Australien, die Türkei, die Schweiz, Kanada, Brasilien, Marokko, um nur einige zu nennen. Du könntest sie doch alle besuchen?

◀ VON CAPE REINGA ZUM STIRLING POINT, NEUSEELAND
963. Mit dem Auto der Länge nach durch Neuseeland
Wann: Ganzjährig
Breite: 34,4287° S
Länge: 172,6804° O (nördlichster Punkt)

Der 2022 Kilometer lange *State Highway 1* führt von Cape Reinga an der Nordspitze der Nordinsel bis zum Stirling Point, der Südspitze der Südinsel.

Die Fahrt vom wilden und zerklüfteten Cape Reinga nach Auckland ist voller magischer Momente. Weiter südlich folgen Hamilton, eine Stadt voller Kultur, und mit dem Lake Taupo der größte See des Landes, das spektakuläre Mündungsgebiet um Porirua und die Hauptstadt Wellington mit ihrer lebhaften Kunstszene.

Nun geht es über die Cookstraße auf die Südinsel, die dich mit einer filmreifen Landschaft begrüßt. In Blenheim solltest du eine Bootsfahrt unternehmen, während sich in Kaikoura hervorragend Delfine und Wale beobachten lassen. Die Straße schlängelt sich an der malerischen Ostküste entlang immer weiter nach Süden und durchquert dabei Timaru, Oamaru, Dunedin und Gore. Invercargill, wo der Highway endet, ist die südlichste Stadt Neuseelands.

COROMANDEL, NEUSEELAND
964. Einen Pool graben
Wann: Ganzjährig
Breite: 36,7612° S
Länge: 175,4981° O

Der *Hot Water Beach* auf der Coromandel Peninsula in Neuseeland ist, wie der Name schon vermuten lässt, bekannt für seine heißen Quellen. Falls du in den zwei Stunden vor und nach jeder Flut hierherkommst, kannst du dir mit einem Spaten deinen eigenen Pool graben und dich im mineralhaltigen Wasser entspannen, das aus unterirdischen Rissen strömt.

Mit dem Auto einmal längs durch Neuseeland von Cape Reinga zum Stirling Point

Königsalbatros bei Otago

BAY OF ISLANDS, NORDINSEL, NEUSEELAND
965. Ein Bootstrip rund um eine wunderschöne neuseeländische Bucht
Wann: Ganzjährig
Breite: 35,2807° S
Länge: 174,0910° O (Paihia)

Die *Bay of Islands* auf der neuseeländischen Nordinsel ist der perfekte Ort für eine Bootsfahrt. Ob in einer Jacht, im Segelboot, im Jetboot oder paddelnd im Kajak – wer sich hier nicht aufs Wasser begibt, ist selbst schuld. Das nicht allzu kühle Nass lädt zum Tauchen, Schnorcheln und Schwimmen mit Delfinen ein.

▲ OTAGO, NEUSEELAND
966. Albatrosbeobachtung bei Otago
Wann: Ganzjährig
Breite: 45,8337° S
Länge: 170,6152° O

Taiaroa Head ist ein Kap auf der Südinsel mit schroffen Klippen und wunderbarem Ausblick auf den Hafen von Otago. Hier befindet sich die einzige Kolonie Nördlicher Königsalbatrosse auf dem bewohnten Teil der Hauptinseln.

SÜDLICHE HEMISPHÄRE   30°S bis 90°S

▼ KÄNGURU-INSEL, AUSTRALIEN
967. **Eins werden mit der Natur auf der Känguru-Insel**
Wann: Ganzjährig
Breite: 35,7752° S
Länge: 137,2142° O

112 Kilometer südwestlich von Adelaide liegt im Indischen Ozean die Känguru-Insel mit mehreren Naturschutzgebieten. Davon ist der *Flinders-Chase-Nationalpark* im Westen womöglich am beliebtesten. Westliche Graue Riesenkängurus und Derbywallabys hüpfen hier frei herum. Zur weiteren Fauna, die es hier zu entdecken gibt, gehören Kusus, Nasenbeutler, Pelzrobben, Schnabeltiere, wilde Koalas und eine reiche Vogelwelt.

NEW SOUTH WALES, AUSTRALIEN
968. **Eine Melodie auf dem Banjo spielen lernen**
Wann: Ganzjährig
Breite: 31,0911° S, **Länge:** 150,9304° O

Tamworth in New South Wales ist als Zentrum der australischen Country-Musikszene der geeignete Ort, um das Banjo spielen zu lernen.

Die freundlichen Bewohner der Känguru-Insel

SÜDLICHE HEMISPHÄRE   30°S bis 90°S

▶ WAITOMO, NEUSEELAND
969. Besuch in einer Märchengrotte

Wann: Ganzjährig
Breite: 38,2609° S
Länge: 175,1036° O

Abertausende bläulich schimmernder Pünktchen schmücken die Decken der *Waitomo Caves*. Erlebe das magische Leuchten der von den Māori *Titiwai* und von den übrigen Neuseeländern *Glowworms* genannten Larven der endemischen Mückenart *Arachnocampa luminosa* auf einer Bootsfahrt durch die Höhlen.

NEUSEELAND UND COOKINSELN
970. Gleich zweimal Neujahr feiern

Wann: 31. Dezember
Breite: 36,8406° S
Länge: 174,7400° O

Während die Neuseeländer beinahe die Ersten sind, die die Korken an Neujahr knallen lassen, gehören die Bewohner der Cookinseln auf der anderen Seite der Datumsgrenze zu den Letzten. Dabei sind beide Länder nur vier Flugstunden voneinander entfernt. Feiere erst in Auckland und dann in Avarua Neujahr.

Grotten wie aus dem Märchen: die *Waitomo Caves* in Neuseeland

SÜDLICHE HEMISPHÄRE   30°S bis 90°S

SÜDPATAGONIEN, CHILE
971. Eine Wanderung durch die Wildnis am Ende der Welt
Wann: Oktober bis April
Breite: 50,9423° S
Länge: 73,4068° W

Der 2420 Quadratkilometer große *Nationalpark Torres del Paine* im Süden Chiles ist ein Wanderparadies. Du kannst selbst entscheiden, ob du den Park auf einer einwöchigen Rundwanderung ganz durchwandern oder auf einer kürzeren Tour nur die größten Natursehenswürdigkeiten besuchen möchtest. Auch von der Straße zu sehen sind die markanten Formen der Torres del Paine und das türkisblaue Wasser des Lago Nordenskjöld.

Der Park ist benannt nach den drei in seiner Mitte aufragenden Felstürmen mit Gipfelhöhen zwischen 2600 und 2850 Metern über Meer. Die Besteigung des Nordturms ist eine lohnende Herausforderung für erfahrene Kletterer.

QUEENSTOWN, NEUSEELAND
972. Mit Vollgas durch eine Schlucht
Wann: Ganzjährig
Breite: 44,9140° S
Länge: 168,6822° O

Die rasante Jetboot-Fahrt mit teilweise über 130 Stundenkilometern durch die Schlucht des Shotover River auf der neuseeländischen Südinsel ist der ultimative Kick für alle Abenteuerlustigen.

LAKE TEKAPO, NEUSEELAND
973. Ein postkartenreifer Auftritt
Wann: Ganzjährig
Breite: 43,8837° S
Länge: 170,5327° O

Stell dir einen türkisfarbenen Gletschersee inmitten von schneebedeckten Bergen und mit einer Kirche an seinem Ufer vor. Dieses postkartenreife Setting findest du am Lake Tekapo auf Neuseelands spektakulärer Südinsel.

QUEENSTOWN, NEUSEELAND
974. Bungee-Jumping an seinen Wurzeln
Wann: Ganzjährig
Breite: 45,0090° S
Länge: 168,8990° O

Stürze dich am elastischen Gummiseil in die Tiefe, wo in den Achtzigerjahren alles begann: in Neuseeland. Die *Kawarau-Bridge* auf der Südinsel gilt als erste permanente kommerzielle Bungee-Site der Welt.

Wasserflugzeug auf dem neuseeländischen Lake Taupo

▲ LAKE TAUPO, NORDINSEL, NEUSEELAND
975. Eine Panoramatour mit dem Wasserflugzeug
Wann: Ganzjährig
Breite: 38,7931° S
Länge: 175,9713° O

Bei dem einmotorigen Wasserflugzeug, das auf dem Wasser des Lake Taupo auf der neuseeländischen Nordinsel auf Fluggäste wartet, können nur zwei Passagiere zum Piloten einsteigen. Während deines Rundflugs siehst du weit unter dir eine wilde Landschaft aus türkisfarbenem Wasser, schneebedeckten Vulkankratern, zerklüfteten Bergen und unberührten Wäldern vorbeiziehen.

TAUMATA, NORDINSEL, NEUSEELAND
976. Der Ort mit dem längsten Namen der Welt
Wann: Ganzjährig
Breite: 40,3460° S
Länge: 176,5402° O

Taumatawhakatangihangakoauotamateaturipukakapikimaungahoronukupokaiwhenuakitanatahu – so lautet der vollständige Name eines 305 Meter hohen Hügels in der Region Hawke's Bay in der Sprache der Māori, der polynesischen Ureinwohner Neuseelands, der im Guinness-Buch der Rekorde als längster Ortsname der Welt eingetragen ist. Ein Besuch für ein Selfie mit Namensschild und Berg im Hintergrund lohnt sich auf jeden Fall.

SÜDLICHE HEMISPHÄRE   30°S bis 90°S

TONGARIRO ALPINE CROSSING, NORDINSEL, NEUSEELAND
977. **Eine erlebnisreiche Eintageswanderung durch die Neuseeländischen Alpen**
Wann: Ganzjährig
Breite: 39,1447° S
Länge: 175,5814° O

Die 19,4 Kilometer lange Strecke des Wanderwegs *Tongariro Alpine Crossing* kannst du gut an einem Tag zu Fuß bewältigen. Zwei Vulkankrater, smaragdgrüne Seen und die eindrucksvolle Vulkanlandschaft des Tongariro-Nationalparks belohnen dich reichlich für die etwa siebenstündige Tour, die als beste Tageswanderung in Neuseeland gilt.

Wirf einen Blick auf die interessanten vulkanischen Formationen im Inneren des *Red Crater* und genieße die fantastische Aussicht auf die vielen Gipfel des Oturere-Tals. Weiter geht es am Ufer des Blue Lake und der Emerald Lakes entlang und darauf abwärts in einen Wald, in dem deine erlebnisreiche Wanderung zu Ende geht.

▶ ROBBEN ISLAND, KAPSTADT, SÜDAFRIKA
978. **Das vielleicht bekannteste Gefängnis aller Zeiten**
Wann: Ganzjährig
Breite: 33,8076° S
Länge: 18,3712° O

Robben Island, das berüchtigte Gefängnis der dunklen Apartheidszeit, kannte man dank seiner prominenten Insassen in der ganzen Welt. Hier waren unter anderem drei Apartheidsgegner inhaftiert, die später als Premierminister dem Land dienten: Jacob Zuma, Kgalema Motlanthe und – am bekanntesten von allen – Nelson Mandela.

Bei einem Ausflug auf die Insel, die heute zum UNESCO-Weltkulturerbe gehört, erfährst du mehr darüber.

Das wohl bekannteste Gefängnis aller Zeiten: Robben Island in Südafrika

CAPE REINGA, NEUSEELAND
979. Der wilde Tanz der zwei Meere
Wann: Ganzjährig
Breite: 34,4287° S
Länge: 172,6804° O

An der nördlichen Spitze der neuseeländischen Nordinsel trifft die Tasmansee auf den offenen Pazifischen Ozean. Es ist spannend, vom Leuchtturm aus die unruhigen Gewässer zu beobachten, die das Wettrennen der Gezeiten in Wallung versetzt hat.

SÜDLICHE HEMISPHÄRE 30°S bis 90°S

Die ursprünglichen Kiwis auf Kapiti Island

▲ KAPITI ISLAND, NEUSEELAND
980. Eine Begegnung mit den ursprünglichen Kiwis
Wann: Ganzjährig
Breite: 40,8516° S
Länge: 174,9158° O

Auf Kapiti Island vor der Südwestküste der neuseeländischen Nordinsel hast du die einmalige Gelegenheit, Kiwis und andere gefährdete, flugunfähige Vögel in ihrem natürlichen Lebensraum zu beobachten. Übernachte in luxuriösen Zelten oder Hütten und nimm dir genug Zeit.

QUEENSTOWN, NEUSEELAND
981. Den besonderen Kick des Canyoning entdecken
Wann: Oktober bis April
Breite: 45,0311° S
Länge: 168,6625° O

Beim Canyoning wird eine Schlucht auf allerlei Weise von oben nach unten begangen: durch Klettern, Springen, Rutschen oder Abseilen. Probiere diese aufregende Sportart doch einfach in einer der Schluchten bei Queenstown, dem Mekka des Abenteuertourismus und Extremsports, aus.

KAIKOURA, NEUSEELAND
982. Mit neuseeländischen Robben spielen
Wann: Ganzjährig
Breite: 42,4212° S
Länge: 173,7098° O

Schnorchle im seichten Wasser der Kaikoura Peninsula und spiele mit neuseeländischen Robben.

SÜDLICHE HEMISPHÄRE   30°S bis 90°S

▶ TASMANIEN, AUSTRALIEN
983. Mit dem Rad durch ein tasmanisches Paradies
Wann: Ganzjährig
Breite: 42,8819° S
Länge: 147,3238° O

Eine spektakuläre Fahrradtour führt an der Ostküste Tasmaniens entlang. Lege hin und wieder einen längeren Halt ein, um die Nationalparks am Weg zu besuchen. Unbedingt einplanen solltest du auch einen geführten Tagesausflug auf das exotische Green Island.

Eine Radtour durch ein tasmanisches Paradies

SYDNEY, AUSTRALIEN
984. Ein Blockbuster im größten Format
Wann: Ganzjährig
Breite: 33,8674° S
Länge: 151,2069° O

Im Sydneyer Stadtteil Darling Harbour befindet sich im *LG-IMAX-Kino* die mit 35,7 Metern Breite und 29,7 Metern Höhe zur Zeit größte Leinwand der Welt. Lass dir das Erlebnis eines Blockbusters im Riesenformat nicht entgehen.

MOERAKI, SÜDINSEL, NEUSEELAND
985. Ein einzigartiges Selfie mit den geheimnisvollen Moeraki-Boulders
Wann: Ganzjährig
Breite: 45,3630° S
Länge: 170,8488° O

Am Strand der neuseeländischen Südinsel liegen an der *Koekoe Beach* zwischen Moeraki und Hampden zahlreiche kugelförmige Felsblöcke, die *Moeraki Boulders*, verstreut über den Strand. Die natürlichen Gesteinsformationen mit einem Durchmesser von bis zu drei Metern und einem Gewicht von mehreren Tonnen bildeten sich vor etwa 60 Millionen Jahren aus Meeresboden-Sedimenten. Die außergewöhnliche Kulisse schreit geradezu danach, mit der Handykamera festgehalten zu werden.

SÜDLICHE HEMISPHÄRE 30°S bis 90°S

WESTLAND-NATIONALPARK, SÜDINSEL, NEUSEELAND
986. Fantastische Gletscherwanderung in den Neuseeländischen Alpen
Wann: Ganzjährig
Breite: 43,4645° S
Länge: 170,0176° O

In nur zehn Minuten gelangst du mit dem Hubschrauber von den bewaldeten Ausläufern der hohen Berge auf der Südinsel zum weiß, bläulich und grau schimmernden Fox-Gletscher. Die über 13 Kilometer lange Eiszunge des Talgletschers stößt infolge der Steilheit der Westflanke der Neuseeländischen Alpen bis hinunter zum gemäßigten Regenwald vor. Damit ist der Fox-Gletscher einer der am leichtesten zugänglichen der Welt.

Nach der Landung auf dem Gletschereis ist es Zeit, die Steigeisen anzulegen und die Regen- und Sicherheitsausrüstung zu überprüfen. Danach geht es hinaus in die zerklüftete gleißende Landschaft. Hier kannst du dich mit umgeschnalltem Klettergurt, in eine Gletscherspalte abseilen oder auch für einen magischen Augenblick in eine blau leuchtende Eishöhle kriechen.

CHRISTCHURCH, NEUSEELAND
987. Mit dem Zug durch die Alpen
Wann: Ganzjährig
Breite: 43,5320° S
Länge: 172,6362° O

Der *TranzAlpine* ist vielleicht die schönste Bahnstrecke der Welt. Steig ein und fahre in viereinhalb Stunden von Christchurch an der Westküste der Südinsel durch die nebelverhangenen Neuseeländischen Alpen an grandiosen Gletschern vorbei nach Greymouth an der Ostküste.

▶ CHRISTCHURCH, NEUSEELAND
988. Ein Schritt in die Luft hinaus
Wann: Ganzjährig
Breite: 43,5321° S
Länge: 172,6362° O

Die absolute Konzentration auf das Halten des Gleichgewichts ist für *Slacker* von so elementarer Bedeutung, dass Fans dieser Trendsportart sie mit aktiver Meditation vergleichen: ein Schritt in einen Raum, den die Füße normalerweise nicht betreten. Leg noch einen Gang zu und wage dich hoch hinaus über den Abgrund großer Schluchten wie *The Gap* am Porters Pass in der Nähe von Christchurch.

Ein Schritt in die Luft hinaus am Porters Pass in Neuseeland

SÜDINSEL, NEUSEELAND
989. Andächtige Stimmung beim Anblick des »Achten Weltwunders«
Wann: Ganzjährig
Breite: 44,6716° S
Länge: 167,9256° O

Der *Milford Sound* in Neuseeland kann jedem Fjord in Skandinavien Paroli bieten. Rudyard Kipling bezeichnete die atemberaubende Kulisse mit ihren Buchten und Wasserfällen als »Achtes Weltwunder«.

SÜDLICHE HEMISPHÄRE   30°S bis 90°S

▶ DUNEDIN, NEUSEELAND
990. Manuka-Honig sammeln
Wann: Ganzjährig
Breite: 45,8787° S
Länge: 170,5027° O

Manuka-Honig ist nahrhaft, gesund und außerdem lecker. Er gilt als Naturheilmittel. Zum Beispiel an der *Blueskin Bay*, 25 Kilometer nördlich von Dunedin, kannst du auf einer »Bienenstock-Tour« (*hive tour*) selbst ein wenig von diesem Wunder wirkenden Honig sammeln.

Manuka-Honig sammeln an der *Blueskin Bay* bei Dunedin

START IN MATAMATA, NORDINSEL, NEUSEELAND
991. Eine magische Reise nach Mittelerde
Wann: Ganzjährig
Breite: 37,8575° S
Länge: 175,6797° O

An über 150 Orten in ganz Neuseeland drehte der neuseeländische Regisseur Peter Jackson seine beiden Filmtrilogien *Der Herr der Ringe* und *Der Hobbit*. Einer der Drehorte, das *Hobbiton Movie Set* in Matamata, liegt zwei Autostunden südlich von Auckland in der Region Waikato. Auf einer Führung durch die Filmkulissen spazierst du durch das Auenland mit seinen detailgetreuen Hobbithöhlen, darunter Bilbo Beutlins luxuriöses Beutelsend (*Bag End*).

Von Matamata geht es weiter nach Süden zu weiteren wichtigen Locations wie dem *Kaitoke Regional Park* bei der neuseeländischen Hauptstadt Wellington, im Film Bruchtal (*Rivendell*), von dort nach Nelson, in die Region Canterbury, ins Mackenzie-Becken im Zentrum der Südinsel, wo die legendäre Schlacht auf dem Pelennor gedreht wurde, weiter zu den *Southern Lakes* und schließlich nach Fiordland (Fangornwald).

DUNEDIN, NEUSEELAND
992. Die steilste Straße der Welt
Wann: Ganzjährig
Breite: 45,8492° S, **Länge:** 170,5342° O

Der Belag der 350 Meter langen, kerzengeraden Baldwin Street in Dunedin besteht aus Beton, denn sie ist so steil, dass der Asphalt im Sommer schmelzen und den Abhang hinunterfließen könnte. Am jährlichen *Baldwin Street Gutbuster* kannst du deine Berglauffähigkeiten auf die Probe stellen.

SÜDLICHE HEMISPHÄRE 30°S bis 90°S

PATAGONIEN, ARGENTINIEN
993. Spiegelbild im uralten Eisfluss
Wann: Oktober bis März
Breite: 50,4691° S
Länge: 73,0311° W

Nur wenige Gletscher weltweit rücken derzeit noch vor. In Patagonien kannst du einige davon besuchen. Ein Rundwanderweg führt zu herrlichen Aussichtspunkten, und Reiseveranstalter bieten geführte Gletscherwanderungen an.

ARGENTINIEN
994. Whisky mit Gletschereis
Wann: November bis April
Breite: 50,4691° S
Länge: 73,0311° W

Das kristallklare Gletschereis mundet entsprechend – kein störender Nebengeschmack. Gib für den ultimativen *On-the-rocks*-Genuss einige Würfel davon in ein Glas und gieße einen Schluck Whisky dazu.

▼ USHUAIA, FEUERLAND, ARGENTINIEN
995. Ein Besuch in der Pinguinhauptstadt der Welt
Wann: November bis März
Breite: 54,8000° S
Länge: 68,3000° W

Auf einer Kreuzfahrt von Ushuaia in Feuerland aus kannst du sieben der 17 existierenden Pinguinarten beobachten. Besuche die Pinguine in der warmen Jahreszeit, wenn sie brüten und mehr Zeit an Land verbringen.

Die Pinguinhauptstadt der Welt: Ushuaia in Argentinien

SÜDLICHE HEMISPHÄRE 30°S bis 90°S

PETERMANN-INSEL, ANTARKTIS
996. Unter dem Eis schwimmen
Wann: Februar und März
Breite: 65,1667° S
Länge: 64,1667° W

Polartauchen ist nichts für Unerfahrene. Aber als Belohnung lockt ein weltweit einzigartiger Tauchgang inmitten von außergewöhnlichen Eisformationen, die spektakuläre Farbtöne mit wechselndem Licht erzeugen.

Nie zuvor gesehene Meereslebewesen, darunter riesige Asseln, Seesterne mit 34 Armen und blutlose Fische, bewohnen eines der letzten wirklich unberührten Gewässer der Welt. Zu deinen Tauchgenossen gehören des Weiteren auch Seeleoparden und Pinguine.

▶ SYDNEY, AUSTRALIEN
997. Strippen für die Kunst
Wann: Anmeldung im Internet
Breite: 33,8568° S
Länge: 151,2153° O

Wenn du dich gern in aller Öffentlichkeit auszieshst, ist eine von Spencer Tunicks Installationen aus nackten Menschen genau das Richtige für dich. Dabei wirst du zum Teil eines wundervollen Kunstwerks, das die menschliche Gestalt und ihre Umwelt feiert. 5200 Teilnehmer posierten 2010 vor dem *Sydney Opera House*.

VICTORIA, AUSTRALIEN
998. Eine gemütliche Fahrt an der spektakulären Südküste Australiens
Wann: Ganzjährig
Breite: 38,6805° S
Länge: 143,3914° O

Die 243 Kilometer lange *Great Ocean Road* (B 100) an der australischen Südküste glänzt mit so manchem spektakulären Ausblick.

Wenn du gern surfst, dann solltest du von Torquay aus unbedingt einen Abstecher an die *Bells Beach* machen. Die Wellen hier sind einfach fantastisch. Zwischen Mai und September solltest du einen Halt in Lorne einplanen, um Südkaper-Mütter mit ihren Kälbern zu beobachten. Westlich von Apollo Bay biegt die B 100 ins Landesinnere ab, und das Meer macht im Great-Otway-Nationalpark üppig grünen, gemäßigten Regenwäldern Platz.

Ein Umweg zur *Shipwreck Coast*, wo die Wasser der Bass-Straße mit denen der Großen Australischen Bucht zusammentreffen, lohnt sich auf jeden Fall. Eine Fahrt auf der *Great Ocean Road* ist nicht komplett ohne Besuch der *Twelve-Apostles*, der zwölf bis zu 60 Meter aus der stürmischen See aufragenden Kalksteinfelsen.

Anschließend fährst du durch das malerische Fischerstädtchen Port Fairy aus dem 18. Jahrhundert. Von dort aus sind es nur noch etwa 20 Kilometer bis nach Allansford am Westende der Route und weitere zehn bis zur nächstgelegenen Stadt Warrnambool.

SÜDLICHE HEMISPHÄRE   30°S bis 90°S

QUER DURCH AUSTRALIEN
999. Eine entspannte Zugreise durch Australien
Wann: Ganzjährig
Breite: 34,9214° S
Länge: 138,5970° O (Bahnhof Adelaide)

Weite Reisen mit der Bahn sind in *Down Under* keine stressige Angelegenheit. Deshalb kannst du unterwegs die herrlichen Ausblicke und die fantastischen Sonnenauf- und -untergänge genießen, während das hypnotische Klimpern der Räder dich zusätzlich beruhigt. Zwei Fernverkehrszüge durchqueren den australischen Kontinent von Nord nach Süd beziehungsweise von Ost nach West.

The Ghan verkehrt auf der 2279 Kilometer langen ältesten Fernverkehrslinie vom tropischen Darwin über die Halbwüste des geheimnisvollen *Red Centre* sowie die Weidegründe und Weinbaugebiete Südaustraliens bis nach Adelaide an der Südküste.

Der *Indian Pacific* verbindet Sydney am Pazifik mit Perth am Indischen Ozean. Die Strecke hat eine Länge von 4352 Kilometern und verläuft zu einem guten Teil durch die unendlichen Weiten der gespenstischen Nullarbor-Ebene, deren Name »keine Bäume« bedeutet. Lege in der Goldbergbaustadt Kalgoorlie, der Geisterstadt Cook und Broken Hill, das für seine Silberminen berühmt ist, jeweils einen kurzen oder auch längeren Halt ein.

Das *Sydney Opera House* diente Spencer Tunick 2010 als Location für seine künstlerischen Nacktaufnahmen

CHILENISCHES ANTARKTISTERRITORIUM
1,000. Einen Fuß auf Antarktika setzen
Wann: Oktober bis März
Breite: 55,0991° S
Länge: 69,2747° W

Die Antarktis ist die letzte große echte Wildnis der Erde und lockt mit einer einzigartigen Tierwelt sowie unberührten Landschaften. Die Geschichte ihrer Entdecker ist faszinierend. Kleine Expeditionsschiffe fahren in den wärmeren Monaten zum Rand des kältesten Kontinents der Erde, während die Unerschrockenen sich zum Heliskiing in die antarktischen Berge fliegen lassen oder gar zum Südpol vorstoßen können. Die südchilenische Stadt Punta Arenas eignet sich dabei ideal als Ausgangspunkt für einen Besuch von Antarktika, der von dort mit dem Schiff nur eine Woche dauert.

Auf deiner Kreuzfahrt siehst du mit allergrößter Wahrscheinlichkeit Pinguine, Wale, Delfine, Seelöwen, Robben und Albatrosse. Von King George Island kannst du per Schiff die zahlreichen anderen Südlichen Shetlandinseln erkunden oder auch dort bleiben, um kurze Wanderungen zu unternehmen. Erfahrene Reiseleiter erzählen dir interessante Fakten zu Tierwelt, Gletschern und Ozeanen der Region. Kein Himmel lässt sich mit demjenigen in der Antarktis vergleichen: Er schimmert in Abertausenden von Blau- und Weißtönen. Du wirst deinen Antarktistrip nie mehr vergessen.

INDEX

A

ADRIA 158, 160
AFGHANISTAN 93
ÄGYPTEN 168, 271
  Alexandria 267
  Kairo 271
  Dahab 286
  Giza 297
  Karnak 297
  Luxor 297
  Rotes Meer 286 f.
  Sharm el-Sheikh 286
  Taba 286
  Theben 297
  Wadi Al-Hitan 297
ALGERIEN
  Chréa 130
  Djurdjura-Gebirge 130
  Sahara 300
ANGOLA 401
ANTARKTIS 10, 482, 484 f.
ANTIGUA 290
ÄQUATORIALGUINEA 368
ÄRMELKANAL 93
ÄTHIOPIEN
  Addis Abeba 360
  Blauer Nil, Schlucht 359
  Gondar 360
  Lalibela 356 f.
  Sämen-Nationalpark 358
ARKTIS 10
ARKTISCHER OZEAN 20
ARGENTINIEN
  Anden 449, 464
  Buenos Aires 463 f.
  Feuerland 31, 481
  Gaiman 463
  Iguazú-Wasserfälle 449
  Miramar 464
  Neuquén 462
  Patagonien 31, 449, 462 f., 481
  Puelo (Fluss) 449
  Salta 435, 448
  Salta–San Antonio de los Cobres 442
  San Antonio de Areco 463
  Sieben-Seen-Route 462
  Ushuaia 10, 31, 481
ASERBAIDSCHAN 168, 271
ATLANTIK 20, 290

AUSTRALIEN 20, 130
  Adelaide 483
  Albany 20
  Allansford 482
  Alligator Rivers 416
  Badgingarra-Nationalpark 452
  Barossa Valley 125
  Bass-Straße 482
  Bondi Beach 458
  Broken Hill 454, 483
  Broken River 432
  Canberra 467
  Cape-Le-Grand-Nationalpark 458
  Coober Pedy 427
  Cook 483
  Daintree-Nationalpark 434
  Darwin 483
  Flinders-Chase-Nationalpark 469
  Fraser Island 442
  Great-Barrier-Riff 434
  Great Ocean Road 482
  Great-Otway-Nationalpark 482
  Hunter Valley 125
  Kakadu-Nationalpark 416
  Kalgoorlie 483
  Känguru-Insel 469
  Kings Canyon 435
  Lorne 482
  New South Wales 452 f., 469
  Ningaloo-Riff 434
  Nullarbor-Ebene 483
  Perisher 130
  Perth 483
  Port Fairy 482
  Fürstentum Hutt River 427
  Sydney 454, 456, 458, 476, 482 f.
  Tasmanien 476
  Thredbo 130
  Torquay 482
  Uluru 418 f., 435
  Undara-Lavaröhren 435
  Weihnachtsinsel 416
  Westaustralien 452, 458

B

BAHAMAS 20, 327, 362
BAHRAIN 295
BALEARISCHE INSELN 168
BANGLADESCH 313
BARBADOS 362
BARENTSSEE 15, 25
BELGIEN 25
  Brügge 79
  Brüssel 79, 86
  Hannut 79
BELIZE 337, 363
  Cockscomb Basin 337
  Great Blue Hole 337
BERINGSEE 28
BHUTAN
  Bhaktapur 290
  Snowman Trek 288 f.
  Trongsa 290
BOLIVIEN
  Chiquitos 422
  Isla del Pescado 432
  La Paz 422
  La Paz–Coroico 422
  La Paz–El Alto 421
  Madidi, Nationalpark 411
  Potosí 421, 432
  Reserva Nacional de Fauna Andina Eduardo Abaroa 432
  Salar de Uyuni 432
  San Javier 422
  Siloli-Wüste 432
  Sol de Mañana 432
  Tiahuanáco 424
  Titicacasee 421
BORNEO 389
BOSPORUS 162, 168
BOTSWANA 428 F.
BRASILIEN
  Amazonas 408
  Bahia 422
  Belém 399
  Bonito 439
  Fernando de Noronha 408 f.
  Itacaré 394
  Manaus 399, 408
  Mato Grosso do Sul 439
  Pantanal 428
  Paraty 438

  Rio de Janeiro 436 f., 439
  Salvador 399, 414
  Trancoso–Arraial d'Ajuda 425
BRITISCHE JUNGFERN-INSELN 362
BRUNEI 384
BULGARIEN 158
BURKINA FASO 359

C

CHILE 31, 456
  Algarrobo 454
  Anden 130, 449
  Antarktisterritorium 484 f.
  Atacama 435, 442, 448
  Chuquicamata 464
  Feuerland 31, 454
  Isla Negra 456
  Lama 130
  Maipo-Tal 125
  La Parva 130
  Osterinsel 448
  Patagonian Expedition Race 456
  Pisco Elqui 329
  Portillo 130
  Pucón 130, 457
  Punta Arenas 485
  Reserva Nacional Las Chinchillas 454
  Santiago 457
  Torres del Paine, Nationalpark 450 f., 471
  Valle de la Luna 448
  Valle Nevado 130
  Valparaiso 455
  Villarrica (Vulkan) 457
CHINA 166
  Chang'an-Tianshan Corridor 237
  Chinesische Mauer 239
  Gansu 224 f.
  Guangzhou 304
  Hallstatt 304
  Harbin 137
  Hongkong 310
  Hunan 298
  Jangtsekiang 264 f.
  Jinping-I-Damm 280
  Karakorum 214
  Khawa Karpo 282

INDEX

Khunjrap-Pass 214
Liao He, Flussdelta 238
Hua Shan 243
Panjin 238
Peking 224, 238, 239
Qing-Dynastie, Gräber 239
Seidenstraße 237
Shanghai 264
Sichuan 298
Terrakotta-Armee 236 f.
Drei Schluchten 264
Tianzi Shan 298
Tibet 280
Zhangjiajie National Forest Park 298
Zhangye-Danxia-Geopark 224 f.
Zwölf Gipfel des Wuxia 264
COOKINSELN 420, 470
COSTA RICA 363, 364
   Kokosinsel 354
   La Paz-Wasserfall 368
   Manzanillo 354
   Monteverde, Biologisches Reservat 354
   Poás (Vulkan) 368
   Tenorio-Nationalpark 364

D
DEMOKRATISCHE REPUBLIK KONGO 407
DEUTSCHLAND
   Autobahnen 66
   Baden-Baden 118
   Berlin 66, 68 f.
   Darmstadt 95
   Donau 118
   Donaueschingen 118
   Kiel 66
   Moseltal 125
   München 119
   Neuschwanstein 118
   Oberammergau 118
   Rothenburg ob der Tauber 119
   Schwarzwald 118
   Spandau 66
DÄNEMARK 25
   Billund 37
   Kopenhagen 50 f.
   Jutland 52

Øresundbrücke 51
Roskilde 50
Tønder 52
DOMINICA 362
DOMINIKANISCHE REPUBLIK 362

E
ECUADOR 31, 390 f.
   Anden 401
   Baños 400, 402
   Chocó 395
   Cuenco 401
   Mindo Valley 395
   »Mitte der Welt« 401
   Otavalo 391
   »Teufelskessel« 402
   »Teufelsnase« 401
   Tungurahua 400
EL SALVADOR 346
ESTLAND 35

F
FIJI 437
FINNLAND 19
   Helsinki 19
   Kuntivaara 18
   Kuusamo 18
   Kvarken-Archipel 18
   Lappland 16 f., 18
   Nordlicht 16 f., 21
   Rauhaniemi-Strand 19
   Ruka 18
   Turku 349
FRANKREICH 87, 149
   Alpen 113, 130
   Arboussols 165
   Bagnères-de-Bigorre 156 f.
   Bordeaux 125
   Burgund 125
   Camargue 148
   Cannes 144, 148
   »La Chambre de Certitudes« 165
   Chamonix 128 ff.
   Champagne 329
   Côte d'Azur 149, 153
   Fontainebleau 114
   Forêt d'Orient 114
   Giverny 87
   Korsika 164 f.
   Les Houches 128 f.

Languedoc 144
Loire-Tal 125
Lourdes 153
Louvre, Paris 107
Mont Saint-Michel 113
Montmartre, Paris 107
Musée d'Orsay, Paris 108 f.
Normandie 113
Paris 87, 106–110, 112 f., 186
Pic du Midi 157
La Plagne 132
Le Puy-en-Velay 128
Poissy, Paris 106
Pont du Gard 144
Provence 149
Pyrenees 156 f.
St. Nazaire 25
Saint-Tropez 152
Seine 87, 108
Straßburg 114
Tignes 130
Tour de France 107, 110 f.
Tour du Mont Blanc 128 f.
Les Trois Vallées 130
Val d'Isère 130
Val Thorens 113
Versailles 112
FRANZÖSISCH-POLYNESIEN
   Bora Bora 423
   Marquesas-Inseln 410

G
GALAPAGOSINSELN 20, 396 f., 406
GEORGIEN 168
GRIECHENLAND
   Argolis 213
   Arkadiko, Brücken 213
   Athen 212
   Ionische Inseln 213
   Ithaka 213
   Mykonos 218
   Santorini 215, 217
   Skopelos 189
GRENADA 362
GRÖNLAND 20
GUATEMALA
   Antigua 348 f.
   Atitlán, Lago de 352
   Biotopo del Quetzal 343

Chichicastenango 347
Cobán 343
San Andrés Itzapa 347
Tikal 330 f.
GUYANA 368

H
HAITI 362
HONDURAS 338 f., 363

I
ISLAND 20
   Blaue Lagune 22 f.
   Reykjanes-Halbinsel 22 f.
   Reykjavík 22
   Skaftefell 24
   Skjálfandi-Bucht 21
   Svartifoss 20
   Vatnajökull 20, 24
   Viðey (Insel) 20
INDIEN
   Agra 293
   Ahmedabad 308
   Ajanta-Höhlen 308
   Alleppey 372 f.
   Amritsar 258
   Assam 294, 297
   Bengalen, Golf von 375
   Bhagamandala 375
   Bhangarh 292
   Bodhgaya 302 f.
   Butterfly Safari Park 374
   Cherrapunji 300, 303
   Darjeeling 292
   Delhi 292
   Ganges 281
   Gir-Nationalpark 321
   Gujarat 308, 321
   Guwahati 297
   Hampi 320
   Himalaja 246, 267
   Hogenakkal-Fälle 375
   Howrah 308
   Jaipur 294
   Kalkutta 309, 349
   Kanha-Tigerreservat 311
   Kanhangad–Poompuhar 375
   Kaveri (Fluss) 375
   Kaziranga-Nationalpark 294
   Kerala 372 f.
   Khajuraho-Tempel 301

INDEX

Krishna-Raja-Sagar-Talsperre 375
Picchola-See 311
Leh–Manali Highway 246
McLeod Ganj 257
Madhya Pradesh 301, 311
Madurai 366 f.
Mahabodhi-Baum 302 f.
Maharashtra 308
Meghalaya 300
Mumbai 309, 320 f.
Nanda-Devi-Nationalpark 267
Pushkar 296
Rajasthan 294, 296 f.
Rumbak-Tal 267
Sandakphu 311
Shivasamudram 375
Somanathapura 375
Srirangam 375
Tamil Nadu 366 f.
Thenmala 374
Udaipur, Provinz 311
Uttarakhand 267
Varanasi 281
Vrindavan 288
Waghora (Fluss) 308
Westbengalen 311
Westghats 375
INDISCHER OZEAN 20
INDONESIEN 404
  Bali 404
  Gili-Inseln 410
  Java 404
  Jembrana 404
  Komodo, Nationalpark 410
  Lombok 410
  Yogyakarta 404
IRAK
  Erbil 266
  Marscharaber, Euphrat und Tigris 266
  Nasirija 266
  Ur 266
IRAN
  Damavand 255
  Isfahan 255
  »Thron des Dschamschid« 298
IRLAND
  Blarney Castle 70

Croagh Patrick 56
Dublin 58 f.
Lisdoonvarna 56
Lough Corrib 60 f.
Skellig Michael 72
ISRAEL
  Haifa 258
  Jerusalem 258 f.
  Masada 258
  Tiberias 259
  Klagemauer in Jerusalem 259
ITALIEN
  Alba 160
  Amalfiküste 146 f.
  Apulien 195
  Bologna 145
  Cascate del Mulino 160
  Chianti 153
  Cinque Terre 143
  Comersee 122
  Dolomiten 130
  Florenz 142, 144 f.
  Gaiole in Chianti 153
  Ligurien 143
  Mailand 122, 130
  Matera 195
  Murano 132
  Naquane 132
  Neapel 155
  Padua 134
  Palermo 213
  Palio di Siena 153
  Parma 144
  Piemont 125
  Pisa 145
  Pompeii 155
  Portofino 143
  Rom 160, 165, 170
  San Gimignano 150 f.
  Saturnia 160 f.
  Siena 153
  Sizilien 213
  Trentino 130
  Turin 131
  Val Camonica 132
  Vatikan, Rom 165
  Venedig 133 f., 180
  Verona 135
  Vesuv 155

J
JAMAIKA 314, 362

JAPAN 257
  Abashiri 252
  Alpen 130, 229
  Ashikaga Flower Park 230
  Echigo-Tsumari 240 f.
  Fuji Rock Festival 229
  Fukuoka 232
  Hakone 240
  Hitachinaka 232
  Honshu 231
  Ibusuki 256
  Kanazawa 229
  Kenroku-en 229
  Kii-Berge 250 f.
  Kirishima 256
  Kobe 252
  Kumano Kodo 250 f.
  Kyoto 250, 252
  Kyushu 256
  Fuji 227
  Nagano 229
  Nagara (Fluss) 234 f.
  Nara 250
  Omiya 231
  Osaka 232, 252
  Sapporo 229
  Shibu Onsen 228
  Shibuya, Tokio 227
  Togakushi 228
  Tokio 74, 227, 231 ff., 252 f.
  Yamanashi 240
  Yamanouchi 228
JEMEN 321
  Ahnum-Berge 343
  Amran, Gouvernement 343
  Sanaa 343
  Sokotra-Archipel 373
JORDANIEN
  Petra 270
  Rotes Meer 271
  Totes Meer 261, 271
  Wadi Rum 299

K
KAYMANINSELN 327
KAMBODSCHA
  Phnom Penh 359
  Siem Reap 352 f.
KANADA 25
  Banff-Nationalpark 88 f.

British Columbia 130
Bugaboos 96 f.
Capilano Suspension Bridge 95
Great Bear Rainforest 56 f.
Grizzly Bear Ranch 96
Montréal 124
Moraine Lake 88 f.
Niagarafälle 187
Parksville Beach Festival 96
Prudhoe Bay 31
Québec 124
Rocky Mountains 64 f., 130
La Route Verte 124
Selkirk Mountains 96
Telegraph Cove 96
Toronto 188
Vancouver 95
Vancouver Island 96
Waterton-Glacier International Peace Park 122
Whitehorse–Dawson City 28 f.
Yukon 28 f.
KANARISCHE INSELN 291
KARIBIK 362 f., 354 f.
KASPISCHES MEER 171
KASACHSTAN 168
  Astana 104
  Seidenstraße 237
KENIA 388
  Baringosee 385
  Chesowanja 385
  Großer Afrikanischer Grabenbruch 398
  Laikipia County 389
  Nairobi 398 f., 402
  Nairobi–Mombasa 398
  Naivashasee 398
  Turkanasee 385
KLEINE ANTILLEN 362
KOLUMBIEN 31, 168, 464
  Caño Cristales (Fluss) 380
  Cartagena de Indias 363 ff.
  Guatapé 381
  Juan-Curi-Wasserfall 380
  La Cuidad Perdida 360 f.
  San Gil 380

INDEX

Sierra Nevada 360f.
Tapón de Darién 381
Tayrona-National-
park 360
KROATIEN
Brač 158
Biševo 154f.
Dalmatinische Küste 140
Dubrovnik 158, 160
Goldenes Horn 158
Hvar 158
Korčula 158
Mali Ston 141
Mljet 158
Plitvicer Seen 140
Split 158
Vis 158
Zadar 140
KUBA 362
Cienfuegos 327
Havanna 304f., 327
Santiago de Cuba 327
Viñales 327
KIRGISISTAN
Karakol 171
Yssykköl 171
Seidenstraße 237

L
LAOS
Luang Prabang 332
Phongsali 313
LETTLAND 40
LIBANON 215
LITAUEN 53

M
MADAGASKAR 426f.
MALAWI 412
MALAYSIA
Batu Caves 386
Borneo 386, 389
Gunung Gading, National-
park 389
»Dschungelbahn« 387
Langkawi 379
Malacca 388
Penang 386, 390
Rebak Besar 379
Sabah 386
Sarawak 389
Taman-Negara-National-
perk 387

MALEDIVEN 384
MALI
Djenné 349
Dogon, Pays 349
Sahara 295
Timbuktu 295
MAROKKO
Aït-Benhaddou 268f.
Essaouira 260
Fez 349
Hoher Atlas 262f., 268f.
Marathon des Sables 267
Marrakesch 258, 260,
262, 264, 295
Sahara 267, 295
MAURITIUS 432f.
MEXIKO 31, 363
Bahidorá 330
Chihuahua 330
Guadalajara 326
Kupfercanyon 314
Mexico-Stadt 324f., 328,
330
Michoacán 324
Morelos 330
Niederkalifornien 328
Oaxaca 333f.
Santa María del Tule 334
Sea of Cortez 328
Sierra Tarahumara 314
Taxco 324
Tequila 329
Tulum 329
Xochimilco 326
Yucatán 322f.
Zacatecas 328
Zipolite 342
MIKRONESIEN 369
MITTELMEER 184F.
MONACO 153
MONGOLEI
Altai 105
Gobi, Wüste 166f.
Tsagaannuur 104
MYANMAR
Arakan (Gebirge) 313
Kyauk Ka Lat 336
Mandalay 312
Paleik 313
Shwe Taung 313
Rangun 336

N
NAMIBIA 427
Kunene 427
Fischfluss-Canyon 444f.
Skelettküste 430f.
NEPAL
Bhaktapur 280
Boudha 280
Chitwan-National-
park 290
Dakshinkali 280
Everest Base
Camp 284f.
Himalaja 284f.
Kathmandutal 280
Lumbini 292
Pashupatinath 280
Sarangkot 291
Sauraha 280
NEUSEELAND 470
Auckland 467
Bay of Islands 468
Blenheim 467
Canterbury 480
Cape Reinga 474
Cape Reinga–Stirling
Point 466f.
Christchurch 467, 477
Coromandel 467
Dunedin 467, 480
Fiordland 480
Gore 467
Hamilton 467
Kaikoura 467, 475
*Kaitoke Regional
Park* 480
Kapiti Island 475
Lake Taupo 472
Lake Tekapo 471
Matamata 480
Milford Sound 478f.
Moeraki 476
Nelson 480
Neuseeländische Al-
pen 477
Oamaru 467
Otago 125, 468
Porirua 467
Queenstown 471, 475
Southern Lakes 480
Taumata 472
Timaru 467
Tongariro-Nationalp. 473g

Waitomo Caves 470
Wellington 462, 467, 480
Westland-National-
park 477
NICARAGUA 358, 363
NIEDERLANDE 25
Amsterdam 69f.
Den Haag 70
»Excalibur«-Kletter-
wand 62
LF-Routen, Radweg-
netz 85
Oss 72
Sandburghotel 72
»Tulpenroute« 66f.
NIGERIA 389
NORWEGEN
Å 13
Bergen 13f.
Bryggen 14
Geilo 13
Geirangerfjord 15
Jostedalsbreen 13
Kirkenes 15
Kjeragbolten 36f.
Lofoten 13, 15
Longyearbyen 10
Lysefjorden 10
Oslo 13, 37
Polar Park 10
Preikestolen 10
Rogaland 36f.
Stavanger 37
Spitzbergen 11
Tromsdalstinden 15
Tromsø 15
Westküste 14f.

O
OMAN 321
Al Jaylah 303
Al Wusta-Wildreser-
vat 320
Hawiyat-Najm-Doli-
ne 306f.
Nizwa, Fort 310
Ras al-Jinz Schildkröten-
reservat 310
ÖSTERREICH
Alpen 116, 123
Bodensee 116
Br degenz 116
Eiskogelhöhle 116

489

INDEX

Grossglockner-Hochalpenstraße 123
Hohe Tauern 123
Salzburg 116
Tirol 116
Wien 114 f.
OSTSEE 66

P
PAZIFIK 20, 316 f., 448
PAKISTAN 214
PALÄSTINA 259
PANAMA 31, 168, 363
Isla Gibraleón 381
Limón Bay 381
Tapón del Darién 381
Volcán Barú 381
PAPUA-NEUGUINEA 411
PERU 31, 416
Anden 414 f., 420
Arequipa 421
Colca-Tal 420
Huacachina 416
Inka-Pfad 414 f., 464
Lima 464
Machu Picchu 414 f.
Nazca-Linien 417
Sacsayhuamán 416
Tipón 416
PHILIPPINEN
Banaue, Reisterrassen 335
Kabayan 332
Mayon (Berg) 373
Sagada 332
POLEN 34
Błędów-Wüste 63
Dunajec-Schlucht 119
Krutinna (Fluss) 34
Nowe Czarnowo 63
Pieninen 119
Schlesien 63
Stettin 66
PORTUGAL
Douro-Tal 125
Lissabon 194
Porto 194, 329
PUERTO RICO 328

R
ROTES MEER 271, 286 f.
RUMÄNIEN
Bran, Schloss 132
Konstanza 25
Südliche Bukowina 117
Sucevița Monastery 117
Turda Salt Mine 132
RUSSLAND 10, 12 f., 34 f., 48 f., 168
Basilius-Kathedrale 49
Kasan, Kreml 50
Komi, Republik 13
Kostomarowo 105
Kreml 48
Moskau 48 ff.
Elbrus 10
Nischni Nowgorod 50
St. Petersburg 34, 108
Sibirien 12, 48
Erlöserkirche, unterirdische 105
Transsibirische Eisenbahn 48
Wladiwostok 48
Walallee 12
Yttygran 12
RUANDA 402 f.

S
SAHARA 267, 295, 300
SAINT LUCIA 362
SAMBIA
Chirundu 420
Kasanka-Nationalpark 412 f.
Mana-Pools-Nationalpark 420
Victoriafälle 425
Sambesi 420
SAMOA 412
SAUDI-ARABIEN
Ha'il 295
Dschidda 320
»Leeres Viertel« 321
Mekka 320
SCHWARZES MEER 25, 118
SCHWEDEN 25
Abisko–Hemavan 25
Baumhotel 25
Eishotel 24
Jukkasjärvi 24
Malmö 51
Øresundbrücke 51
Stockholm 35
Wildcampen 35
SCHWEIZ 116
Adelboden 126
Alpen 124 f., 126 f.
Appenzell 125
Eiger 127
Montreux 125
St. Moritz 126
Tessin 125
SENEGAL
Retba-See 346
St. Louis 300
SINGAPUR 390 F.
SLOWAKEI 102 F.
SLOWENIEN 128
SÜDAFRIKA
Blyde River Canyon 441
Cango Caves 453
Kapstadt 443, 459, 473
Drakensberge 440 f.
Eden–Addo 460 f.
Freedom Trail 443
Gansbaai 453
Garden Route 453, 461
Hermanus 452 f.
Kleinbaai 467
Knysna 453
Kosi-Bucht 441
Kruger-Nationalpark 435
KwaZulu-Natal 446 f.
Madikwe Game Reserve 441
Mossel Bay 453
Oudtshoorn 453
Pietermaritzburg 443
Plettenberg 453
Port Elizabeth 453
Robben Island 473
Robberg Nature Reserve 453
Springbok 447
Stellenbosch 125
Storms (Fluss) 453
Tafelberg 459
Westkap 125
SÜDKOREA 218
SÜDLICHER OZEAN 20
SPANIEN
Alhambra 210
Andalusien 210, 218, 226
Barcelona 163, 170 f.
Bilbao 138 f., 180
Buñol 195
Costa de la Luz 227
Cuenca 191
Genalguacil 210
Granada 210
Huelva 227
Jakobsweg 155
Jerez de la Frontera 227
Kanarische Inseln 290 f.
Katalonien 170 f.
Kortezubi 158 f.
La Gomera 290 f.
Lanjarón 210
Illas Cíes 163
Logroño 163
Madrid 108, 162, 226 f.
Mallorca 141
Museo del Prado, Madrid 108
Oma Painted Forest 158 f.
Pico del Teide 291
Praia das Rodas 163
Rioja 125
Santiago de Compostela 155
Sarriá 155
Seville 226
Sierra Nevada 210
Tarifa 227
Tarragona 169
Tenerife 291
Urdaibai, Biosphärenreservat 158 f.
Valencia 194
SRI LANKA 368
Zentrales Hochland 378
Kandy 379
Sigiriya 376 f.

T
TADSCHIKISTAN 257
TANSANIA 10
Arusha 407
Kilimandscharo 406 f.
Mount Meru 406
Ngorongoro-Krater 392 f., 402
Serengeti 414
Sansibar 405
THAILAND
Bangkok 352
Chiang Mai 341
Kanchanaburi 352

INDEX

Koh Pha-ngan 373
Koh Phi Phi 378
Koh Surin National Marine Park 373
Kwai (Fluss) 352
Mae Hong Son loop 341
Phang-Nga 375
Phuket 378
Wat Phra Kaew 352
TIBET 280
TRINIDAD UND TOBAGO 362 f.
TSCHECHIEN
  Karlsbad 99
  Kutná Hora 99
  Prag 98 f.
  Sedlec-Ossuarium 99
TUNESIEN 254
TÜRKEI
  Anatolien 215
  Antalya 215
  Babadağmountain 216
  Cappadocia 211
  Fethiye 215 f.
  Isparta 215
  Istanbul 162, 168
  Lycian Way 215
  Ölüdeniz 216
  Yanartaş 215
TURKMENISTAN 255
TURKS- UND CAICOS-INSELN 362

U
UGANDA 402
UKRAINE 84 F.
UNGARN 120 F.
USBEKISTAN
  Buchara 191
  Samarkand 191
  Seidenstraße 191, 237

V
VENEZUELA 362 F., 380, 464
  Canaima, Nationalpark 380
  Cayo Grande 355
  Gran Sabana 382 f.
  Isla de Margarita 363
  Orinoco Delta 370 f.
  Roraima-Tepui 382 f.
  Salto Ángel 380

VEREINIGTE ARABISCHE EMIRATE 321
  Abu Dhabi 311
  Dubai 301
VEREINIGTES KÖNIGREICH (UK) 37, 43
  Abbey Road, London 75
  Aldermaston 86
  Arbroath 41
  Argyll 45
  Arthur's Seat 45
  Äußere Hebriden 37
  Ben Nevis 42, 47
  Bodmin 95
  Brands Hatch 81
  Brighton 25, 99
  Callanish, Steinformation 37
  Camel Trail 95
  Campsie Fells 47
  Coast to Coast Walk 53
  Congham 56
  Cornwall 82, 95, 98
  Cumbria 52
  Dornoch 37
  Dover 93
  Dungeness 71
  Dunrobin 38
  Easdale (Insel) 100
  Eastbourne 93
  Edinburgh 45
  Elva Plain, Steinkreise 52
  Exmoor 82
  Fort William–Mallaig 41
  Giant's Causeway 45, 54 f.
  Glastonbury, Festival 92
  Glencoe 47
  Glenfinnan-Viadukt 41
  Hampstead 78
  Herne Hill Velodrome 80
  Inverness 38
  Isle of Portland 94
  Islington 74
  John o'Groats 38, 98
  Land's, End 98
  Liverpool 58 f.
  Lochaber 42
  Lochinver 38
  London 73–81, 85, 95, 186
  London Bridge 78
  London-Marathon 79

Lord's Cricket Ground 74
Magho, Klippen 54
Milngavie–Fort William 46 f.
Minehead–Poole 82 f.
Mourne Mountains 54
Mull 44 f.
Munro-Bagging 42
New-Forest-Nationalpark 92
North Coast 500 38 f.
Nordseeküsten-Radweg 25
North York Moors 53
Notting Hill 76
Old Bailey 74
Oxford 71
Padstow 95
Pembrokeshire-Coast-Nationalpark 71
Rannoch Moor 47
Rhondda 74
Robin Hood's Bay 53
St. Andrews 42
St. Bees 53
Savile Row 95
Schiehallion 42
Seven Sisters 93
Shetland 25
Skye 40
Sliabh Beagh 54
Snowdonia 56
South-Downs-Nationalpark 93
South West Coast Path 82 f.
Speakers' Corner 76
Stonehenge 90 f.
Swanage 94
Tate Modern, London 108
Themse 73, 78
Tobermory 44 f.
Ullapool 38
Ulster Way 54 f.
Wadebridge 95
Wakefield 58
Wales Coast Path 42
Wembley-Stadion 75
West Highland Way 46 f.
Whitby 25, 52
Wimbledon 80
Winchester 93
Yorkshire 53, 58, 95

VEREINIGTE STAATEN (USA)
Adirondacks 185
Alaska 10, 26 f., 30, 32 f., 101
Alcatraz 205
Anchorage–Nome 30
Appalachian Trail 242
Arches-Nationalpark 200
Area 51 201
Arizona 174, 192 f., 196 f., 202 f., 220, 222, 249
Augusta 221
Badlands-Nationalpark 185
Beavercreek 136
Beverly Hills 242
Big Basin Redwoods State Park 198
Black Hills 185
Black Rock Desert 175
Boston 174
Boynton Canyon 192
Broadway 178
Bronx 178
Burning Man 175
Cannonball-Rennen 183
Canyon de Chelly National Monument Park 222
Car Forest 206
Carrizo Plain National Monument 209
Central Park, New York 178
Chain of Rocks Bridge 174
Chicago 174
Colorado 130, 177, 180, 186 f., 189, 200, 206
Colorado (Fluss) 193
Coney Island 177
Connecticut 172
Continental Divide Trail 245
Coyote Buttes 202 f.
Crystal River 278 f.
Custer State Park 185
Death-Valley-Nationalpark 220
Denali 10, 26 f.
Denver 189
Detroit 244
Disney World, Orlando 276

491

INDEX

Dollywood 244
Durango–Silverton 206
El Capitan 204
Ellis Island 180
Everglades 274
Florida 274, 276 f.
Four Corners Monument 200
Gates-of-the-Arctic-Nationalpark 30
Georgia 172, 242
Giant Sequoia National Monument 198
Glacier-Nationalpark 100
Golden Gate Bridge 206 f.
Grand Canyon 174, 196 f.
Grand-Teton-Nationalpark 187
Great Plains 204
Great Smoky Mountains National Park 223
Greenwich Village 179
Großer Salzsee 172 f.
Guadalupe Mountains 199
Guggenheim-Museum, New York 180
Hamptons 199
Hawaii 314–317, 325
Hollywood 247 f.
Honolulu 314, 317
Ho'okena Beach 325
Illinois 174, 186
John Muir Trail 204
Kalifornien 125, 130, 174, 198, 204–207, 220, 242, 244, 247 ff.
Kansas 189
Kenai River 30
Kennedy Space Center 277
Kentucky 177
Ko'olau-Berge 315
Lake McDonald 100
Landscape Arch 200
Las Vegas 174, 182, 221, 223
Long Beach 249
Los Angeles 183, 242, 247 ff.
Louisiana 274 ff.
Lower Herring Bay 30
Madison Square Garden 183
Maine 242
Manhattan 176, 178 f., 182 f., 329
Massachusetts 172, 174
Maui 317
Memphis 245
Miami 276
Michigan 244
Missouri 174
Moab 200
Montana 100
Monterey 205
Monument Valley 201, 220
Mount Baker 136
Mount Katahdin 242
Museum of Modern Art, New York 108
Napa Valley 125
Nashville 220, 223
Nevada 174 f., 182, 201, 206, 221, 223
Nebraska 220
New England 130, 174
New Jersey 188
New Mexico 174, 199, 223, 245, 249
New Orleans 274 ff.
New York 74, 108, 172, 176–180, 182 f., 186, 199, 329
New York–Los Angeles 183
O'ahu 315, 317
Oregon 125, 136
Orlando 276
Ozark Mountains 174
Pacific Crest Trail 187
Paria Canyon 202 f.
Pennsylvania 182
Phoenix 249
Pomona Raceway 248
Rocky Mountains 177, 187
Route 66 174
Salt Lake City 181
San Antonio 278
San Diego 244
San Francisco 204–207
San Jose 206
San-Juan-Gebirge 206
Santa Fe 223
Santa Monica 174
Savannah 172
Seattle 101
Silicon Valley 206
Sonoma County 125
South Dakota 185
Spider Rock 222
Spiral Jetty 172 f.
Springer Mountain 242
St. Charles–Pazifikküste 198
St. Louis 174
Syracuse 177
Temblor Range 208 f.
Tennessee 220, 223, 244 f.
Texas 278
Tornado Alley 189
Utah 130, 181, 200 f., 220
Vermont 190
Washington (Bundesstaat) 101, 136
Washington, D.C. 198 f.
Willamette Valley 125
Wyoming 187
Yellowstone-Nationalpark 184
Yosemite-Nationalpark 204, 242
VIETNAM 351
Da Nang 340
Halong-Bucht 318 f.
Ho-Chi-Minh-Stadt–Hanoi 350
Ho-Chi-Minh-Pfad 351
Hoang-Lien-Son-Gebirge 312
Hoi An 341
Lak-See 351
Mekongdelta 368
Phong Nha-Ke Bang 340
Phu Quoc, Insel 351
Son-Doong-Höhle 340

AUTOREN

TIM BARNETT

Tim schreibt über Sport und Reisen und verbindet am liebsten beides, indem er zu großen Sportveranstaltungen auf der ganzen Welt fährt und von dort berichtet. Seine letzten Reisen führten ihn nach Australien, Aserbaidschan, China, Italien, Norwegen und Russland und an verschiedene Orte in seinem Heimatland Großbritannien.

MICHAELA BUSHELL

Michaela ist seit fast zwei Jahrzehnten als Autorin und Redakteurin tätig. Auf ihren Reisen bewegte sich Michaela in Kairo manchmal zu Kamel, in Asien zu Elefant und in Thailand mit »Tuk-Tuks« fort. Sie heiratete in Frankreich, kletterte in den Flitterwochen auf einen Vulkan und lebt heute mit Mann, Sohn und Tochter in Süd-London.

KIKI DEERE

Kiki Deere wuchs zweisprachig in London und Turin auf und schreibt regelmäßig für Reisezeitschriften wie *Lonely Planet online* oder *UK broadsheets*. Sie ist Mitautorin zahlreicher namhafter Reiseführer, die unter anderem bei Rough Guides und Dorling Kindersley erschienen, und leidenschaftliche Feinschmeckerin. Kiki twittert über ihre Reisen @kikideere.

SONYA PATEL ELLIS

Sonya ist Autorin, Herausgeberin, Künstlerin und Gründerin des *Herbarium Project*. Sie teilt ihre Leidenschaft mit Vorträgen, Workshops, Schreibprojekten, Events und Ausstellungen mit anderen. Dazu gehören die Zusammenarbeit mit dem Londoner *Garden Museum* und der *British Library*. Neben Büchern wie *Nature Tales: Encounters with Britain's Wildlife* schreibt sie regelmäßig Beiträge für das *Sunday Times Travel Magazine* und die Zeitschrift *Herbier*.

LOTTIE GROSS

Lottie ist Reiseautorin, Redakteurin, Digitaljournalistin und Spezialistin für Social Media. Seit 2012 dokumentiert sie ihre Reisen und arbeitet derzeit für *RoughGuides.com* als Webredakteurin. Ihre Beiträge sind in den Zeitschriften *National Geographic Traveller*, *SUITCASE*, *The Guardian* und *Observer* sowie online auf *Mashable.com* erschienen.

WILL JEFFREYS

Will sucht als Autor und Vater gerne das Außergewöhnliche. Als Teenager und in seinen Zwanzigern reiste er quer durch Europa und Lateinamerika und hofft, eines Tages mit seinen Kindern einige seiner Erinnerungen wieder aufleben lassen zu können: auf einer Fiesta im brasilianischen Salvador tanzen, von der Kante eines Wasserfalls in Venezuela springen oder Tandemfahren in Cornwall.

AUTOREN

TESS LAMACRAFT

Tess lebt als freie Redakteurin, Autorin und Mutter von zwei Kindern in London. Beiträge von ihr sind in *Family Traveller*, *Woman's Own*, *Good Living* und dem *Daily Mirror* erschienen. Sie war auf Safari in Afrika, bestieg den Vesuv in Italien, ritt auf einem Kamel durch die marokkanische Wüste und machte Tauchurlaub in Ägypten.

SHAFIK MEGHJI

Shafik lebt als Reiseautor, Journalist und Guide in Süd-London. Er hat über 30 *Rough Guides* zu Zielen in der ganzen Welt verfasst. Shafik schreibt regelmäßig für den *Guardian*, die *South China Morning Post* und die *Huffington Post*. Seine Texte erschienen in Anthologien, und er tritt regelmäßig bei *Talkradio* auf. Shafik ist Mitglied der *British Guild of Travel Writers* und der *Royal Geographical Society*.

NICK MOORE

Nick war als Sport- und Musikjournalist schon für *FourFourTwo*, *The Independent*, *The Times*, *Q* und das Internationale Olympische Komitee tätig. Zu seinen Buchveröffentlichungen gehören *The Rough Guide to Cult Football* und *Daft Names Directory*. Ursprünglich aus Lancashire, lebt er heute mit seiner Freundin, zwei Söhnen und zwei Katzen auf einem Hausboot im englischen West Byfleet.

HELEN MORGAN

Helen Morgan lebt als Autorin und leitende Redakteurin mit ihrem Mann und ihren zwei Kindern in Reading. Während ihrer Karriere beschäftigte sie sich mit dem schwedischen Erbe von Ingmar Bergman, erkundete die sonnenerfüllte mittelalterliche Piazza del Campo in Siena, während die Hitze und Einsamkeit im Death Valley ihr wortwörtlich den Atem raubten.

HELEN OCHYRA

Helen Ochyra lebt in London und arbeitet als Reiseautorin, Redakteurin und Rundfunksprecherin. In Form von Beiträgen, Reiseführern und Videos teilt sie ihre Entdeckungen zu versteckten Zielen mit einem breiten Publikum. Sie schreibt für zahlreiche Zeitungen, Zeitschriften und Websites und hat Reiseführer für Australien, Neuseeland und Spanien verfasst. Du kannst Helens Reisen auf Twitter und Instagram (@elenochyra) folgen.

CHRISTIAN SADLER

Christian wirkte als Redakteur, Autor und Content Creator bei Reise-Informationskampagnen britischer Zeitungen wie dem *Guardian* oder dem *Observer* mit. Er hatte das Glück, die ganze Welt bereisen zu dürfen. Er fühlt sich zwar wohl in London, kann sich aber auch vorstellen, mit seiner Familie nach Melbourne oder New York zu ziehen.

AUTOREN

PAUL SIMPSON

Paul hat als preisgekrönter Journalist, schon für zahlreiche Publikationen geschrieben, darunter *Wanderlust*, *Q* und die *Financial Times*. 1994 war er der Herausgeber der Erstauflage des Fußballmagazins *FourFourTwo*. Die Kritiker feierten seine Titel wie *The Rough Guide to Elvis*, *The Rough Guide to Westerns*, *Movie Lists: 397 Ways to Pick a DVD* und auch *Who Invented the Stepover?*, das er zusammen mit Uli Hesse verfasste.

KATH STATHERS

Kath lebt als Autorin und Redakteurin mit ihrem Partner und zwei Kindern in London. Ihre Reisen, über die sie unter anderem in der *Times* und dem *Guardian* berichtete, führten sie von Island bis in die Wüste von Dubai.

BILDNACHWEIS

Der Verlag möchte den nachstehenden Personen und Organisationen für deren freundliche Genehmigung zur Verwendung der Abbildungen in diesem Buch danken. Bei der Zuschreibung der Bilder wurde mit größter Sorgfalt vorgegangen; für eventuelle unbeabsichtigte Auslassungen bitten wir um Entschuldigung.

4 Corners: Maurizio Rellini/SIME 70; Olimpio Fantuz/SIME 150 f.; Jacques Boussaroque/Onlyfrance/Sime 152; Bruno Cossa/SIME 306 f.; Richard Taylor 332; Guido Cozzi 342; Roberto Rinaldi/SIME 355; Beniamino Pisati 405; Richard Taylor 460 f.

Alamy: age fotostock 40 f.; Bildarchiv Monheim GmbH 106; Glasshouse Images 116; wanderluster 120; Nino Marcutti 154 f.; MELBA PHOTO AGENCY 159; Janos Csernoch 164; Luca Quadrio 171; BLM Photo 175; Zoonar GmbH 212; J. T. Lewis 338 f.; Alan Novelli 398; Robert Wyatt 452; Danita Delimont 456; Gábor Kovács 462; David Wall 468; Hideo Kurihara 472; epa european pressphoto agency b.v. 483

Getty: Jordan Siemens Umschlagvorderseite; Cameron Davidson 12; Joe Klementovich 18; Silvia Otte 19; Peter Mather 28 f.; Ron Crabtree 32 f.; Sylvain Sonnet 34; Donar 46 f.; Cultura RM Exclusive/Philip Lee Harvey 48; Philippe Jacquemart/EyeEm 49; www.tonnaja.com 54 f.; Michelle McMahon 60 f.; Sjoerd van der Wal 67; Soo Hon Keong 68; Sergio Pitamitz 69; Michael Steele 71; EMMANUEL DUNAND 72; Keith Hursthouse 73 oben; CARL DE SOUZA 75; Dark Horse 80; Damien Davis, Cricklade 82 f.; Ken Gillham/robertharding 87; Matt Cardy 92; Borut Trdina 98 f.; Jeff Kravitz 101; GREG BAKER 104; Christian Kober 119; New York Daily News Archive 121, 188; ullstein bild 123; aetb 124; Robert Boesch 127; AGF 131; Cultura RM Exclusive/WALTER ZERLA 135; DuKai photographer 137; Romina Amato/Red Bull 138 f.; Papics55 141; Alexander Rieber/EyeEm 142; Paul Williams–Funkystock 143; Bruno De Hogues 144; Nadia Isakova 149; Neil Emmerson/robertharding 178; Ray Laskowitz 179; RADEK MICA 181; Christopher Pillitz 182; DON EMMERT 183; Seth K. Hughes 185; Bettmann 186; Tom Nebbia 187; Education Images 191; Scott Stulberg 192 f.; Alessandro Miccoli/EyeEm 195; Murat Taner 198; Pete Turner 199; Bill Hatcher 200; AJ Wilhelm 205; Alan Tobey 208 f.; Westend61 210; Istvan Kadar Photography 211; Shaheer Shahid 214; Johnny Greig 216; photography is a play with light 219; Lauren Bentley Photography 222; ROSLAN RAHMAN 223; Bkamprath 228; The Asahi Shimbun 230, 234 f.; Tristan Brown 236; Feifei Cui-Paoluzzo 237; flocu 243; Allen J. Schaben 248; Rei Tsugamine 250 f.; Kevin Schafer/Minden Pictures 256; Martin Moos 257; TJ Blackwell 266; Anne Dirkse 270; Stanislaw Pytel 272 f.; Bob Sacha 275; Edward Slater 277; Leisa Tyler 282 f.; Punnawit Suwuttananun 284 f.; Courtesy of 286 f.; De Agostini/G. De Vecchi 288 f.; Ira Block 292; Jim Zuckerman 296; Christophe Boisvieux 298; Amos Chapple 300; Jason Edwards 303; Ross Woodhall 305; Frank Bienewald 308; WIN-Initiative 309; John Warburton-Lee 310; Ephotocorp 311; Felisha Carrasco/EyeEm 315; Adria Photography 321; Mint Images—Frans Lanting 324, 337; G. Brad Lewis 325; Viaggiare 326; Michael S. Lewis 334; Norbert Eisele-Hein 335; Pham Le Huong Son 340; Jeremy Woodhouse 344 f.; Dave Wilson, WebArtz Photography 348; Alvaro Faraco 358; NZSteve 359; LucyMaynard144 366 f.; Tim Draper 372; ManuMNair 374; Natthawat 378; Marcelo Andre 382 f.; Anup Shah 386; Tui De Roy/Minden Pictures 395; Jami Tarris 399; Filmuphigh 406 f.; Michele Falzone 408 f.; Dallas Stribley 410; Fabian von Poser 412 f.; Atlantide Phototravel 424; Pete Oxford 426; Lost Horizon Images 429; Paul Souders 430 f.; Ary Diesendruck 439; Vincent Grafhorst/Minden Pictures 444 f.; Alexander Safonov 446 f.; traumlichtfabrik 448; Ignacio Palacios 450 f.; Dirk Bleyer 453; Ed Norton 457; Gerhard Zwerger-Schoner 466; Blaine Harrington III 473; Mark Meredith 474; Tui De Roy 475; Andrew Bain 476; Anthony Maw 481; David Doubilet 484 f.

iStock: Kalypso World Photography 6 f.; yulkapopkova back cover, 21; George Clerk 44, 77; DeadDuck 51; bulentumut 52; Joel Carillet 53; meshaphoto 59; Maciej Bledowski 63; Alexander Ishchenko 84; Saro17 back cover, 102 f.; Leminuit 107; Razvan 110 f.; bluejayphoto 115; kalasek 117; andrearoad 122; USO 148; MaFelipe 162 f.; Marje 173; f9photos 246; alvaher 255; Meinzahn 294; arthit somsakul 302; lena_serditova 318 f.; suttipon 336; DavorLovincic 356 f.; Christian Wheatley 362 f.; jakkapan21 422; VV-pics 423; Konstik 433; Diriye 441t; alfnqn 442; PeopleImages.com back cover, 443; Kseniya Ragozina 455; LazingBee 480

National Geographic Creative: DAVID EDWARDS 105; RALPH LEE HOPKINS 245; XPACIFICA 253; PATRICK MCFEELEY 316; DAVID LIITTSCHWAGER 328; RAUL TOUZON 333; STEVE WINTER 343; Frans Lanting 364, 388; MARK COSSLETT 380; JOE SCHERSCHEL 469; PAUL ZAHL 470

Rex Features: Everett Collection/REX/Shutterstock 76, 244

Shutterstock: Enfi 190; LUISMARTIN 194; Roy Firth 226; oneinchpunch 247; givaga 376 f.; Pascal zum Felde 387; KalypsoWorldPhotography 401; upslim 438; Dudarev Mikhail back cover, spine

Außerdem: www.pauledmundson.com back cover, 8 f., 14 f., 36, 146 f., 170; www.reubenkrabbe.com 11, 97, 136; Chris Burkard 16 f., 23, 26 f., 64 f., 88 f., 100, 184; Photo by Guillaume Dutilh @ photoxplorer.com 22, 375; Asaf Kliger www.icehotel.com 24; www.chrishigginsphoto.com 31; ljcphoto.co.uk 38 f.; www.wildernesssprints.com 57; www.alpine-photography.com 62; www.dumitrutira.com 73b; Paulo del Valle back cover, 78, 112, 133, 134, 145, 176, 212, 217, 221, 261, 274, 276, 299, 437, 478 f.; Instagram @andreanoni_15 86; www.paulkporterphotography.com 90 f.; www.gillallcock.com 94; juanjerezphotos.com back cover, 108 f.; www.valthorens.com 113; © MaxCoquard www.bestjobers.com 114, 161, 322 f.; www.thecambrianadelboden.com 126; www.cloud9adventure.com 128 f.; Łukasz Kasperek 140, 384; www.oliviaohlen.com 156 f., 233; www.brendansadventures.com 166 f., 201, 224 f., 268 f., 304, 331, 341, 400, 415, 420, 421, 428; www.davidoliete.com 169, 260, 262 f.; Matthew Gee 196 f., 259, 265; @dani.daher back cover, 202 f.; www.tentsile.com 204; www.instagram.com/king_roberto back cover, 43, 206 f., 239; Megan Perkins 241; GARY HE/INSIDER IMAGES 254; www.simonjpierce.com 278 f., 354, 434; www.tommiandlyndell.wix.com/ourtravels 281, 293, 361, 365, 396 f.; www.parahawking.com 291; Jumeirah 301; www.alexblairphotography.co.uk 329, 392 f., 417, 449, 464 f.; www.instagram.com/marinebalmette 346; Jorge Lara/Mister Menu's Lake Atilan Foodie Tour 347; Rusty Goodall 350; www.instagram.com/dhalsmith 353; Brad Holland 369; https://500px.com/asayeghr 370 f.; Lorna Buchanan-Jardine 385; © RAFFLES SINGAPORE WWW.RAFFLES.COM 390; Michael Lorentz, Safarious 391, 441b; www.instagram.com/giovanicordioli 394, 436; Chris Whittier 403; www.laurenjadehill.com 411; @KS Imagery/facebook 418 f.; Jeffrey Sweers 425; www.lucastefanutti.com back cover, 440, 459; Lauren Azor 458; www.bengingold.com 477